DOROTHY L. SAYERS

DOROTHY

O HOMEM QUE NASCEU PARA SER REI

form
D. L. SAYERS

Tradução
FRANCISCO
NUNES

The Man Born to be King by Dorothy L. Sayers
© The Trustees of Anthony Fleming (deceased), 1943. Todos os direitos reservados.
Copyright de tradução © Vida Melhor Editora LTDA., 2021.

As citações bíblicas são da Nova Versão Internacional (NVI), da Bíblica, Inc.,
a menos que seja especificada outra versão da Bíblia Sagrada.

Os pontos de vista desta obra são de responsabilidade de seus autores e colaboradores diretos, não refletindo necessariamente a posição da Thomas Nelson Brasil, da HarperCollins Christian Publishing ou de sua equipe editorial.

Publisher	*Samuel Coto*
Editor	*André Lodos Tangerino*
Produção editorial	*Fabiano Silveira Medeiros*
Preparação	*Thomas Neufeld de Lima*
Revisão	*Décio Leme*
Diagramação	*Sonia Peticov*
Capa e Projeto gráfico	*Anderson Junqueira*

Dados Internacionais de Catalogação na Publicação (CIP)
(BENITEZ Catalogação Ass. Editorial, MS, Brasil)

S284h
    Sayers, Dorothy, 1893-1957
    O homem que nasceu para ser rei / Dorothy Sayers; tradução de Francisco Nunes. — 1.ed. — Rio de Janeiro: Thomas Nelson Brasil, 2021.
    448 p.; 13,5 x 20,8 cm.

    Título original : The man born to be King: a play-cycle on the life of our Lord and Savior Jesus Christ.
    ISBN 978-65-56894-70-6

1. Cristianismo. 2. Evangelho. 3. Jesus Cristo. 4. Dramaturgia — Teatro.
I. Nunes, Francisco. II. Título.

08-2021/86   CDD: 232

Índice para catálogo sistemático:

1. Jesus Cristo : Cristologia 232

Bibliotecária responsável: Aline Graziele Benitez CRB-1/3129

Thomas Nelson Brasil é uma marca licenciada à Vida Melhor Editora LTDA.
Todos os direitos reservados à Vida Melhor Editora LTDA.
Rua da Quitanda, 86, sala 218 — Centro
Rio de Janeiro — RJ — CEP 20091-005
Tel.: (21) 3175-1030
www.thomasnelson.com.br

ESSAS PEÇAS
SÃO PARA
VAL GIELGUD,
QUE JÁ AS
TORNOU SUAS

OS CRIADORES

O Arquiteto disse, indo à frente:
"Da arte, o mestre eu sou:
Eu tenho um pensamento em mente,
Eis o que meu coração sonhou.

"Vem agora, bom artesão, exerce tua arte
Com ferramenta e pedra — obedece-me;
Veja, no plano que fiz, tua parte.
Eu sou o mestre; serve-me".

O Artesão respondeu: "Senhor, eu vou; observa,
Contudo, que este teu rascunho
Seja do tipo a que a minha habilidade é serva —
Tu não és mestre do ofício que empunho.

"É por mim que a torre se torna distinta,
Eu estabeleço o curso, eu moldo e talho;
Tu fizeste um pequeno rabisco à tinta,
E isso é tudo o que alcanças em teu trabalho.

"Conta comigo, o mestre humano,
Para colocar minha rígida trena
Sobre o plano, e sobre o que serve ao plano:
A pedra impotente e mui serena".

A Pedra responde: "Mestres meus, escutai:
Sabei isto: abençoar ou condenar poderei

O que quer que vós dois projetais
Sendo apenas a coisa que sou; pois sei

"Que ouro não sou, mas puro granito,
Pois sou mármore, não argila;
Inútil martelar, a mim impor molde estrito:
Eis que sou mestra, não pupila.

"No entanto, vez que se me impõe maestria,
Com paciência, hei de sofrer o necessário
Do aço que cliva, do peso que me trituraria,
De ambos que fazem de mim um calvário;

"E tu podes, com tua mão, me esculturar
Para arco e botaréu, telhado e parede,
Até o sonho surgir e perdurar:
Serve apenas a pedra, ela que servir a todos cede.

"Que cada um faça bem o que melhor sabe,
Que nada recuse e não fuja da obrigação,
Já que se assenhorear dos demais a ninguém cabe,
Mas todos da obra apenas servos são;

"A obra que mestre nenhum dominou,
Salvo Aquele que a todos ensina,
O Arquiteto que tudo imaginou,
Dela Artesão e Pedra de Esquina.

"Então, quando o maior e o inferior
Sentarem-se juntos na festa,
Após terminarem todo o seu labor,
Vós vereis uma maravilha manifesta:

"O Criador de cada homem que trabalha
Vai se curvar entre os querubins de fulgor,
Tomando aos braços bacia e toalha,
Servindo aos servos que o servem com amor".

Arquiteto e Artesão, em intacto
Acordo falam: "A Pedra diz bem";
Vinculados à tarefa por um pacto,
Cada um à sua obra dá-se como convém.

SUMÁRIO

INTRODUÇÃO
13

1
REIS NA JUDEIA
49

2
O ARAUTO DO REI
81

3
UM CERTO NOBRE
113

4
OS HERDEIROS DO REINO
139

5
O PÃO DO CÉU
169

6
A FESTA DOS TABERNÁCULOS
201

7
A LUZ E A VIDA
231

8
PROGRESSO DO REI
261

9
A CEIA DO REI
297

10
OS PRÍNCIPES DESTE MUNDO
331

11
REI DE DORES
369

12
O REI VEM PARA OS SEUS
405

INTRODUÇÃO[1]

A realidade histórica [...] é antes de tudo uma realidade concreta e não abstrata; e nenhuma realidade concreta diferente da histórica existe ou pode existir. [...] Tudo o que é genuinamente histórico tem um caráter particular e concreto. Carlyle, o mais concreto e particular dos historiadores, diz que John Lackland veio a esta terra em tal e tal dia. Esta é, de fato, a própria substância da história (Berdyaev).[2]

---

[1] Como explicado nesta "Introdução", as peças que compõem este livro foram planejadas para apresentação, não no palco, mas em programas de rádio. A autora, inglesa, tinha em mente um público primordialmente inglês, com atores ingleses. Ela escreveu de modo que os personagens parecessem reais, de seu tempo, ainda que tenham vivido no primeiro século. Ela procurou ao máximo aproximar a linguagem bíblica do público que ouviria a encenação radiofônica das peças. Na tradução, procuramos seguir a proposta de Sayers. Desse modo, em vários trechos, o texto precisou ser adaptado para leitores e ouvintes brasileiros. Pensando em pessoas reais e interações reais, os diálogos incorporam características das conversas espontâneas: contrações, mistura de pessoas do discurso, erros de conjugação etc. Também procuramos registrar que uma mesma pessoa pode falar de modo diferente em situações diferentes. A linguagem pode ser mais cuidada diante de superiores ou mais truncada se submetida à tensão ou ao medo. Além disso, procuramos fazer distinção entre a linguagem de pessoas de diferentes níveis sociais ou culturais, tornando os personagens, tanto quanto possível, seres reais, particulares, que presenciaram a maravilhosa história do Homem que nasceu para ser Rei e que a contam hoje, para leitores da língua portuguesa do século 21. Também evitamos alguns termos técnicos usados pela autora, a fim de que qualquer pessoa possa usar os capítulos do livro com o propósito para o qual foram escritos: peças a ser interpretadas, encenadas. Com isso, essa tradução da obra de Dorothy Sayers mantém-se fiel àquilo que a autora desejou. Esperamos ter honrado o trabalho dela. [N.T.]

[2] Nikolai Alexandrovich Berdyaev (1874-1948), filósofo religioso e autor prolífico russo. A citação é de sua obra *The meaning of history* [O significado da história], p. 13. Disponível em https://ia801600.us.archive.org/19/items/in.ernet.dli.2015.186110/2015.186110.The-Meaning-Of-History.pdf. Acesso em 17 fev.2021. [N.T.]

Verdadeiro Deus de verdadeiro Deus [...] encarnou
por obra do Espírito Santo, da Virgem Maria. [...] sob o
poder de Pôncio Pilatos, padeceu.[3]

Há uma dialética na arte sacra cristã que a impele a sublinhar, de tempos em tempos, ora os elementos eternos, ora os temporais no drama divino. O crucifixo mostra, em um momento, o Filho eterno reinando do madeiro; em outro, o Jesus humano desfigurado com sangue e tristeza. Por várias razões, algumas das quais aparecerão nesta introdução, "pareceu bem ao Espírito Santo e a nós"[4] que nossa Vida de Cristo deveria representar, principalmente, não tanto o sacrifício eterno, mas o fato de ter "oferecido uma vez a oblação única de si mesmo";[5] isto é, deve ser tratado, não liturgica ou simbolicamente, mas realista e historicamente: "Isso é uma coisa que realmente aconteceu".

Essa decisão apresentou ao dramaturgo um conjunto de condições literalmente únicas e de extraordinário interesse técnico.

Para começar, não havia precedentes modernos para oferecer um guia quanto ao tratamento, ou para preparar a mente dos críticos e do público para o que eles deveriam ouvir. Poucas dentre os milhões de pessoas neste país já visitaram Oberammergau;[6] e os mistérios medievais são muito remotos em período e atmosfera para servir de modelo, mesmo aceitando que sejam familiares a um ouvinte em dez mil. A lei que proíbe[7] a representação no palco

---

[3]Cláusulas do Credo Niceno, *Livro de oração comum* [*LOC*] (Igreja Episcopal do Brasil, 1950), p. 71. [N.T.]
[4]Atos 15:28.
[5]Oração de consagração da Ordem para a administração da Ceia do Senhor, *LOC*, p. 80. [N.T.]
[6]Cidade no sul da Alemanha, conhecida pela pintura dos prédios com motivos religiosos e pelas encenações, a cada década, iniciadas em 1634, da Paixão de Cristo. [N.T.]
[7]É bastante razoável, em vista dos poderes muito inelásticos da Grã-Bretanha à disposição do Lorde Chamberlain [um importante oficial da corte real britânica]. Ele não tem autoridade para licenciar *uma produção específica*; uma licença, uma vez concedida, é *geralmente* válida, e a peça pode então ser apresentada por quaisquer pessoas, sob quaisquer condições, sem salvaguardas de qualquer tipo quanto ao estilo e à qualidade da apresentação. A peça é, então, entregue, com todas as suas partes, às ternas mercês

de qualquer Pessoa da Santíssima Trindade ajudou a fomentar a noção de que todas essas representações eram intrinsecamente perversas, e encorajou uma tendência, já suficientemente difundida, àquela cristologia docetista e totalmente herética que nega a plena Humanidade de Nosso Senhor. A coisa era, portanto, uma experiência totalmente nova, empreendida em face de uma grande quantidade de preconceito e na ausência de quaisquer padrões adequados de comparação.

O material também era único. Todo drama é religioso em sua origem, e a tragédia grega em particular lidou com histórias divinas cujos detalhes eram perfeitamente familiares a todas as pessoas na plateia. Uma representação da *Oresteia*[8] não era apenas uma diversão, mas um ato de culto comunitário, reconhecido como tal. Até aí existia um paralelo (embora, aqui novamente, não se pudesse contar com o reconhecimento, por um público inglês, dessa ligação tão antiga e íntima entre o teatro e os lugares celestiais). Mas o poeta trágico grego, embora fosse esperado que ele seguisse os contornos das lendas aceitas, não estava preso ao texto de um livro sagrado, nem à exposição de uma teologia rígida.

Algo deve ser dito sobre esses dois pontos. O conhecimento que o público britânico tem do Novo Testamento é extenso, mas em muitos aspectos peculiar. Os livros que o compõem são, em geral, muito mais conhecidos como uma coleção de textos desconexos e aforismos morais arrancados de seu contexto do que como uma história coerente composta de episódios coerentes. A maioria das pessoas sabe que Jesus nasceu em Belém e que,

---

do comercialismo, a menos que o autor (se vivo) tiver espírito público suficiente para interpor um veto. Esse estado de coisas poderia ser remediado permitindo-se a concessão, em certos casos, de uma licença limitada, abrangendo apenas uma produção, e que a peça fosse submetida a uma nova licença em cada ocasião subsequente, quando se pretendesse produzi-la. Como estão, muitas peças que seriam totalmente sem ofensa nas mãos reverentes e decentes do sr. A___ ou do sr. B___ têm de ser omitidas do público por medo do que elas poderiam facilmente se tornar sob a administração sensacional do sr. X___, ou dos srs. Y___ & Z___ Ltda.

[8]Tetralogia de Ésquilo (c. 524 a.C.-c. 456 a.C.), dramaturgo grego, da qual três peças sobreviveram: *Agamêmnon*, *Coéforas* e *Eumênides*. Nelas, que tratam da violenta história da família de Agamêmnon, rei de Argos, são tratados temas como culpa e expiação, o significado do sofrimento, a responsabilidade mútua dos homens e o sentimento com respeito ao destino. [N.T.]

após um curto ministério de ensino e cura, ele foi assassinado judicialmente em Jerusalém, para ressuscitar dos mortos no terceiro dia. Mas para todas elas, exceto para a minguante companhia dos instruídos, o período intermediário jaz na cronologia confusa dos autores dos Sinóticos — uma série de parábolas, um monte de milagres, um discurso, um conjunto de "ditos", um clarão de trovão apocalíptico — um pouco aqui e um pouco ali. E, embora muitos fragmentos dispersos de ensino sejam comumente lembrados e citados (com a exclusão de tantos outros, menos palatáveis ao gosto de nossos dias), eles são lembrados principalmente como pronunciamentos soltos, não relacionados às circunstâncias que os produziram. Incontáveis pessoas se lembrarão de que "o diabo é pai da mentira"[9] em relação a poucas que podem afirmar em que ocasião as palavras foram ditas e a quem, ou fazer um resumo do argumento desenvolvido na longa, pugnaz e provocativa peça de dialética em que ocorrem.

Além disso, as palavras dos livros, dentro ou fora de seu contexto, são, para grande número de cristãos britânicos, consideradas sacrossantas a tal ponto que não devem ser expandidas, interpretadas ou receber adição, mesmo a fim de descrever o cenário, suprir lacunas óbvias na narrativa ou elucidar o sentido. E essa sacrossantidade é atribuída, não ao grego dos documentos originais e únicos autênticos, mas a cada sílaba de uma tradução feita há trezentos anos (e nem sempre com perfeita exatidão) em um idioma tão antiquado que, mesmo sendo inglês, muitas vezes nos é obscuro ou francamente nos induz a uma leitura incorreta.[10] O editor de um jornal expressou esse ponto de vista de maneira muito ingênua quando disse: "Ao citar a Bíblia, devemos nos valer da Versão Autorizada, e não das interpretações de estudiosos, não obstante sejam sábios". Ou seja, devemos prestar atenção, não ao significado verificável do que o Evangelista escreveu, mas apenas às palavras (embora inexatas ou ininteligíveis) usadas pelos tradutores da King James — que, aliás, eram eles próprios meros "estu-

---
[9]João 8:44.
[10]A autora está se referindo à clássica Versão King James, de 1611, também chamada "Authorised Version" (Versão Autorizada). [N.T.]

diosos, não obstante sejam sábios". (Presumivelmente, aqueles nossos irmãos cristãos que por acaso não falam inglês estão proibidos de citar a Bíblia, uma vez que este cavalheiro — que é característico — não concederá autoridade nem ao grego nem à Vulgata,[11] mas apenas ao "sagrado inglês original".)[12] Desta obra singular de idolatria direi apenas que ela impõe dificuldades ao dramaturgo inglês das quais os poetas trágicos gregos estavam livres. Tampouco as coisas são facilitadas pela existência, ao lado dos instruídos e dos bibliólatras, de um grande público, em sua maioria jovem, para quem toda a história de Jesus é *terra incognita* — crianças que não sabem o significado do Natal, homens e mulheres para os quais o nome de Cristo é apenas um palavrão —, além de um considerável corpo de agnósticos e de semicristãos que aceitam alguns incidentes da história e firmemente descreem do restante, ou que se propõem a seguir o ensino de Jesus ao mesmo tempo em que rejeitam a autoridade sobre a qual ele o fundamentou.

Isso nos leva à teologia, que é um assunto bem diferente. Do ponto de vista puramente dramático, a teologia apresenta enormes vantagens, porque encerra toda a estrutura em uma imensa coerência intelectual. É quase impossível construir algo assimétrico, trivial ou irreal nessa estrutura rígida e gigantesca. Mas somente desde que, é claro, duas condições sejam observadas. Deve ser uma teologia *completa*; nunca houve uma palavra mais verdadeira do que "a não ser que um homem creia corretamente, ele não pode" —, de forma alguma, sua estrutura artística possivelmente não pode — "ser salvo".[13] Uma teologia frouxa e sentimental gera

---

[11] Tradução da Bíblia feita para o latim por Jerônimo (c. 347-420), sacerdote, teólogo e Doutor da Igreja, e declarada a versão oficial da Igreja Católica Romana pelo Concílio de Trento (1546-1563). [N.T.]

[12] O problema nesse caso surgiu do fato de que o editor em questão, por mal compreender uma expressão idiomática jacobina comum, havia colocado em uma palavra de Nosso Senhor uma interpretação que envolvia uma violenta deturpação no texto em inglês, e não poderia ser, de modo algum, legitimamente derivada do grego. [A literatura da era jacobina (1567-1625) foi caracterizada, entre outros aspectos, por trazer de volta alguns elementos da estética da Idade Média, que já haviam sido abandonados por Shakespeare, e pela poesia metafísica. A Versão King James é considerada um grande exemplo da literatura desse período. [N.T.]

[13] Dorothy L. Sayers, *The just vengeance* [A justa vingança] (Eugene: Wipf and Stock Publishers, 2011), p. 42. [N.T.]

formas de arte frouxas e sentimentais; uma teologia ilógica coloca a pessoa em situações ilógicas; uma teologia desequilibrada resulta em falsa ênfase e absurdidades. De modo inverso, não há teste mais perscrutador para uma teologia do que submetê-la às mãos de um dramaturgo; nada expõe de forma tão flagrante as incoerências de um personagem, uma história ou uma filosofia quanto colocá-los no palco e permitir que falem por si mesmos. Qualquer teologia que resista ao rigoroso puxa e empurra do dramatista é muito resistente em sua textura. Tendo submetido a teologia católica a esse tratamento, devo testemunhar que ela é de fato muito resistente. Como uma vez fiz um personagem dizer em outro contexto: "Certo na arte é certo na prática";[14] e só posso afirmar que em nenhum momento encontrei a verdade artística e a verdade teológica em desacordo.

A segunda condição parece, à primeira vista, contradizer a primeira, embora na verdade não o faça. É a seguinte: ao escrever uma peça sobre esse assunto específico, o dramatista deve começar livrando-se de todas as intenções edificantes e teológicas. Seu ponto de partida deve ser, não instruir, mas anunciar algo; não apontar uma moral, mas contar uma história; não produzir uma Aula de Teologia com ilustrações na forma de diálogos, mas escrever uma boa peça de teatro. Muitas pessoas piedosas que aprovaram o projeto presumiram que meu objetivo ao escrever *O homem que nasceu para ser Rei* era "fazer o bem" — e de fato a mesma suposição também foi feita por pessoas ímpias que temiam que o livro pudesse "fazer o bem" no sentido cristão, bem como por pessoas piedosas, mas desaprovadoras, que pensaram que ele só poderia fazer mal. Mas esse não era, de fato, meu objetivo, embora fosse, muito propriamente, o objetivo daqueles que, no começo, encomendaram as peças. Meu objetivo era *contar essa história* do melhor modo que eu conseguisse, naquele meio que me estava à disposição — em suma, fazer a melhor obra de arte que eu pudesse. Pois uma obra de arte que não é boa e verdadeira *na arte* não é boa ou verdadeira em qualquer outro aspecto, e é inútil para qualquer propósito — incluindo a edificação —, porque é uma mentira, e o

---

[14] Não foi possível identificar o texto a que a autora se refere. [N.T.]

diabo é o pai de coisas assim. Como drama, essas peças perduram ou falham. A ideia de que peças religiosas não devem ser julgadas pelo padrão adequado de drama deriva de uma teologia estreita e desequilibrada que não permite que toda a verdade, incluindo a verdade do artista, esteja em Cristo, mas persiste em excluir o Senhor da Verdade de seus próprios domínios.

O que isso realmente significa é que a teologia, o dogma, deve ser tomada pelo escritor como parte do material com que trabalha, e não como um fim exterior para o qual seu trabalho é dirigido. O dogma é a gramática e o vocabulário de sua arte. Se considerar isso como algo extrínseco ao assunto, ele produzirá, na melhor das hipóteses, algo análogo àqueles mnemônicos inofensivos, mas inartísticos, que inculcam regras gramaticais:

Se, ao voltar, volto *da*,
crase *no a*.
Se, ao voltar, volto *de*,
crase *pra quê?*

Na pior das hipóteses, ele fabricará o que é barato e pretensioso, como aqueles versos que, pretendendo ilustrar a riqueza musical do vocabulário inglês, resultam apenas em um padrão silábico tilintante e artificial — *The bells* [Os sinos] de Poe,[15] por exemplo. A música em inglês pode, de fato, ser abundantemente ilustrada a partir da poesia inglesa, mas apenas daqueles poemas criados *por esse meio* e não *para esse fim*. Na verdade, o esforço para fazer a linguagem se entregar a esse tipo de exibicionismo derrota seu próprio objetivo; e o mesmo é verdade com respeito a qualquer obra de arte que apresenta uma parte de seu próprio material como uma tese externa a si mesma. Consequentemente, é função do dramatista não subordinar o drama à teologia, mas encarar a tarefa de dizer a verdade a partir de seu próprio fim, e confiar que a teologia emergirá sem distorções da apresentação dramática da

---

[15]Poema em quatro partes bastante onomatopeico de Edgar Allan Poe (1809-1849), poeta, escritor e editor americano, publicado postumamente. O texto expressa um horror crescente por meio da personificação de sinos badalando. Disponível em https://poestories.com/read/bell. (Acesso em 23 fev. 2021.) [N.T.]

história. Isso dificilmente deixará de acontecer se o dramaturgo for fiel ao material que lhe está disponível, uma vez que a história e a teologia de Cristo são uma coisa só: sua vida é teologia em ação, e o drama de sua vida é dogma mostrado como ação dramática.

Pois Jesus Cristo é único — único entre deuses e homens. Tem havido uma abundância de deuses encarnados, e não poucos deuses mortos e ressuscitados; mas ele é o único Deus que tem uma data na História. E muitos fundadores de religiões tiveram datas, e alguns deles foram profetas ou avatares do Divino, mas apenas este entre todos era pessoalmente Deus. Não há arranjo de frases mais surpreendente do que aquele que, no Credo Niceno, coloca estas duas afirmações terminantemente lado a lado: "Verdadeiro Deus de verdadeiro Deus. [...] Sofreu sob Pôncio Pilatos". Em todo o mundo, milhares de vezes por dia, os cristãos recitam o nome de um procônsul romano bastante indistinto — não em execração (Judas e Caifás,[16] mais culpados, escapam com menos lembranças de suas iniquidades), mas simplesmente porque esse nome fixa em um ponto de certo período a data da morte de Deus.

À luz dessa notável parte da cronologia, podemos ver uma razão adicional pela qual o escritor de peças realistas sobre o Evangelho precisa evitar o tratamento didático de seu tema. Ele tem de exibir palavras e ações de pessoas reais engajadas em viver em um trecho da História registrada. Ele não pode, como o escritor do drama religioso puramente litúrgico ou simbólico, limitar-se ao aspecto abstrato e universal da vida de Cristo. Ele é confrontado com o "escândalo da particularidade".[17] *Ecce homo*[18] — não apenas Homem em geral e Deus em seu assim ser, mas também Deus em seu este ser, e *este* Homem, *esta* pessoa, de alma racional e carne humana que subsistem, que andou e falou *naquela época* e *naquele lugar*, cercado, não

---

[16]Mateus 26:14-16,47-49,57-68.
[17]Termo teológico que designa a ação de Deus em particulares: ele se tornou homem, não mulher; ele escolheu Moisés, e não outro; escolheu esta virgem, e não outra; nasceu pobre, e não rico; judeu, e não egípcio etc. Implica também a experiência espiritual do indivíduo, que é única. Refere-se ainda à dificuldade de considerar que um único ser humano, Jesus Cristo, possa ser o Salvador de todos os que creem. [N.T.]
[18]Latim: "Eis o homem!" (João 19:5). Frase dita por Pôncio Pilatos quando apresentou Jesus Cristo, usando a coroa de espinhos e a capa púrpura, à multidão. [N.T.]

por tipos humanos, mas por *aquelas* pessoas individuais. Essa história da vida, do assassinato e da ressurreição de Deus-no-Homem não é apenas o símbolo e o epítome das relações entre Deus e homem ao longo do tempo, mas é também uma série de acontecimentos de determinado momento *no tempo. E as pessoas daquela época não tinham a menor ideia de que isso estava acontecendo.*

De todos os exemplos da ironia trágica clássica em fato ou na ficção, este é o maior — o clássico dos clássicos. Em comparação, a condenação de Édipo[19] é insignificante, e a nêmesis do banho de sangue oresteano, um mero incidente doméstico. Pois a afirmação cristã é que um grupo de seres humanos bastante comuns, em uma província obscura do Império Romano, matou e assassinou o Deus todo-poderoso — muito casualmente, quase como uma questão religiosa e política rotineira, e, com certeza, sem a menor noção de que estavam fazendo qualquer coisa de extraordinário. Os motivos dessas pessoas, de modo geral, eram defensáveis e, em alguns aspectos, louváveis. Houve alguma malícia, alguma fraqueza e, sem dúvida, alguma luta contra a lei — mas não mais do que estamos acostumados a encontrar na gestão dos assuntos humanos. Por nenhum malabarismo da sorte, por nenhuma coincidência imprevisível, por nenhuma maquinação sobrenatural, mas por aquele destino que é o caráter, e pelo monótono séquito de seus padrões comuns de comportamento, eles foram conduzidos, com uma inevitabilidade assustadora, ao cometimento do crime dos crimes. Nós, o público, sabemos o que eles estavam fazendo; todo o sentido e a pungência da tragédia se perdem, a menos que percebamos que eles não sabiam. É desse conhecimento, por parte do público, da terrível verdade que está oculta de todos os agonistas no drama que consiste a trágica ironia.

Consequentemente, é necessário que o dramaturgo trabalhe com uma mente dividida. Ele deve ser capaz de, quando quiser, extrair conhecimento daquilo que está de fato acontecendo e apresentar, por meio de seus personagens, os acontecimentos e as

---

[19]Na mitologia grega, matou o pai, Laio, que era rei de Tebas, e depois casou com a mãe, Jocasta, sem saber que eram seus pais biológicos. A cidade de Tebas foi, então, atingida por grave peste, que duraria enquanto o assassino de Laio não fosse castigado. Quando Édipo descobriu que matara o próprio pai, furou os dois olhos. (N. do T.)

pessoas como eles se apresentavam à época. Isso parece óbvio e elementar, mas seus resultados são de fato o que ofende a piedade sem imaginação. Estamos tão acostumados a ver toda a história de um ponto de vista pós-Ressurreição, e na verdade de um ponto de vista pós-niceno, que estamos inclinados, sem perceber, a atribuir a todos os personagens do Novo Testamento o mesmo tipo de consciência teológica detalhada que nós mesmos temos. Julgamos seu comportamento como se todos eles — discípulos, fariseus, romanos e homens comuns — soubessem com Quem estavam lidando e qual era o significado real de todos os acontecimentos. Mas eles não sabiam nada disso. Os discípulos tinham apenas uma vaga noção da coisa, e ninguém mais chegou sequer perto de entender o que estava acontecendo. Se os sumos sacerdotes e o governador romano estivessem cientes de que estavam empenhados em crucificar Deus — se Herodes, o Grande, tivesse ordenado seu famoso massacre com a intenção expressa de acabar com Deus[20] —, eles, então, teriam sido pessoas excepcionalmente e diabolicamente perversas. E, de fato, gostamos de pensar que elas eram: isso nos dá uma sensação tranquilizadora de que "algo assim não poderia acontecer aqui". E para essa confortável persuasão, somos auxiliados pela majestosa e antiga linguagem da Versão Autorizada e pelo ar geral de decoro de vitral com o qual a história geralmente nos é apresentada.[21] Os personagens não são homens e mulheres: são todos "personagens sagrados", posicionados em atitudes simbólicas e conscientemente aguardando o cumprimento de profecias. Foi assim que foram vistos, por exemplo, por certo senhor do distrito de Stoke Newington, que reclamou que eu fiz com que o centurião que foi elogiado por construir uma sinagoga judaica[22] se "referisse ao edifício sagrado em uma conversa, de modo descontraído e jocoso". Para ele, o centurião não era um NCO[23] romano, posicionado em uma província estrangeira, que olhava para a seita

---

[20] Mateus 2:16.
[21] "Em que as figuras santas são destinadas a dar cor à visão que as pessoas têm das coisas externas": dica de palavras cruzadas no jornal *Times* para "vitral". *At ille respondens ait: Tu dicis.* [em latim, "E ele, respondendo, disse-lhe: 'Tu o dizes'". (Lucas 23:3).] [N.T.]
[22] Lucas 7:1-5.
[23] Abreviatura para *non-commissioned officer* [oficial não comissionado], um oficial de baixo escalão no exército britânico. [N.T.]

local com uma indulgência tão amável quanto a que um sargento-mor britânico na Índia poderia estender a uma seita hindu. Ele era um centurião sagrado, cuja palavra mais leve era sagrada, e o pequeno edifício judeu era sagrado *para ele*, como se ele não tivesse deuses próprios. Mais estranha ainda é a atitude de outro correspondente, que se opôs ao fato de Herodes dizer à corte: "Calem a boca!", alegando que essas expressões grosseiras eram chocantes nos lábios de alguém "tão intimamente ligado a nosso Senhor".

Personagens sagrados, vivendo em terra e em tempo longínquos, comunicando-se de forma ritmada e decorosa, fazendo de vez em quando gestos contidos e simbólicos de brutalidade. Eles zombaram de Cristo e o insultaram e o feriram, açoitaram-no e o crucificaram. Bem, eles eram pessoas muito distantes de nós, e, sem dúvida, tudo foi feito da mais nobre e bela maneira. Não gostaríamos de pensar de outra forma.

Infelizmente, se pensarmos sobre isso, temos de pensar de outra forma. Deus foi executado por pessoas dolorosamente iguais a nós, em uma sociedade muito semelhante à nossa — no apogeu do Império mais esplêndido e sofisticado que o mundo já viu. Em uma nação famosa por seu gênio religioso e sob um governo conhecido por sua eficiência, ele foi executado por uma igreja corrupta, um político tímido e um proletariado inconstante liderado por agitadores profissionais. Seus algozes fizeram piadas vulgares sobre ele, chamaram-no de nomes sujos, zombaram dele, bateram-lhe no rosto, açoitaram-no com aquele chicote de nove cordas e o penduraram no patíbulo comum — um negócio sangrento, sujo, suado e sórdido.

Se você mostrar isso às pessoas, elas ficarão chocadas. Elas devem agir assim. Se isso não as chocar, nada o fará. Se a mera representação dessa cena tem um ar de irreverência, o que dizer do que foi feito? É curioso que as pessoas que se enchem de indignação horrorizadas sempre que um gato mata um pardal podem ouvir aquela história da morte de Deus contada domingo após domingo e não sentir nenhum choque.

Tecnicamente, a maneira mais rápida de produzir a desejável sensação de choque é o uso, no drama, da fala moderna e de determinado realismo histórico sobre os personagens. Herodes, o

Grande, não era um inimigo monstruoso de Deus: ele era um soldado mercenário e um gênio político — um autocrata selvagem, mas capaz, cujo ciúme e temperamento ingovernável o envolveram em uma prolongada miséria doméstica. Mateus, o publicano, era um pequeno oficial traidor e desprezível, espoliando seus compatriotas a serviço da potência ocupante e enriquecendo ao fazer isso, até que algo mudou seu coração (embora não, presumivelmente, seu *status* social ou seu sotaque). Pôncio Pilatos era governador de uma província, com um desejo muito adequado de cumprir a justiça imperial, mas apavorado (como homens melhores do que ele antes e desde então) com perguntas na Câmara, comissões de inquérito e o que pode ser genericamente chamado de "Sede do Governo". Caifás era o político eclesiástico, nomeado, como um dos bispos de Hitler, por um governo pagão, com o fim expresso de colaborar com a Nova Ordem e fazer com que a Igreja seguisse os limites traçados pelo Estado; vimos algo de Caifás há pouco. Quanto aos Anciãos da Sinagoga, eles podem ser encontrados em cada conselho paroquial: sempre altamente respeitáveis, frequentemente briguentos e, às vezes, com vontade de que alguém seja crucificado.

O mesmo acontece com todos eles. Arranque o disfarce do idioma jacobino, volte ao grego caseiro e vigoroso de Marcos ou de João, traduza-o em seu equivalente inglês atual, e, nesse texto, cada homem poderá ver o próprio rosto. *Nós* desempenhamos os papéis dessa tragédia, dezenove séculos e meio depois, e talvez os representemos hoje com a mesma boa fé e com a mesma ignorância irônica. Mas hoje não podemos ver a ironia, pois nós, o público, agora somos os atores e não sabemos o final da peça. Mas pode ajudar-nos saber o que estamos fazendo se o drama original nos for mostrado uma vez mais, com nós mesmos nos papéis originais.

Esse processo não é, obviamente, a mesma coisa que "trazer a história do Evangelho para um ambiente moderno". Foi em um momento específico da história que o Atemporal irrompeu no tempo. A técnica é manter o cenário antigo e dar o equivalente moderno da fala e das maneiras contemporâneas. Assim, podemos, por exemplo, representar o Sinédrio como "aprovando resoluções" e "fazendo anotações no livro de atas", pois cada assembleia oficial, desde o início do funcionalismo, teve algum mecanismo para "obter concordância" e registrar o resultado. Podemos fazer um oficial romano dirigir-se a seu esquadrão com palavras militares modernas de comando, uma vez que alguma técnica verbal semelhante deve sempre e em toda parte ter sido usada para colocar em marcha, fazer virar e fazer parar batalhões de soldados, ou para inspecionar seu equipamento e a ordem de desfile. Podemos fazer um policial militar ou um coletor de impostos entremear seu discurso com fragmentos de gíria americana, pois a língua local deve ter sido cheia de frases de efeito, ouvidas de soldados e mercadores estrangeiros que enxameavam ao longo das grandes rotas comerciais do Império; e desses fragmentos de latim vulgar, grego bastardo e dialetos siríacos, a linguagem de Hollywood é o equivalente moderno. Nem o Império Romano era totalmente diferente de alguns tipos da Nova Ordem defendida para o mundo hoje. Mas existem limites. Os truques financeiros, os métodos de "grandes negócios" e a "propina" do homem médio eram tão conhecidos naquela época quanto o são agora, mas seria um erro fazer as pessoas do primeiro século pensarem em coisas como Sociedade de Responsabilidade Limitada e de Bolsa de Valores. As virtudes liberais eram conhecidas e praticadas, mas não o que conhecemos como "Humanismo Liberal"; um romano conhecia muito bem o seguro-desemprego e o divórcio e a Lei de Propriedade das Mulheres Casadas[24], mas não as "instituições democráticas" como as conhecemos, nem compartilhava nossos sentimentos com respeito à escravidão. Os homens de uma época passada falavam e pensavam sobre certas coisas como nós; sobre outras, de maneira bem diferente. Mas nada se ganha em fazê-los usar formas obsoletas de linguagem como se parecessem antiquadas para eles. Pois, para si mesmos, eles pareciam, e eram, "modernos" — como nós, eles tinham todas as melhorias mais recentes. Existe mais uma complicação. O ritmo da fala escolhido para representar essa modernidade antiga deve ser tal que possa, de tempos em tempos, elevar-se, sem muitos sobressaltos, à linguagem da profecia.

---

[24] A "Married Women's Property Act", de 1882, foi criada pelo Parlamento do Reino Unido, alterando significativamente a lei anterior com respeito aos direitos à propriedade que tinha a mulher casada. A partir dessa nova lei, a mulher casada podia ter propriedades em seu nome e geri-las como lhe aprouvesse. [N.T.]

Pois naquela data o esnobismo do banal ainda não se havia imposto. Você ainda pode falar nobremente sem ser ridicularizado por um intelectual. Felizmente, a língua inglesa, com seu vocabulário amplo, flexível e que fala com dobrez, se presta prontamente à justaposição do sublime e do comum, e pode oscilar para cima e para baixo entre os dois ao longo de um plano inclinado que tem uma extremidade no pavimento plano

> no arrabalde do sul, em "O Elefante"[25]
> e a outra entre
> As torres que se elevam para as nuvens, os palácios altivos.[26]

A execução suave desse movimento é tarefa do técnico.

Quando, no entanto, ouvimos a linguagem da época de Shakespeare, o movimento fica em grande parte oculto aos nossos ouvidos, porque mesmo as palavras mais comuns e as frases mais vulgares daquele período adquiriram uma pátina de "nobreza" graças ao simples lapso de tempo; o bate-papo da taverna tornou-se estranho, o abuso grosseiro, esterilizado, as piadas, antiquadas, a gíria da época, "poética"; o que foi escrito em fustão é ouvido em tecido de ouro. E, mesmo em seus dias, o inglês da Versão Autorizada era um pouco formal e antiquado, em parte porque é uma tradução que traz a impressão de um ritmo de fala estrangeiro, e também por causa da extensa influência da Bíblia de Wycliffe[27] — embora, se compararmos as duas versões, é fácil ver como a linguagem foi atualizada: os estudiosos da King James não cultivavam o arcaísmo por si só. Consequentemente, o escritor do século 20 parece dar um passo mais longo ao passar do idioma do homem

---

[25] Elephant and Castle [Elefante e Castelo], mais conhecida por The Elephant, é uma área ao redor da junção de rodovias na região sul de Londres. A citação é de William Shakespeare, *Noite de reis, ou O que você quiser*, ato III, cena III (p. 414). Disponível em https://shakespearebrasileiro.org/pecas/twelfth-night/ (acesso em 2 mar. 2021). Tradução de Carlos Alberto Nunes. [N.T.]

[26] William Shakespeare, *A tempestade*, Ato IV, cena I (p. 50). Disponível em https://shakespearebrasileiro.org/download/a-tempestade/ (acesso em 2 mar. 2021). Tradução de Carlos Alberto Nunes. [N.T.]

[27] Nome dado ao grupo de tradutores que, sob a direção de John Wycliffe (c. 1320-1384), sacerdote, teólogo e reformador inglês, trabalhou de 1382 a 1395 em uma versão da Bíblia para o vernáculo. [N.T.]

comum para o idioma da profecia. Mas isso se deve em grande parte aos efeitos da perspectiva: à medida que a paisagem recua para um passado distante, as superfícies são encurtadas e borradas por uma névoa atmosférica de antiguidade na qual as distinções são perdidas. É essa obscuridade enevoada, agradável e pitoresca que as pessoas perdem quando se queixam, nas palavras de um correspondente, de que na apresentação moderna "a atmosfera criada parece tão diferente daquela da história original [...] onde tudo é tão impressionante e maravilhosamente contado". Então é isso. A questão é: estamos nós, a esta hora do dia, suficientemente admirados e impressionados? Acima de tudo, estamos suficientemente perturbados por essa história extremamente perturbadora? Às vezes, a nova palavra rude nos impressiona mais do que as belas e antigas. "Se vocês não comerem a carne do Filho do Homem",[28] disse Jesus — e então, vendo que talvez a reação a essa afirmação fora menos vigorosa do que poderia ter sido, ele a repetiu, mas desta vez usando uma palavra forte e um tanto vulgar que significa "comer ruidosamente, como um animal" — ruminar? Mascar? Mastigar ruidosamente? Triturar com os dentes? Comer de boca aberta? (Mas, no final, fui pusilânime e deixei apenas "comer", não querendo ofender os ouvidos dos fiéis com o que Cristo realmente disse.)

Até aqui, então, falamos a respeito da linguagem. Devo acrescentar que nenhuma tentativa se fez para alcançar uma mesquinha precisão de antiquário com respeito a ninharias. O efeito geral pretendido foi antes o de uma pintura renascentista, em que as figuras em seus hábitos modernos se misturam familiarmente com outras cujas roupas e comportamento são suficientemente orientados para dar um sabor da época e do lugar e se conformar com as exigências da história. Assim, os incidentes das Bodas de Caná e a história das Dez Virgens exigem algum conhecimento dos costumes judaicos do casamento;[29] a Última Ceia, das maneiras orientais à mesa e do ritual da Páscoa;[30] e estes foram dados com precisão suficiente para tornar a ação inteligível. Mas é irrelevante se Marta

---

[28]João 6:53.
[29]João 2; Mateus 25.
[30]Lucas 22:1-38.

e Maria tinham um espeto ou não na cozinha ou servido suco de frutas aos convidados;[31] e se os jovens ouvintes supõem que as Virgens encheram as lâmpadas com parafina,[32] ou que o vinagre fornecido para criminosos condenados era o artigo doméstico com malte,[33] o que importa? A distinção entre vegetais e minerais, uvas e cevada de forma alguma afeta a fé ou a moral. Os hinos marciais foram feitos para soar como hinos marciais, não "envoltos em suaves melodias lídias" para o benefício dos defensores da modalidade; e, quando se desejou apresentar a foto de um cavalheiro montando às pressas um cavalo, ele foi autorizado a gritar: "Meu estribo, Eleazar!", independentemente da data em que os estribos foram introduzidos na Palestina. As limitações do microfone também devem ser levadas em consideração. É sem dúvida verdade, como alguém observou, que uma junta de bois seria conduzida, não com um chicote, mas com uma aguilhada; mas o estralo de um chicote pode ser ouvido no ar, ao passo que é inútil pedir ao homem dos efeitos sonoros para fazer um barulho como uma aguilhada de boi.

Do material linguístico podemos passar ao material arquitetônico. A estrutura do drama do Evangelho é interessante. Até a crucificação, diga-se de passagem, ela tem, como eu disse, a forma estrita da tragédia clássica, embora não da que Aristóteles consideraria uma tragédia do melhor tipo. Pois ela retrata a queda de um homem bom em um infortúnio imerecido, e isso ele considera apenas a segunda pior das quatro formas possíveis. Nem Aristóteles teria aprovado totalmente o personagem do Protagonista, pois "o herói de uma tragédia deve ser um personagem misto, nem perfeitamente bom nem perfeitamente mau".[34] O Herói é, de fato, uma das maiores dificuldades neste drama em particular, uma vez que a bondade perfeita tende a ser antipática e, de modo geral, permite pouco desenvolvimento. Mas a bondade desse Herói não era do tipo estático; ele era uma pessoa viva. Ele entusiasmava as pessoas. Aonde quer que ele fosse, não trazia paz, mas espada e fogo à terra; é por isso que o mataram. Ele disse coisas surpreendentes, em uma

---
[31]Lucas 10:38-42.
[32]Mateus 25:1-13.
[33]Lucas 23:36.
[34]Não foi possível localizar essa aparente citação a Aristóteles. [N.T.]

linguagem que ia da poesia mais elevada à narrativa mais lúcida e às réplicas mais vigorosas. (Se não soubéssemos de cor todas as suas retrucadas, se não tivéssemos tirado o ferrão delas pela repetição incessante com o timbre de voz do púlpito e se não tivéssemos, de alguma forma, colocado na cabeça que usar o cérebro é bastante repreensível, deveríamos considerá-lo uma das maiores inteligências de todos os tempos. Ninguém mais, em três breves anos, conseguiu tal produção de epigramas.) E se ele não tinha *hamartia*[35] no sentido literal, houve, em algum nível, aquele choque entre seu ambiente e ele mesmo que se tornou a fonte principal do drama. Ele sofreu infortúnios porque era o que era e não poderia ser de outra forma; e, desde seu tempo, a tragédia se tornou a tragédia da vontade e do caráter, e não de um destino externo e arbitrário.

Até aqui, então, temos uma tragédia clássica. Mas no quinto ato ocorre uma *peripeteia*,[36] também do tipo clássico, provocada por uma *anagnorisis*.[37] O Herói é reconhecido pelo que é, e, imediatamente, o que foi a mais negra tragédia humana se transforma em Divina Comédia.

À luz desse fato, surge a interessante questão de saber se algo como uma tragédia cristã é possível. Por um lado, tem sido dito que é da essência do cristianismo ter uma visão profundamente trágica da natureza humana. De fato, é. Visto a partir de seu fim terreno, o gênero humano, assombrado do ventre ao túmulo por uma *hamartia* que o coloca em desacordo consigo mesmo, com a sociedade e com a própria natureza das coisas, é um ser cujas ações são repletas de trágico significado. Suas virtudes naturais são apenas "pecados esplêndidos",[38] emitindo um juízo inelutável; suas graças divinas o

---

[35]Na tragédia grega, é a culpa que resulta de um julgamento equivocado feito pelo herói que conduz a uma situação catastrófica. [N.T.]
[36]Grego: mudança súbita ou inesperada de circunstâncias ou de situação, especialmente em uma obra literária. Aristóteles, em sua obra *Poética*, refere-se a ela como a mudança da sorte do protagonista de tragédia, que de boa passa a ser má, mudança essencial para o enredo da obra. Em português, "peripécia". [N.T.]
[37]Na tragédia grega, era o momento crítico da trama em que o protagonista reconhecia alguma característica de sua verdadeira identidade ou descobria a verdadeira natureza de sua condição, precedendo especialmente a *peripeteia*. [N.T.]
[38]Expressão usada por William Swan Plummer (1802-1880), pastor, autor e professor de teologia americano, em seu livro *The grace of Christ, or, Sinners saved by unmerited kindness* [A graça de Cristo, ou Pecadores salvos por imerecida bondade], e Charles Haddon

envolvem em uma desarmonia com os semelhantes, que só pode terminar em sua crucificação. De qualquer forma, ele está — como Édipo, como a Casa de Atreu[39] — condenado à autodestruição. Mas, visto por outro lado, seus piores pecados são redimíveis por seu pior sofrimento; seu mal não é meramente purificado: ele é, no sentido literal, tornado bom. A necessidade férrea que o prende é a operação da vontade Divina — e, vejam, os deuses são amigáveis.

Sem a condenação, ao que parece, não pode haver tragédia cristã. Na verdade, se um homem vai escrever uma tragédia do tipo clássico, deve ter o cuidado de manter o cristianismo fora dela. Pelo menos, não deve introduzir uma teologia católica completa; onde Cristo está, a alegria continuará a irromper. Marlowe, o ateu,[40] de fato escreveu uma tragédia cristã, e por um instinto justo escolheu o único assunto possível para a implacável tristeza cristã: o *Dr. Fausto*[41] é uma tragédia da danação. Mas não é clássico. Fausto não é vítima do destino: ele tem o que escolhe; seu inferno foi comprado e pago. Além disso, é uma catástrofe individual; sua condenação não é mostrada em qualquer relação com a Economia Divina; ao passo que o pecado de Judas desempenhou seu papel na grande Comédia da Redenção, e, se ele se condenou, foi porque não escolheu esperar o último ato.

Que tragédias cristãs existem? Nenhuma tragédia de Shakespeare tem uma teologia cristã definida, ou mesmo uma atmosfera cristã bem definida (Shakespeare sabia muito bem como introduzir esse elemento destruidor). *Polyeucte*, de Corneille,[42] é uma

---

Spurgeon (1834-1892), pregador batista inglês. A ideia exposta pela autora parece derivar-se mais do texto de Spurgeon: "Without saving faith, all moral virtues are but splendid sins!" [Sem a fé salvífica, todas as virtudes morais não passam de pecados esplêndidos]. "Splendid sins!", disponível em https://gracegems.org/2018/11/Splendid%20sins.html. Acesso em 3 mar. 2021. [N.T.]
[39]Na mitologia grega, Atreu era rei de Argos e irmão de Tiestes. Por causa da traição da esposa, Érope, com Tiestes, Atreu matou dois dos filhos do casal e serviu-os ao irmão. Este pediu ao último filho, Egisto, que o vingasse, o que faz anos mais tarde. Assassinatos e traições marcaram essa família. [N.T.]
[40]Christopher Marlowe (1564–1593), dramaturgo e poeta inglês, considerado por muitos só inferior a Shakespeare. [N.T.]
[41]*A trágica história do Doutor Fausto* (1589) é uma peça teatral baseada em lendas a respeito de Johanees Georg Faust (1480-1540), médico, mago e alquimista alemão que, supostamente, fez pacto com um demônio. [N.T.]
[42]Tragédia com cinco atos, em versos, de autoria de Pierre Corneille (1606-1684), poeta e dramaturgo francês. [N.T.]

tragédia apenas no sentido de que seu herói é morto no final, mas ele morre com certeza e esperança de vida eterna — não há frustração trágica. Em *A reunião de família*, de T. S. Eliot,[43] a alma é despojada de sua última possessão mundana, apenas para descobrir que a maldição do pecado foi suspensa e que as Fúrias se tornaram as Eumênides.[44] De fato, algo parecido com a mesma transformação ocorre na *Oresteia*; aqui, ela está conectada com Zeus, o Salvador, "que estabeleceu o Aprendizado pelo Sofrimento como uma lei permanente", e cuja sabedoria salvadora é

> o dom de Um pela luta
> Elevado ao trono da vida.[45]

No *Prometeu*[46] também, e em *As suplicantes*,[47] há a concepção de um Deus que pode reconciliar porque ele entende, e pode entender porque ele de alguma forma compartilhou o sofrimento devido ao pecado.[48] Parece que onde quer que haja um Deus sofredor, é dado fim à trágica futilidade, e ocorre uma transvalorização de todos os valores. A essa conclusão, muitas raças humanas foram guiadas por aquele Espírito *qui et semper aderat generi humano*[49] — se assim

---

[43]Peça de 1939 de Thomas Stearns Eliot (1888-1965), poeta, dramaturgo e crítico literário inglês. A essa época, o autor já dizia ser, quanto à religião, anglo-católico. [N.T.]
[44]Para *Eumênides*, veja nota 7. Na peça, as Fúrias (equivalente romano das Erínias, deusas gregas que puniam os mortais), que perseguem Orestes e o acusam durante o julgamento diante dos atenienses, ao serem derrotadas pelo voto da deusa Atena, se tornam, por conselho dela, Eumênides (benfazejas, bondosas ou benevolentes). [N.T.]
[45]*Agamemnon*: tradução de Gilbert Murray.
[46]*Prometeu acorrentado*, tragédia de Ésquilo. [N.T.]
[47]Tragédia de Ésquilo, provavelmente anterior a *Oresteia* e talvez também parte de uma tetralogia. [N.T.]
[48]Não se deve, é claro, levar o paralelo muito longe. É questionável que qualquer soteriologia pagã conheça um Deus que pode redimir o pecado por compartilhar do sofrimento que ele causa sem também compartilhar da culpa dele. Somente o cristianismo atribui esse valor supremo ao sofrimento do inocente, embora esteja, é claro, até certo ponto implícito em todas as religiões de sacrifício. O cristianismo coloca uma nova interpretação sobre os ritos que um instinto profundamente enraizado considerou adequados e satisfatórios: uma interpretação que é obscurecida e distorcida pelo uso de termos como "substituição" e "propiciação", tomados por empréstimo das religiões mais antigas. Mas, até onde é possível, o paralelo é significativo.
[49]Ireneu de Lião, *Contra as heresias*, III.18.1: "que sempre esteve presente ao gênero humano" (São Paulo: Paulus, 1995), p. 188. Ireneu (c. 130-202), bispo, teólogo e escritor grego. [N.T.]

fosse, eles sentiam, tudo ainda estaria bem. Os discípulos de Jesus, mergulhados na covardia e no desânimo pela tragédia humana da Crucificação, só precisavam ser convencidos pela Ressurreição de que aquele que havia sofrido e morrido era, na realidade histórica real, o verdadeiro Ser de todas as coisas, a fim de recuperarem a coragem e a lealdade de uma maneira sem paralelo, e para proclamar a Divina Comédia em alto e bom som, com o maior desprezo pela própria segurança. Por que e como o sofrimento de Deus deveria ter esse efeito estimulante sobre o espírito humano é uma questão para a teologia da Expiação; que teve esse efeito sobre aqueles que creram nele é bem evidente. Sob Pôncio Pilatos, as profecias dos poetas foram guarnecidas com um nome, uma data e um endereço; daí em diante, a trágica Musa poderia sobreviver apenas fechando resolutamente os olhos para essa série de acontecimentos. Para aqueles primeiros Apóstolos, a Ressurreição parecia importante, não porque oferecesse uma promessa de "sobrevivência pessoal" — o sermão pentecostal de Pedro não contém nada sobre "torta no céu quando você morrer";[50] ele foi importante porque estabeleceu a identidade do Morto: "Este Jesus, a quem vocês crucificaram, Deus o fez Senhor e Cristo".[51] Antes disso, a identificação tinha sido feita em termos ainda mais enfáticos e inequívocos: ὁ κύριός μου καὶ ὁ θεός μου: "Senhor meu e Deus meu".[52] Todas as profecias foram cumpridas. Aqueles que criticam o cristianismo por ele não ter ensinado uma nova moralidade e por não ter inventado nenhum novo tipo de Divindade não poderiam estar mais ridiculamente muito errados. O que ele fez foi garantir que a velha moralidade era realmente válida e as velhas crenças, literalmente verdadeiras. "Vocês [...] samaritanos, adoram o que não conhecem; nós adoramos o que conhecemos", "o que vimos com os nossos olhos, o que contemplamos e as nossas mãos apalparam"[53] — "Ele sofreu sob Pôncio Pilatos". Deus

---

[50]A expressão em inglês vem da canção satírica "The preacher and the slave" [O pregador e o escravo], de Joe Hill (c. 1879-1915), anarcossindicalista e compositor sueco radicado na América. Incorporada à cultura popular, seu significado passou a ser "promessa vazia e ilusória". [N.T.]
[51]Atos 2:36.
[52]João 20:28.
[53]João 4:22; 1João 1:1.

morreu — não em uma lenda, não em um símbolo, não em um passado distante nem em um reino desconhecido, mas aqui, algumas semanas atrás — *vocês viram isso acontecer*; todo o grande castelo nebuloso da religião natural e da profecia poética é trazido à terra e firmemente cimentado sobre aquela pedra angular e sólida.

O que nos leva aos próprios registros.

Eles não foram compilados por historiadores modernos, nem ainda (desnecessário dizer) para a conveniência de um dramaturgo de rádio dezenove séculos depois. Os Evangelistas, particularmente os Sinópticos, preocupam-se em escrever o que Jesus disse e fez; não em fornecer "cor local" (a qual seus leitores conheciam) ou esboços de personalidades contemporâneas. Nem estavam tão interessados, como nós estaríamos, em uma cronologia precisa — exceto, é claro, no que diz respeito à Semana Santa. *Essa* foi a data importante, e nesse ponto eles estão substancialmente de acordo sobre o esboço dos acontecimentos. Lucas também se esforça muito para fixar a data de nascimento. Mas, entre esses pontos, como o Arcebispo Temple apontou,[54] apenas João tem alguma cronologia real. Frequentemente, o material parece ter sido organizado de acordo com o assunto, e não com a sucessão lógica ou cronológica dos acontecimentos. Assim, Mateus pega uma série de ditos que em Lucas são distribuídos em uma dúzia de contextos diferentes, e os organiza em um longo discurso que conhecemos como o "Sermão do Monte". Por outro lado, encontramos em Lucas as três parábolas do perdão (a Dracma Perdida, a Ovelha Perdida e o Filho Pródigo) agrupadas, seguidas — sem uma transição maior do que um breve "Jesus disse aos seus discípulos"[55] — pela parábola do Administrador Injusto; após o que vem um conjunto de "ditos" separados sobre vários assuntos, então a parábola do Rico e Lázaro, e, depois, outra série de ditos sem nenhum contexto, levando ao milagre dos Dez Leprosos e uma passagem com profecia sobre o fim do mundo. Lucas gosta de reunir pequenos feixes de aforismos, à maneira de quem

---

[54]*Readings in St. John's Gospel:* Introduction [Leituras no Evangelho de São João: Introdução, William Temple (1881-1944), sacerdote anglicano e Arcebispo de Cantuária.]
[55]Lucas 16:1.

compila volumes de "Ditos do dr. Johnston" ou "Epigramas de Oscar Wilde". Marcos tende a nos apresentar sucessões de milagres unidas por alguma fórmula vaga como "logo", ou "então", ou "novamente", ou "noutra ocasião". João é diferente. Ele está sempre ansioso para mostrar uma conexão lógica e, muitas vezes, a ordem cronológica também.

Ao apresentar esse material em forma de drama, foi necessário sempre ter em mente as condições impostas pelo meio de comunicação. Deveria haver doze peças, separadas por intervalos de quatro semanas. Algumas pessoas podem ouvir todas as peças; outras ouviriam apenas uma aqui e outra acolá. Cada peça tinha, portanto, de se encaixar no lugar próprio como uma unidade lógica na arquitetura da série como um todo; cada palavra, linha e episódio tendo uma relação adequada com o que tinha vindo antes e com o que estava por vir. Personagens e "estrutura do enredo" devem ser constantes em todo o processo — caso contrário, não apenas o público, mas os atores ficariam confusos e desconcertados. Além disso, cada parcela separada tinha de se sustentar por conta própria como uma peça completa, com algum tipo de unidade estrutural e início, meio e fim adequados para sua ação; caso contrário, não teríamos nenhuma *peça*, mas apenas trechos cortados arbitrariamente de uma lição interminável das Escrituras. Tudo isso envolveu tomar algumas liberdades com o texto do Evangelho: a omissão de alguns incidentes, a inserção e ampliação de outros, suprir antecedentes e o que se chama tecnicamente de "pontes" para ligar os episódios, e transposições ocasionais. Para a maioria dessas atividades, havia um amplo precedente nos próprios Evangelhos: Mateus e Lucas são os grandes "transpositores"; João, o provedor de glosas, panos de fundo e pontes.

A história da Natividade permanece, é claro, como material dramático pronto com forma própria; e as cinco peças da Paixão, desde "A entrada em Jerusalém", também se encaixaram convenientemente em episódios independentes, precisando apenas ter as várias narrativas combinadas em uma história coerente. O período do Ministério apresentou naturalmente a maior dificuldade, em parte porque a matéria em si não estava tão claramente organizada e em parte porque é sempre difícil tornar o *meio* de qualquer história independente para o leitor ou ouvinte que chega a um item específico de entretenimento.

Em primeiro lugar, no que diz respeito à vinculação de todos os episódios à história principal, isso envolveu duas linhas de desenvolvimento. Além do argumento teológico geral, havia uma estrutura temática, escolhida como sendo o aspecto da história que estava fadado a surgir na mente do escritor e do público neste momento, qual seja: sua relação com a natureza do reino terreno e do espiritual. Essa questão, que proporcionou o título para a série e ditou a ênfase e a linha de tratamento em toda a sua extensão, foi tão penetrante para os homens do primeiro século quanto para nós. Sob a pressão do Império Romano, a mente deles foi exercitada, como a nossa, por problemas sobre a derivação de autoridade, o conflito entre o governo centralizado e o descentralizado, as sanções por trás da política de poder e o lugar da independência nacional dentro de uma civilização mundial. Não foi preciso forçar nada a fim de trazer a história a uma forma que fosse nitidamente atual.

Entretanto, a estrutura do tema por si só não faz uma peça. Também deve haver uma estrutura de enredo, e isso foi obtido por buscar-se certas implicações na história e centralizá-las no personagem de Judas. O incidente inexplicável do jumento e a senha serão tratados de forma mais completa nas Observações da peça VIII. Tal como está no texto, é diferente de qualquer coisa nos Evangelhos, e parece precisar de algo mais para explicar isso do que a deliberada, e um tanto teatral, "encenação", por parte de Jesus, do cumprimento de profecia. É muito possível que os próprios discípulos nunca tenham sabido como o jumento foi parar ali. Eu sugeri uma razão, usando para esse propósito o personagem de Baruque, o Zelote — o único personagem principal de alguma importância que é invenção minha. Sua ligação com Judas fornece a mola mestra da maquinaria do enredo.

Judas é um enigma nos Evangelhos. Ele é apresentado repentinamente, em um momento final da ação, "pronto" para a vilania. Não é dito como ele se tornou discípulo nem quais os motivos que o levaram a trair seu Mestre. João diz que ele era ladrão; ele certamente recebeu o pagamento pela traição que cometeu; Jesus o chamou de *diabolos* — o inimigo — e "o filho da perdição"; quando ele agiu da pior maneira e viu o que tinha feito, trouxe de volta a recompensa da iniquidade e saiu e se enforcou.[56] Ele parece uma estranha mistura de sensível e insensível. Uma coisa é certa: ele não pode ter sido o vilão serpejante, rastejante, evidentemente sem valor que algumas pessoas simplórias gostariam de distinguir nele; isso seria lançar um insulto muito grave sobre o cérebro ou o caráter de Jesus. Escolher um vigarista óbvio como seguidor, sem saber como ele era, seria ato de um tolo; e Jesus de Nazaré não era tolo — e, de fato, João diz expressamente que "Ele bem sabia o que havia"[57] em Judas desde o início. Mas escolher um vigarista óbvio com o propósito expresso de deixá-lo se condenar seria o ato de um demônio; por um homem, *a fortiori*[58] por um Deus, que se comportasse assim, ninguém — exceto talvez Maquiavel[59] — poderia sentir qualquer respeito. Mas também (e isso é muito mais importante para nosso propósito), qualquer comportamento desse tipo seria totalmente irreconciliável com outros aspectos registrados do caráter de Jesus. Você pode escrever um tratado anticristão fazendo-o parecer fraco e estúpido; você pode até escrever um tratado teológico do tipo pré-destinarista[60] fazendo-o parecer estar além da moralidade; mas não há nenhum meio pelo qual você possa combinar qualquer dessas teorias com o restante de suas palavras e ações e *fazer uma peça delas*. As flagrantes incoerências no personagem destruiriam o espetáculo; nenhum dramaturgo honesto poderia escrever tal papel; nenhum ator poderia interpretá-lo; nenhum público inteligente poderia aceitá-lo. É a isso que me refiro ao dizer que o tratamento dramático é um teste

---

[56]João 12:6; 6:70; 17:12; Mateus 27:3-5
[57]João 2:25.
[58]Latim: "com mais razão". Argumento tipicamente jurídico, de caráter axiológico (que pondera valores) para expressar que, se alguém pode o mais, poderá, com mais razão, o menos. [N.T.]
[59]Nicolau Maquiavel (1469-1527), filósofo, historiador, poeta e diplomata italiano. A ele é atribuída a expressão "os fins justificam os meios", que não é encontrada em nenhuma de suas obras. O adjetivo "maquiavélico" passou a referir-se a atos imorais, desleais ou violentos feitos a fim de que alguma vantagem seja obtida. [N.T.]
[60]Refere-se especialmente à percepção dos puritanos do século 17 de que sua jornada em direção à América salvaria o mundo, pois era um empreendimento sacro secular. Em sentido amplo, o destinarista crê firmemente e vive com a plena convicção de que tudo o que lhe acontece é e sempre foi planejado para assim acontecer. [N.T.]

severo de teologia, e que o dramatista deve lidar com o material a partir do próprio objetivo de seu trabalho. Não; um Judas obviamente vilão não servirá, seja dramática ou teologicamente — o mais condenável de todos os pecados é coisa mais sutil do que qualquer ambição ou avareza crua. O pior mal do mundo é provocado, não por vícios declarados e confessados, mas pela corrupção mortal das virtudes orgulhosas. O orgulho, que expulsou Lúcifer, o Arcanjo, do Céu e Adão, do Éden da inocência primordial, é a cabeça e o rosto de todos os pecados, e o pecado que assedia as pessoas altamente virtuosas e inteligentes. Jesus, que tratou gentilmente com "publicanos e pecadores", foi implacável com respeito aos pecados da mente altiva; ele era uma pessoa constante e, se falou de Judas com uma severidade quase incomparável, é provável que o pecado de Judas tenha sido de uma altivez presunçosa de modo peculiar. Qual era exatamente seu demônio familiar, temos a liberdade de conjecturar. Eu conjecturei que era um demônio intelectual de um tipo muito insidioso, muito ativo nos dias de hoje e notavelmente hábil em se disfarçar de anjo de luz. O fato de várias pessoas terem escrito com raiva para dizer que o Judas que descrevi lhes pareceu ser uma pessoa da maior nobreza, movida por motivos extremamente dignos, confirma minha impressão de que esse agente do inferno em particular está hoje em dia fazendo o trabalho de seu mestre com singular eficácia e sucesso. Suas façanhas não são reconhecidas, o que é exatamente o que o diabo mais gosta.

A continuidade da estrutura do enredo foi assim assegurada ligando tudo à intriga política de Judas-Baruque, e "plantando" Judas bem no início do Ministério como discípulo de João Batista. Igualmente importante, tanto para o tema quanto para o enredo, foi o elemento romano na história. Era essencial que o enorme fato do *Imperium* estivesse presente a cada momento para o público como o estava para as pessoas da época: a pressão persistente, a ameaça perpétua, o poder e o prestígio de César. Consequentemente, outra "conexão" ocorre na série na pessoa de Proclo, o centurião romano. O que se precisava aqui era identificar o Centurião cujo servo foi curado com o "Centurião Crente" na Crucificação — algo bastante razoável, e que torna a expressão final da crença muito mais dramaticamente convincente.[61] Feito isso, foi fácil colocar o jovem Proclo entre os guarda-costas romanos que, na verdade, foram designados para Herodes, o Grande, e assim unir a primeira cena da tragédia e a última, colocando Proclo e Baltazar juntos novamente ao pé da Cruz, assim como estiveram na Epifania. A conexão romana foi ainda mais fortalecida por "plantar" a Esposa de Pilatos em um ponto comparativamente inicial da história, fazendo-a ver Jesus na Festa dos Tabernáculos, e por fazer com que os que seguiam Pilatos e os que seguiam Jesus se encontrassem nos portões de Jerusalém no Domingo de Ramos, conduzindo, assim, ao confronto judeu-romano no Julgamento e provendo o mecanismo para a pequena cena que liga a família Pilatos à história da ressurreição.

Algumas outras "identificações" fornecem as "conexões" para peças e episódios individuais, o mais importante sendo o de Maria Madalena com Maria de Betânia e com a anônima "Mulher Pecadora" de Lucas 7. Essa identificação é, obviamente, tradicional e sancionada pela autoridade de Agostinho de Hipona e do papa Gregório Magno. Os dois episódios que compõem a peça III, "Um certo nobre", foram interligados tornando o nobre em questão um convidado no Casamento em Caná. Da mesma forma, a simpática identificação, feita pelo Bispo de Ripon, de Maria de Clopas com o segundo "discípulo" na história de Emaús[62] encerrou aquele incidente com a história do Calvário. O número de pessoas que passam rapidamente, sem serem anunciadas e para as quais não há continuidade, pelas páginas do Evangelho é enorme; e todas as oportunidades legítimas foram aproveitadas para estreitar a construção dramática e evitar a multiplicação desnecessária de personagens.

No que diz respeito às parábolas e aos ditos, era necessário distribuí-los tão uniformemente quanto possível pelas peças que tratam do Ministério e apresentar um contexto adequado para cada um, que nem sempre será necessariamente o contexto original.

---

[61]Mateus 27:54; Marcos 15:39; Lucas 23:47.
[62]Não é possível precisar a qual dos muitos sacerdotes anglicanos que se tornaram bispo da diocese de Ripon a autora se refere. Quanto aos personagens bíblicos, veja João 19:25; Lucas 24:13-33. [N.T.]

No entanto, não há razão para supor que cada história tenha sido contada em uma ocasião apenas. Ao contrário, parece mais provável que elas foram repetidas muitas vezes — por vezes, com palavras idênticas, às vezes, com variações. (Assim, as parábolas da Grande Ceia e do Casamento do Filho do Rei têm toda a aparência de serem a mesma história, com diferenças para se adequarem à ocasião; a parábola dos Talentos e a das Minas oferecem uma "parelha" semelhante, assim como as similares do Construtor Imprevidente e a do Rei Imprevidente.) Não precisamos imaginar que o aparecimento da mesma história em contextos diferentes seja argumento para qualquer imprecisão ou contradição, ou que a versão de um Evangelista é mais autêntica do que a de outro. O mestre que pensou em uma história como a do Bom Samaritano ou a do Filho Pródigo seria realmente tolo em confiná-la a um único público. Ele ia repeti-las indefinidamente, até que seus discípulos as soubessem de cor em todas as variações.[63] O mesmo ocorre com os "ditos". Na verdade, a forma lapidar em que esses ensinamentos chegaram até nós sugere poderosamente que aqui temos "peças pré-definidas" de ensino com as quais os transmissores da tradição oral estavam verbal e intimamente familiarizados.

Com os discursos e as disputas públicas, o caso é diferente. A maioria deles, como a grande passagem sobre o Pão do Céu, a disputa na Festa dos Tabernáculos e o longo discurso e a oração após a Última Ceia, devemos a João, e seu estilo é tão diferente

---

[63]Compare os métodos de outro mestre oriental, Sadhu Sundar Singh: "A mente do sadu é um reservatório transbordante de historietas, ilustrações, epigramas e parábolas, mas ele nunca faz o menor esforço para evitar a repetição; na verdade, ele parece ter prazer nisso. 'Nós', diz ele, 'não nos recusamos a dar pão aos famintos porque já demos pão a outros.' Em consequência disso, encontramos constantemente o mesmo material em mais de uma das autoridades escritas ou impressas que usamos. 'Minha boca', diz ele, 'não tem direitos autorais'; e muitos ditos que ouvimos dele e havíamos anotado, descobrimos depois que já estavam impressos. Na maioria dos casos, as versões diferem extraordinariamente pouco, mas sempre nos sentimos livres para corrigir ou complementar uma versão por outra a nosso critério". (B. H. Streeter e A. J. Appasamy, *The Sadhu: A Study in Mysticism and Practical Religion*; Introduction [O sadu: Um estudo sobre misticismo e religião prática; Introdução]. Londres: Macmillan and Co., 1921. [Sadu é designação para ascetas medicantes hindus. Sundar Signh (1889-1929) nasceu em uma família sikh. Depois que a mãe morreu, Sundar planejou se matar se Deus não se revelasse a ele. Em uma visão, Jesus lhe apareceu, e ele se converteu. Expulso da família, começou a visitar aldeias falando às pessoas sobre Jesus. (N.T.)]

daquele usado nas parábolas e nos ditos que algumas pessoas acham difícil de acreditar que tenham sido ditos pela mesma pessoa, e que João não os tenha inventado a partir de suas próprias meditações. Mas a dificuldade é mais aparente do que real. É preciso lembrar que, dos quatro Evangelhos, João é o único que afirma ser o relato direto de uma testemunha ocular. E, para qualquer pessoa acostumada a manusear documentos para lhes dar corpo, as evidências internas confirmam essa afirmação. Os Sinópticos, em geral, relatam as "peças pré-definidas"; é João quem relata as palavras e ações do indivíduo, em ocasiões não repetidas, resgatando-as daquele depósito de memória treinada que, entre as pessoas que não esquecem por causa de muita pena e tinta, substitui os registros arquivados e o caderno da estenógrafa. É João, falando de modo geral, quem sabe a época do ano, a hora do dia, onde as pessoas se sentaram e como elas iam de um lugar para outro. É João quem se lembra, não apenas do que Jesus disse, mas do que as outras pessoas lhe disseram, que pode reproduzir o vigor da controvérsia e o desenvolvimento de um argumento. É João quem reproduz fielmente a ênfase e a repetição de um mestre que tenta transmitir uma nova ideia a um público pouco inteligente e desatento. Foi ele, novamente, quem pegou os truques característicos da maneira de proceder e de apresentar os argumentos — o curioso movimento da dialética de atacar pelos flancos, capturando posto avançado após posto avançado por questões aparentemente irrelevantes, e então, de repente, atacando a posição principal pela retaguarda, e o ἀμήν ἀμήν λέγω ὑμιν ("Na verdade, na verdade vos digo" [ACF])[64] que introduz as declarações mais importantes.[65]

De fato, quando João é a autoridade para qualquer cena, ou quando seu relato está disponível para complementar o dos Sinópticos, a tarefa do dramaturgo é fácil. Ou o diálogo está completo — vívido

---

[64] Na NVI, a expressão é traduzida por "Digo-lhes a verdade". [N.T.]
[65] O mesmo recurso de linguagem, mas reduzido a um único "amém", é encontrado em todos os Sinópticos; João certamente não o inventou, embora sua versão seja mais pitoresca e individual. Também temos o uso bastante inesperado, em Mateus 11:27, de uma frase tão exatamente no estilo de João que pode ter vindo diretamente de um dos discursos joaninos.

e pessoal de ambos os lados — ou a parte do interlocutor pode ser facilmente reconstruída a partir das respostas dadas. E é frequentemente João quem fornece a razão e o significado de ações e discursos que nos Sinópticos parecem inexplicáveis e desconectados. Assim, após a Alimentação dos Cinco Mil, parece não haver nenhuma razão muito boa para que Jesus tenha se retirado e enviado os discípulos sozinhos a atravessar o lago, mas João fornece o motivo que falta, e também a resposta a uma ou duas outras questões práticas. Por exemplo: como os discípulos conseguiram ver Jesus vindo do outro lado do lago (era perto da Páscoa; portanto, a Lua estava cheia), e como algumas pessoas das multidões chegaram no dia seguinte em Cafarnaum (elas seguiram assim que os barcos cruzaram de Tiberíades para alcançá-las). É João quem nos dá aquele momento dramático quando Pilatos, decidindo repentinamente não ratificar a sentença do Sinédrio sem um inquérito, desconcerta os do partido sacerdotal com o convite formal para que exponham seu caso ("Que acusação vocês têm contra este homem?"), levando assim à pergunta: "Você é o rei dos judeus?"[66] que, nos Sinópticos, é disparada sem preliminares e sem nenhuma explicação de como uma ideia tão fantástica poderia ter entrado na cabeça de Pilatos.[67] É João quem sabe que, na Última Ceia, ele e Judas estavam sentados tão perto de Jesus que isso lhes permitia conversas sussurradas e a entrega do pedaço de pão;[68] João também, e apenas João, é que sabe sobre o interrogatório diante de Anás, esclarecendo assim onde e como ocorreu a negação de Pedro, e explicando como foi que o Senhor poderia virar-se e olhar para Pedro enquanto era conduzido pelo pátio da casa do Sumo Sacerdote para o julgamento perante o Sinédrio.[69]

---

[66] João 18:29-33.
[67] Para uma análise mais detalhada deste ponto, consulte Frank Morison, *Who moved the stone?* [Quem moveu a pedra?] [Disponível em https://archive.org/details/whomovedthestonepdfdrive.com. Acesso em 23 mar. 21.]
[68] João 13:23-26.
[69] Marcos e Mateus colocam a negação de Pedro durante e após o julgamento diante de Caifás (no Sinédrio). Em seguida, ambos começam novamente a mencionar uma nova "consulta", ao final da qual Jesus é condenado, amarrado e levado. Ou seja, ambos parecem saber que houve de fato dois interrogatórios, embora não digam por quê. João endireita essa confusão e coloca os acontecimentos em sua ordem correta, além de explicar a

De fato, todo o Evangelho de João parece a narrativa de uma testemunha ocular preenchendo as lacunas de matéria já publicada, corrigindo erros ocasionais e acrescentando material que os escritores anteriores não haviam lembrado ou desconheciam. Normalmente, ele registra de modo breve acontecimentos que já foram tratados de forma adequada e histórias que todos sabiam de cor; às vezes, ele os omite completamente: a história do Nascimento, por exemplo, a Tentação, as Parábolas e as palavras da Instituição Eucarística. Não há razão para supor que uma coisa não seja autêntica porque ele não a menciona ou, por outro lado, porque ninguém mais a menciona. Em memórias modernas escritas por pessoas reais sobre outra pessoa real, devemos esperar exatamente esse tipo de diversidade que encontramos nos Evangelhos. Se isso nos surpreende neles, é talvez porque caímos do hábito de olhar para Jesus e seus discípulos como pessoas *realmente* reais.

O dramaturgo, em qualquer caso, não está preocupado, como o crítico textual, em estabelecer uma versão da história como a versão mais antiga, mais pura ou única autorizada. Ele não quer selecionar e rejeitar, mas harmonizar. Onde duas versões são realmente incompatíveis (como nas datas de Marcos e de João para a Purificação do Templo),[70] ele deve, é claro, escolher uma

---

existência simultânea em Jerusalém de dois "sumos sacerdotes": Anás (sumo sacerdote "emérito", nomeado pelos judeus de forma ordinária e deposto por Roma), e Caifás (o "colaborador" eclesiástico instituído por Roma no lugar de Anás). Sua narrativa é perfeitamente lúcida, embora possa não parecê-lo à primeira vista; e isso em virtude de seu hábito, que causa alguma confusão, de comunicar informações vitais como parênteses (João 18:40; cf. o estilo de João em 6:22,23; 11:2; 18:13,14).

[70] "São João está certo sobre isso", diz o arcebispo Temple (*Readings in St. John's Gospel*, Vol. I, p. 42). Ele dá razões suficientes para que Marcos tenha omitido a história da Ressurreição de Lázaro, e substituído o incidente no "Templo" como "a ocasião para a intervenção dos sumos sacerdotes e saduceus" (ibid., p. 175). E ele aponta, com razão, que, embora tenha uma estrutura constante, Marcos não tem uma cronologia constante, e que (exceto para as narrativas da Paixão) "não temos de escolher entre duas cronologias incompatíveis, pois a cronologia joanina é a única que temos" (ibid., /I, xi). Tenho seguido João por uma razão adicional — de dramaturgo —, a de que, de uma forma ou de outra, a "sensação" do episódio é certa para o início do Ministério e errada para o final dele. Só posso expressar isso da maneira mais grosseira e humanista, dizendo que entre o Jesus que expulsa os cambistas e o Jesus que lamenta por Jerusalém, algum tipo de desenvolvimento parece ter ocorrido: ele é reconhecidamente um homem mais velho.

ou outra. Mas o que ele realmente gosta é tomar três ou quatro relatos do mesmo incidente, que difiram entre si nos detalhes, e encaixar todos esses detalhes de modo que a narrativa combinada apresente um quadro mais convincente e dramático do que qualquer um dos relatos considerados separadamente. E, ao fazer isso, ele muitas vezes se surpreende ao descobrir quantas contradições aparentes não são de modo algum contraditórias, mas meramente complementares. Veja, por exemplo, os vários relatos das aparições da Ressurreição no Sepulcro. As divergências parecem muito grandes à primeira vista; e muita tinta e acrimônia foram gastas para provar que algumas das histórias não são "originais" ou "autênticas", mas acréscimos sobre os relatos de primeira mão enxertados pela imaginação piedosa dos cristãos. Bem, pode ser assim. Mas permanece o fato de que *todos* eles, sem exceção, podem ser colocados no lugar em uma única narrativa ordenada e coerente sem a menor contradição ou dificuldade, e sem nenhuma supressão, invenção ou manipulação, além de um esforço insignificante de *imaginar* o comportamento natural de um bando de pessoas assustadas correndo à luz do amanhecer entre Jerusalém e o Jardim.

Para o propósito dessas peças, então, tratei todos os quatro Evangelistas como igualmente "testemunhas da verdade", combinando onde pude, preservando o máximo que pude e, onde uma escolha era necessária, fazendo da propriedade dramática o critério em lugar do prestígio textual do Codex Aleph ou Bezae ou da austeridade do hipotético Q.[71] Tampouco hesitei em me conformar a uma tradição amada, caso ela acrescentasse variedade pitoresca e não fizesse mal: meus Magos permanecem três e continuam reis; eles mantêm o nome vindo dos de contos de fadas, e Baltazar é negro e atraente, como todas as boas crianças sabem que ele deveria ser. A costumeira lenda do grito que percorreu o

---

[71] O Codex Sinaiticus, ou Aleph, é um manuscrito grego, talvez do quinto século, que contém todo o Novo Testamento. Foi descoberto em 1859. O Codex Bezae é um manuscrito em grego e latim, provavelmente do quarto século, com os quatro Evangelhos e Atos. O Evangelho Q, ou Fonte Q, é um hipotético texto anterior a Marcos (normalmente tido como o primeiro Evangelho a ter sido escrito), que teria servido de base para os Sinópticos. Seu nome se deriva da inicial da palavra alemã *Quelle*, que significa "fonte". [N.T.]

mar na morte de Cristo emprestou-se prontamente às imagens do Sonho da Mulher de Pilatos. Todas as Estações da Cruz estão lá, exceto a Terceira Queda, que teria envolvido mais repetição do que a forma dramática poderia suportar.[72] Fora de algumas dessas tradições, santificadas pela piedade e pelos costumes cristãos, as únicas fontes usadas foram as Escrituras Canônicas, junto com alguns detalhes de Josefo e outros historiadores para construir o pano de fundo geral.

Não embarquei na leitura de uma grande quantidade de literatura exegética, temendo que uma multidão de conselheiros pudesse apenas trazer confusão de mente. Devo, entretanto, reconhecer minha dívida com *Readings in St. John's Gospel*, do arcebispo Temple, e com *The Fourth Gospel* [O Quarto Evangelho], de *sir* Edward Hoskyns, bem como com *The Upper Room* [O Cenáculo], de R. A. Edwards, do qual extraí inescrupulosamente uma série de variações adequadas de tradução. E, no tocante ao tratamento dado às cenas do julgamento, devo agradecer a *Who moved the stone?* [Quem moveu a pedra?], de Frank Morison, uma pequena obra inspirada que esclarece, como num passe de mágica, tudo o que possa parecer intrigante naquele curiosamente ato lícito de ilicitude. *We crucify!* [Nós crucificamos!], de Ronald Gurner[73] foi útil, também, por seu criativo tratamento de toda a situação, do ponto de vista do Sinédrio. Além disso, é claro, permanecem muitos fragmentos de interpretação e exegese deixados na memória por leituras desconexas e sermões meio esquecidos, que desafiam todas as tentativas de identificação ou reconhecimento.

Parece-me, como, sem dúvida, parecerá a muitos leitores, que iniciei esta aventura com um equipamento, natural e adquirido, muito escasso.

    Eis uma galé mui carregada

---

[72] Santa Verônica, no entanto, foi privada de seu milagre, o qual (todas as outras considerações à parte) teria destoado do restante do tratamento dramático, além de distrair atenção da ação central e do personagem central. [Na tradição católica, Verônica foi a mulher que enxugou o rosto de Cristo a caminho da cruz, e no pano que ela usou para isso teria ficado "impressa" com sangue a face de Cristo. [N.T.]
[73] Sir Edwyn Clement Hoskyns (1884-1937), sacerdote e teólogo anglicano inglês. Sobre R. A. Edwards só foi possível encontrar a informação de que era anglicano. Stanley Ronald Kershaw Gurner (1890-1939), diretor de escola e escritor inglês. [N.T.]

Até sua beira mais elevada,
Ela uma nobre carga conduz:
A eterna Palavra do Pai, que é luz.

Ela tão em silêncio navega
— Sua carga de valor vasto nos lega —,
Por vela mestra tem o amor, enquanto,
Por mastro, tem o Espírito Santo[74]

O que uma autora de romances de detetive e uma equipe de atores de "West-End"[75] estão fazendo *naquela* galera? E que direito eles têm de supor que podem ser confiáveis para trazer um navio como aquele ao porto? Sejamos francos sobre isso.

Para fazer uma *adequada* apresentação dramática da vida de Deus Encarnado, seria necessário um gênio literalmente sobre-humano, tanto no dramaturgo quanto nos atores. Nenhum de nós, eu acho, tem ilusões sobre nossa capacidade de fazer o que os maiores artistas que já viveram admitiriam estar além de sua capacidade. No entanto, quando uma história é imensamente vasta, qualquer artesão honesto pode ter sucesso em produzir algo não totalmente indigno, porque a grandeza está na história, e ela não precisa apropriar-se de nada do artesão; basta que ele sirva fielmente à obra.

Mas o artesão deve ser honesto e deve saber a que obra está servindo. Sou escritora e conheço meu ofício; e eu digo que essa história é realmente uma vasta história e merece ser levada a sério. Eu digo mais (e aqui sei o que estou dizendo e quero dizer exatamente o que eu digo) que hoje em dia isso raramente é levado a sério. Com bastante frequência, é recebido, e tratado, com uma solenidade cautelosa, mas isso é o que os escritores honestos chamam de tratamento frívolo.

---

[74]Estrofes iniciais de "Es kommt ein Schiff, geladen" [Um navio está vindo, carregado], o mais antigo hino religioso de origem alemã: seu manuscrito mais antigo é anterior a 1450. Nele, a virgem Maria é comparada ao navio que chega. [N.T.]
[75]Área na região central de Londres, que reúne as principais atrações turísticas da cidade, incluindo seus famosos teatros. [N.T.]

Nem Herodes, nem Caifás, nem Pilatos, nem Judas jamais planejaram lançar sobre Jesus Cristo o opróbrio da insipidez; essa indignidade final foi deixada para mãos piedosas infligirem. Fazer de sua história algo que não poderia surpreender, nem chocar, nem aterrorizar, nem empolgar, nem inspirar uma alma vivente é crucificar o Filho de Deus novamente e expô-lo à vergonha pública. E se alguém imagina que a apresentação convencional dessa história tem sido tudo o que deveria ser, que pare o próximo estranho na rua e pergunte que efeito ela teve sobre *ele*. Ou olhe para o mundo ao qual este evangelho foi pregado por quase vinte séculos: *Si calvarium, si sepulchrum requiris, circumspice*.[76] Deixe-me dizer-lhe, bom povo cristão: um escritor honesto teria vergonha de tratar um conto infantil como vocês tratam o maior drama da história, e isso em virtude, não de sua fé, mas de sua vocação.

Você se esqueceu, talvez, que isto é, antes de mais nada, uma história — uma história verdadeira, o ponto de inflexão da história, "a única coisa que realmente aconteceu". Nesse caso, os mais humildes de nossa espécie — nós, o dramaturgo e os atores — podem se aventurar a lembrá-lo disso, porque nossa arte é contar histórias, e essa é a única arte que conhecemos. Fizemos o que podíamos; que o Mestre Artesão emende tudo.

O texto das peças é apresentado aqui exatamente como foi transmitido, exceto onde eu tenha alterado um lapso verbal ou dois e restaurado algumas passagens que foram omitidas por falta de tempo, juntamente com algumas palavras que foram censuradas por nenhum motivo melhor do que não serem de origem britânica.

As "Notas" prefixadas a cada peça são aquelas que escrevi na época e entreguei ao produtor com os roteiros. Elas são reimpressas aqui, não editadas, principalmente como algo de interesse técnico para dramaturgos que têm de lidar com os problemas peculiares de escrever dramas para o rádio.

---

[76] Latim: "Se vires o crânio, se vires um túmulo, olha a teu redor". Parece ser uma adaptação do epitáfio de Sir Christopher Wren (1632-1723), arquiteto da Catedral Saint Paul, em Londres: *"Si monumentum requiris, circumspice"* [Se vires este monumento, olha a teu redor]. [N.T.]

A melodia de assinatura usada ao longo do ciclo foi tirada da "Introdução e *Allegro* para harpa e cordas", de Ravel (Registro HMV, no. C. 1662).

Os hinos nas peças 5 e 9 foram configurados para melodias tradicionais.

"The soldiers' song" [A canção do soldado], na peça 10, e "Mary Magdalen's song" [Canção de Maria Madalena], na peça 11, foram compostas por Benjamin Britten.[77]

Finalmente, portanto, *Deo gratias*. E talvez eu possa acrescentar para todos nós a ingênua exclamação do escriba medieval que escreveu na conclusão de um trabalho um tanto longo e exigente:

Finis, finis, finis,
Ludendo dicit![78]

DOROTHY L. SAYERS[79]

---

[77] Edward Benjamin Britten (1913-1976), compositor, maestro e pianista inglês. [N.T.]
[78] Latim: "Terminado, terminado, terminado, / ele diz alegremente!". [N.T.]
[79] Veja "Um panegírico para Dorothy L. Sayers", em C. S. Lewis, *Sobre histórias* (Rio de Janeiro: Thomas Nelson Brasil, 2018). [N.T.]

PERSONAGENS

O Evangelista.
Herodes, o Grande, rei dos judeus.
Élpis, rainha de Herodes.
Efraim, um cavalheiro dos aposentos de Herodes.
Proclo, um oficial romano da guarda pessoal de Herodes.
Um menino escravo, pagem da casa de Herodes.
O médico da corte.
O sumo sacerdote.
Zorastes, o astrólogo-chefe.
Um secretário.
Dario, um capitão do exército de Herodes.
Matias, um rabino fanático.
Caspar, um idoso caldeu.
Melquior, um guerreiro grego. | Os três reis sábios.
Baltazar, um jovem etíope.
Maria, mãe de Jesus.
José, marido de Maria.
Um pastor.
A esposa do pastor.
Zilá, filha deles, uma criança de nove anos.
Um mensageiro.
Um anjo.
senhores, senhoras, escravos, serventes e multidão.

1
REIS NA JUDEIA

OBSERVAÇÕES
OS PERSONAGENS

EFRAIM. Eu o imagino com cerca de sessenta anos, dos quais passou os últimos 45 na ocupação permanente de tentar manter a cabeça sobre os ombros, em um tribunal onde o favorito de ontem pode ser massacrado durante a noite sem aviso, e onde todos estão envolvidos em conspirar contra todos os outros. Ele tem uma voz rabugenta, que bale como uma cabra agitada, uma barba rala e uma expressão de permanente ansiedade. A experiência de uma vida inteira não logrou ensiná-lo que a melhor maneira de lidar com Herodes é enfrentá-lo.

PROCLO tem apenas 28 anos, mas uma vida dura e uma disciplina habitual o fazem parecer mais maduro. Ele é um romano que serviu na Judeia como capitão da guarda pessoal de Herodes. (Mais tarde, sob Arquelau, ele se tornará parte da máquina militar romana, e nós o encontraremos novamente.) Nos sentimentos, ele é totalmente romano, desprezando o europeu por causa do oriental e o metropolitano por causa do provincial. Por não ter nenhum medo de Herodes, dá-se muito bem com ele.

O MENINO ESCRAVO, de cerca de 13 anos, é o usual estorvo paparicado de uma corte oriental. Ele provavelmente é grego ou levantino: bonito, atrevido e totalmente mimado.

OS MAGOS. Segundo a tradição (embora não a bíblica), os magos são apresentados como reis, simbolizando as três raças da humanidade: os filhos de Sem, de Cam e de Jafé (Ásia, África, Europa).

CASPAR (o asiático) é um idoso culto, moderado e digno, e um pouco introvertido e reservado. Ele tem a sabedoria do intelecto.

MELQUIOR (o europeu) é um homem na flor da idade. Seu principal interesse é com respeito a questões práticas; se consulta as estrelas, é para aprender como guiar suas ações. Tem a sabedoria dos sentidos corporais.

BALTAZAR (o africano) é um jovem. Ele tem o temperamento do místico; seu interesse está no relacionamento do homem com os homens e dos homens com Deus. Tem a sabedoria do coração.

As participações dos REIS são estilizadas para evidenciar essa estrutura tripla, e a atuação deve estar de acordo com esse padrão. O "Reino" que eles vêm anunciar não é um reino desta terra, e tentei indicar isso dando-lhes uma espécie de atmosfera de conto de fadas (em seus sonhos etc.), para contrastar com a qualidade muito prática e terrena da realeza de Herodes.

HERODES é o personagem mais elaborado desta pequena peça, e é importante que se tenha uma ideia correta sobre ele. Devemos esquecer a imagem tradicional de um monstro semilunático, "um Herodes super-herodiano" e "enfurecido no desfile suntuoso e na rua". Este homem não foi chamado de "Herodes, o Grande" por nada. Ele tem setenta anos e está morrendo de uma doença agonizante, mas é a ruína de um grande homem. Tudo o que ele diz sobre si mesmo é verdade. Ele *manteve* a Judeia em paz por trinta anos depois que ela havia sido despedaçada por facções religiosas, e a *deixou* próspera; ele foi traído por cada um daqueles a quem amava, e seus sobrinhos *tentaram* envenená-lo. Foi brilhante como soldado e como político, e, no que dizia respeito ao país, não era mais cruel e inculto do que outros príncipes orientais de seu tempo. Mas sua vida privada era um longo horror de ciúme, suspeita e derramamento de sangue. Ele nunca superou a morte de

Mariamne, a quem havia amado apaixonadamente, e foi levado a um furor de ciúme pessoal (infundado) e de suspeita política (perfeitamente bem fundada). Tampouco conseguiu superar o conhecimento de que os judeus mais rigorosos o desprezavam por ser um edomita (descendente de Esaú) e não um verdadeiro israelita da Casa de Jacó. Ele aceitou superficialmente a religião judaica, permitindo templos pagãos nas províncias remotas, embora tenha construído o grande Templo de Jerusalém e o adornado magnificamente. A Águia Romana que colocou sobre ele enfureceu os fariseus, porque sugeria que a religião judaica estava subordinada ao Estado Romano. Há muitas histórias sobre a coragem e o senso de humor de Herodes. Ele era astuto, falso e desconfiado, e tinha um temperamento vil, mas era um gênio a seu modo. César sabia que Herodes era o único homem em quem podia confiar para manter a Judeia em ordem, e Herodes sabia que, se essa ordem não fosse mantida, a Judeia seria privada de seus últimos vestígios de independência. Com a morte de Herodes, isso de fato aconteceu, e a Judeia foi colocada sob o controle direto de um governador romano. Herodes estava, de fato, na posição de um marajá indiano, exercendo soberania dentro do Raj britânico[1] (como muitos daqueles, Herodes introduziu uma boa parte da cultura europeia em sua província e enviou os netos para a faculdade em Roma, enquanto os marajás enviam os seus para Oxford). Assim, o fato de ele estar "perturbado" pela ameaça de um Messias judeu e as medidas que tomou para suprimir a ameaça foram, do ponto de vista político, perfeitamente justificados.

ÉLPIS é a oitava esposa de Herodes — uma jovem casada com um velho — e exerce as funções de apaziguadora profissional.

ZORASTES. Não havia espaço para dar a este pobre adivinho quaisquer características além de uma ansiedade em não ofender que o aterrorizava e uma disposição geral de entregar o bebê a outra pessoa.

---
[1] O período do controle britânico na Índia que terminou em 1947. [N.T.]

SUMO SACERDOTE. É o fantoche de Herodes e, como o Vigário de Bray,[2] está determinado a manter seu emprego aconteça o que acontecer. (Ele não teve sucesso, pois Herodes o demitiu por causa do problema com a Águia Dourada.) Graças a seu cargo, ele tem um pouco mais de dignidade do que Efraim ou Zorastes, e diz sua parte sem gaguejar.

DOUTOR. Sua preocupação com o próprio pescoço é atenuada pela autoridade que qualquer médico exerce sobre o paciente. Pretendo que ele seja muito honesto e não tenha participado do envenenamento de Herodes. (Ele tem apenas duas falas, mas elas devem ser enunciadas com firmeza.)

ESPOSA DO PASTOR. Não apresenta dificuldade: uma pessoa boa, gentil, animada e maternal. Sotaque da zona rural.

ZILÁ. Tem cerca de nove anos. Uma criança normal e simpática, inteligente e prestativa em casa. Ela considera o Cristo menino de maneira simples e natural, apenas como o novo bebê.

JOSÉ. Com cerca de cinquenta anos — um excelente artesão; um pouco sentencioso e dado a citar as Escrituras —, ele é o tipo de homem que lê a Bíblia regularmente. Ele tem um leve sotaque provinciano, mas menos acentuado que o da ESPOSA DO PASTOR.

MARIA. Deve ser interpretada com dignidade e sinceridade, e com perfeita simplicidade. Sua voz é doce, mas não açucarada; e não deve haver nela nenhum traço de afetação de qualquer tipo. Um leve toque de sotaque — talvez uma leve sombra da característica irlandesa — seria útil para mantê-la em sua "posição de vida"; mas, se for assim, o sotaque de José deve ser condizente (e mais tarde, não devemos entender a anomalia de um Jesus falando com um sotaque diferente do de sua mãe).

---

[2] Expressão satírica inglesa que designa uma pessoa que muda de princípios fundamentais conforme mudam as circunstâncias exteriores a fim de manter seu ofício eclesiástico. A história que deu origem à expressão é contada em uma canção e em uma ópera homônimas. [N.T.]

ANJO. Um anjo *masculino*, por favor! A voz estilizada para dar um efeito de sonho (evitando a lamúria sinistra considerada apropriada, em *Ricardo III*, para os fantasmas no palco), uma característica vagamente sugestiva de sopro.

NOTA: EFEITOS DA MULTIDÃO E A FALA DE MATIAS NA CENA III

Sugeri algumas coisas para a multidão gritar, porque em geral é melhor fazer isso do que deixar ao gosto e à fantasia dos atores. Mas deixo inteiramente para o Produtor decidir quanto daquilo colocar em cena, ou quanto da fala de Mathias tornar audível. O discurso existe, em parte, é claro, para explicar por que a Águia cometeu tal ofensa, mas principalmente como desculpa para abafar os ruídos da multidão para que os comentários de Herodes possam ser ouvidos.

O choque de pedras no chão de mármore será um incômodo, infelizmente. É muitíssimo lastimável que no primeiro século não houvesse janelas de vidro com o propósito de serem quebradas por mísseis; fiz o melhor que pude ao oferecer vasos etruscos e uma lâmpada de latão como vítimas sacrificiais.

CRONOLOGIA

Como se pode ver, usei a cronologia convencional dos "Doze Dias de Natal". Na verdade, é claro, a visita dos Magos, com a subsequente Fuga para o Egito e o Massacre dos Inocentes, não podem ter ocorrido tão rapidamente logo após a Natividade. Mas, uma vez que as considerações de tempo e espaço não me permitiram incluir a Apresentação entre os episódios deste Ciclo, o esquema de tempo abreviado foi adotado para ação mais rápida e melhor compressão dramática.

NOTA SOBRE SOTAQUE E DIALETO

Essa questão apresentava grandes dificuldades. Para um realismo completo, todos os personagens galileus, *incluindo Jesus*, deveriam falar com um forte dialeto local, e o contingente de Jerusalém, com outro, enquanto os romanos deveriam se distinguir quando estivessem falando latim uns com os outros ou se esforçando para se fazerem entender pelos habitantes locais usando um aramaico ruim (ou possivelmente em grego coloquial).

Pareceu-nos que chegar com um Jesus e Discípulos constantemente falando escocês, galês, irlandês, Yorkshire, Somerset ou Mummerzet[3] seria tentar o ouvinte, criar dificuldades na escolha do elenco e, possivelmente, despertar certo ressentimento entre os patriotas locais cuja forma particular de discurso não tenha sido escolhida.

Decidimos que Jesus e sua Mãe deveriam falar o Inglês Padrão, mas às "multidões" seria permitido ter um "falar rude", embora sem nenhuma tentativa de discriminar entre os dialetos em várias partes da Palestina. A questão então surgi: os Discípulos também deveriam falar Inglês Padrão (neste caso, poderiam, em contraste com a Multidão, soar como uma Missão Universitária para East End[4]); ou deveria Jesus ter o monopólio da fala refinada, correndo o risco de parecer entre seus discípulos e a multidão como um locutor da BBC palestrando para a WEA[5]? O expediente adotado foi "distinguir" os Discípulos um pouco das "multidões", e também distingui-los entre si: João e Judas, por exemplo, falando Inglês Padrão, Pedro tendo um tom mais rude (em preparação para seu reconhecimento como camponês galileu pelo pessoal do Sumo Sacerdote), e a Mateus sendo dado um tom nasalado *cockney*[6] para fazer uma distinção entre o pequeno oficial "da cidade" e os pescadores do interior. Os romanos também ficaram com apenas suas distinções de "classe" de fala, uma vez que o uso perpétuo de um sotaque estrangeiro pode mostrar-se irritante para o ouvinte e prejudicial para o ator.

CENA I (JERUSALÉM)

O EVANGELISTA: Princípio do Evangelho de Jesus Cristo, o Filho de Deus [...] Depois que Jesus nasceu em Belém da Judeia, nos dias do rei Herodes, magos vindos do Oriente chegaram a Jerusalém. [...]

---

[3] As três últimas palavras são regiões da Inglaterra com sotaques extremamente característicos. [N.T.]
[4] East End é uma área de Londres, que começou a surgir na Idade Média, caracterizada por extrema pobreza. Diferentes grupos cristãos tinham missões na região. [N.T.]
[5] Workers' Educational Association [Associação dos trabalhadores da educação], fundada em 1903, é uma grande associação de voluntários para educação de adultos. [N.T.]
[6] Dialeto dos moradores dos bairros pobres de Londres. [N.T.]

(Barulho de dados sendo jogados e o som de um alaúde.)
EFRAIM: Quatro, seis, dois... Ah, pare de dedilhar, seu macaco preguiçoso!... Sua vez, capitão.
PROCLO *(jogando os dados)*: Cinco, três, seis.
EFRAIM: Você venceu, Proclo. ... O que foi todo aquele barulho na rua ontem à noite? Bem debaixo das janelas do palácio — vergonhoso!
PROCLO: Um bando de tolos indo atrás de um boato ou outro. *(Joga os dados.)* Ahá! Três seis. Vença isso se puder, meu senhor Efraim.
EFRAIM: Você tem muita sorte... Boato? A respeito de...?
PROCLO: Oh, nada. Apenas uma desculpa para tumultos.
MENINO: Estão dizendo no mercado que a Judeia vai ter um novo rei.
PROCLO: É? Bem, meu rapaz, não é nada disso.
EFRAIM: Você não deve repetir isso. É traição.
MENINO: Num fui eu. Aqueles estrangeiros que chegaram ontem disseram ao porteiro que...
PROCLO: Você ouviu o que eu disse.
MENINO *(atrevidamente)*: Você não precisa gritar. Eu tenho orelhas.
EFRAIM: O burro também. Longas, peludas. Elas ficam assim porque ouvem fofocas.
MENINO: Bem, faça o que quiser. Mas toda Jerusalém está falando sobre isso. *(Ele dedilha novamente.)*
PROCLO: Isso é o suficiente. Dê o fora, meu rapaz, e leve essa sua maldita caixa de música.
EFRAIM: Fique na antecâmara e, quando os estrangeiros se apresentarem, faça-os entrar.
MENINO: Ah, tudo bem.
EFRAIM: E se eu o pegar falando traição de novo, vou mandar chicotear você. Não há nenhum rei aqui, exceto o rei Herodes. Você entende?
MENINO: Deus salve o rei Herodes!
PROCLO: E nenhum imperador a não ser Augusto César. Entendeu?
MENINO: Ave César!
PROCLO: Isso mesmo. Agora saia.
EFRAIM: E feche a porta!
(Sai o MENINO, batendo a porta.)
Menino arrogante... *(em tom confidencial)* Capitão Proclo, eu não gosto nada disso. O rei é um homem muito doente e, quando ele morrer, haverá problemas com a sucessão. Estou mais ou menos

apoiando o Príncipe Arquelau. Você é romano. O que você acha? O imperador vai apoiar essa reivindicação?

Proclo: Não faço ideia. Os soldados não têm política.

Efraim: É preciso cuidar dos próprios interesses, você sabe. Espero que não haja guerra civil.

Proclo: Se César souber disso, não haverá.

Efraim: Herodes foi um governante forte em sua época; mas, só entre nós, ele não vai durar até o final do ano.

Proclo: Isso é ruim.

Efraim: Essas coisas vazam e causam muita inquietação. Algum agitador pode aparecer e iniciar um movimento pela independência judaica.

Proclo: É melhor eles não tentarem.

Efraim: Você sabe que sete mil fariseus se recusaram a jurar lealdade a César, e eles têm o irmão do rei do lado deles — e eles dizem que há uma grande conspiração em andamento e que *(em um sussurro rouco)* o príncipe Antípatro está muito envolvido na coisa toda.

Proclo: Antípatro? O filho favorito do rei Herodes?

Efraim: Sshhhhhh! Estamos sentados à beira de um vulcão. Esses rumores são um mau sinal. Jerusalém está cheia de ralé para ser registrada no novo censo; a mínima coisa seria como acender um fósforo. Ainda na semana passada, circulou uma história sobre anjos aparecendo em Belém e proclamando um novo Messias.

Proclo: Foram apenas alguns caipiras do interior. Gente biruta, provavelmente. Quem são esses estrangeiros sobre quem o menino estava falando? Alguém que importa?

Efraim: Só Deus sabe. Príncipes estrangeiros de algum tipo, com nomes estranhos. Um deles é um núbio, eu acho — de qualquer forma, ele é preto como carvão. Eles dizem que são astrólogos e trouxeram ao Rei uma mensagem elogiosa das estrelas.

Proclo: Então, ele pode vê-los: Herodes tem uma queda por adivinhos.

Efraim: Ele diz que os *verá*. Na verdade, eles estão quase chegando. Eu só queria que alguém me contasse a *minha* sorte. Mas esses mágicos não são confiáveis.

Menino *(nos bastidores)*: Por aqui, meus senhores. Sigam-me, meus senhores. *(Ele abre a porta e anuncia estridentemente.)* Rei Caspar, rei Melquior e rei Baltazar, desejando uma audiência com o rei Herodes.

Efraim: Bom dia, meus senhores. Queiram sentar-se. Garoto, vá e informe Sua Majestade que estes senhores chegaram... Confio, senhores, que o Rei os chamará; mas, vocês sabem, ele é um homem idoso e está doente há várias semanas.
Caspar: Lamentamos muito ouvir isso.
Efraim: Tenha o cuidado de não dizer nada que possa irritá-lo.
Melquior: Ele ficará feliz com nossa missão diplomática. Somos os mensageiros de esplêndida boa sorte.
Baltazar: A ele e a seu filho, o herdeiro da Judeia, o grande e poderoso rei que há de ser.
Proclo: Isso é muito interessante. Qual filho?
Efraim: Capitão Proclo! Por favor, não tão alto... Vejam, senhores, a situação política é um tanto complicada. Se vocês são adivinhos, talvez possam me dar uma dica...
Caspar: Não somos adivinhos!
Vozes *(nos bastidores)*: Abram caminho para o Rei Herodes!
Efraim: Apenas uma dica...
Proclo: Fique quieto, seu tolo; ele está vindo.
Efraim: É preciso cuidar dos próprios interesses...
Voz *(à porta)*: O Rei Herodes!
Proclo *(em tons de estentor)*: O Rei Herodes!

(*Entra o rei* Herodes, o Grande, *com a* rainha Élpis, *o* sumo sacerdote, *o* médico da corte, *o* astrólogo-chefe, senhores, senhoras *e* w.)

Todos: Deus salve o Rei Herodes!
Herodes *(com uma voz embargada de dor e exaustão)*: Ponham-me no chão com cuidado. Se vocês me sacudirem, seus ossos vão pagar por isso.
Efraim: Aqui, escravos, aqui... Será do agrado de Sua Majestade se deitar neste sofá?
Herodes: Na minha cadeira, na minha cadeira de estadista. Tolo e traidor, o que você faria de mim? Eu ainda sou o rei Herodes.
Efraim: E por muitos longos anos, se Deus quiser.
Herodes: Você é um hipócrita. Você pensa que eu estou morrendo, e espera que isso seja verdade. Você está aliado a meus filhos traidores, que agarrariam meu cetro antes que minha carcaça esfriasse. Não negue. Eu vi você lambendo a mão de Arquelau, bajulando

aos calcanhares de Antípatro — conspirando, conspirando —, nada além de conspirações e traição. *(Sua voz morre em um gemido.)*

EFRAIM: Ai de mim! Por que sua Majestade pensaria assim? Todos nós somos seus súditos mais devotados, amorosos e fiéis.

HERODES: É o que diz todo traidor. É melhor você ter cuidado, meu senhor Efraim.

EFRAIM: Eu sou o cão fiel do Rei! Que uma praga caia sobre mim, se alguma palavra ou pensamento desleal...

HERODES: Bah!

ÉLPIS: Ó senhor; quando meu régio marido está com esse humor, é melhor não contrariá-lo. Sua doença o deixa impaciente, mas vai passar.

HERODES: Doutor, dê-me algo para aliviar essa dor. Embora eu ouse dizer que você está mancomunado com meus herdeiros para me envenenar.

MÉDICO: Deus me livre, senhor.

HERODES: Deus, ou alguém, saberá como lidar com você se você tentar me enganar... Mas, agora! Quem são esses príncipes estrangeiros, e o que eles procuram das mãos de Herodes, Rei dos Judeus?

CASPAR: Ó Rei, viva para sempre! Eu sou Caspar, Rei da Caldeia.

MELQUIOR: Eu sou Melquior, Rei da Panfília.

BALTAZAR: Eu sou Baltazar, rei da Etiópia.

HERODES *(com extrema gentileza: é como um homem diferente falando)*: Régios irmãos, todos vocês são muitíssimo bem-vindos à minha Rainha e a mim.

CASPAR: Somos Magos, humildes buscadores da Sabedoria oculta.

ÉLPIS: Meu senhor e eu estamos muito honrados com sua visita. Amamos a companhia de homens bons e eruditos.

MELQUIOR: A ti, rei Herodes, e para todo o reino da Judeia, trazemos boas-novas dos Grandes Senhores do Céu.

BALTAZAR: Glória e domínio até os confins do mundo, e a promessa de um cetro eterno.

HERODES: De fato, são boas notícias.

MELQUIOR: Portanto, ó rei, em nome do Deus Altíssimo, pedimos que nos conceda o desejo de nosso coração.

HERODES: Pergunte o que quiser. Nossa generosidade e o favor real estão abertos para vocês.

CASPAR: Mostra-nos, imploramos, o nobre menino.
HERODES: Menino? Que menino?
MELQUIOR: Mostra-nos aquele que nasceu Rei dos Judeus.
BALTAZAR: Vimos sua estrela no oriente e viemos prestar-lhe homenagem.
HERODES *(em um tom perigoso)*: Senhores, eu não entendo vocês.
CASPAR: Não nos negue; viajamos muitos quilômetros para isso.
MELQUIOR: Sabemos que o menino nasceu. Nove meses atrás, as hostes do céu ficaram perturbadas. O ardente Marte brilhou como ouro em uma fornalha e a face de chumbo de Saturno empalideceu. O próprio Júpiter, a estrela imperial, foi ferido e afligido entre o Sol e a Lua na constelação da Virgem.
BALTAZAR: Embora ela ainda estivesse abaixo do horizonte, sentimos a vinda da estrela e nos maravilhamos com o que isso poderia significar. E em nossos livros, lemos como a verdade deveria ser divulgada na Judeia e na Casa do Leão, que é a Casa de Judá.
HERODES: Judá!
EFRAIM *(em um sussurro agitado)*: Você quase o irritou. Ele é idumeu. Ele não é da linhagem de Judá. Eu lhes imploro, meus senhores...
HERODES: O que você está cochichando aí? Prossigam, senhores, prossigam.
CASPAR: Então, pegamos nossa montaria e cruzamos o deserto. E quando nos sentamos à noite junto às águas de Araba, vimos o nascer da Estrela. Entre a meia-noite e o nascer do dia ela permaneceu, refulgindo na cúspide da Primeira Casa, senhor do ascendente.
MELQUIOR: E todos os governantes do firmamento foram reunidos para homenageá-la. Nunca tais conjunções foram vistas no horóscopo de qualquer potentado terrestre.
BALTAZAR: Então soubemos que era chegada a hora em que aquele que estabeleceria o reino nasceria príncipe em Israel.
HERODES: Tenham cuidado, míseros senhores. Quem os mandou aqui para zombar de mim?
ÉLPIS: Certamente, senhores, vocês não sabem o que estão dizendo.
HERODES: Acho que há traição aqui. Quem os enviou?
CASPAR: Herodes, Herodes...
HERODES: Repito: quem os mandou? Respondam-me ou terão sua língua velha e mentirosa arrancada pela raiz.
CASPAR: Nossa comissão vem dos deuses e do Deus dos deuses.

HERODES: Vilões e charlatães! Vocês serão torturados, empalados, crucificados.
ÉLPIS: Herodes, meu senhor, querido marido, tenha paciência.
EFRAIM: Eu avisei você para não irritá-lo.
MÉDICO: Suplico-lhe, senhor, controle-se. Você vai ficar doente.
HERODES: Deixem-me em paz, seus idiotas. *(Ele luta para respirar e recomeça suavemente.)* Nobres reis, sábios Magos, imploro que me perdoem. Vocês me pegaram de surpresa. Vocês veem o que eu sou: um homem velho muito doente. Nenhum filho nasceu de minha rainha Élpis e de mim. Tenho filhos, mas são todos homens adultos, também com filhos. É um neto meu que se sentará no meu trono e governará um império?
MELQUIOR: Meu senhor, não sabemos. Mas está escrito nos céus que aquele que nasceu será sacerdote e rei.
HERODES: Sacerdote e rei? *Sacerdote?* Têm certeza?
BALTAZAR: Assim está escrito.
HERODES: Isso é sério. Vocês não conhecem a história deste reino. Por muitos anos foi dilacerado por guerras e rebeliões, até que Augusto César o colocou sob a proteção de Roma. Sob seu mandato imperial, assumi a coroa; por trinta anos mantive a paz, pela força e pela política. Não tem sido fácil. Há revoltas contínuas contra a ordem romana, todas feitas, vocês compreendem, em nome da religião.
SUMO SACERDOTE: Perdoe-me, sua Majestade. Não com nossa aprovação.
HERODES: Como diz o Sumo Sacerdote, não com a aprovação do sacerdócio oficial, a quem bem conhece. A religião tem sido o pretexto para a ambição política. Fui eu, Herodes, que quebrei o poder dos asmoneus. *Eles* eram a casa sacerdotal. *Eles* afirmavam estar sentados neste trono e governar como sacerdotes e reis. Eles eram traidores de Roma e de mim, e eu os matei. Matei meus próprios filhos por traição. Matei minha rainha, minha primeira rainha, Mariamne, a quem eu amava — minha rainha e meus filhos, a quem eu amava...
CASPAR: Senhor, não se aflija e a nós...
HERODES: Eles eram traidores. Seus filhos são traidores até hoje. Conspirando contra mim. Conspirando contra Roma. Esperando sempre o Messias guerreiro que os conduzirá à vitória e à independência. Mas não há segurança na independência. A única

segurança para este país está em cumprir seu papel na grande nova ordem da Roma Imperial.

MELQUIOR: Meu senhor, está escrito nas estrelas que o homem nascido para ser rei governará em Roma.

(*Murmúrios*)

HERODES: Em Roma também? O que você acha disso, capitão Proclo?

PROCLO: Nada. Sou um soldado. É minha função não dizer, mas fazer. Se César quer ações, César comandará.

HERODES: Notem isso, senhores. Vocês profetizam, Herodes raciocina, mas César vai comandar.

EFRAIM (*timidamente*): Meu senhor, se o cachorro de sua Majestade se atreve a falar, não podem esses eruditos reis ter cometido algum erro em seus cálculos? Afinal, não temos confirmação. Os mágicos da corte de sua Majestade não emitiram nenhuma profecia oficial com relação a esta — ããã — suposta aparição astral.

HERODES: Isso é verdade. (*Com instantânea suspeita*) E por que não? Eles também estão no complô? Ei, você, Zorastes, o que você está fazendo aí? Eu vejo você se escondendo atrás das saias do Sumo Sacerdote. Você não tem nada a dizer sobre isso? Hein? Venha, meu senhor Astrólogo-Chefe, venha e fale a verdade. Quem o subornou para esconder coisas de Herodes?

ZORASTES: Ninguém, meu senhor.

HERODES (*com desvairada zombaria*): Ninguém, é claro. Ninguém. Levante-se, homem. Olhe para ele agora, branco como um lençol, os joelhos batendo um no outro. Diga-me, seu cão: você viu a estrela de que esses sábios falam?

ZORASTES: A estrela? Oh, sim, sim, meu senhor. Uma estrela muito brilhante, de fato. Bastante notável.

HERODES: E o que você acha disso?

ZORASTES: Ó Rei, viva para sempre! O favor do rosto do Rei é mais brilhante do que as estrelas. (*Desconcertado por um grunhido de* HERODES, *continua falando apressadamente.*) Sem dúvida, meu senhor, uma conjunção muito feliz de afortunados planetas com augúrio sempre bem-aventurado para Jerusalém e para a alta, poderosa e resplandecente casa de...

HERODES: Já ouvi tudo isso antes. Você leu as profecias judaicas?

ZORASTES: Sim, magnificência.

HERODES: Onde elas dizem que o Messias dos Judeus nascerá?

Zorastes: Senhor, ali é dito que... ou que parece mais provável que... Bem, o Sumo Sacerdote poderia lhe dizer melhor do que eu.

Herodes: Diga logo, Sumo Sacerdote, onde nascerá o Cristo?

Sumo sacerdote: Provavelmente, meu senhor, em Belém da Judeia, pois assim está escrito no Livro do Profeta Miqueias: "Tu, Belém-Efrata, embora sejas pequena entre os clãs de Judá, de ti virá para mim aquele que será o governante sobre Israel".

Herodes: Belém, é? Então, meus sábios príncipes, vocês não terão de ir muito longe. Embora eu duvide que encontrem muito quando chegar lá. Uma pequena aldeia muito ordinária. Não é comum que reis nasçam entre uma coleção de paredes de barro e cercados de ovelhas. Menino, diga ao cavalariço que prepare cavalos para esses cavalheiros e os coloque na estrada para Belém.

Menino: Imediatamente, magnificência.

Herodes: E agora, retirem-se, todos vocês. Quero falar com esses régios astrólogos em particular. E, ouçam bem, fiquem de boca fechada.

Todos: Somos os escravos do Rei. Deus salve sua Majestade.

Menino (*com a maliciosa consciência de que pode estar enfurecendo com perfeita impunidade*): Somos escravos de César. Ave, César!

Todos (*obedientemente*): Ave, César!

Herodes: Fechem as portas.

(*Portas fechadas.*)

(*Com pressa, mas com brandura*) Cavalheiros, vejam minha posição. Há quem me chame de tirano e autocrata, mas não sou meu próprio mestre. O domínio de Roma está sobre a Judeia, e não posso tolerar uma revolta abertamente. Mas, se for do agrado do Céu levantar um líder em Israel, estou pronto, de coração e alma, para desferir um golpe pela independência judaica. Posso confiar em vocês?

Caspar: Não faz parte de nossa comissão trair os conselhos dos reis.

Herodes: Tudo bem. Agora, digam-me: quando exatamente essa estrela real apareceu?

Baltazar: Doze dias atrás vimos sua luz no leste.

Herodes: Doze dias. (*Pensativo*) Na Casa do Leão... o Leão de Judá... a Casa de Davi. Pode ser isso. Belém é chamada de Cidade de Davi — vocês sabiam disso? E as Escrituras falam de Belém. Sacerdote e rei. Vocês calcularam o horóscopo dele? Que tipo de homem será este que nasceu para ser Rei dos Judeus?

Melquior: Mais orgulhoso do que César, mais humilde do que seu escravo; seu reino se estenderá do poente ao nascente, mais alto que os céus, mais profundo que a sepultura, e estreito como o coração humano.

Caspar: Ele oferecerá sacrifícios em Jerusalém, e terá templos em Roma e em Bizâncio, e ele mesmo será o sacrifício e o sacerdote.

Herodes: Vocês falam mistérios. Digam-me isto: ele será um rei guerreiro?

Baltazar: O maior dos guerreiros; no entanto, ele será chamado de Príncipe da Paz. Ele será o vencedor e a vítima em todas as suas guerras, e terá seu triunfo na derrota. E, quando as guerras terminarem, ele governará seu povo pelo amor.

Herodes: Você não pode governar os homens pelo amor. Quando encontrarem seu rei, digam-lhe isso. Apenas três coisas governarão um povo: medo e ganância e a promessa de segurança. E eu não sei disso? Eu não amei? Tenho sido um governante severo, temido e odiado, mas meu país é próspero e suas fronteiras estão em paz. Mas, onde quer que eu amasse, encontrava traição: esposa, filhos, irmão — todos eles, todos eles. O amor é um traidor; ele me traiu; ele trai todos os reis; ele vai trair seu Cristo. Transmitam a ele essa mensagem de Herodes, Rei dos Judeus.

Caspar: Senhor, quando encontrarmos o Cristo...

Herodes: Verdade; eu esqueci. Quando vocês o encontrarem, voltem e me avisem. Devemos trabalhar com rapidez e astúcia. O partido patriótico só precisa de um líder e de um nome, algum nome que os una bem em vez de dividi-los. Eles não vão *me* apoiar, porque eu não sou da casa de Jacó; mas se eu mesmo for e jurar lealdade a esta régia criança, então, todos eles me seguirão. Mas primeiro devemos nos certificar do menino. Posso contar com vocês para me trazerem logo notícias?

Caspar: Essas intrigas não são de nossa conta. No entanto, para qualquer fim que um homem nasça, para esse fim ele virá finalmente, não importa quão escuro e tortuoso seja o caminho. Todos nós somos instrumentos do destino, e o próprio Herodes, apenas um instrumento nas mãos de Deus.

Herodes: Se for meu privilégio restaurar o reino a Israel, então, bendita é a Casa de Herodes... Vocês me farão esse favor e me guiarão aos pés do jovem rei?

Melquior: Se os altíssimos deuses permitirem, certamente o faremos.

Herodes: Agradeço-lhes de coração. Por sua visita, pelas boas-novas e pela grande oportunidade que me foi mostrada, Herodes agradece... Perdoem-me; tem sido difícil para mim me mover. Façam-me o favor de soar esse gongo.

(Gongo soando.)

Lembrem-se: nenhuma palavra sobre isso para meu povo, se vocês valorizam a segurança de seu jovem rei.

Baltazar: Manteremos silêncio.

(Entra MENINO.)

Menino: O que sua Majestade deseja?

Herodes: Os príncipes estão partindo imediatamente para Belém. Leve-os para seus cavalos. E me mande meu secretário. Adeus, senhores. O céu apresse sua busca. Espero que vocês não descubram que isso é uma busca infrutífera.

Caspar:
Melquior: Adeus. Que o nome de Herodes seja inscrito no livro da vida.
Baltazar:

(Portas fechadas.)

Herodes: Tolos! Que suas próprias profecias os estrangulem! Mas existe perigo — perigo muito grave. Não importa. Por mais velho que seja, Herodes também sobreviverá a essa tempestade. Deixe-me pensar. Capturar o menino — esse é o primeiro passo. Matá-lo imediatamente — isso é o mais simples. Mas, se pudéssemos envolver todos os rebeldes — tentá-los a se envolver — então atacar e limpar todo o ninho de vespas de uma vez... Sim! Esse é o caminho. Esse é o jeito de Herodes... Mas devemos cuidar para que nenhum relato deturpado chegue a Roma. Devemos escrever...

Secretário: Sua Majestade precisa de um secretário?

Herodes: Sim. Pegue a pena. Eu ditarei: "Ao Divino Imperador, César Augusto, de Herodes, Rei dos Judeus, saudações..."..

CENA II (BELÉM)
SEQUÊNCIA 1 (CABANA DO PASTOR)

O evangelista: Depois de ouvirem o rei, eles seguiram o seu caminho, e a estrela que tinham visto no Oriente foi adiante deles, até que finalmente parou sobre o lugar onde estava o menino.

Esposa do pastor: Zilá, Zilá! Você já colocou a mesa?
Zilá: Sim, Mãe.
Esposa: Então corra e diga a Pai José que a ceia está pronta. Você o encontrará lá atrás. E dê uma olhada na estrada para ver se seu Pai está vindo.
Zilá: Sim, Mãe. *(Ela sai correndo e chamando.)* Pai José, Pai José!
Esposa: Agora, Mãe Maria, deixe-me pegar o bebê e colocá-lo no berço enquanto você janta. Venha, amorzinho; você é um menino lindo, não é? Muito bem! Agora você vai dormir como um bom menino. Mas ele é sempre muito bonzinho, não é? Nunca chora muito. O bebê mais feliz que já vi.
Maria: Ele está feliz em sua casa tão amável. Mas ele chorou ao nascer.
Esposa: Ah! Todos eles fazem isso, e poderia alguém culpá-los, coitadinhos, vendo em que mundo mau e cruel eles entraram? Deixa pra lá. Todos nós temos altos e baixos. Aqui está o seu bom homem. Venha, Pai José. Aqui está um bom prato de carne grelhada para você. Tenho certeza de que você precisa disso, trabalhando até tarde assim. Eu me pergunto se você consegue enxergar o que estava fazendo.
José: É uma noite muito bonita. Aquela grande estrela branca brilha muito, quase tão brilhante quanto a Lua, aparentemente, bem sobre a casa. Eu consertei a cerca.
Esposa: Não é uma verdadeira sorte para nós, você ser um carpinteiro tão bom? E tão gentil, fazendo todos esses trabalhos por aqui?
José: Bem, isso é o mínimo que posso fazer, já que você foi tão generosa e compartilhou sua casa conosco.
Esposa: Bem, isso era o mínimo que *nós* podíamos fazer. Não podíam deixá-lo naquele velho estábulo sobre a pousada. Nunca poderíamos dormir bem sabendo que havia uma mãe e um bebê sem um teto adequado sobre a cabeça, especialmente depois que Papai nos contou sobre ver anjos lá e o garotinho ser o bendito Messias e tudo mais... Aqui, Mãe Maria, pegue e coma isso. Vai lhe fazer bem... Você acha que isso é mesmo verdade? Sobre ele ser o Salvador prometido para trazer o Reino de volta a Israel?
Maria: Eu sei que é verdade.
Esposa: Você deve se sentir muito orgulhosa! Não parece estranho, agora, quando você olha para ele e pensa sobre isso?

Maria: Às vezes é... muito estranho. Sinto como se estivesse segurando o mundo inteiro nos braços: o céu e o mar e a terra verde, e todos os serafins. Então, uma vez mais, tudo se torna bastante simples e familiar, e eu sei que ele é apenas meu querido filho. Se ele crescer e for mais sábio do que Moisés, mais santo que Arão ou mais esplêndido que Salomão, isso ainda seria verdade. Ele sempre será meu bebê, meu querido Jesus, a quem amo. Nada pode mudar isso.

Esposa: Nada mais pode; e nem a rainha no trono pode dizer alguma coisa diferente. Não importa o que digam ou façam, os filhos são uma grande bênção. O que aconteceu com Zilá, eu me pergunto? Espero que ela não tenha ido pra muito longe. Pode haver lobos por perto. Ouça!

Zilá *(chegando correndo)*: Ó Mãe! Mãe!

Esposa: O que foi agora?

José: Ei, minha garota! Qual é o problema?

Zilá: Eles estão vindo aqui! Eles estão vindo aqui! Papai está trazendo eles!

Esposa: Quem está vindo, pelo amor de Deus?

Zilá: Reis! Três grandes reis! A cavalo. Eles estão vindo para ver o Bebê.

Esposa: Reis? Não diga bobagens! Reis, ora, reis!

Zilá: Mas eles *são*! Eles têm coroa na cabeça, e anéis nos dedos e servos carregando tochas. E eles perguntaram ao Papai: "É aqui que o Bebê está?". E ele disse: "Sim", e eu tinha de correr na frente e dizer que eles estão vindo.

José: Ela está falando a verdade. Eu consigo enxergá-los aqui da janela. Estão virando a esquina perto das palmeiras.

Esposa: Valha-me Deus! E ainda nem tirei as coisas da ceia e está tudo fora do lugar. Mãe, deixa que eu pego seu prato. Melhor assim. Zilá, olhe na gaveta da cômoda e encontre um babador limpo para o Menino Jesus.

Zilá: Achei um, Mãe... Um dos reis é um senhor muito idoso com uma barba comprida e uma capa vermelha bem bonita, e o segundo tem uma armadura toda brilhante — uau! E o terceiro é um homem negro com grandes aros de ouro nas orelhas, e as joias no turbante dele cintilam como as estrelas, e o cavalo dele é branco como leite, com sinos de prata nas rédeas.

Esposa: E todo esse luxo pra homenagear nosso Bebê.

José: Anime-se, Maria. Tudo está se tornando realidade, como disse o Profeta: "As nações virão à sua luz e os reis ao fulgor do seu alvorecer".
Maria: Coloque meu filho nos meus braços.
Esposa: Com certeza. Nos seus joelhos, Maria, ele vai ser tão magnífico quanto um rei no trono dourado. Olha pra ele agora, o cordeiro precioso. ... Misericórdia! Eles já chegaram!
Caspar *(à porta)*: É esta a casa?
Pastor *(à porta)*: Sim, senhores, esta é a casa. Por favor, entrem, e vocês encontrarão o Menino Jesus coa mãe dele.
Esposa: Entrem, meus senhores, entrem. Por favor, cuidado com a cabeça. Desculpem, mas é só um lugar pobre e humilde.
Caspar: Nenhum lugar é humilde demais para nos ajoelharmos nele. Há mais santidade aqui do que no Templo do Rei Herodes.
Melquior: Mais beleza aqui do que no palácio do Rei Herodes.
Baltazar: Mais caridade aqui do que no coração do Rei Herodes.
Caspar: Ó senhora, clara como o Sol, formosa como a Lua, as nações da terra saúdam teu filho, o Homem que nasceu para ser Rei. Salve, Jesus, Rei dos Judeus!
Melquior: Salve, Jesus, Rei do Mundo!
Baltazar: Salve, Jesus, Rei do Céu!
Caspar:
Melquior: Salve!
Baltazar:
Maria: Deus o abençoe, velho sábio; e você, alto guerreiro; e você, escuro viajante de terras desérticas. Vocês vieram de uma maneira estranha e com uma mensagem estranha. Mas tenho certeza de que Deus enviou vocês, pois vocês e os anjos de Deus falam a uma só voz. "Rei dos Judeus"... ora, sim; eles me disseram que meu filho seria o Messias de Israel. "Rei do Mundo"... esse é um título muito grandioso; contudo, quando ele nasceu, os anjos proclamaram novas de alegria a todas as nações. "Rei do Céu"... não entendo isso muito bem; no entanto, eles disseram que meu filho seria chamado de o Filho de Deus. Vocês são homens nobres e eruditos, e eu sou uma mulher muito simples. O que posso dizer a vocês, enquanto não chega o momento em que meu filho possa responder por si mesmo?
Caspar: Ai de mim! Quanto mais sabemos, menos entendemos a vida. As dúvidas nos deixam com medo de agir, e muito aprendizado

seca o coração. E o enigma que atormenta o mundo é este: a Sabedoria e o Amor viverão juntos, finalmente, quando vier o Reino prometido?

Melquior: Somos governantes e vemos que o que os homens mais precisam é um bom governo, com liberdade e ordem. Mas a ordem impõe algemas à liberdade, e a liberdade se rebela contra a ordem, de modo que o amor e o poder estão sempre em guerra entre si. E o enigma que atormenta o mundo é este: o Poder e o Amor finalmente estarão juntos, quando o Reino prometido vier?

Baltazar: Eu falo em nome de um povo triste, em nome de ignorantes e pobres. Levantamo-nos para trabalhar e deitamos para dormir, e a noite é apenas uma pausa entre um fardo e outro. O medo é nosso companheiro diário: o medo da necessidade, o medo da guerra, o medo da morte cruel e de uma vida ainda mais cruel. Mas poderíamos suportar tudo isso se soubéssemos que não sofremos em vão; que Deus estava ao nosso lado na luta, compartilhando as misérias de seu próprio mundo. Pois o enigma que atormenta o mundo é este: a Tristeza e o Amor vão finalmente se reconciliar, quando vier o Reino prometido?

Maria: Essas são perguntas muito difíceis, mas eu também as tenho, como vocês podem ver. Quando a mensagem do Anjo veio a mim, o Senhor colocou uma canção em meu coração. De repente, vi que riqueza e inteligência nada significam para Deus: ninguém é tão sem importância que não possa ser seu amigo. Esse foi o pensamento que me ocorreu, por causa daquilo que aconteceu *comigo*. Sou de humilde nascimento, mas o Poder de Deus veio sobre mim; sou muito tola e iletrada, mas a Palavra de Deus foi falada a mim; e eu estava profundamente angustiada quando meu Bebê nasceu e encheu minha vida de amor. Portanto, sei muito bem que Sabedoria, Poder e Tristeza *podem* conviver com o Amor; e para mim, a Criança em meus braços é a resposta para todos os enigmas.

Caspar: Tu falaste uma palavra sábia, Maria. Bendita és tu entre as mulheres e bendito é Jesus, teu filho. Caspar, Rei da Caldeia, saúda o Rei dos Judeus com um presente de olíbano.

Melquior: Ó Maria, tu falaste uma palavra de poder. Bendita és tu entre as mulheres e bendito é Jesus, teu filho. Melquior, Rei da Panfília, saúda o Rei do Mundo com um presente de ouro.

Baltazar: Tu falaste uma palavra de amor, Maria, Mãe de Deus. Bendita és tu entre as mulheres e bendito é Jesus, teu filho. Baltazar, Rei da Etiópia, saúda o Rei do Céu com um presente de mirra e especiarias.

Zilá: Oh, olha a grande coroa de ouro! Olha o incensário todo brilhando com rubis e diamantes, e a fumaça azul subindo. Que cheiro doce! E a mirra e o aloés, os cravos-da-índia e a canela. Não é lindo? E tudo para o nosso pequeno Jesus! Vamos ver de qual presente ele gosta mais. Venha, Bebê, sorria para a coroa linda.

Esposa: Oh, com que olhar solene e antiquado ele olha para ela.

Zilá: Ele está rindo do incensário!

Esposa: Ele gosta do tilintar das correntes de prata.

José: Ele estendeu a mãozinha e agarrou o feixe de mirra.

Esposa: E essa agora? Você nunca vai adivinhar o que eles vão fazer.

Maria: A mirra não é usada para embalsamar os mortos? Vejam agora: seu rei triste, meu filho, tomou para si as tristezas de vocês.

José: A mirra também é para o amor; como Salomão escreve em seu Cântico: "O meu amado é para mim como uma pequenina bolsa de mirra".

Maria: Meus senhores, estamos muito gratos a vocês por todos os seus presentes. E, quanto às palavras que disseram, tenham certeza de que eu guardarei todas essas coisas e as ponderarei no coração.

SEQUÊNCIA 2 (A TENDA DOS TRÊS REIS)

Caspar: Bem, régios irmãos! A estrela nos conduziu por caminhos inesperados.

Melquior: Os tesouros que escolhemos para o palácio do rei agora servem como brinquedos: coisas para um bebê. E o que aconteceu com todas as nossas excelentes homenagens e discursos proféticos?

Baltazar: Acho que esquecemos nossa sabedoria e só conseguimos fazer perguntas como meninos de escola.

Caspar: Todo o aprendizado do homem é ignorância e todos os tesouros do homem são brinquedos. Mas você, Baltazar, encontrou uma palavra nova e estranha para falar: "Salve, Rei dos Céus", e também: "Maria, Mãe de Deus". O que estava em seu coração para dizer isso?

Baltazar: Não me pergunte. Falei como um homem em um sonho. Pois eu olhei para a Criança. E tudo a seu redor estava à sombra da morte, e tudo dentro dele era a luz da vida; e eu sabia que estava na presença do Mortal Imortal, que é o último segredo do universo.

CASPAR: Você é o mais sábio de nós três, Baltazar. Mas já chega; vamos dormir. Precisamos estar prontos para a jornada de amanhã. Peça aos músicos que toquem suavemente na tenda externa.

MELQUIOR: Música! Deixem a flauta e a harpa soarem docemente juntas.

(*Música. Desvanece-se e aumenta de novo. A* VOZ *do* ANJO *fala pela música.*)

ANJO: Caspar! Melquior! Baltazar!

CASPAR (*dormindo*): Quem nos chama?

ANJO: O aviso na forma de sonho, em um horror de grande escuridão.

MELQUIOR (*dormindo*): O que é? Oh, o que é?

ANJO: Uma espada no caminho da estrada para Jerusalém.

BALTAZAR (*dormindo*): Como posso ir até você? Onde encontro você?

ANJO: Perto da árvore alta na colina.

(*A música diminui.*)

BALTAZAR: Chame outra vez! Eu estou indo...

(*A música cessa.*)

(*acordando*) Ó Deus, acabou!... Caspar!

CASPAR: É você, Melquior?

MELQUIOR: Eu pensei que você é quem tinha gritado.

BALTAZAR: Eu tive um sonho.

CASPAR: E eu também.

MELQUIOR: Também tive.

CASPAR: Sonhei que ia à noite para Jerusalém, mas o vento apagou minha lanterna. Então, subi ao céu e arranquei a Estrela para servir de vela. E vi uma grande escuridão! E caí — e fui caindo — e acordei com o som de uma voz chamando meu nome.

MELQUIOR: Eu também estava subindo para Jerusalém, quando de repente a terra se abriu diante de mim. Então, saquei minha espada e cruzei o abismo, caminhando sobre a lâmina estreita. Mas, quando cheguei do outro lado, encontrei a ponta da espada cravada no coração de Maria, e em meus ouvidos estava o grito desolado de uma criança.

BALTAZAR: Eu também estava subindo a Jerusalém, por um vale profundo entre montanhas cobertas de florestas. E ouvi a voz de Maria chamando: "Volta, volta! Meu filho está perdido nas colinas". E procurei por muito tempo entre os espinhos, pois sabia que nunca poderia chegar à cidade antes de encontrar o Cristo.

CASPAR: Irmãos, não posso pensar que sejam sonhos vãos.

MELQUIOR: Acredito que, se voltarmos a Jerusalém, encontraremos uma espada no caminho.

CASPAR: Nós olhamos para o coração de Herodes, e vimos apenas um horror de grande escuridão.

MELQUIOR: Para ser franco com vocês, desconfio profundamente das intenções dele.

BALTAZAR: Façam o que quiserem, meus irmãos. Mas não vou voltar para *Jerusalém*.

CASPAR: Então, estamos todos de acordo. Ei, você, desmonte as tendas. Prepare nossos cavalos. ... Voltaremos ao nosso país por outro caminho.

CENA III (JERUSALÉM)

O EVANGELISTA: Quando Herodes percebeu que havia sido enganado pelos magos, ficou furioso...

PROCLO: Sua vez de jogar, meu Senhor Efraim.

EFRAIM: Peço perdão, capitão. Ei!... Pelo amor de Deus, garoto, pare de dedilhar. Quantas vezes devo dizer a você? Não é apropriado, com o Rei à beira da morte na sala ao lado.

MENINO: Não vai machucá-lo. Ele está longe demais para ouvir.

EFRAIM: Eu não me importo. Isso me dá nos nervos.

PROCLO: Eu capturei sua peça, meu senhor.

EFRAIM: Tlim, tlim, tlim. Como é que posso ignorar isso?

PROCLO: Sua mente está longe do jogo hoje.

EFRAIM: Eu estava ouvindo... Quer *parar* de fazer esse barulho?

(*O* MENINO *para de dedilhar com um último som agudo desafiador.*)
Ouça! Você não ouve gritos à distância?

(*Barulho de* MULTIDÃO *correndo lá fora.*)

MENINO: Acho que tá acontecendo alguma coisa perto do Templo. Tá todo mundo correndo para aquele lado.

EFRAIM: Oh, céus! Oh, céus! Vivemos em tempos difíceis. Capitão Proclo, se houver algum distúrbio...

Proclo: Alguém está à porta. Sim? Quem é você e o que você quer?
Mensageiro: Uma carta, a ser entregue nas mãos do Rei Herodes.
Proclo: Ele está doente. Você não pode vê-lo. Melhor deixar isso comigo.
Mensageiro: Minhas ordens foram: nas mãos do próprio Rei. Mas estão dizendo na rua que o Rei Herodes está morto.
Efraim (*nervoso*): Eles não têm o direito de dizer isso. O Rei não está morto. Com certeza, não. Ele não está muito bem, só isso. É melhor você sentar e esperar.

(Tumulto na rua.)

Deus de Abraão, o que é isso?
Menino (*agitado*): Oh, eu digo! É um motim ou coisa parecida... Há uma grande multidão perto do Templo... Eles têm tochas... estão vindo para cá... a rua está fervilhando de pessoas...

(Confusão aumenta.)

Proclo: O que eles estão gritando?
Menino: Não consigo entender direito... Agora o Sumo Sacerdote saiu de casa... Ele deu uma olhada e voltou a entrar, bem rápido... Lá vem a multidão; eu consigo enxergar as pessoas agora...
Efraim: Saia já da janela!
Menino: Eles estão carregando alguma coisa... Eles estão segurando... alguma coisa grande e brilhante... Oh! Oh! Oh!... Eles derrubaram a Águia.
Proclo: Eles fizeram o *quê*?
Menino: A Águia! A Águia dourada que ficava em cima do portão do Templo... Eles derrubaram a Águia!
Proclo: Derrubaram a Águia Romana?... Saia! Eu quero ver isso!
Efraim (*choramingando*): Aquela Águia desastrosa... Nunca deveria ter sido colocada lá... ela ofende pessoas piedosas... Todos esses jovens furiosos...
Multidão (*parecendo mais próxima*): Abaixo as Águias! Judaísmo para os judeus! O Rei está morto — vida longa a Arquelau! Vida longa a Antípatro! Ergam a verdadeira Religião! Abaixo a tirania! Abaixo Roma! Incendeiem o palácio etc.
Escravos (*entram correndo*): Socorro! Socorro! A cidade em armas.
Proclo: Escravos! O que vocês estão fazendo aqui? Vocês deixaram o Rei sozinho!

Escravo: O rei está inconsciente... acho que ele está morto.
Efraim: Oh, céus, vamos ser todos assassinados!
Multidão *(sob a janela; gritos de)*: Liberdade! Independência! Judeus livres!... Abaixo as imagens esculpidas... Derrubem os falsos deuses... Blasfêmia... Sacrilégio... Abaixo César! Despedacem o jugo do Império!... Judaísmo para sempre... Um Messias! Um Messias!... Pedras, pedras, pedras!... Etc. (*Misturado com gritos contrários de*): Ave César!... Abaixo os rebeldes!... Abaixo os Sacerdotes!...Traição... Apedrejem os traidores!... Etc.

(Barulho de luta.)

Efraim: Ó capitão Proclo, você não pode fazer nada?
Proclo: Ei, *vocês*, seus cães judeus...

(Vários sons nítidos de estrondos. Gritos dos escravos.)

Efraim: Vamos embora! Eles estão jogando pedras!

(Outro estrondo, seguido por um som de louça quebrando.)

Ai! Os vasos etruscos!

(E outro.)

Lá se vai a lâmpada! Ai!
Proclo: Em nome do Rei...
Multidão: O Rei está morto!

(Gritos e risos.)

Proclo: Em nome do Imperador...
Multidão (*com menos segurança*): Abaixo o Imperador!
Voz: Fuja para Roma, soldadinho!

(Risada.)

Voz (*nos bastidores*): Paz, paz! Deixem-me falar!
Multidão: Matias! Ouçam Matias! Silêncio para o Rabino Matias! Coloquem ele lá em cima na tribuna.
Matias: Povo de Israel! Servos da verdadeira religião! (*"Ouçam, ouçam!"*) Vocês veem esta imagem *idólatra* (*suspiros*), este símbolo odioso de um poder *pagão* (*assobios de desaprovação*) impiamente erigido sobre as sagradas portas do Templo (*"Vergonha! Judaísmo para os judeus!"*), em desafio à lei que proíbe imagens de escultura? Vocês não se envergonham de ter deixado isso ficar assim por tanto tempo?... Vocês são judeus?... Vocês são crentes?... Vocês são homens?... Do que vocês têm medo?

(Burburinho na multidão*; o barulho acalma um pouco, para que possamos ouvir, alto e de repente na própria sala, a voz de* Herodes.*)*

HERODES: Afaste-se da janela!
EFRAIM: Ó rei! (*num sussurro reverente*) Vivo e caminhando!... Ó senhor! O senhor não vai se mostrar... eles vão atacá-lo!
(*O barulho da* MULTIDÃO *continua.*)
HERODES: Silêncio, idiota! Vá buscar velas!... Proclo!
PROCLO: Senhor?
HERODES: Corra para a fortaleza. Traga de lá a guarda.
(PROCLO *sai ruidosamente.*)
Aqui, menino!
MENINO: Sim, senhor!
HERODES: Velas, escravos, velas! Segurem-nas perto do meu rosto!
MATIAS: *Coragem*, Israel! Não suportaremos mais essa opressão! (*Vivas.*) Elevem o coração. (*Vivas.*) O tirano Herodes está morto!
(*Vivas e gritos tremendos como antes.*)
HERODES (*com voz terrível, dominando o alvoroço*): Ei, rebeldes! Vocês me conhecem? Vocês conhecem Herodes?
(*Silêncio mortal, no qual você pode ouvir um alfinete cair.*)
(*Gelidamente, e com aterradora ironia*) Eu vejo que vocês conhecem. Estou grato a vocês pelo discurso fúnebre. Com certeza, foi um pouco prematuro, mas Herodes não esquecerá. (*Com um urro repentino*) Pare bem aí, companheiro! (*baixinho*) Se alguém tentar sair enquanto estou falando, vou mandá-lo ser moído na roda. Observo que alguém se deixou levar pelo entusiasmo a respeito do emblema imperial. Aquela Águia não se destina a uso privado como um ornamento de jardim. No entanto, César deve ser informado de sua devoção. Sem dúvida, ele ficará encantado. Da próxima vez que desejarem fazer essas demonstrações públicas de lealdade, façam a coisa de modo gentil, em um horário mais conveniente; vocês perturbaram meu descanso e tiraram da cama todos esses dignos cidadãos.
(*Som de passos rápidos.*)
Vejam só! A Guarda está vindo para saber qual a razão desse barulho todo.
(*A* MULTIDÃO *murmura alarmada: "Cuidado! Os soldados! Corram! Corram!" etc.*)
Acho melhor vocês irem para casa.
(*Vozes confusas.*)

Ei! Esse é o capitão Dario?
CAPITÃO: Sim, senhor.
HERODES: Prenda aqueles quatro homens com a Águia... e aquele sujeito de verde... e o cavalheiro com a marreta... e os dois rabinos que estão tentando se esgueirar pela tribuna. Depois, vá até a casa do Sumo Sacerdote e prenda-o também. Deixe os outros imbecis irem.
CAPITÃO: Muito bem, senhor.
HERODES: E me dê o relatório por meio de Proclo.
CAPITÃO: Muito bem, senhor... Vamos, homens, vocês receberam suas ordens. Sigam em frente. Você, vá embora!

(A MULTIDÃO *se afasta, com o vozerio e o barulho diminuindo.*)

HERODES: Muito bonito isso. O Sumo Sacerdote responderá por este comportamento. Dê-me uma cadeira. E um pouco de vinho.
EFRAIM (*choramingando*): Sim, magnificência. Imediatamente, magnificência. Ó meu senhor, estávamos tão preocupados... pensamos que o senhor estava... isto é, pensamos... o senhor tem certeza de que não está ferido?
HERODES: Pare de tagarelar, homem. Escravos, peguem a lamparina e varram toda essa bagunça. Quem é aquele sujeito ali no canto?
EFRAIM: Qual? Ah, ele trouxe uma carta. Sim. Foi isso. (*Dando uma risadinha boba*) Eu tinha me esquecido completamente dele.
HERODES: Uma carta? De quem?
MENSAGEIRO: Do nobre Rei da Caldeia, para ser entregue nas mãos de sua Majestade.
HERODES: De Caspar, da Caldeia? Me dê isso.
EFRAIM: Devo ler para sua Majestade?
HERODES: Não!

(*Pausa, enquanto ele abre e lê a carta.*)

Dez mil pragas os atinjam! Que a lepra se apodere da carne deles! Ouçam esta insolência:

(*Lendo.*)

"Nós vimos; nós ouvimos; nós adoramos. Mas não pudemos voltar como prometemos, pois a ordem do Altíssimo impediu nosso caminho. Saudações".
Isso é maneira de um rei escrever para outro?
EFRAIM (*efusivamente*): Abominável. Eu não sei o que isso significa. Mas é abominável.

Herodes (*de modo severo*): Significa problemas. Problemas ainda piores. Insurreição. Guerra civil.

(Efraim *solta um grito de protesto.*)

Mas ainda vou derrotá-los. Eu *vou* colocar ordem na Judeia. Vou espalhar uma rede da qual seu Messias não escapará. Proclo!

Proclo: Aqui, senhor, com o capitão Dario, para relatar que está tudo tranquilo, senhor.

Herodes: Ótimo! Aqui está outra ordem. Pegue um grupo de meus trácios. Vá para Belém. Procure cada criança do sexo masculino no berço...

Proclo: Crianças, senhor?

Herodes: Com *doze* dias de idade... Não. Eu não confio neles. Não. Pegue *todas* as crianças do sexo masculino a partir de dois anos de idade e mande matar. Todos eles. Toda a ninhada de víboras. Você ouviu? Não deixe nenhum escapar. Mate todos.

Proclo: Senhor, eu sou um soldado, não um açougueiro.

Herodes: Você obedecerá às ordens!

Proclo: Eu não vou, e isso é tudo. Eu sou romano, e os romanos não matam crianças. Envie um de seus próprios bárbaros.

Herodes: Insolente! Você é um soldado que recebe o soldo de mim!

Proclo: Perdão, senhor. Estou a seu serviço, mas ainda sou romano de nascimento. O senhor tem o direito de me despedir. Mas, se me prender ou me executar, penso que haverá problemas.

Herodes: Proclo, você é um tolo, mas um tolo honesto. Capitão Dario!

Capitão: Senhor.

Herodes: Você ouviu a ordem?

Capitão: Sim, senhor.

Herodes: Então, cumpra-a, imediatamente.

Capitão: Muito bem, senhor.

(*O* Capitão *sai apressadamente.*)

Proclo: Devo voltar para Roma, se lhe agradar?

Herodes: Não. Você tem boas intenções. Mas o que é pior? Matar um punhado de crianças camponesas ou mergulhar um reino inteiro na guerra? Os judeus clamam por um Messias. Devo lhe dizer o nome do Messias? Fogo e espada. Fogo e espada. Eu não vou permitir. Este país terá paz. Enquanto Herodes viver, haverá apenas um rei dos judeus.

Voz (*no lado de fora*): Batalhão, marche! Volver à direita! Marcha rápida!
(As tropas saem marchando.)
HERODES: Estou doente. Leve-me para dentro.
PROCLO: Então, esse é o fim do novo Messias.
O EVANGELISTA: Um anjo do Senhor apareceu a José em sonho e disse-lhe: "Levante-se, tome o menino e sua mãe, e fuja para o Egito. Fique lá até que eu lhe diga, pois Herodes vai procurar o menino para matá-lo". Então, ele se levantou, tomou o menino e sua mãe durante a noite, e partiu para o Egito, onde ficou até a morte de Herodes.

PERSONAGENS

O EVANGELISTA.
O CONDUTOR de um carro de boi.
Um PAI.
Uma MÃE.
MIRIÃ. ⎫
ISAQUE. ⎬ seus filhos.
ANA.
JOÃO BATISTA.
JUDAS ISCARIOTES. ⎫
JOÃO, filho de Zebedeu (João Evangelista). ⎬ Discípulos de
TIAGO, filho de Zebedeu. ⎬ João Batista e,
ANDRÉ, filho de Jonas. ⎬ posteriormente,
SIMÃO, filho de Jonas (Simão Pedro). ⎬ de Jesus.
BARUQUE, O ZELOTE. ⎭
JESUS.
Primeiro LEVITA.
Segundo LEVITA.
Terceiro LEVITA.
Primeiro CANDIDATO ao batismo.
Segundo CANDIDATO.
Primeiro JUDEU.
Segundo JUDEU.
Terceiro JUDEU.
Um SARGENTO DO EXÉRCITO.
MULTIDÃO.

O ARAUTO DO REI

OBSERVAÇÕES
OS PERSONAGENS

O CONDUTOR: um camponês comum: astuto, desconfiado e sem nada de especial.

PAI E MÃE: trabalhadores superiores.

MIRIÃ: uma criança esperta e bastante petulante de cerca de sete anos.

ISAQUE: com cerca de 5 anos. Um bom menino. Não é piedoso ou sentimental, embora seja bom.

ANA: acho que ela tem cerca de 40 anos. Uma respeitável mulher casada, um pouco mais refinada que o Pai e a Mãe, mas não muito. Alegre e tagarela.

JOÃO BATISTA: ele tem 31 anos; sua voz é rude e forte e não muito flexível — adequada para o ar livre, não para o púlpito. Sua pregação é rápida, rígida, enfática; sua maneira, abrupta e autoritária. Nos momentos de êxtase, ele é como uma águia; nos momentos de humildade reverente, ele é uma águia domesticada — mas sempre uma águia —, e quando abaixa a voz, ela se transforma em rouquidão, não em doçura. Ele não tem bom humor, não tem paciência e tem uma mente concentrada.

JESUS é um contraste completo com o primo. Esta peça não cobre todo o alcance de sua voz ou de seu caráter (o grande fogo e a grande gentileza ainda estão por vir). Mas ele tem o tipo de voz que pode fazer qualquer coisa, com o alcance e a flexibilidade que faltam a João. Quando relata a tentação, Jesus pode interpretá-la com a voz e fazer os discípulos verem do que ele está falando. Sua autoridade é inata e não adquirida; consequentemente, ele pode se dar ao luxo de ter senso de humor. Ele tem trinta anos.

JOÃO EVANGELISTA: ele não tem mais de 25 anos; é zeloso, sensível, impulsivo, com um cérebro e um coração inteligentes. Sua devoção impetuosa a Jesus é, em parte, um sentimento humano, mas não é mero *schwärmerei*,[1] mas uma percepção instintiva de algo divino e diferente que, no momento, ele não entende com o intelecto, mas apenas com o coração. Sua empolgação o faz parecer muito jovem e um pouco ridículo. Ele tem (como diz Tiago) uma humildade bela e genuína. Às vezes, ele fala gaguejando, resultado de seu falar impulsivo — não é que ele não possa encontrar ou pronunciar a palavra, mas é como se sua língua tropeçasse na própria ansiedade.

TIAGO é um pouco mais velho que João e está acostumado a defendê-lo e a protegê-lo de outras pessoas. Porque Zebedeu, o pai de Tiago e João, tem empregados e é um pescador bastante importante, os dois irmãos conhecem pessoas da casa do Sumo Sacerdote e, por isso, estão socialmente acima de André e Simão.

SIMÃO (Pedro) é impulsivo, mas não como João. Ele é robusto, teimoso, autoconfiante. Ele sempre tem certeza de que está certo (e ficará muito surpreso se algum dia for provado que está errado). Na verdade, ele tem perspicácia e muita inteligência, mas ele aprenderá a humildade apenas muito lentamente e depois de muitos fracassos amargos. Ele tem 28 anos.

ANDRÉ (talvez por ter vivido muito com Pedro) tende a ser cauteloso e cético. A totalidade de sua atitude é resumida naquilo que

---

[1]Alemão: "entusiasmo". [N.T.])

ele disse e foi registrado: "Aqui [estão] cinco pães de cevada e dois peixinhos, mas o que é isto para tanta gente?" (João 6:9). Ele é prático, inclinado a ver as dificuldades de qualquer projeto, a imaginar "o Reino" da perspectiva da política e a ser cauteloso no que diz respeito a esperar milagres. Uma pessoa amável e confiável, sem nenhuma imaginação.

JUDAS. Ele é, de longe, o mais inteligente de todos os discípulos, e tem a ousadia e o ímpeto que pertencem a um cérebro realmente imaginativo. Ele pode ver as possibilidades políticas do Reino — mas pode, também, ver de imediato (como nenhum dos outros pode) o significado do pecado e do arrependimento e o terrível paradoxo pelo qual todo bem humano é corrompido assim que chega ao poder. Ele está apenas começando a ver isso —, mas agora ele verá claramente, e será o único discípulo a compreender a necessidade da crucificação. E vendo isso, como ele vê, apenas com o intelecto e não com o coração, ele cairá em uma corrupção mais profunda do que qualquer um dos outros seria capaz. Entre todos, ele tem todas as maiores possibilidades para o bem e, portanto, para o mal. Ele é um oportunista, e está determinado a que, quando o Reino vier, ele terá o cargo principal nos negócios. Ele não seguirá João até Jesus — quando for a Jesus, será porque pensa que chegou o momento de cuidar do assunto. Ele tem trinta e poucos anos e sua voz é bastante agradável, mas de um tipo muito frio.

CENA I (JORDÂNIA)

O EVANGELISTA: Quando Jesus tinha trinta anos, Herodes Antipas era o tetrarca da Galileia. Naqueles dias surgiu João Batista, pregando no deserto da Judeia. Ele dizia:

VOZ DE JOÃO BATISTA *(distante e sumindo)*: Arrependam-se, porque o Reino dos Céus está próximo... Arrependam-se... Arrependam-se... Arrependam-se...

(Sons de um carro de boi sendo conduzido.)

CONDUTOR: Eia! Eia! Vamo!

(Estalo de chicote.)

PAI: Oi, companheiro!

Condutor: Oiô!
Pai: Você pode nos dar uma carona até o outro lado do vau?
Condutor: Craro, com certeza.

(Rodas de carroça rangem e param.)

Mãe: É muita gentileza sua... Venham, crianças...
Pai: Você primeiro.
Mãe: Cuide-se, Miriã. Cuidado com a roda.
Condutor: Uau! 'Cê fica quietinha aí, tá bom?
Isaque: Vamos ver o Profeta lavar as pessoas no rio. Mamãe disse que ele tem um...
Mãe: Sobe, querida; deixa espaço pra seu pai.
Condutor: Tudo pronto aí?
Pai: Tudo certo.
Condutor: Eia! Eia! Vamo!
Pai: Bela junta de bois essa sua.

(O carro segue em frente.)

Isaque *(meio cantando, todo empolgado)*: A gente vai ver o Profeta! A gente vai ver o Profeta! A gente vai...
Mãe: Isaque, meu querido, senta quietinho aí.
Condutor: Que Profeta, meu fio?
Pai: Esse tal de João é o motivo dessa barulhada toda. Ele tem pregado no deserto, perto do rio.
Condutor: Ah, *ele! (como quem quer dizer alguma coisa)* Ah!
Pai: O que você quer dizer com "Ah, ele!"?
Miriã *(rapidamente)*: Ele anda com uma roupa de pelo de camelo e um cinto de couro e não tem nada pra comer, só gafanhotos e mel silvestre, não é, mamãe?
Condutor: Gafanhoto bem fritinho, não é tão ruim assim.
Miriã: Ele vai batizar um monte de gente no rio. Ele mergulha as pessoas na água e lava os pecados delas.
Condutor: Eita!
Isaque: E os pecados saem nadando rio abaixo co-co-como pequenos gi-gi-girinos escuros.
Miriã: Não, não é assim, não, bobo. A gente não pode ver os pecados, não é, mamãe?
Isaque: Pode, sim.
Miriã: Não pode, não.

Isaque: Pode.
Miriã: Não pode.
Pai: Chega, vocês dois.
Isaque: A gente não pode, né, mamãe?
Mãe: Não, querido. Os pecados não são como girinos. Eles são pequenos *pensamentos* escuros e nojentos, que ficam se movendo de um lado pro outro em sua mente.
Miriã: Eu te disse, te disse, te disse...
Mãe: Querida, não faz assim; não provoque.
Condutor: Ôôôôô! Vamo! Eia!

(Chicote. O carro entra no vau.)

Miriã: A gente tá cruzando o Jordão, assim como Josué e a Arca.
Isaque: Cruzando o Jordão, cruzando o Jordão, cruzando o Jordão...
Mãe: Senta quietinho, meu filho.
Pai: O que você tem contra o homem?
Condutor: Não sou muito chegado nessas pregação toda. Seja bonzinho, e você vai ser feliz, e o Senhor vai te suprir tudo, e por aí vai. Que ele dê salários decentes pra nós, é o que eu digo, e aí, sim, estarei tranquilo.
Pai: Pode ter alguma verdade no que você fala. Mas esse tal de João está fazendo um grande burburinho. Parece estar anunciando que o Messias está vindo libertar Israel e trazer o reino prometido, com bons salários para todos, e nada mais desses terríveis impostos romanos.
Condutor: Isso é política; é sim. Segue meu conselho e fica longe disso. A maioria desses profetas e Messias vão parar na prisão... Eia! Ôôô! Vamo subir!

(Chicote.)

Miriã: Olha só todas essas pessoas ali na margem do rio!

(O carro sai da água e para. Burburinho de multidão*.)*

Pai: Bem, chegamos. Desce todo mundo.
Mãe: Cuidado, crianças.
Condutor: Tá tudo bem, senhora. Vô ajudá com o menozinho.
Mãe: Pule, Isaque. Isso, garotão! Vem aqui.
Pai: Muito obrigado, companheiro.
Condutor: De nada... Eia! Eia! Vamo!

(O carro se afasta.)

(Falando às costas) Boa sorte! E fica longe dessas coisa de política.

Mãe: Nossa, que calor! Filhos, fiquem perto da Mamãe.

Pai: Olha ali está uma bela árvore fazendo um pouco de sombra... Com licença, senhora; a senhora se importa se a gente sentar aqui com você?

Ana: De jeito nenhum.

Mãe: Será que daqui a gente vai enxergar tudo bem?

Ana: Ah, sim. Há uma grande multidão vindo pela estrada pra encontrar o profeta. Mas as pessoas vão descer ao vau para os batismos... Vocês passaram pelo Jordão?

Pai: Sim. Minha senhora queria muito ver esse João Batista. Você já ouviu ele pregar?

Ana: Ainda não, mas eu quero. Sabe, eu o conheci quando menino.

Mãe: É mesmo?

Ana: Sim. Os pais dele moravam bem perto da minha antiga casa, na região montanhosa. Havia uma história bem estranha sobre eles.

Mãe: Ah, conta essa história pra gente.

Crianças: História! História!

Ana: Bem, Zacarias, o pai de João, era um sacerdote, um homem idoso muito querido e piedoso. E a esposa dele era assim também. Eu me lembro deles muito bem. Claro, isso foi há uns trinta anos, nos dias do velho Rei Herodes.

Pai: Ah! Ele era um grande sujeito, era, sim, o velho rei Herodes. Na época dele, a Judeia ainda era um reino. O filho dele não chega aos pés do pai.

Mãe: Quieto, meu querido. Cuidado!

Miriã: Continua a história.

Ana: Bem, Zacarias e a esposa não tinham filhos. Eles tinham esperança e oraram e esperaram muito tempo, até que, por fim, aceitaram que Deus não lhes daria nenhum filho. Mas, um dia, quando Zacarias estava oferecendo incenso no Templo, de repente ele olhou para cima e viu um anjo...

Miriã: Onde?

Ana: Em pé, do lado direito do altar. E o anjo...

Isaque: Como era o anjo?

Ana: Como um jovem muito alto e bonito, usando vestes lindas, cintilantes. Ele disse...

Isaque: Qual era o nome do anjo?

Ana: Foi o anjo Gabriel.
Miriã: Zacarias não ficou muito empolgado?
Ana: Na verdade, ele ficou bastante assustado. Mas o anjo disse: "Não tenha medo. Eu tenho boas notícias para você. Deus vai lhe dar um filho. Ele será um profeta muito santo, e você deve chamá-lo João". E o que vocês acham que Zacarias disse?
Miriã: Acho que ele disse: "Viva!".
Ana: Antes fosse... Ele disse: "Eu não acredito nisso".
Crianças (*chocadas*): Oh!
Ana: Ele disse: "A gente esperou todo esse tempo, até ficarmos bem velhos, e não tivemos um filho. E eu não posso acreditar agora, a menos que você me dê um sinal".
Miriã: O que é um sinal?
Ana: É alguma coisa especial, pra mostrar que aquilo que o anjo disse era verdade. Então, o anjo disse: "Muito bem, já que você *não* acredita em mim, eu *vou* dar um sinal a você. Você vai ficar mudo, e só vai poder falar depois que seu filho nascer". E Zacarias ficou mudo naquele mesmo minuto, e não conseguia mais falar uma palavra sequer com ninguém.
Isaque: *Pobre* Zacarias!
Ana: E, pode ter certeza, depois de algum tempo, Isabel *teve* um bebê, e as tias e os tios disseram que ele deveria se chamar Zacarias, em homenagem ao pai. Mas Isabel disse: "Não; eu quero que ele se chame João". E eles disseram: "Por quê? Ninguém nunca teve o nome de João na nossa família". Então, eles perguntaram a Zacarias. E ele escreveu em um pedaço de papel: "Seu nome é João". E, de repente, ele descobriu que podia falar novamente.
Miriã: Que bom que ele se lembrou daquilo que o anjo disse. João é um nome *muito* mais bonito do que Zacarias.
Ana: (*para o* pai *e a* mãe): É claro que o menino cresceu com um senso de dedicação muito forte. Ele tinha quinze anos quando eu o vi pela última vez. Um rapaz grande, alto, ossudo e selvagem como um falcão.
Pai: Meio tantã, você concorda?
Miriã: Olha só todas essas pessoas vindo pela estrada!
Ana: Deve ser ele chegando... Não, eu não diria que João é meio maluco; apenas um pouco estranho. Andava muito com um primo, filho

de um carpinteiro de Nazaré. Jesus filho de José era seu nome, e sempre achei que ele era o menino mais impressionante dos dois. Muitas vezes fico pensando no que aconteceu com ele.

PAI (*desatento*): Humm, sim... Esses rapazes brilhantes muitas vezes não chegam a nada... Meu Deus! Metade de Jerusalém parece ter vindo pra cá.

MÃE: Ali tem um punhado de fariseus...

PAI: Eles não costumam se aventurar em seguir pregadores itinerantes.

ANA: E três ou quatro escribas eruditos. (*Com certo orgulho*) João está atraindo bastante atenção.

MÃE: Dois *levitas* estão vindo pra cá.

PAI: Eu acho que os Guardas do Templo indicam que pode haver problemas.

MÃE: Oh, olha! Deve ser ele, Estão vendo, crianças? Lá! Não é João? Aquele homem bem alto, de cabelo preto comprido?

ANA: Sim! É João, sim. Bem como eu lembrava dele, caminhando pelas colinas e recitando profecias de Isaías. Ele não mudou nem um pouco.

(MULTIDÃO *bem perto agora.*)

VOZ DA MULTIDÃO: (A) Vem, vem... escolher um bom lugar... Tudo bem, tudo bem, não empurra assim... Ele vai pregar de novo?... Sim, claro que ele... Bem, não vai muito longe... Ele tem uma voz forte... Vamos pra mais perto pra poder ver... Então, senhor... Cuidado, aí... Tá tudo bem, obrigado etc.

(B) O que ele quis dizer com vinda do Reino?... Acho que ele é um pouco maluco, se você quiser saber... Será que o governo não impede esse tipo de coisa? Eu chamo isso de sedição... Havia um cara no tempo do velho rei Herodes que começou uma rebelião... Essas coisas que assustam passam com o tempo... Bem, não se meta com essas coisas...

(C) Ele é inspirado... a mão do Senhor está sobre ele... O que o povo precisa é de um líder... O *Messias*, a esperança de Israel... Até quando, Senhor, até quando?...

JUDAS (*em tom profissional e se fazendo de importante*): Vocês poderiam abrir espaço para as pessoas que vão para o vau?... Todos aqueles que desejam receber o batismo, por favor, venham para perto da água... Com licença, bom homem; você poderia sentar um pouco mais atrás? O profeta vai falar aqui, debaixo desta árvore.

Pai: Com certeza, você é discípulo dele?
Judas: Sim. Eu venho de Queriote. Eu tenho seguido a pregação dele por todo o deserto. A missão dele mudará a face do mundo... Todos deste lado, por favor: silêncio! Ele chegou.
João Batista: Homens e mulheres de Israel! Mais uma vez, mais uma vez eu chamo vocês ao arrependimento. E rápido. Pois o Reino de Deus está chegando, assim como os profetas predisseram. Não vai ser no futuro distante. Não daqui a um ano ou uma semana. Não amanhã, mas *agora*.
Multidão: Bendito seja o Deus de Israel!
João Batista: Vocês estão prontos pra isso? Vocês sabem muito bem que não estão. Por anos, vocês têm dito: "Algum dia, algum dia, a maré vai mudar. Algum dia, algum dia o Reino será restaurado. Algum dia, algum dia o Messias virá, e tudo ficará bem com Israel". Mas a hora de vocês está próxima: o Messias está às portas — e o que ele vai encontrar quando vier?
Multidão: Tem misericórdia, ó Deus! Ó Deus, poupa Teu povo.
João Batista: Vejo um sacerdócio mundano, um governante mundano, um povo mundano — uma nação de donos de lojinhas e burocratas mesquinhos, com o coração preso ao dinheiro e ao crédito, surdos e cegos para a retidão. Saco e cinzas! Saco e cinzas! O Reino está próximo, e vocês não estão preparados. Arrependam-se *agora*, *agora* de seus pecados e dos pecados de toda a nação. Deixem Deus lavar *agora* a culpa de vocês nas águas cristalinas do Jordão. Lavem-se e fiquem limpos, para estarem aptos pra tarefa que Deus colocou sobre vocês, pois o grande e terrível dia do Senhor está próximo.
Multidão: Senhor, tem piedade de nós!
João Batista: Vocês estão preparados pra fazer isso? Vocês estão aqui porque estão arrependidos dos pecados? Ou será que é só curiosidade? Alguns de vocês, pelo que vejo, são Fariseus. Homens religiosos, guardadores da Lei, padrão de piedade respeitável, o que *vocês* estão fazendo aqui? (*Com repentina violência*) Hipócritas, trapaceiros, raça de víboras! Quem lhes deu a ideia de fugir da ira que se aproxima?
Multidão (*murmúrios indignados*): "Ih, olha o cara... insolência... nunca ouvi nada tão" etc. (*misturados com*) "Isso mesmo... fogo neles... são

mesmo uns arrogantes desgraçados"... *(e)* "Tenha misericórdia de todos nós ... Somos todos pecadores" etc.

João Batista: Sim, eu sei o que vocês vão dizer: "*Nós* não precisamos de arrependimento. Nós guardamos a Lei. Nós somos os privilegiados filhos de Abraão. Deus cuidará de *nós*, aconteça o que acontecer". Não se gabem. Deus não depende de vocês. Ele pode encontrar seus filhos em todos os lugares. Ele poderia erguê-los dessas pedras do deserto, que não são mais duras que o coração de vocês. Vocês também estarão perdidos se não se arrependerem e agirem melhor. O Messias está vindo como um lenhador com seu machado, e todas as árvores podres, todas as árvores estéreis, serão cortadas pela raiz e lançadas no fogo. Todas elas. Todas elas.

Multidão: Tenha piedade! Poupe-nos, bom Senhor!

Voz: Se guardar a Lei não vai nos salvar, o que nós temos de fazer?

João Batista *(mais gentilmente)*: Sejam generosos. Façam além daquilo que a Lei exige. Você, aí, usando esse casaco bonito — você não precisa de uma capa também. Dê a capa ao mendigo nu ao seu lado. E você, com a cesta de piquenique — que tal dividir com algumas dessas pobres crianças? *(Sua voz se tornando áspera novamente)* Renunciem ao mundo; chorem, clamem e batam no peito, e aguardem o Reino com temor e tremor.

(Gemidos emanam da multidão.)

Primeiro levita: Você parece bastante seguro de si. Quem você pensa que é? O Messias?

João Batista: Eu não sou o Messias. Eu fui enviado pra proclamar a vinda dele.

Segundo levita: Você é Elias que voltou?

João Batista *(secamente)*: Não, não sou.

Terceiro levita: Ou o Profeta predito nas Escrituras?

João Batista: Não.

Primeiro levita: Então, *quem* você acha que é?

João Batista: Nada. Eu não sou ninguém. Apenas uma voz clamando no deserto.

Segundo levita: Os Anciãos em Jerusalém exigem saber pela autoridade de quem você batiza.

João Batista: Eu sou o arauto do Reino de Deus. Eu batizo, mas apenas com a água do arrependimento. Um homem muito maior virá em breve. Eu não sou digno de amarrar os cadarços dele. Ele batizará vocês com espírito e com fogo.

MULTIDÃO: Onde ele tá? Mostra o Messias pra nós! Mostra o Cristo pra nós!

JOÃO BATISTA: Cristo virá entre vocês como um homem debulhando trigo. Ele vai colher o grão e queimar a palha. Vai haver uma grande purificação de Israel.

MULTIDÃO: Nós pecamos... nós pecamos... Tem misericórdia.

JOÃO BATISTA: Preparem-se pra se encontrar com ele. Aproximem-se; confessem seus pecados e sejam batizados no Jordão.

(Movimento geral. Um hino é cantado.)

MÃE: Que homem estranho ele é.

PAI *(criticamente)*: Ele é um bom pregador. Não sei se gosto do jeito como fala com aqueles dignos Fariseus.

JUDAS: João não mede suas palavras com ninguém.

MIRIÃ: Olha todas as pessoas entrando no rio!

MULTIDÃO: Bendito seja o nome do Senhor! Bendito seja Deus!

JOÃO BATISTA: Qual é o seu nome?

PRIMEIRO CANDIDATO: Tobias. Sou coletor de impostos imperiais.

MULTIDÃO: Bendito seja Deus por Tobias!

JOÃO BATISTA: Eu te batizo, Tobias, com o batismo do Reino. Faça seus registros de forma honesta e não tire nenhum lucro pra você... Qual é o seu nome?

SEGUNDO CANDIDATO: Esdras. Sou soldado.

MULTIDÃO: Bendito seja Deus por Esdras!

JOÃO BATISTA: Eu te batizo, Esdras, com o batismo do Reino. Cumpra seu dever de modo ajuizado. Não seja violento ou briguento, e não reclame do seu pagamento... Qual é o seu nome?

(Continua o murmúrio de batismos.)

PRIMEIRO LEVITA: Eu vou relatar aos Anciãos que esse movimento pode ser perigoso.

SEGUNDO LEVITA: Obviamente é um movimento político. É melhor ficar de olho nisso.

TERCEIRO LEVITA: Não queremos problemas com Roma.

PRIMEIRO LEVITA *(ao se afastar)*: Certamente que não. Seria muito desaconselhável. Se você me perguntar...

JUDAS: Este é um dia maravilhoso! O maior número de penitentes que já tivemos. Com licença, eu preciso ir ajudar a manter a ordem.

Baruque: Um momento, jovem. Você é um dos discípulos de João?
Judas: Sou.
Baruque: Ele tá falando sério? Ou isso é só mais uma chamada para a religião?
Judas: Eu não entendo você.
Baruque: Acho que entende, sim.
Judas: Bem, talvez eu entenda. Você pertence ao partido dos zelotes?
Baruque: Eu pertenço ao partido que quer um Israel livre. Isso é claro o suficiente?
Judas: Sim... Venha me ver em particular. Meu nome é Judas, Judas Iscariotes.
Baruque: Judas Iscariotes, não vou esquecer.
Mãe: Meu Deus! Aquele *é* um jovem de aparência interessante.
Ana: Qual?
Mãe: Aquele que tá tirando o casaco. Olhe... ao lado da mulher robusta de azul.
Ana: Onde? Não consigo ver... Oh!... Com a barba curta e dourada, não é?
Mãe: Sim, e com olhos muito impressionantes.
Ana: Bem, eu acho que... Puxa, olha só... Sim, deve ser... é o primo de João, sobre quem eu estava falando.
Pai: O filho do carpinteiro?
Ana: Sim, Jesus, filho de José. Coisa estranha, não é? Acho que vou tentar falar com ele quando tudo por aqui terminar.
Pai: Acho que ele é o último dos que vão se batizar.
João Batista:... Rebeca, com o batismo do Reino. Seja modesta e diligente, e crie seus filhos no amor de Deus... Qual é o seu... *Você* aqui, Jesus? *Você* vem a *mim* para o batismo? Mas esse é o caminho errado. Sou eu que devo ir até você.
Jesus: Faça o que estou pedindo agora, João. É certo começar assim, como todo mundo.
João Batista: Se você diz, Primo...
Multidão: Bendito seja Deus por Jesus!
João Batista: Eu te batizo, Jesus, com o batismo de água para o Reino.
(Trovão.)
Pai: Opa!
Mãe: Aquilo foi um trovão?
Ana: Espero que não venha uma tempestade.

Isaque: Aquilo era Deus falando.
Ana: Deus te abençoe, garoto!
Isaque: Eu vi um grande clarão branco descer do céu.
Mãe: Era só um relâmpago de verão, querido.
Isaque: Pode ser que fosse um anjo.
Miriã: Seu bobão. Você tá sempre imaginando coisas.
Ana: Ele pode estar certo. Acho que Jesus filho de José via anjos com frequência.
Isaque: Eu te disse.
Mãe: Bem, querido, a gente não sabe. E é muito feio dizer "eu te disse".
Ana: Ele está vindo pra cá. Ele parece estar tendo visões. *(Gritando)*: Jesus! Jesus filho de José! Você se lembra de mim?
Jesus: Ana! Sim, claro que me lembro de você. Você está bem?
Ana: Muito bem. E muito feliz em ver você e João novamente. Como estão José e Maria?
Jesus: José filho de Heli repousa no seio de Abraão.
               (Ana faz um som indicando suas condolências.)
Minha mãe está bem e sempre pensa em você.
Ana: Muita bondade dela. Por favor, transmita meu carinho a ela.
Jesus: Eu o farei, com certeza.
João Batista *(chegando um pouco ofegante)*: Primo, Primo Jesus...
Jesus: Um momento, João. Veja! Você se lembra de Ana, filha de Levi filho de Issacar?
João Batista: A bênção de Deus sobre você, Ana, e sobre todos os que buscam o Reino de Deus.
Isaque: Ei, Jesus filho de José!
Jesus: Sim, meu jovem. O que eu posso fazer por você?
Isaque: Eu quero saber uma coisa.
Mãe: Isaque! Você não deve incomodar as pessoas. *(desculpando-se)* As crianças fazem perguntas terríveis.
Jesus: Eu gosto de perguntas de crianças. O que é?
Isaque: Aquilo foi um trovão barulhento? Porque *eu* acho que foi Deus falando com você.
Miriã: Num era.
Isaque: 'Cê vê anjo?
Jesus: Eu vi o Céu aberto e o Espírito de Deus descendo até mim como uma pomba. E uma voz falou comigo dizendo: "Tu és o meu Filho amado; em ti me agrado".

Isaque: *(maravilhado)*: Uau!... *(triunfante)* Eu não te disse, Miriã? *(ele se recompõe)*... Eu falei procê, não foi? Eu não *disse* isso de verdade mesmo. Tô fechando a boca bem forte — mmm —, bem assim. Não foi?

Jesus *(rindo)*: Você resistiu à tentação como um homem.

Isaque *(alegremente)*: Da próxima vez, vô só pensar e não vou dizer nada.

Jesus: Oh, não. Um pensamento feio é tão ruim quanto uma palavra feia.

Miriã: O papai diz: "Guarda a Lei e não fales mal". Mas, se a gente não diz o mesmo que pensa, isso não é falar a verdade.

Jesus: Não. Mas veja: se você sempre tiver bons pensamentos, não vai querer dizer coisas más. Assim, você não terá de se preocupar em guardar a Lei, porque seus próprios pensamentos caridosos a guardarão para você.

Mãe: Filhos, vocês não devem ocupar as pessoas assim.

Pai: Esses dois discutiriam com a perna traseira de um burro!

Ana: Jesus, você não gostaria de voltar para nossa casa e jantar conosco?

Jesus: Eu bem que gostaria de ir. Devo me afastar um pouco no deserto para ficar a sós com Deus.

João Batista: Primo, antes de você ir, preciso falar com você.

Pai: Bem... a gente precisa ir andando. Todo mundo já foi embora, e está ficando tarde.

Ana: Certo. Tchau, então. Talvez, quando você voltar, nós nos encontremos de novo.

Jesus: Sim, certamente você me verá novamente. Adeus, por enquanto.

(O grupo da família segue em frente, dizendo "Adeus, João; adeus, Jesus".)

João Batista: A criança ouviu e viu. *Eu* ouvi e vi. Você é o Messias prometido... Nós sempre soubemos disso, mas eu juro que eu não sabia nada sobre isso... Você é meu primo e meu amigo... brincamos juntos, conversamos... falamos do Reino de Deus... E a palavra veio a mim: "Um dia você verá o Espírito de Deus descer sobre um homem, e esse é o homem que batizará o mundo com fogo"... E quando eu vi isso, meus pelos se arrepiaram... O que significa?... Eu te conheço há tantos anos, e agora eu percebi que nunca te conheci... Diga-me, Jesus, Filho de Maria, quem e o que é o Messias, o Cristo de Deus?

Jesus: Quando você me batizou com a água do arrependimento...
João Batista: Sendo totalmente indigno de beijar teus pés, filho do primo de minha mãe...
Jesus: Eu senti os ombros de Deus se curvarem sob o peso do pecado do homem. E eu soube...
João Batista: O que você soube... você, a quem a voz chamou de Filho de Deus?
Jesus: Eu soube o que significaria ser o Filho do Homem.

CENA II (BETÂNIA)
SEQUÊNCIA 1 (A TENDA DE JOÃO BATISTA)

O evangelista: Então Jesus foi levado pelo Espírito ao deserto para ser tentado pelo diabo. E, depois de jejuar quarenta dias e quarenta noites, chegou a Betânia, além do Jordão, onde João estava batizando.
André: Então, Judas?
Judas: Sim, André?
André: Quantos batizamos ontem?
Judas: Vinte e três homens, catorze mulheres e dez crianças. Quarenta e sete ao todo.
João Evangelista: Me parece muito animador. Principalmente as mulheres e as crianças.
André: Meu caro João, filho de Zebedeu! Você não pode fazer uma campanha com base em mulheres e crianças.
Judas: Você está errado, André. Mulheres e crianças são muito importantes. Mulheres falam e trazem outras mulheres. Depois disso, os maridos começam a ver que elas não estão se metendo em encrenca.

(Risada.)

Além disso, quando a esposa também se converte, o homem não tem de enfrentar brigas e importunações o tempo todo em casa. Se não fosse pela esposa, seu irmão Simão estaria conosco agora.
André: Isso é verdade.
Judas: Você não pode esperar que um homem corra riscos por uma causa se a esposa estiver sempre exigindo que o marido coloque os interesses da família em primeiro lugar.

Tiago: Esse é o Judas prático falando.
Judas: Bem, alguém precisa ser prático.
João Evangelista: Além disso, quando uma mulher se decide por alguma coisa...
Judas: Nada vai impedi-la. Isso é verdade.
André: Na verdade, ela se comporta exatamente como João, filho de Zebedeu. Se *ele* vê uma coisa que deseja, ele vai atrás daquilo em linha reta, ataca como um touro quando se abre o portão...
Judas: E então vem todo tímido e com a língua presa e deixa pra outra pessoa fazer o trabalho.
João Evangelista: Eu n-n-não.
Judas: N-n-não?
João Evangelista: Eu sei que fico animado. Mas você não entende. Se uma coisa é muito importante pra uma pessoa, e ela vai atrás daquilo... e então, de repente, inacreditavelmente, a coisa está *ali*, ao alcance! A pessoa quase tem medo de tocar nela, por medo de que ela vá desaparecer. Não é que eu queira que outra pessoa faça o trabalho. É só que... *(ele desiste)* Não posso explicar.
Tiago: Esqueça eles, João. Você tem o raro dom da humildade, e isso não pode ser dito de você, Judas, ou da maioria de nós.
André: Isso mesmo, Tiago, filho de Zebedeu. Defenda seu irmão.
Tiago: Além do mais, se for pra correr riscos, você vai encontrar meu irmão na linha de frente.
André: Pode muito bem chegar a esse ponto. Só entre nós: eu gostaria que João Batista fosse um pouco mais cauteloso... Por falar nisso, por onde ele anda?
Judas: Ele saiu sozinho por volta da hora sexta.
André: Oh, entendo. Bem, os ataques dele a Herodes estão chamando a atenção.
Tiago: Herodes! Tá na hora de alguém falar abertamente sobre Herodes. Ele é um excelente governante para a nação judaica! Fraco, cruel, autogratificante, e deixando aquele bando de mulheres levá-lo de um lado pro outro...
Judas: Herodes é facilmente influenciado. Mas isso é uma vantagem pra nós. Se o próprio Herodes fosse levado ao arrependimento e ao batismo...
André: É provável que isso aconteça?

JUDAS: Ele respeita João Batista e o ouve. Ele sabe que João é um homem honesto e um verdadeiro profeta.

ANDRÉ: Eu concordo, Judas. Mas é com a esposa dele que você tem de se preocupar. Herodias nunca vai perdoar João Batista pelas coisas que disse sobre ela, e ela quer o sangue dele.

JUDAS: Herodes não permitiria que a coisa ficasse tão séria. E sua conversão teria um impacto muito grande.

JOÃO EVANGELISTA: João Batista não se preocupa muito em causar uma boa impressão. Ele está decidido a repreender o pecado, e não tá preocupado com quem é o pecador.

JUDAS: Eu sei. É por isso que é um grande líder. E é por isso que digo: arrisque-se; vale a pena.

ANDRÉ: Ele está disposto a se arriscar. Ele nunca pareceu valorizar a própria vida. Mas recentemente ele ficou mais imprudente do que nunca, quase como se...

JOÃO EVANGELISTA: Como se estivesse vendo o fim de sua missão. Eu sei. Eu vi a mudança nele, nestes quarenta dias. E Tiago também percebeu.

TIAGO: A carne dele foi destruída; o fogo de Deus consome a alma dele. Alguma coisa aconteceu naquela semana em que estivemos fora. Você sabe o que foi, Judas?

JUDAS: Não sei. Ele tinha se saído muitíssimo bem naquele dia, e tínhamos convertido muita gente. Quando ele estava quase terminando o batismo, a gente ouviu um trovão. Ele olhou pra cima... e alguma coisa apareceu no rosto dele, como se ele tivesse sentido a mão de Deus colocada em seu ombro. Ele está com esse olhar desde aquele dia.

JOÃO EVANGELISTA: Isso! Tiago e eu percebemos no minuto em que voltamos. Tentei perguntar a ele sobre isso... mas, quando cheguei ao ponto, eu n-n-não consegui encontrar as palavras.

JUDAS: Então, você só ficou pa-pa-parado na frente dele e ga-ga-gaguejou.

JOÃO EVANGELISTA: Eu estava com medo. Ele olhou pra mim como se não me visse.

TIAGO: Cala a boca. Ele tá entrando... Ah! bem-vindo de volta, João Batista! Por que... o que aconteceu?

JOÃO EVANGELISTA: Você trouxe boas notícias?

João Batista: Jesus voltou. Ele está aqui.
André: Jesus? Qual Jesus?
Judas: Jesus, filho de José, seu primo?
João Batista: Meu primo segundo a carne; meu Senhor segundo o Espírito.
Judas: Aquele a quem você batizou no Jordão quarenta dias atrás?
Tiago: Há quarenta dias!
João Batista: Ele esteve no deserto esses quarenta dias. E eu esperei e me perguntei e ensinei as pessoas. Hoje, enquanto eu estava pregando, ele veio andando pela beira do rio, e eu vi o Espírito de Deus brilhar através do tabernáculo de sua carne como a Chequiná de glória que repousava sobre o tabernáculo da Arca. E eu clamei ao povo dizendo: "Este, este é aquele de quem falei: o maior do que eu, que viria depois de mim". E eles olharam pra mim e pra ele, mas não puderam ver o que eu vi. E eu não podia culpar as pessoas! Pois eu o conheço há todos esses anos, e ainda não o conhecia... Então, voltei logo pra cá, pensando que vocês, meus discípulos, veriam e entenderiam... Enquanto eu vinha, eu senti a presença dele bem atrás de mim... me seguindo com força, e também me conduzindo. Pois, onde quer que eu vá, ele está atrás de mim e diante de mim, como foi antes de mim desde o início.
André: Não entendo você, João Batista.
João Batista: Traga o rolo das Escrituras... Leia o que Isaías diz sobre o redentor de Israel.
André: Você é o melhor especialista, João, filho de Zebedeu.
João Evangelista: Por onde devo começar?
João Batista: "Foi desprezado e rejeitado pelos homens, um homem de tristeza e familiarizado com o sofrimento"... comece a partir daí.
João Evangelista *(um pouco surpreso)*: Oh! "Certamente ele tomou sobre si as nossas enfermidades e sobre si levou as nossas doenças, contudo nós o consideramos castigado por Deus, por ele atingido e afligido". João, isso é uma profecia do Messias? Eu sempre pensei que falava dos sofrimentos de nossa nação.
João Batista: Todo o Israel está no Messias de Israel. Leia.
João Evangelista: "Ele foi transpassado por causa das nossas transgressões, foi esmagado por causa de nossas iniquidades; o castigo que nos trouxe paz estava sobre ele, e pelas suas feridas fomos curados".

Judas: João Batista, estou começando a ver.
João Batista: A ver o quê, Judas?
Judas: Por que seu chamamento é para o batismo e o arrependimento. Por que a falsa paz do coração deve ser quebrada e sua complacência, castigada... Eu tinha imaginado algo diferente... mas agora... mas agora... Na verdade, é maior e mais estranho do que isso... Lamento ter interrompido.
João Evangelista: "Como um cordeiro foi levado para o matadouro, e como uma ovelha que diante de seus tosquiadores fica calada, ele não abriu a sua boca".
João Batista *(de repente)*: Vejam!
Todos: O quê? Onde?
João Batista: É o Cordeiro de Deus, que tira o pecado do mundo!
Tiago: Quem é?
André: O Sol está nos meus olhos.
Judas: Estou reconhecendo. É Jesus filho de José.
Tiago: Ele está vindo até nós.
André: Não, ele está passando.
Tiago: Ele olhou pra cá, mas não nos viu.
Judas: João, filho de Zebedeu, por que você está tremendo?
João Evangelista: Ele olhou pra mim!
Judas: Se este é o Messias de Israel...
André: O que você quer que façamos, João Batista?
Tiago: Devemos segui-lo ou ficar com você?
João Evangelista: *Eu* não tenho escolha. Não sei o que você viu, João Batista, e eu não entendo metade do que você fala. Mas ele olhou pra mim. Eu preciso ir vê-lo e falar com ele. Eu preciso segui-lo e encontrá-lo, ou nunca vou ter paz de novo... Não pense que sou ingrato. Eu não quero abandonar você. Mas eu preciso ir. Eu preciso. É algo que não consigo explicar. Você entende, não é? Me deixa ir, João Batista! Me deixa ir.
João Batista: Vá imediatamente, João, filho de Zebedeu. Não se preocupe comigo.
Tiago: Ele está se afastando... Corra atrás dele, André. Ele vai gaguejar, vai ficar confuso e não vai conseguir se explicar.
André: Você não vai...?
Tiago: Um amigo é menos constrangedor do que um irmão. Eu vou ficar... Volte e conte tudo.

André: Tudo bem... *(sai correndo, chamando)* João! João! Espera um pouquinho...

João Batista *(sua voz sumindo no fundo)*: "Depois do sofrimento de sua alma, ele verá a luz e ficará satisfeito... Ele ficará satisfeito..".

SEQUÊNCIA 2 (NA ESTRADA)

André *(correndo)*: Ei, João!

João Evangelista: Anda, rápido.

André *(ofegante)*: Pra que essa pressa? Espera... deixa eu recuperar o fôlego...

João Evangelista: O mundo pode acabar antes que a gente o encontre.

André *(bem-humorado)*: Bem, pode, mas não é muito provável. Ele não pode ter ido longe.

João Evangelista: Ele desapareceu atrás das oliveiras.

André: Tá bom, tá bom, mas vai com calma. Você vai se matar, correndo assim com todo esse calor.

João Evangelista: Suponha que, quando a gente virar a esquina, ele esteja lá.

André *(placidamente)*: Não vou supor nada disso... Pronto! O que eu falei pra você? Aqui estamos nós na esquina, e lá está Jesus filho de José.

João Evangelista: Sim. Sim. Tá tudo bem.

André: Por que você tá parando?

João Evangelista: Por nada... Quer dizer: ele tá lá e tá tudo bem.

André: O que deu em você?

João Evangelista: Vamos segui-lo e ficar de olho nele.

André: Você é a pessoa mais esquisita do mundo: totalmente fora do ar num minuto e no outro... Não sei o que fazer com você. Por que você não pode...?

João Evangelista: Ele nos ouviu.

André: Ele está esperando por nós... *Vai*, João.

João Evangelista: *Você* fala com ele.

Jesus: O que vocês estão procurando? Procuram por mim?

André: Rabi, somos discípulos de João Batista. Você passou pela nossa tenda agora há pouco, e ele nos disse... Bem, de qualquer maneira, queríamos muito falar com você. Então, corremos atrás de você. A propósito, meu nome é André, André, filho de Jonas.

Jesus: Você é muito bem-vindo, André.
André: E este é João, filho de Zebedeu. Era ele quem estava com tanta vontade de vir, e eu vim com ele... Diga alguma coisa, João... *(desculpando-se)* Ele correu muito rápido e tá sem fôlego.
Jesus: O que você quer de mim, João, filho de Zebedeu?
João Evangelista: Você me chamou, e eu vim.
André: Não queremos incomodá-lo agora, se não for conveniente, mas se você nos disser onde mora...
Jesus: Bem perto daqui. Venham e vejam.
André: Agora?
Jesus: Sim. Vamos todos juntos.
André: Acorda, João.
João Evangelista: Eu me sinto como se estivesse sonhando.
Jesus: Sigam-me.

SEQUÊNCIA 3 (O ALOJAMENTO DE JESUS)

O evangelista: Então, eles foram e viram onde ele morava, e ficaram com ele naquele dia, pois era cerca da hora décima. E André foi procurar seu irmão, Simão.
João Evangelista: André já se foi há muito tempo. Eu espero que ele chame Simão pra vir.
Jesus: Ele virá, não se preocupe... Olha, na prateleira ao seu lado há pão e vinho e uma travessa com figos secos.
João Evangelista: Devo colocá-los na mesa?... Claro, Simão é um homem casado. Isso complica as coisas.
Jesus: A estrada para o reino é estreita e íngreme, e nem todos podem passar por ela. Significa desistir de tudo o que pode atrapalhar: esposa, pai, mãe e tudo o que a pessoa tem. Não vou encobrir isso.
João Evangelista: Mas é o caminho para a felicidade de nosso povo?
Jesus: O Reino de Deus é como — como eu posso dizer? —, é como um comerciante próspero, levando uma vida tranquila e confortável. Um dia, então, ele vê uma pérola tão preciosa e bela que sente que não pode viver sem ela. Por isso, ele vende tudo o que tem e compra aquela pérola para si.
João Evangelista: O irmão do meu pai era comerciante, e ele era assim mesmo. Ele nunca ganhou dinheiro, porque não suportava

abrir mão de suas coisas belas. Mas ele foi uma pessoa muito feliz a vida toda... Você conheceu o irmão do meu pai?

Jesus: Eu conheço a natureza humana... Você é como seu tio, não é?

João Evangelista: Você sabe tudo. Você lê meu coração como um livro aberto.

Jesus: Li nele que seremos amigos.

João Evangelista: Ó Mestre!... Eu não ousaria me chamar assim. Seu servo, seu discípulo, sim...

Jesus: Mas eu quero que meus discípulos sejam meus amigos. Você vai ser um amigo, João, filho de Zebedeu?

João Evangelista: Que pergunta é essa? Você sabe que não peço nada mais do que amá-lo e segui-lo até a morte.

Jesus *(com gravidade)*: Obrigado.

João Evangelista: Não sei por que usei essa expressão sombria. Sempre falo usando exageros quando estou animado. Mas, na verdade, eu de bom grado daria minha vida por você.

Jesus: E eu, por você. É isso que amizade significa... Ouça! É André voltando.

João Evangelista: E eu ouço a voz de Simão.

André *(explodindo de alegria)*: Aqui está ele, Mestre. Eu trouxe ele. Eu disse: "Simão, nós encontramos o Messias, e você precisa vir". Houve uma pequena discussão, mas aqui está ele.

Simão: Boa noite, senhor.

Jesus: Então, você é Simão. Seu nome significa "aquele que ouve e obedece". Parece um nome muito apropriado...

(André ri.)

ou não, talvez não.

Simão: Isso eu não sei. Minha esposa falava uma coisa, André falava outra. E no final eu disse: "Chega!", eu disse. "Vocês não vão ficar discutindo no meu ouvido. Eu vou lá ver com meus próprios olhos", eu disse, e foi isso.

Jesus *(de modo alegre)*: Entendo.

André: Simão é sempre muito independente. E extremamente decidido sobre tudo.

Jesus: Ah, sim. Uma natureza vigorosa. Bem, Simão, um dia desses vamos achar um novo nome para você. Você será chamado Pedro, a Rocha. Isso combinaria com você?

Simão *(com firmeza)*: Você tá zombando de mim. Deixa pra lá. Mostre-me como Israel pode conquistar o reino, e farei o possível para merecer o nome.

Jesus: Não me esquecerei... Sente-se e jante conosco.

Simão: Muito obrigado... Veja bem, estou tão ansioso quanto qualquer pessoa pra ver a restauração dos direitos da Judeia. Já ouvi João Batista, e é o que eu chamo de conversa boa e religiosa. Mas não pode ficar só na conversa. E, desculpe minha maneira direta de colocar as coisas, muita gente já iniciou movimentos e afirmou ser o Messias, mas nunca deu em nada.

André: Todos eles se colocaram contra o poder de Roma. E, Mestre, temos de encarar o fato de que é uma coisa grande demais pra um punhado de pessoas comuns se colocarem contra o Império. Simão e eu somos apenas pescadores, assim como os filhos de Zebedeu, embora tenham tido um pouco mais de instrução do que nós. João Batista tem bons seguidores, e tenho certeza que muitos deles estariam prontos para seguir você...

João Evangelista: Com certeza, é só você falar, e o mundo inteiro vai seguir você.

Jesus: Não posso lhes oferecer nenhuma prova. Só posso dizer: eis-me aqui; creiam em mim.

Simão: No momento em que coloquei os olhos em você, pude ver que você é confiável. Mas o povo tá procurando um líder que possa melhorar suas condições de vida. É só nisso que pensam, pobres almas, e não dá para culpá-las. E os sacerdotes...

André: Os sacerdotes! Eles não tocam em política. Meu temor é que eles estejam de mãos dadas com o governo... e se o próprio Anjo Gabriel viesse voando direto do Céu, eles mandariam os Guardas do Templo prendê-lo por causar distúrbio.

Simão: Roma é o obstáculo, o primeiro e o último. Eles não querem que a Judeia seja independente e eles não darão ouvidos a coisa nenhuma que não seja as forças armadas.

Jesus: Filho, filhos! Vocês não sabem a quem estão dando voz. Apetite, superstição e força: nada disso pode trazer o Reino. É o Reino de Deus que buscamos. Ouçam e tentem entender. Quando fui até João para ser batizado e ouvi Deus me chamar de seu filho, fui, então, ao deserto para jejuar e orar. Quando, depois de quarenta dias na presença de Deus, percebi que estava com muita fome, no mesmo momento percebi que não estava sozinho.

João Evangelista: Você foi visitado por um anjo?

André: João Batista frequentemente tem visões quando jejua.

Jesus: Algo falou em mim, que não era eu mesmo, e disse: "Por que passar fome? Se você é o Filho de Deus, se você é *mesmo* o Filho de Deus, você só tem de ordenar, e essas pedras do deserto vão se transformar em pães". E eu sabia que era verdade. Eu só *tinha* de dar a ordem.

André: Mas isso seria um milagre.

Jesus: Existem milagres mais difíceis do que esse... Não fique tão alarmado; o pão que você está comendo veio do padeiro... Mas os milagres não devem ser usados para a própria pessoa, apenas para as outras.

João Evangelista: E as outras pessoas? Alimente o povo de Deus, e eles vão louvar o nome dele.

Simão: Sim, somos ensinados a amar a Deus por suas misericórdias.

Jesus: A ele em primeiro lugar, como amamos nossos amigos, não pelo que ele pode nos dar. É fácil alimentar o corpo e matar a alma de fome. Está escrito nas Escrituras: "Nem só de pão viverá o homem, mas de toda palavra que procede da boca do Senhor". Falei as palavras, e a tentação se foi, com não mais do que um estremecimento da carne... Mas aquele Outro ainda estava comigo. Ficamos juntos no pináculo mais alto do Templo, olhando para as ruas de Jerusalém.

André: Quer dizer que você estava lá de verdade?

Jesus: Parecíamos estar lá de verdade. E o eu que não era eu me disse: "Se você é o Filho de Deus, se você é *mesmo* o Filho de Deus, jogue-se. Não é possível matá-lo. Não está escrito nas Escrituras que os anjos de Deus vão segurar você e protegê-lo do perigo?"... E, bem lá embaixo, eu podia ver os sacerdotes e os adoradores se reunindo para o sacrifício da tarde. E o sussurro veio de novo: "Prove a eles o que você é. Prove. Você tem certeza de si mesmo, Filho de Deus? Prove para você mesmo".

João Evangelista *(de modo delicado)*: Querido Mestre, *você* sentiu isso? A dúvida que abala a razão do homem? O medo de que a bendita verdade seja, no final das contas, mentira?

JESUS: Eu disse àquele Outro: "Está escrito: Não ponha à prova o Senhor. Deve-se confiar nele como pai e amigo". E o terror na mente se foi.

ANDRÉ: E acabou aí?

JESUS: Ainda não. Ele me levou a uma montanha muito alta e me mostrou o mundo inteiro desenrolado a meus pés como um mapa: Bizâncio e Jerusalém, todas as cidades do Mediterrâneo: Tiro, Sidom, Cesareia e, além delas, Atenas e Roma, e as de bem longe, Cartago... cidade após cidade, com todo o poder e a glória delas. E ele disse: "Filho de Deus, eu lhe darei tudo isso, se você me servir e me prestar culto por causa delas". Então, entendi quem ele era e disse seu nome: "Você é Satanás, o destruidor. Retire-se! Pois está escrito: Adore o Senhor, o seu Deus, e só a ele preste culto". Quando ele viu que eu o reconheci, ele fugiu... E Deus enviou seus anjos para me fortalecerem, porque aquele ataque tinha sido agudo e lançado contra a própria cidadela da alma.

(Pequena pausa.)

SIMÃO: Mestre, se eu o entendi bem, não há como um homem ganhar poder e não se corromper. Mas, se for como você diz, como o Reino será restaurado?

JESUS: Vou lhes contar como é o Reino. Você já viu sua esposa fazendo pão, não é? Ela toma um pedacinho de fermento e o mistura com a farinha até formar uma massa. Em seguida, ela a põe de lado, e o fermento ali escondido começa a trabalhar em silêncio e sem ser visto, até que a massa informe e pesada cresce e incha e se torna leve e pronta para assar. É assim que o Reino virá.

ANDRÉ: Assim?

JESUS: Simples assim... Você está decepcionado?

ANDRÉ: Eu pensei que viria com exércitos e com bandeiras, e com uma grande procissão montada a cavalo entrando em Jerusalém.

JESUS: Vocês ainda verão o Messias montado entrando em Jerusalém.

SIMÃO: Em lugar disso, a gente esperava sinais e maravilhas e coisas assim.

JESUS: Vocês *verão* sinais e maravilhas. Mas vocês não crerão porque viram maravilhas; vocês verão maravilhas porque creram.

ANDRÉ *(seguindo sua própria linha de pensamento)*: A gente esperava uma grande revolta do povo. Mas tô vendo que as pessoas devem ser ensinadas a conhecer a Deus antes de estarem aptas a desfrutar do reino de Deus.

SIMÃO: As pessoas? O povo? Mas *nós* somos o povo, e não sabemos nada sobre nada. A palavra de Deus diz que devemos ser um povo santo, mas você não pode chamar André, João e eu de "santos". Somos apenas homens comuns.

JOÃO EVANGELISTA: Mestre, o que é santidade? É só guardar os Mandamentos e fazer as orações certas, fazer as coisas certas e pagar as taxas cobradas, como os sacerdotes dizem pra nós? Ou é algo bem diferente? A pregação de João Batista perturbou nosso coração, e os grandes profetas nos aterrorizaram com suas ameaças contra o pecado. Estamos desanimados, porque nada do que a gente faz parece ser bom, e o Deus justo é tão grande, terrível e distante. Como a gente pode ir além disso que a gente é? Que tipo de coisa heroica é a santidade?

JESUS: Os sacerdotes estão certos e os profetas também. Não vim para deixar a Lei de lado, mas para mostrar a vocês como cumpri-la. Isto é santidade: amar e ser governado pelo amor, pois o amor não pode errar.

JOÃO EVANGELISTA: Simples assim?

JESUS: Tão simples que até uma criança consegue entender. Tão simples que só as crianças *conseguem* entender de verdade.

ANDRÉ: Mas em que tudo isso se relaciona com a vinda do Reino?

JESUS: Isso *é* o Reino. Onde quer que haja amor, aí está o Reino de Deus.

(Outra pequena pausa.)

SIMÃO: Mestre, isso é uma ideia nova e estranha. Apesar disso, pensando bem... é o que a Bíblia fala o tempo todo pra gente...

ANDRÉ: Seria bom a gente dar uma pensadinha sobre tudo isso.

JOÃO EVANGELISTA: Eu não preciso pensar. Isso é a verdade. Eu preciso ir e contar ao meu irmão.

JESUS: Vocês são pescadores. Onde fica sua casa? Perto do lago da Galileia?

SIMÃO: Sim, Mestre, em Betsaida.

JESUS: Voltem agora para João Batista. Quando ele não precisar mais de vocês, vocês me verão novamente na Galileia.

CENA III (ENOM)

Evangelista: No dia seguinte, Jesus foi à Galileia, encontrou Filipe e Natanael e lhes disse: "Sigam-me". E Jesus e seus discípulos vieram para a terra da Judeia, e lá ele batizava. E João Batista também estava batizando naquela época em Enom, perto de Salim.

João Batista: ... e por isso ordeno que se arrependam e sejam batizados.

Primeiro judeu: Desculpe-me, mas não estou entendendo muito bem esse negócio do batismo. Existe a purificação comum determinada pela Lei, e agora vem você com sua missão especial...

Segundo judeu: Sim, e olha só: você não é o único. Há um homem andando pelo Galileia, um homem chamado... qual é o nome mesmo?

Terceiro judeu: Jesus filho de José. Você lembra? Ele estava com você em Betânia, e você disse que ele estava vindo pra batizar com fogo...

Segundo judeu: Mas ele batiza com água, assim como você...

Primeiro judeu: Não é ele que batiza, não. Os discípulos dele é que fazem o batismo.

Segundo judeu: É a mesma coisa. Muitos dos sujeitos que você converteu passaram pra ele. É tudo muito confuso, e eu quero saber direito o que eu tenho de fazer.

Terceiro judeu: É isso. É você o único, ou é ele o único, e o batismo dele é melhor que o seu, ou o quê?

João Batista: Ninguém pode fazer mais do que a tarefa que Deus lhe deu. Eu tomo você como testemunha de que eu nunca disse que *eu* era o Messias. Só fui enviado à frente dele a fim de preparar vocês para a vinda dele. Não foi isso que eu sempre disse a vocês?

Primeiro judeu: É verdade. Você disse isso.

João Batista: Vocês sabem o que acontece num casamento. O padrinho vem primeiro à igreja e recebe a noiva. Mas ele só tá lá pra ver se tá tudo pronto. Quando o noivo chega, ninguém mais se importa com o padrinho. Ele é apenas o amigo do noivo: tá feliz com a felicidade do noivo e fica feliz em ser deixado em segundo plano e deixar o lugar principal pro noivo. Eu tô feliz agora, porque o noivo de Israel tá aqui. De agora em diante, as pessoas se voltarão cada vez mais pra ele e cada vez menos pra mim. Isso tá certo; é assim que deve ser. Pois eu não sou nada, ele é tudo... Judas!

Judas: Sim, João?

João Batista: Quem são essas pessoas que estão vindo pela estrada?

Judas: Parecem soldados.

João Batista: Achei que fossem... Vão pra casa agora, pessoal. É melhor vocês não serem vistos aqui comigo.

(A multidão se dispersa.)

Tiago: André, o que ele quis dizer?

André: Eu não sei, Tiago. Mas acho que posso adivinhar... João Batista!

João Batista: Os homens de Herodes estão vindo me prender.

André: Você falou abertamente sobre ele.

João Batista: Eu não poderia falar de outra forma... Você ouviu o que aquele homem disse?

João Evangelista: Todos nós ouvimos. Jesus está na Galileia.

João Batista: Vão pra casa, pra Betsaida, e esperem por ele lá. André e Tiago e João; Simão já está lá.

Tiago: Mas e você?

João Batista: Não se preocupem comigo.

(Som de soldados se aproximando.)

André: Não podemos abandonar você.

Judas: Eu não tenho casa na Galileia. Eu vou com João Batista.

João Batista: Tem certeza, Judas? Vai ser perigoso.

Judas: Não tenho medo. Herodes tá apenas blefando. Ele vai colocar você na prisão pra agradar a esposa, e vai libertar você pra agradar a si mesmo... Haverá grandes oportunidades em Tiberíades... Deixa comigo. Eu fiz alguns contatos...

Voz: Esquadrão, alto!... Ei, vocês dois! Por ordem de Herodes, Tetrarca da Galileia...

João Batista: Eu sou o homem que você quer, sargento. Eu sou João Batista.

O evangelista: E Jesus, caminhando pelo mar da Galileia, viu Simão e seu irmão, André, lançando suas redes ao mar, pois eram pescadores. E ele lhes disse:

A voz de Jesus: Sigam-me.

O evangelista: E, seguindo, viu os outros dois irmãos, Tiago, filho de Zebedeu, e seu irmão, João, em um barco com o pai, consertando as redes. E ele os chamou:

A voz de Jesus: Sigam-me.

O evangelista: E eles imediatamente deixaram o barco e o pai, e o seguiram.

PERSONAGENS

O evangelista.
O noivo de Caná.
A noiva.
Susana, mãe do noivo.
Rebeca, amiga de Susana.
O mordomo (o "Encarregado da Festa").
Rúben.
Issacar. | Servos na casa do noivo.
Uma criada.
O Rabino Salomão.
Benjamim ben-Hadade, "um oficial do rei".
Dorcas.
Um cavalariço. | Servos de Benjamim.
Maria, a mãe de Jesus.
Jesus.
André, filho de Jonas.
Simão, filho de Jonas (Simão Pedro).
Tiago, filho de Zebedeu.
João, filho de Zebedeu.
Um levita.
Primeiro ancião.
Segundo ancião (Sadraque).
Terceiro ancião.
Convidados do casamento e Multidão.

3

UM CERTO NOBRE

OBSERVAÇÕES
OS PERSONAGENS

MORDOMO. De acordo com Hoskyns, o "Encarregado da Festa" era o Servo-chefe, e não o anunciador escolhido para organizar a distribuição de bebida. O Mordomo deve, portanto, ter a fala e o comportamento de um servo superior em uma casa de classe média.

RÚBEN e **ISSACAR.** Podem receber algum tipo de sotaque ou forma de falar que os distinga o suficiente dos amos. Não são "escravos" em nenhum sentido degradante, mas, sim, "servos contratados" ou escravos "nascidos em casa". Dos dois, Rúben é bastante superior e fala melhor.

SUSANA. Uma agradável mulher de meia-idade, amigável e hospitaleira, tal como seria adequado para uma amiga bastante íntima da família do carpinteiro em Nazaré. O "banquete" não é lá muito grandioso: uma festa confortável de pessoas não muito ricas (já que sete convidados extras as deixam sem vinho e talheres), orgulhosas de poder convidar um magnata local para sua mesa, razoavelmente piedosa de forma rotineira e com uma recepção calorosa a todos.

MARIA agora tem 48 anos. Aceitei a sugestão do dr. Temple de que ela "estava aparentemente em alguma posição de responsabilidade (no casamento), como demonstram sua preocupação com o vinho e suas instruções aos criados". A atitude dela com relação a Jesus e a dele com relação a ela são sempre a grande pedra de tropeço dessa cena. Relacionei isso com o episódio de Cristo ser Encontrado no Templo, para mostrar a mãe humana diante da realidade do que significam, na prática, a personalidade e a vocação de seu Filho. Parece muito claro, em Lucas 4:22,23, que Jesus não havia feito milagres antes em sua cidade natal, de modo que este foi provavelmente o primeiro encontro de Maria com o poder divino do Filho, e ela está triste e alegre por isso.

REBECA. Em todos os sentidos, uma intrometida: a mulher indispensável que todos ficariam felizes em dispensar. Uma voz estridente e tagarela, um excelente coração, sempre querendo saber de tudo e sem nenhum tato.

BENJAMIM BEN-HADADE. Não é um nobre de destaque; um magnata local, algo como um escudeiro rural. Um homem excelente, cheio de afeto familiar, gentil com os criados, obediente à religião, com um coração de ouro. (Eu o imagino com cerca de 60 anos e que seu filho seja o caçula, depois de muitas filhas, e, portanto, imensamente precioso para o pai.)

JESUS. Ele também enfrenta a divisão entre sua vida doméstica e sua missão como Filho de Deus e Filho do Homem, e seu lado mais profundo é, em geral, o mais importante, embora, ao chegar à festa e ao contar sua parábola, ele seja cordato e gentil. Sua repreensão à Mãe deve soar como um lembrete firme, mas o tom não deve ser áspero ou queixoso. No Templo, ele está realmente indignado. Com os discípulos na cena II, ele está novamente gentil e alegre, mas firme mais uma vez ao propor seu teste de fé a Benjamim.

DISCÍPULOS. Não há nada a acrescentar aos personagens além do que já foi esboçado na segunda peça. O modo em que João Evangelista trata Maria pretende preparar uma espécie de intimidade que, por fim, leva à cena da Crucificação, quando ele "a levou para sua casa".

O **NOIVO** e **OS CONVIDADOS** do casamento não apresentam características especiais.

A **NOIVA**, em um país oriental, não deveria ser nada além de tímida e bastante silenciosa diante do novo marido.

O **RABINO SALOMÃO**. O melhor exemplar de homem religioso piedoso e idoso, porém não velho demais que não possa acolher novos homens e novas ideias.

PRIMEIRO e **TERCEIRO ANCIÃOS** do templo. O tipo mais desagradável de eclesiástico: impenetráveis a novas ideias e ressentidos com novos homens; oportunistas, submetendo-se ao governo e bajulando-o, e sempre prontos para realizar as crucificações.

SEGUNDO ANCIÃO (SADRAQUE). Um homem um pouco mais inteligente. Não gosta dos escândalos do comércio do Templo e é capaz de apreciar a qualidade do "novo homem" e de tratar suas reivindicações com certo cuidado. Sardônico na voz e no proceder.

DORCAS. Uma jovem profundamente devotada à família de seu amo.

O **CAVALARIÇO**. Esnobe e insolente. O tipo de criado que não tem respeito pelas pessoas que andam pela estrada em trajes de camponês.

CENA I (CANÁ DA GALILEIA)

O EVANGELISTA: Depois que foi batizado por João Batista, Jesus chamou seus primeiros discípulos: Filipe e Natanael, André, filho de Jonas, e Simão, seu irmão, e Tiago e João, filhos de Zebedeu. E houve um casamento em Caná da Galileia. A Mãe de Jesus estava ali; Jesus e seus discípulos também haviam sido convidados para o casamento.
(Agitação de preparação: tilintar de louças e barulho de servos correndo no lugar.)
MORDOMO: Doze, catorze, dezesseis guardanapos. Aqui está você... Rúben, esta guirlanda está caindo. Ponha uma tacha nela... E espevite aquela lamparina soltando fumaça... Onde estão os potes de água para a purificação?
RÚBEN: Bem perto da porta. Achei que seis seriam suficientes.

Mordomo: Certo. Providencie para que haja muitas toalhas limpas... Issacar, coloque almofadas na alcova para os músicos... Depressa!

Susana: Mordomo! Mordomo! Como estão as coisas?

Mordomo: Quase pronto, senhora. Espero que esteja do seu agrado.

Susana: Sim, sim, está. Todos vocês fizeram maravilhas... Oh, meu caro! Que trabalheira é casar um filho!... Sim, criança, o que é?

Criada: Suas pulseiras, senhora.

Susana: Oh, obrigada... Daqui a pouco, vou esquecer a cabeça... Espero que esteja tudo bem na cozinha. *(Chamando.)* Maria! Maria querida! O tempo está passando.

Maria *(chegando sem fôlego)*: Podemos começar a qualquer minuto agora. Mas, Susana! Essa mensagem que meu filho mandou acabou de chegar. Ele está vindo...

Susana: Oh, que bom que ainda conseguimos alcançá-lo!

Maria: E ele está trazendo seis amigos.

Mordomo *(surpreso)*: Mais sete lugares?

Maria: Sinto muito. Bem agora que você já arrumou tudo tão bem.

Susana: Só pensamos nisso no último minuto, quando soubemos que ele estava na vizinhança.

Mordomo: Não importa, senhora. Vamos espremê-los de alguma forma... Rúben! Coloque essas mesas mais perto e coloque outra aqui... e mais dois sofás... Issacar! Suba no telhado e fique de olho nos participantes da festa nupcial.

Maria: Acho que está tudo muito bonito. As flores são realmente lindas.

Rúben: Precisamos de outra toalha de mesa. E mais algumas taças.

Susana: Acho que não temos mais nenhuma aqui em casa.

Maria: Vou correr e pegar emprestado na vizinha.

Susana: Maria querida, é claro que você não vai fazer isso. Você ficou de pé o dia todo.

Maria: Mas estou gostando, Susana. Quando o filho de um velho amigo se casa...

Susana: Sim, sim, mas você deve descansar um pouco antes que os convidados cheguem. Um dos serviçais pode ir. Ou, olhe! Rebeca está aqui. Ela adora cumprir essas missões... Rebeca!

Rebeca *(volúvel e enfática)*: Sim, querida?... Ó Maria, você está aqui! É verdade o que eu ouvi? Seu filho Jesus está vindo?

Maria: Sim, e estávamos nos perguntando se você...

Rebeca *(atropelando suas palavras)*: Mas que empolgante! Faz muuuito tempo que não o vejo, e ouvi que ele agora é reconhecido como profeta ou pregador ou alguma coisa do tipo, e está causando agitação. Dizem que os jovens estão gostando muito dele. Será que ele desistiu completamente do negócio de carpintaria? Oh, bem, sem dúvida os primos conseguem tocar o negócio. Mas você deve sentir muito a falta dele em casa.

Maria: Temos saudades dele, é claro. Mas não podemos impedi-lo de atender ao chamado pra fazer a obra de Deus.

Rebeca: Oh, não, querida! Embora eu *deva* dizer que espero que ele tome cuidado e se mantenha longe de problemas. Acho que devo avisá-la que as pessoas estão começando a dizer coisas bastante perigosas. Sugerir que Jesus pode ser o Messias, e tudo mais... Bastante ridículo, é claro, para as pessoas que o conhecem, mas realmente não é *seguro* hoje em dia, e se você puder apenas dar uma dica...

Maria: Jesus deve fazer o que achar certo, Rebeca.

Rebeca: Naturalmente, querida; e tenho certeza de que eu seria a última pessoa a interferir. Mas, para o próprio bem dele, ele *deveria* contradizer esses rumores. Só estou tentando ajudar...

Susana *(interrompendo com firmeza)*: Você é sempre muito gentil. Você *acha* que poderia ir até a esposa de Simeão e pedir-lhe que nos emprestasse algumas taças e toalhas de mesa? Jesus está trazendo seis amigos, e estamos com falta disso.

Rebeca: *Claro* que eu vou, querida. A família de Simeão é sempre *muito* prestativa. Na verdade, eles disseram ontem...

Issacar: Senhora! Senhora! O noivo e a noiva estão chegando! Já vejo os archotes ao longe, descendo a estrada de Cafarnaum.

Rebeca: Ah, eu preciso voar!... Eu estarei de volta num momento. *(Enquanto se afasta)* E pense no que eu disse.

Susana: Eles estarão aqui em dez minutos. Vamos sentar enquanto ainda podemos... Maria, agora que Rebeca não está aqui: o quanto Jesus realmente sabe sobre... você sabe... as coisas que você me disse? Os anjos quando ele nasceu, e as profecias, e a visita dos reis sábios, e... e... tudo o mais?

Maria: Quando ele era criança, não contávamos nada. Esperamos o bom tempo de Deus. Mas, quando ele tinha doze anos, subimos a

Jerusalém, como de costume, para a Páscoa. E, sei lá como, quando a caravana começou a viagem de volta, ele ficou para trás. Pensamos que ele estava com Zacarias e Isabel, e eles pensaram que ele estava conosco. Então, meu marido e eu voltamos para procurá-lo e, após uma busca bem longa e angustiosa, nós o encontramos no Templo, sentado aos pés dos Anciãos, ouvindo aqueles homens e lhes fazendo perguntas. Eles ficaram surpresos ao descobrir o quão vivaz e inteligente ele era, e o quanto ele sabia. E eu disse: "Jesus querido, não é certo se comportar assim. Seu pai e eu ficamos muito, muito preocupados. A gente não conseguia imaginar pra onde você foi". E ele me olhou espantado e disse: "Mas por quê? Esta é a casa do meu Pai. Com certeza você sabe que eu deveria estar aqui".

REBECA: Sim, mas Maria...

MARIA: Eu não soube o que dizer. Foi como uma espada atravessando meu coração. Ó Susana! É glorioso ter um filho que nasceu pra fazer grandes coisas; mas há momentos em que se percebe que... que ele não pertence a ninguém... e esses momentos são amargos... Ele voltou pra casa conosco... então, eu mostrei pra ele os presentes dos reis sábios — o ouro, o incenso e a mirra —, e eu contei tudo o que eu sabia... Ele não disse nada; durante dezoito anos ele não disse nada, mas foi afetuoso e obediente como os filhos devem ser. E eu observei e esperei, sabendo que chegaria o tempo em que seu Pai celestial o chamaria pra longe de mim.

(Música à distância.)

Ouça! Os convidados estão se aproximando.

SUSANA: Eles estão apenas na ponta da rua. Conte-me rapidamente.

MARIA: *Seu* filho está voltando para casa com a noiva. O meu me deixou, por um objetivo que ninguém pode prever... Há dez semanas ele veio a mim e disse: "Mãe, devo tratar dos negócios do meu Pai". Ele falou de modo gentil, mas minha mente voltou àquele dia no Templo, e eu sabia... Ele saiu de casa no dia seguinte.

SUSANA: Ó Maria, isso deve ter sido muito difícil.

MARIA: Eu sou a mãe dele e eu conheço meu Filho. Debaixo daquela gentileza toda, há um propósito mais firme do que o aço... Não fique preocupada. Eu estou muito feliz. E esta noite verei meu filho.

(Música à porta.)

SUSANA: Deus te abençoe, Maria... Pronto! Preciso ir receber os convidados.

(*Ruído de chegada de pessoas. Gritos de "Deus abençoe o casal", "Bem-vindos ao lar!", "Boas-vindas à noiva!" etc. Risos e música.*)

O NOIVO: Mãe, trouxe minha noiva para pedir sua bênção.

SUSANA: Ela é bem-vinda ao meu coração. O céu proteja vocês dois, meu filho e minha filha, e torne seu casamento feliz e frutífero. Se seu querido pai tivesse vivido para ver este dia... Boas-vindas a todos! Entrem! A festa de casamento está pronta. (*Batendo palmas*) Sem demora, água e toalhas para todos!... Bem-vindo, senhor Benjamim! Bem-vindo, bom Rabino Salomão! Ebenézer, Rafael, Simeão, estamos muito contentes em vê-los. Davi e Sara, que gentileza de sua parte virem!... Moisés ben-Ezra e Rute, queridos, como vocês estão? Não é um dia alegre?... Ah! e aqui está um rosto que estou feliz em ver: Jesus filho de José, você é muito bem-vindo.

JESUS: Paz e abençoadora luz sobre a sua casa, Susana, e sobre seu filho e sua filha.

SUSANA: E esses são seus amigos? Estamos muito satisfeitos em ver todos eles. Eu coloquei vocês juntos em uma mesa. Você encontrará sua querida mãe lá. Ela tem me ajudado muito... Jacó... Dorcas e Abigail... (*sua voz hospitaleira desaparece na confusão de saudações*).

MORDOMO: Com licença, senhor, por aqui, por gentileza... Rúben, outra almofada aqui... Issacar, corra pra cozinha e diga pra começarem a servir... Sim, senhora, seu grupo está aqui... Rúben, vinho para a mesa superior... Ó meu senhor Benjamim, por favor, venha mais para cima: o mestre pede que você se sente à direita dele.

BENJAMIM: É? Oh!, com prazer. Com certeza.

MARIA: Jesus, meu querido! Que bom ver você.

JESUS: Deus a abençoe, Mãe... Você deve conhecer meus amigos: Filipe e Natanael, André, filho de Jonas, e Simão, seu irmão... Tiago, filho de Zebedeu, e este é João.

MARIA: Então, você conseguiu chegar a tempo?

JESUS: Nós encontramos os convidados para o casamento na estrada de Cafarnaum, e fizemos uma alegre viagem juntos.

MARIA: E o que vocês estão fazendo?

JOÃO: Jesus está contando as boas-novas do Reino. Nós ouvimos e nos maravilhamos... Ó Senhora, não consigo expressar como esses dias têm sido maravilhosos. É como se tudo o que alguém dissesse e fizesse, cada pedra, cada flor e a própria bendita luz tivessem um novo significado. Você deve ser a mulher mais feliz do mundo. Tenho certeza de que nós somos os homens mais felizes. Mas todos sentem essa felicidade: os doentes e os pobres, e as mulheres com os filhinhos...

TIAGO: Cuidado, João!

JOÃO: Oh, *sinto* muito. Que desajeitado da minha parte. Espero que não tenha caído no seu vestido.

MARIA: Não, não. Rúben, traga um pano. Um pouco de vinho derramado não é nada.

(A agitação e as desculpas incoerentes de JOÃO desaparecem no burburinho da conversa geral, que nos leva, por assim dizer, pela sala até a Mesa Superior.)

CONVERSA: Um casamento tão bonito... Experimente este cordeiro recheado com azeitonas... O casal mais lindo que eu já vi... Vinho para esses senhores... Eu acho que eles estariam muito bem... Passe os figos... Mas minha mula perdeu uma ferradura; então, eu tive de pegar uma carona com a família Esdras... Um presente realmente lindo: uma tigela de prata e cinco mudas de roupa... Ah, aquele é o profeta de Nazaré... De Nazaré? Deus do céu!...

BENJAMIM: Bem, meu caro, hoje é um grande dia. É um prazer vê-lo casado e feliz. Mas me fale: você deu uma olhada em sua noiva?

O NOIVO: Bem, senhor, não oficialmente. Ela ainda não levantou o véu.

BENJAMIM: Ah! Mas, não oficialmente, você não precisa que eu lhe diga o quanto é um cara de sorte. Como está, minha querida?

A NOIVA: Meu senhor Benjamim é muito bondoso.

O NOIVO: Mordomo! Vinho para o senhor Benjamim!... Lamentamos não ver seu filho aqui hoje.

BENJAMIM: Ele viria, mas não parecia estar se sentindo muito bem agora à noite. Então, a mãe dele achou melhor segurá-lo em casa.

A NOIVA: Lamentamos ouvir isso.

BENJAMIM: Oh, acho que não é nada demais. Um pouco de febre ou alguma coisa assim... Opa! Vejo que um de meus vizinhos humildes está aqui na sua festa: Simão, o pescador. Um sujeito muito digno, mora em minha propriedade. Como ele veio, Susana?

SUSANA: Acho que ele veio com Jesus filho de José, o profeta de Nazaré, você sabe. Aquele homem alto de barba dourada.

BENJAMIM: Profeta, é? Nunca ouvi falar de profetas indo a festas. Esse tipo vive principalmente de pão e água, como aquele fanático de rosto desagradável, sei lá o nome dele... João Batista, que Herodes jogou na prisão outro dia. Como você veio a se envolver com um profeta?

Susana: A mãe de Jesus é uma velha amiga minha.

Benjamim: Ah, entendo. Isso é diferente. Ele com certeza não parece fanático, e parece comer e beber como um ser humano.

Rabino: O jovem tem o rosto de quem vive perto de Deus.

Benjamim: Peço-lhe perdão, Rabino Salomão. Perdoe a maneira descuidada de falar de um velho mundano... Esse vinho que você nos deu é muito bom, meu jovem.

Susana: Que bom que gostou. Porque agora você deve propor um brinde à saúde dos jovens.

Benjamim: Quem, eu?

Susana: Claro. Como velho amigo da minha nova filha, e o homem mais importante entre os convidados.

Benjamim: Minha querida Susana...

O noivo: Mordomo! O senhor Benjamim vai fazer um discurso.

Mordomo: Peço silêncio para o senhor Benjamim ben Hadade.

(Aplausos e silêncio.)

Benjamim: Meus queridos jovens amigos, e minha querida velha amiga Susana *(Aplausos)*, não tenho a pretensão de ser um grande orador. Estou muito mais apto a fazer justiça à excelência de sua hospitalidade do que à solenidade da ocasião. *(Risos)* Mas falo com base em uma longa e feliz experiência quando digo que uma boa esposa e um lar feliz são as maiores bênçãos que um homem pode desfrutar. *(Aplausos)* Conhecendo a noiva e o noivo como conheço, estou confiante de que seus amigos desejam as maiores felicidades para ambos *(Aplausos)*, e desejo a vocês tanta alegria um com o outro e com sua família quanto eu experimentei na minha casa. *(Aplausos)* Não posso dizer mais. Aqui estão o Noivo e sua Noiva. O Deus de Abraão os abençoe!

Todos: O Noivo e sua Noiva!

(Aplausos prolongados.)

Benjamim: Ufa! Acabou. Agora é hora dos músicos nos alegrarem com alguma melodia.

(Música, sugerindo que um pouco de tempo se passou. Ao terminar, surge a voz do noivo no meio de uma conversa.)

O NOIVO: Claro, Rabino Salomão, se você quer mesmo ouvi-lo.

RABINO: Eu gostaria mesmo, se meu senhor Benjamim concordar.

BENJAMIM: Sim, sim, sem dúvida. Só espero que ele não discuta, nem grite nem fale conosco sobre nossos pecados. Gosto de jantar em paz. Mesmo assim, não tenho dúvidas de que, se há um profeta aqui, os convidados gostariam de ouvi-lo.

O NOIVO: Eu realmente acho que sim. Você vai falar, Rabino? Mordomo!

MORDOMO *(bate na mesa; silêncio)*: O Rabino Salomão deseja falar.

RABINO: Meus queridos amigos, estamos reunidos aqui em uma ocasião muito abençoada. É certo que devemos celebrá-la com banquetes e risos, pois Deus é um Pai bondoso e ama que seus filhos desfrutem de todas as suas boas dádivas. Mas nunca devemos esquecer que a esperança de Israel aguarda a redenção do povo de Deus e a vinda de seu justo Reino. Disseram-me que há entre nós um profeta desse Reino, e acho que deveríamos deixar de lado por um momento nosso prazer para ouvir sua mensagem *(murmúrio de interesse)*. Jesus de Nazaré, você vai atender ao pedido de um velho — velho demais, eu temo, para ver o Reino com seus olhos mortais — e nos dizer, como Deus inspirar você, o que é esse Reino e quão cedo devemos esperar por sua vinda?

JESUS: O Reino dos Céus está dentro de você, e só o Pai sabe o dia ou a hora de sua vinda. Pois o Reino dos Céus é assim: é como dez damas de honra indo para um casamento. Cinco delas eram moças cuidadosas e sensatas, mas as outras cinco eram meio cabeças-ocas. Todas partiram juntas para a casa da noiva, vestindo suas melhores roupas e levando suas candeias para se juntar à procissão de archotes. As descuidadas encheram as candeias e confiaram na sorte, mas as sensatas se deram ao trabalho de carregar também uma pequena vasilha de óleo. Acontece que o noivo se atrasou no caminho e chegou muito tarde, de modo que os convidados ficaram cansados e com sono esperando por ele — e de fato, todos cochilaram. Mas à meia-noite ouviram vozes gritando na rua: "O noivo está chegando! Saiam agora para encontrá-lo!". Então, todas as damas de honra se levantaram rapidamente e começaram a preparar suas candeias. E as despreocupadas disseram às outras: "Puxa! Nossas candeias estão apagadas. Emprestem um pouco do óleo de vocês pra nós". Mas as damas de honra cuidadosas disseram:

"Não podemos fazer isso, pois não há o suficiente para nós todas. É melhor vocês correrem até o vendedor de óleo e comprar um pouco. Só assim todas nós vamos ter o necessário". Mas enquanto as meninas batiam à porta do comerciante de óleo, o noivo chegou. Todas as pessoas que estavam prontas juntaram-se à procissão e partiram para a casa, e, assim que elas entraram, as portas foram fechadas e a festa de casamento começou. E logo as pobres damas de honra tolas vieram correndo e bateram à porta gritando: "Deixa a gente entrar! Deixa a gente entrar!". Mas o noivo disse: "Eu não conheço vocês. Agora, é tarde demais". De fato, de fato, eu digo a vocês: estejam sempre alertas, pois a qualquer momento, mais tarde ou em breve, o Filho do Homem pode vir.

(Pausa. Alguém murmura "Obrigado". Há alguma hesitação, e a conversa recomeça.)

CONVIDADOS: Não era nada disso que eu esperava... Não nos disse muita coisa, né?... o Reino... O Filho do Homem: esse é o noivo... Cristo é o noivo de seu povo, como no Cântico de Salomão... aquelas damas de honra tolas, exatamente como você, Raquel... ó *Mãe!*... Isso me deixou bastante incomodada...

SUSANA: Bem, meu senhor Benjamim! Isso foi breve e agradável, não foi? E ele não gritou, nem denunciou nada nem ninguém. Apenas uma história simples.

BENJAMIM: Não sei... não sei. É um fato: é preciso pensar mais sobre religião e tudo o mais... "Tarde demais": é uma ideia desagradável. O que me diz, Rabino Salomão?

RABINO *(profundamente comovido)*: "Tarde demais". Tenho oitenta anos, e pensei: "Tarde demais", tarde demais para contemplar o Reino. Mas o Noivo chegou à meia-noite.

(Música.)

RÚBEN: Issacar! Issacar! Eles querem mais vinho na mesa superior.

ISSACAR: É muito fácil dizer "Mais vinho", mas eu já esvaziei o último odre.

RÚBEN *(horrorizado)*: Sem vinho! Santos profetas! O que a gente vai fazer agora?

ISSACAR: Dizer a verdade, eu acho.

RÚBEN: Dizer a verdade? E trazer vergonha pra essa casa? Nós vamos ser açoitados por isso.

Issacar: Não é culpa nossa. Foram todos esses convidados extras... Você deveria ter administrado de forma mais econômica...

Rúben: Você deveria ter deixado uma sobra maior...

Issacar: Foi o próprio amo quem fez as encomendas. Não tenho nenhuma relação com isso. Bem, não adianta discutir sobre de quem foi a culpa.

Rúben: Sem vinho! Que desgraça!

Maria: Rúben... O que foi? Você disse que o vinho acabou?

Rúben: É isso mesmo, Madame Maria. E eles estão pedindo vinho na mesa superior.

Maria: Céus! O que a gente pode fazer?

Issacar *(azedamente)*: Correr para o vendedor, eu acho. Como as jovens senhoras sobre as quais o cavalheiro nos falou.

Maria: Mas é tarde demais pra isso...

Rúben: "Tarde demais": isso de novo!

Mordomo *(em um grito de raiva)*: Rúben! Issacar! Vinho para a mesa superior!

Rúben *(desesperado)*: Estou indo, senhor, estou indo.

Maria: Isso é horrível! Espere um momento. Meu filho vai pensar num jeito... Jesus!

(com mais urgência) Jesus!

Jesus: Sim, Mãe?

Maria: Eles não têm mais vinho. *(Silêncio)* Você ouviu, meu filho? Eles não têm mais vinho. Precisamos fazer alguma coisa pra ajudá-los. Rapidamente. Eu quero que você pense...

Jesus: Mulher, por que me incomoda? O que eu sou para você?

Maria *(surpresa)*: Meu filho! *(recordando-se)* Oh, não. Sinto muito. *(Com uma espécie de terna autocensura)* Você cumpriu minhas ordens por muito tempo. Esse tempo já passou.

Jesus: Ainda não chegou a *minha* hora.

André *(sussurrando)*: João, o que ele quer dizer com isso?

João: Não sei, André.

Maria: As taças estão vazias, as canções estão silenciosas, o riso se cala; a Noiva e o Noivo vieram para o casamento, mas eles não têm mais vinho.

João *(suavemente)*: Senhora, devemos respeitar o tempo. Fixe seus olhos no rosto do Mestre.

Maria: Rúben, Issacar!

Serviçais: Senhora!
Maria: Façam tudo o que ele lhes mandar.
Jesus *(com voz de sonâmbulo)*: Os seis grandes potes de água ali: encham-nos de água.
Rúben: Com água?
Maria: Rápido!
Simão: João, qual é o problema? Por que você tá desse jeito?
João: Há um poder ao nosso redor, como o estrondo que precede a vinda de um grande vento.
Rúben: Todos os seis potes estão cheios de água até a borda.
Jesus: Tirem um pouco agora e levem ao mordomo.
Rúben: A água, *senhor?*... muito bem... Issacar, que loucura é essa?
Issacar: Faça o que ele diz...
    (Ele deixa cair sua jarra com um grito estrangulado.)
Deus de Abraão!
Rúben: Isso não é água!
Issacar: É vinho... O que ou quem deixamos entrar na casa?
Rúben: Um demônio? Um anjo?
Jesus *(ríspida e severamente)*: Faça o seu serviço, e não diga nada.
Mordomo *(gritando com raiva)*: Vinho, seus escravos preguiçosos! Vinho! Por que essa demora? E o que há com vocês?
Rúben *(trêmulo)*: Sinto muito, senhor. Deixamos cair a jarra...
Mordomo: Cães descuidados! Deixe-me provar o vinho.
Issacar: Sim, senhor.
João: Senhora, o que a aflige? Levante os olhos. Fale com ele.
Maria: Oh, eu o embalei nos braços, e agora o poder de Deus está sobre ele. Quando o anjo me disse que eu teria um filho, eu louvei a Deus e cantei em voz alta: "Ele encheu de coisas boas os famintos", e pedi, sem saber o que pedia, mas Ele deu mais. Ó Jesus, filho do Bendito...
Jesus: Minha querida Mãe.
    (Uma súbita explosão de risos vem da mesa superior.)
O noivo: Finalmente, aqui está o vinho. Qual foi o problema, Mordomo? Abrindo um novo odre, hein? É um vinho bom?
Mordomo: Bem, senhor, a maioria dos cavalheiros serve seu melhor vinho primeiro e, mais tarde, quando as pessoas já beberam bastante e ficam... menos exigentes... eles oferecem um vinho inferior. Mas você guardou o melhor vinho para agora.
    (Mais risadas e conversas, e a música que recomeça.)

CENA II (CAFARNAUM)
SEQUÊNCIA 1 (A CASA DO OFICIAL)

O Evangelista: E havia um oficial do rei, cujo filho estava doente em Cafarnaum...

Benjamim: A carta ainda não está pronta. Sente-se na varanda enquanto eu termino.

Issacar: Obrigado, meu senhor Benjamim... Minha senhora lamentará saber que o jovem cavalheiro não está melhor.

Benjamim: Ele está morrendo, Issacar. Os médicos dizem que não há esperança. E ele é meu único filho.

Issacar: A mão do Senhor pesa sobre a sua casa.

Benjamim: Ele dá e Ele tira.

Issacar: Bendito seja o seu nome.

Benjamim *(com um suspiro profundo)*: Amém.

(Pausa curta, enquanto a pena de Benjamim risca sobre o pergaminho.)

Que história extraordinária é essa que vocês estão comentando na cozinha sobre o Profeta, Jesus de Nazaré?

Issacar: É verdade, meu senhor. Como vive o Deus de nossos pais, cada palavra é verdadeira.

Benjamim: Muito estranho... O Profeta colocou alguma coisa nos potes de água?

Issacar: Em momento algum, meu senhor, ele nunca se aproximou deles. Ele também não tocou na água nem pronunciou palavras mágicas. Ele disse apenas: "Encher", e depois: "Levar".

Benjamim: Quem quer que esse homem Jesus seja, ele não é um mágico. Gente desse tipo sempre usa palavras longas e fala obscura, cheia de nomes de demônios. Mas esse homem falava do jeito simples de uma criança. E ele é bom. Nunca fui muito religioso, mas tenho andado um pouco pelo mundo e conheço homens. Qualquer que seja o estranho poder que ele tem, é de Deus.

Issacar: Sim, meu senhor... Eles estão dizendo em Jerusalém...

Benjamim: Ele é conhecido em Jerusalém?

Issacar: Ele foi à festa da Páscoa na semana passada, e lá estão dizendo que ele é o Messias de Israel.

Benjamim: O Messias de Israel? Por que? Ele fez alguma obra poderosa lá?

Issacar: Não, meu senhor. Mas posso lhe contar tudo o que aconteceu, pois eu mesmo estava lá. Minha ama Susana havia subido a Jerusalém com meu jovem amo e esposa, e mais toda a família. E, no segundo dia, eu estava parado no pátio externo do Templo. Ouça, foi assim que aconteceu.

(Música, e ruídos do Templo em segundo plano, enquanto Issacar *faz seu presente comentário.)*

Você sabe como aquele pátio é: mais parecido com uma feira do que qualquer outra coisa, com gente vendendo pombos e cordeiros para o sacrifício, com o preço absurdo que eles cobram também, e peregrinos pra baixo e pra cima, misturados com cabras e bois...

(Ruídos apropriados de multidão *e de* animais.*)*
(conversa da multidão *acima desses ruídos)*: "Sai da frente... cuidado... O quê? Cinco siclos por aquele animal horrível?... Esse é o meu preço, é pegar ou largar... Meu véu! Seu monstro desajeitado!... Roubo total... Eu te dei quinze dracmas... Aí está, senhora. Quem é o próximo?... Pegue outro saco de prata... Esse é o melhor câmbio que você pode me dar!... Sete siclos e nada mais... Aceito nove... Oito, e é uma pechincha... Você é um ladrão!... Pois não, senhor!... Mantenha a ordem lá! ... Etc. *(Misturado com barulho de animais e o som de dinheiro tilintando.)*

Bem, de qualquer maneira, eu tinha acabado de pechinchar por algumas pombas quando notei uma pequena confusão, e havia um bando de rapazes parados no topo das escadas que desciam para o Pátio Interno, e diante deles estava Jesus de Nazaré — pode acreditar! Ele tinha um pergaminho da Lei em uma mão, e na outra, um chicote improvisado, feito de cordas —, e se não fosse pelo cabelo dourado, por um momento você teria pensado que era o primo dele, João Batista. E então ele falou, e todos pararam pra ouvir:

A voz de Jesus: Filhos de Israel! Escolhidos pelo Senhor! Esta é a Casa de Deus e vocês são seu povo? Vocês estão pechinchando, enganando, brigando nos próprios pátios do Senhor! Sejam cuidadosos — pois o que diz o Profeta Malaquias? "O Senhor a quem vocês buscam virá repentinamente para o seu Templo. Ele purificará os filhos de Levi e os refinará como ouro e prata, e assim eles trarão ao Senhor ofertas com justiça". Assim fala o profeta: "ofertas com justiça", mas que tipo de ofertas são essas? Saiam da minha vista, ladrões e mentirosos, cada um de vocês. Eu não vou tolerar vocês na casa de meu Pai.

Issacar: E ele se lançou sobre aqueles homens com o chicote, e os expulsou com grande desordem. E ele virou as mesas dos vendedores ambulantes e dos cambistas e espalhou a prata toda pelo chão.

(*Ruídos de fundo:* "Meu dinheiro!... meus pombos... socorro!... ai!... estou arruinado: minha prata! Meu ouro! Minha mercadoria... Ó Senhor, ó Senhor! Mil siclos de prata". *Barulho de asas batendo, de animais correndo etc., e gritos de* "Bem-feito pros canalhas! Eles são uma vergonha!")

A guarda do Templo tentou interferir, mas os soldados foram detidos pelos Anciões. Eu ouvi o que eles disseram, pois eles estavam parados perto de mim.

Levita: Mas, senhor, é um escândalo. Certamente você não vai permitir isso.

Primeiro ancião: Deixa pra lá. Pode haver um motim. O povo não tem lá muito amor pelos mercadores.

Segundo ancião: E quem pode culpar o povo? Eu disse a vocês que esse mercado deveria ser regulado e que os preços precisavam ser controlados.

Terceiro ancião: Eu até posso concordar, mas esse sujeito é perigoso. Ele vai se tornar um líder popular, e, aí sim a gente vai ter problemas.

Primeiro ancião: Há mais coisas nisso tudo. Vocês ouviram o que ele disse: "O Senhor a quem vocês buscam virá repentinamente para o seu Templo"?

Segundo ancião: E daí?

Primeiro ancião: Essa é uma profecia com respeito ao Messias. E não me espantarei se esse Jesus começar a alegar que é o Cristo.

Terceiro ancião: Você acha? Isso nunca daria certo.

Segundo ancião: E supondo que ele *seja* o Messias?

Primeiro ancião: Ele? O Messias? Você tá brincando... Mas isso significa que é melhor agirmos com cuidado.

Terceiro ancião: Bem, devemos fazer *alguma coisa*. O que você propõe?

Primeiro ancião: Levitas, um de vocês vai buscá-lo e trazê-lo aqui... Vamos pedir que ele nos faça um sinal. Se ele não puder fazer, vamos tratá-lo como charlatão e agitador.

Segundo ancião: E se ele fizer um sinal?

Primeiro ancião: Nesse caso, meu caro Sadraque, vamos deixá-lo com você, e você pode reconhecê-lo como o Messias... por sua conta e risco.

Levita: Eu entreguei sua mensagem a ele, mas ele não virá. Ele disse...

Terceiro ancião: Bem?

Levita: Ele disse que você pode ir até ele.

Terceiro ancião: Que insolência!

Primeiro ancião: Não falei pra você? Tudo isso faz parte do jogo. Sadraque, o que você está fazendo?

Segundo ancião: Eu vou falar com ele... Acho melhor você vir comigo.

Issacar: Ele estava parado ali embaixo do pórtico, sorrindo um pouco agora, e passando as cordas do chicote entre os dedos. O Ancião Sadraque se dirigiu a ele.

Segundo ancião *(de modo suave)*: Senhor, o que significa essa confusão?

Jesus: Você é um Ancião de Israel e me pergunta isso? Está escrito na palavra de Deus: "Minha casa será chamada casa de oração", mas vocês a transformaram em covil de ladrões.

Terceiro ancião: E o que isso importa a você?

Simão *(repentinamente e em voz alta)*: O zelo do Senhor cumpriu isso, como está escrito: "O zelo pela tua casa me consumirá!"

André: Simão, fica quieto.

Primeiro ancião: Se você toma pra si a responsabilidade de fazer coisas desse tipo, você nos dará um sinal de sua autoridade?

Jesus: Sim; eu lhes darei um sinal. Destruam este Templo de Deus, e em três dias eu o levantarei.

Primeiro ancião: Destruir o Templo?

Terceiro ancião: Quarenta e seis anos para construí-lo, e você diz que o levantará novamente em três dias?

Jesus: Você ouviu o que eu disse, e todos esses homens são minhas testemunhas. Você vai me dar licença para passar agora?

Primeiro ancião: Ah, deixe o homem ir.

Terceiro ancião: Não adianta discutir com ele.

Primeiro ancião: Ele deve estar fora de si.

Segundo ancião: Um homem muito perspicaz. Você pediu um sinal, e ele não recusou. Ele apenas propôs condições impossíveis. Se alguém parece tolo, não é Jesus de Nazaré. Você terá de lidar com ele com cuidado, pois ele é ousado e inteligente.

Primeiro ancião: Ele é o mais perigoso... A cerimônia está começando. Vou relatar esse assunto ao Sumo Sacerdote.

Issacar: Então, eles foram embora. Mas Jesus desceu para a cidade, e uma grande multidão o seguiu, e o ouvia com grande atenção, enquanto ele pregava as boas-novas do Reino.

Benjamim: Um homem estranho, e uma história estranha... Bem, Issacar, aqui está a carta, e aqui está algo para suas dores.

Issacar: Meu senhor é muito generoso. Espero que, em breve, haja notícias melhores pra enviar.

Benjamim: Seja como Deus quiser... Bom dia... Pera um pouco! Onde está o *Profeta* agora?

Issacar: Saímos de Jerusalém antes dele, mas ouvi dizer que esperavam que ele voltasse para Caná hoje.

Benjamim: Devo tentar vê-lo mais... Adeus.

Issacar: Adeus, meu senhor, e obrigado.

Benjamim *(sozinho)*: Sinais e maravilhas, contos e profecias... o mundo tá cheio de coisas novas. E meu filho está morrendo, e por que tudo isso acontece comigo? Tem piedade, ó Deus, de um homem velho e solitário. *(batendo palmas)* Dorcas! Dorcas!

Dorcas: Senhor?

Benjamim: O médico já foi? O menino tá melhor? Não; não me diga. Você tá chorando... isso significa o pior.

Dorcas *(chorando)*: Ó meu senhor, dizem que é só questão de horas.

Benjamim: Ó Deus misericordioso, que restauraste o filho da viúva pela mão de teu Profeta Elias... *(com uma repentina mudança de tom)* Dorcas!

Dorcas *(surpresa)*: Senhor!

Benjamim: Corra para o estábulo. Peça que preparem os cavalos. Um pra mim e um cavalo de sela com um cavalariço pra conduzi-lo. Depressa, mocinha, depressa!

(Dorcas sai correndo, gritando: "Cavalos! Cavalos pro meu senhor!")

É apenas uma chance... mas eu posso tentar... *(mudando de tom)* Ei, você aí! Traga minhas botas... Se eu puder persuadi-lo... Ouro? Casas? Servos?... Eu sou um idiota: homens desse tipo não aceitam suborno... Deus me perdoe por esse pensamento... Dorcas, meu manto! Os cavalos estão prontos?... Rápido, rápido!... Isso vai servir... Não, não; nem bolsa nem espada; nada... Ó meu filho, meu filho! ... Pronto, eu tô pronto... Meu estribo, Eleazar!

Dorcas: Meu senhor, onde está indo?

Benjamim: Caná... Jerusalém... qualquer lugar... para procurar Jesus de Nazaré.

(O barulho de galope dos cavalos vai se afastando até desaparecer.)

SEQUÊNCIA 2 (NA ESTRADA)

O evangelista: Jesus voltou então a Caná da Galileia, onde tinha transformado água em vinho.

Tiago: Não adianta discutir, André. Demos nossa palavra de que tudo isso acabaria, e vamos conseguir de alguma forma.

André: Meu caro Tiago, a coisa é bem fácil pra você e pra João. Seu pai está bem de vida. Mas Simão e eu só dependemos de nós mesmos, e Simão tem esposa e família.

Simão: Não me envolva nisso. Minha esposa e eu conversamos sobre o assunto, e ela concorda totalmente. Ouso dizer que poderemos pescar um pouco de vez em quando. E, afinal, não precisamos de muita coisa. Um bocado de pão e de azeite e um punhado de tâmaras e de azeitonas.

André: Que tal roupas? *Elas* não dão em árvores. E eu preciso de um par novo de sandálias.

Tiago: Sério, André?! Que sanha você tem de criar dificuldades. Alegre-se! Tudo vai ficar bem quando o Reino vier.

André: Sim, mas quando ele virá? Se tivermos que vagar pela Galileia por anos... Pare de rir, Tiago!

Tiago: É que você parece muito zangado.

André *(abruptamente)*: Tá quente e eu tô cansado. E eu tô preocupado. Nenhum de vocês consegue pensar cinco minutos à frente!

Simão: Não deixe João ver você assim.

André: Ah, João! Ele anda com a cabeça nas nuvens, conversando com o Mestre e sem prestar atenção em nada. No que depender de João, todos nós podemos morrer de fome. Esse é João!

Tiago: Olha, deixa meu irmão em paz.

André: Tudo bem, tudo bem! Mas você e seu irmão...

Jesus: Filhos, filhos! Sobre o que vocês estão discutindo?

André *(mal-humorado)*: Dinheiro.

Jesus: Você sabe que precisa se decidir. Ninguém pode servir a dois senhores, e você não pode servir a Deus e a seus próprios interesses ao mesmo tempo.

André: Só estou preocupado em como vamos administrar a coisa toda. Precisamos comer pra viver, e precisamos de roupa pra cobrir o corpo.

Jesus: Mas não se preocupe. Há coisas na vida além de comer e beber, e o corpo vale mais do que roupas. Viva como os pássaros, dia após dia: eles não semeiam, nem colhem, nem acumulam comida para o inverno, mas Deus os alimenta da mesma forma. E essas flores silvestres... pense em como elas crescem. Eles não fiam, eles não tecem; no entanto, eu afirmo que Salomão em toda a sua glória nunca esteve tão esplendidamente vestido. E, se Deus cuida dessas plantinhas, que florescem por um dia e são alimento para o gado amanhã, vocês acham que Ele não cuidará de vocês, que têm muito mais importância para Ele do que as flores? Vocês têm tão pouca fé! Não planejem com antecedência, como as pessoas do mundo. Deixem o futuro cuidar de si mesmo. Não vivam preocupados com o que pode ou não acontecer.

André: Lamento, mas...

Jesus: Leve todos os seus problemas a Deus. Peça, e será dado a você; procure e você achará; bata, e todas as portas se abrirão para você. Se um de seus filhos lhe pedisse pão, você lhe daria uma pedra? Se ele lhe pedisse peixe para comer, você lhe daria uma cobra? O que você acha, Simão?

(Som de cascos se aproximando.)

Simão: Não, Mestre. Eu tô sempre pronto pra dar a meus meninos qualquer coisa que seja boa pra eles.

Jesus: Então, se vocês, que são pecadores, sabem dar coisas boas a seus filhos, quanto mais seu Pai Celestial tratará vocês com bondade e amor.

João: Mestre, cuidado! Esses homens a cavalo estão com pressa. Eles vão nos atropelar.

Cavalariço *(puxando as rédeas em cima deles)*: Ei, camponeses! Estamos procurando por um homem chamado Jesus de Nazaré.

Jesus: Eu sou Jesus de Nazaré.
Cavalariço: Oh, é você? Bem, você é procurado. *(Chamando)* Aqui, meu senhor. É ele!
Benjamim *(chegando e desmontando)*: Graças a Deus! Ó senhor, tenho procurado por você em todos os lugares. Você deve se lembrar de mim: Benjamim ben Hadade, de Cafarnaum. Nós nos encontramos em Caná. Procurei você lá, mas eles disseram que você ainda não tinha chegado; então, eu parti para Jerusalém... Oro a Deus para que eu ainda tenha tempo.
Jesus: O que você quer de mim?
Benjamim: Meu filho, senhor — meu único filho —, está doente, morrendo. É *possível* até que já esteja morto. Senhor, rogo-lhe que desça comigo a Cafarnaum e cure-o, se ainda estiver vivo... É uma questão de horas, o médico disse, e já é a sétima hora — meio dia já se perdeu! Eu trouxe um cavalo. Monte nele e vamos, e talvez ainda dê tempo pra fazer alguma coisa.
Jesus: O que fez você vir a mim?
Benjamim: Você é um Profeta; você tem poder. Ouvi o que você fez em Caná; os servos me contaram como você transformou água em vinho... Apenas imponha a mão sobre meu filho — seu toque fará ele ficar bom... Oh, venha logo — imploro que não perca tempo... O que posso dizer? Eu sei que nunca fui particularmente piedoso nem pensei muito sobre religião, mas, se você puder salvar meu filho, farei qualquer coisa — qualquer coisa!... Vou servir a Deus de verdade; vou tentar ser um homem melhor; vou ouvir tudo o que você diz e acreditar de coração.
Jesus: Vocês são todos iguais. Se não virem milagres, vocês não crerão em nada.
Benjamim *(desesperado)*: Oh! Não sei o que estou dizendo... Deixa pra lá... Senhor, venha antes que meu filho morra.
(Pausa.)
Jesus: Vá para casa.
(Benjamim está pronto para soltar um grito de protesto.)
Seu filho viverá.
Benjamim *(como que perdendo a estabilidade)*: Mas você... você...
João *(em um sussurro angustiado)*: Ó querido Deus, que ele tão somente creia!

Jesus: Eu afirmo a você: ele viverá.

Benjamim *(após uma pausa durante a qual olha ansiosamente nos olhos que desafiam os seus, e com um suspiro de alívio)*: Eu creio em você.

Jesus: Assim como você creu, assim será. Vai em paz.

Benjamim: Obrigado. Deus o abençoe. Eleazar, meu cavalo.

Cavalariço: O Profeta não virá, meu senhor? Devemos trazê-lo à força?

Benjamim: Não. Não... tá tudo bem. Ele diz que vai ficar tudo bem. Podemos ir pra casa.

(Os cavalos começam a trotar lentamente. O som diminui e depois se torna mais forte.)

Cavalariço: Olhe, meu senhor.

Benjamim: O quê?... Eu estava dormindo na sela... Ora, já passou muito do amanhecer... Onde estamos?

Cavalariço: Acabamos de chegar a Cafarnaum.

Benjamim: Como é gostoso o ar da manhã! É bom estar em casa de novo.

Cavalariço *(indicando dúvida)*: Espero que sim, meu senhor.

Benjamim: O que você quer dizer com "espero que sim"?

Cavalariço: Tem um monte de gente vindo pela estrada. Acho... sim, é... é Dorcas e alguns dos criados... Ó meu senhor, eu imploro: prepare-se. Se as notícias forem ruins, se forem as piores...

Benjamim: Fica quieto, Eleazar! Ele disse: "Assim como você creu..", e eu creio, e você também deve. Ele *disse* que tudo ir ficar bem... Olha! Eles estão acenando pra nós... Eles estão gritando alguma coisa... Eu não consigo ouvir...

(Ele açoita seu cavalo cansado.)

Cavalariço: Lá vem Dorcas, correndo como uma lebre.

Benjamim: Boa menina!

Dorcas *(chamando e ofegando enquanto se aproxima)*: Meu senhor, meu senhor!

Benjamim *(controlando o cavalo)*: Que foi, minha moça! Quais são as notícias? Ele tá vivo?

Dorcas *(engasgando com as palavras)*: Louvado seja Deus, meu senhor! Vivo e melhor. Ele vai se recuperar!

Benjamim: Meu filho vai viver!

Dorcas: Graças a Deus, meu senhor, graças a Deus!

Benjamim: Graças a Deus, de fato... Calma, criança, recupere o fôlego... Quando ele melhorou?

Dorcas *(mais calma)*: Todos pensamos que tivesse morrido. Estava tão fraco e queimando de febre... a patroa lavou a cabeça dele: era como fogo... Ele estava delirando, mas ao anoitecer parecia não ter mais força alguma. Ele estava piorando rápido, e eu disse à minha senhora: "Se pelo menos o pai dele estivesse aqui...!". Sua respiração parecia ficar cada vez mais fraca, e eu pensei que ela tinha parado, e joguei meu avental sobre a cabeça. Então, minha senhora disse, em uma voz afoita e alegre: "Dorcas, veja aqui!". E eu coloquei a mão sobre a dele, e havia só um suor frio, e ele estava dormindo e respirando como uma criança... *(Ela começa a chorar)*

Benjamim: A que horas foi isso?

Dorcas: Ontem, à sétima hora.

Benjamim: Na sétima hora, Eleazar. Você vai crer agora? Na sétima hora, ele me disse: "Seu filho viverá", e eu cri nele, e foi isso que aconteceu. Ouça-me, Jesus de Nazaré, onde quer que você esteja! Se você é profeta, anjo ou Cristo, não sei dizer, mas convoco todos esses para testemunhar que sua palavra é a verdade viva.

O evangelista: E Jesus veio a Caná, e foi dali para Cafarnaum. E à tarde, quando o Sol se pôs, trouxeram-lhe todos os que estavam enfermos ou possuídos por demônios; e ele impôs as mãos sobre eles e os curou a todos.

PERSONAGENS

O evangelista.
Jesus.
Filipe.
André, filho de Jonas.
Simão, filho de Jonas (Simão Pedro).
Tiago, filho de Zebedeu.
João, filho de Zebedeu.
Natanael Bartolomeu.
Mateus, o cobrador de impostos.
Judas Iscariotes.

Discípulos de Jesus.

Proclo, um centurião romano.
Sósio, um soldado idoso, amigo de Proclo.
Um estalajadeiro.
Caifás, Sumo Sacerdote de Israel.
Baruque, o zelote.
O herodiano.
Primeiro ancião.
Segundo ancião (Sadraque).
Terceiro ancião.
Nicodemos.
O Rabino Salomão.
Um discípulo de João Batista.
Multidão.

OS HERDEIROS DO REINO

4

OBSERVAÇÕES
A PEÇA

O tom geral desta peça é bastante sombrio e sinistro. Ela tem estrutura, mas isso pode não ficar muito claro na leitura, e precisa ser realçado na produção.

Amigos e inimigos do Reino agora estão definitivamente se dividindo em campos opostos.

De um lado estão as autoridades judaicas e romanas, brigando amargamente entre si, e unidas apenas em seu antagonismo a Jesus.

Do outro lado estão as forças do Reino: (1) os Discípulos, pasmos, animados e entusiasmados, mas já mostrando sinais perigosos de fraqueza e de falta de compreensão; (2) o povo judeu, terrivelmente despreparado para sua grande oportunidade. Nesse ambiente, aparece Judas, o homem de dons e intelecto brilhantes, trazendo exatamente as qualidades que faltam aos outros discípulos, mas condenado, por essas mesmas qualidades, a exercer o papel do traidor. Sobre João Batista, o maior profeta da Velha Ordem, cai primeiro a sombra da dúvida e, por fim, a realidade do desastre. Tanto os verdadeiros discípulos quanto o falso discípulo são seu legado à Nova Ordem.

A luz brilha claramente sobre João Evangelista e seus companheiros, mas muitos dos Filhos do Reino serão lançados nas trevas exteriores, e os gentios (Proclo) e o publicano (Mateus) tomarão seus assentos na Festa do Rei. Em toda parte, há uma sensação de inquietação e de desintegração das coisas antigas, e essa sensação está focada no próprio Jesus e flui, por assim dizer, dele.

OS PERSONAGENS

FILIPE. Um jovem ingênuo, com ênfase mais no "jovem", de uma simplicidade envolvente, como a de um cãozinho de estimação. Ele cai em cima de Mateus com uma espécie de grosseria de colegial, e se retrata de modo penitente. Mais tarde, na Última Ceia, ele deixará escapar a simples e colossal exigência: "Senhor, mostra-nos o Pai, e isso nos deixará satisfeitos", para receber a resposta mais surpreendente já ouvida por ouvidos humanos. Mas, no momento, ele só sofre com a consciência de ter feito papel de bobo.

SIMÃO (PEDRO). O personagem nos Evangelhos é surpreendentemente constante. Sua vida é uma sucessão de momentos vívidos: às vezes de percepções brilhantes e, às vezes, de fracasso cegante. As coisas "vêm sobre ele de repente" e, quando isso acontece, às vezes é como se ele não soubesse o que estava dizendo. A história que ele conta sobre a Pesca Milagrosa é um desses momentos. Era apenas uma pesca surpreendente, e, de repente, ele percebeu que era um homem pecador muito comum diante de algo tão bonito que era quase insuportável. (Os outros dois grandes momentos como este são a Transfiguração, quando ele "não sabia o que dizer" e balbuciou um disparate absoluto, e a confissão: "Tu és [...] o Filho do Deus vivo", quando ele falou, não como "carne e sangue", mas com a voz da revelação.) Quando não está inspirado, ele pode mergulhar impulsivamente nos piores erros e sofrer severa repreensão (eu dei um pequeno exemplo disso na cena com Proclo como preparação para as grandes repreensões vindouras, como, por exemplo, o "Para trás de mim, Satanás", o "Se eu não os lavar" e o "três vezes você me negará"). O ator deve ter em mente esses outros episódios ao contar a história da pescaria.

MATEUS. É um pequeno comerciante judeu comum, como os de qualquer bairro judeu, e deve ser interpretado com um claro sotaque de gente de classes mais baixas.[1] (Se qualquer um dos outros discípulos estiver escorregando para a fala muito afetada, Mateus os matará como uma pedra; eles foram avisados.) Ele tem cabelos negros oleosos e mãozinhas gananciosas, e, embora sua pequena alma comum tenha sido convertida tão completamente como a de qualquer penitente do Exército da Salvação, sua pequena inteligência comum está em pleno funcionamento. Ele foi arrebatado por uma bondade celestial e por uma beleza de mente que nunca lhe haviam brilhado, nem mesmo como uma possibilidade, em sua sórdida experiência. Ele não tem opinião sobre si mesmo, nunca teve, mas está se desenvolvendo e se deleitando no puro êxtase de não ser pisado pelos outros. Ele alegremente jogou fora todos os seus bens materiais, mas, ao mesmo tempo, seus instintos profissionais ficam chocados diante da estupidez financeira e são atraídos pela astúcia financeira. Ele acha que a Parábola do Administrador Injusto é uma história assustadoramente engraçada. Ele relata sua própria conversão com a maior sinceridade e sem nenhum tipo de autoconsciência. Ele está se divertindo muito, e Jesus é maravilhoso, e ele quer que todos saibam disso. Jesus gosta muito de Mateus.

JOÃO não tem nada de muito especial nesta peça, exceto seu pequeno relato sobre a Ressurreição do Filho da Viúva. *Ele não deve contá-la de forma sentimental.* Os pontos emocionais que marcam sua narrativa não são os soluços de compaixão pela pobre viúva, mas o horror diante do numinoso: "O menino morto sentou-se... e começou a conversar". Percebe-se que foi um momento de incerteza: as pessoas gritariam ou enlouqueceriam quando o menino foi colocado nos braços da mãe, mas isso mesmo quebrou a tensão e todos louvaram a Deus. A cena requer uma voz meio sem fôlego, como um sussurro alto. Judas restaura a conversa ao terrenal e praticável com o lembrete sombrio: "Você está certo. *Vamos* ter problemas".

---

[1] Não um sotaque judeu, como se os outros não fossem judeus, mas como um cidadão comum e simples falaria. [A fim de que as instruções para a encenação possam ser seguidas, foram feitas nelas algumas pequenas adaptações à realidade brasileira.]

JUDAS. Quando o vimos pela última vez, ele estava começando a ter um vislumbre do que realmente significava o chamamento de João Batista ao arrependimento. Ele aprendeu muito naqueles meses de exílio na colina fortificada de Maquero. Ele perdeu o ar de estudante competente organizando um serviço missionário; ele amadureceu e se tornou um jovem muito inteligente. Ele pode responder a Jesus em seu próprio estilo alusivo e parabólico, e pode entender sem explicações. Que o ator tire da cabeça qualquer noção de que Judas não é sincero. Ele é apaixonadamente sincero. Ele pretende ser fiel, e será fiel, à luz que vê de maneira tão clara. O que ele vê é a luz verdadeira, só que ele não a vê diretamente, mas apenas o reflexo dela no espelho de seu próprio cérebro; e no final aquele espelho torcerá e distorcerá o reflexo e o fará aparecer dançando sobre o pântano como um fogo fátuo. Judas tem todos os dons, tanto os práticos quanto os imaginativos; e o Zelote, seu amigo calculista, está muito certo ao dizer que ele cairá, como Adão, pelo pecado de orgulho espiritual. Judas poderia ter sido o maior no Reino dos Céus, mas ele será o pior: o pior que é a corrupção do melhor.

JESUS "bem sabia o que havia no homem", e sabe muito bem o que é estar em uma corda bamba com o risco que Judas representa. É o risco que se deve correr, porque o Reino deve sempre contar com homens como Judas, que podem ser os maiores santos ou os maiores pecadores. O grande intelecto deve ser admitido, quaisquer que sejam os perigos. Não há necessidade de supor que Jesus, com sua mente humana, prevê, com certeza ou em detalhes, o que Judas lhe fará. O que ele sabe com certeza é que a vontade de seu Pai deve ser cumprida, se não dessa forma, então daquela. Mas ele também sabe intuitivamente que Judas é, por assim dizer, a chave que abrirá a porta, seja para o caminho do triunfo, seja para o caminho da tragédia. A Parábola da Rede que é Puxada resume as orientações gerais dessa primeira cena, e deixamos Jesus retomando a história de Josué, a quem Judas o comparou.

A terceira cena, com sua comparação entre a Lei Antiga e a Nova, retoma as observações do final da cena I sobre o "tesouro novo e velho". No final, temos o alerta sobre a casa construída ou sobre rocha ou sobre a areia, e logo em seguida a cena com Proclo, na qual a fé dos gentios é contrastada com o fracasso dos filhos do Reino. (A rede está sendo puxada.) Os comentários tolos da multidão levam à acusação severa contra ela (sobre João Batista) e às grandes desgraças, proferidas com um tom apaixonado de decepção que realmente assusta as pessoas; e a paixão feroz se derrete em uma grande compaixão. (A notícia do assassinato de João encerra a peça com uma espécie de martelada.)

PROCLO, nosso velho amigo da peça I, agora está com 58 anos e poderia ter se aposentado vinte anos atrás, mas as tremendas demandas do Exército Romano durante as primeiras campanhas de Tibério mantiveram muitos homens em serviço por muito mais tempo. Proclo serviu como veterano durante todas as Guerras Germânicas, e continua forte, como centurião regional na Galileia. Sua longa experiência na Judeia lhe deu o tipo de compreensão e tato ao lidar com os preconceitos religiosos judaicos que um veterano anglo-indiano poderia aplicar aos regulamentos hindus sobre castas e vacas sagradas.[2] Ele conhece e respeita um homem santo quando o vê, como o mesmo anglo-indiano pode sentir genuína veneração pela piedade e pelo poder de um grande iogue ou de Mahatma. Ele sabe, também, que em sua própria religião certas pessoas, como as vestais, têm de observar tabus sagrados, e muito naturalmente esperariam que algo do mesmo tipo se aplicasse a um profeta judeu. Além disso, ele tem uma vaga ideia de que as pessoas que fazem milagres podem ser deuses disfarçados; não que isso o leve a quaisquer conclusões teológicas definitivas sobre Jesus, pois ninguém espera seriamente que o Olimpo irrompa em qualquer coisa desse tipo nos dias modernos, a despeito das coisas peculiares que dizem acontecer nos cultos de mistério. Ainda assim, a linha que separa deuses e homens não está muito clara para Proclo. Na verdade, suas opiniões religiosas são confusas, mas seus sentimentos estão no lugar certo. Após a crucificação, ele dirá: "Verdadeiramente, este homem era

---

[2] A autora escreve no período, que se estendeu de 1858 a 1947, em que a Índia ainda era colônia da Grã-Bretanha. [N.T.]

filho de Deus", e a tumba vazia, se ouvir falar dela, talvez não o surpreenda muito.

SÓSIO é mais comum. Se fosse um soldado britânico aquartelado na Índia, provavelmente veria tanto em marajás como em brâmanes e cules nada além de negros. Ele tem, é claro, o devido respeito romano pelo governo, mas (como qualquer outro soldado aposentado) critica os funcionários do governo. Ele sabe tudo sobre os milagres em Jerusalém, mas não está mais impressionado com eles do que o sargento Thomas Atkins[3] ficou com as façanhas notáveis de feiticeiros e malabaristas hindus. Essas coisas acontecem, você não pode explicá-las, mas é claro que é preciso ficar de olho nas pessoas que dizem ser iluminados ou qualquer coisa engraçada, porque elas podem começar algum movimento. Às vezes sente pontadas na perna da qual é coxo, o que o torna ainda mais inclinado a se irritar com as coisas e com as pessoas em geral.

BARUQUE, o zelote. "Os zelotes rejeitaram o fatalismo oportunista dos fariseus conservadores; Deus, declararam eles, ajudaria apenas aqueles que ajudassem a si mesmos, e era dever de todo judeu lutar pela independência nacional. O partido se tornou uma poderosa organização secreta que empreendia uma campanha implacável de assassinato e terrorismo, dirigida tanto contra os judeus leais, que eles consideravam como traidores da causa nacional, quanto contra o governo romano" (A. H. M. Jones).[4] A intervenção de Baruque produzirá uma reação curiosa de Judas, que (após a entrada em Jerusalém) trairá Jesus por medo de que ele sucumbisse à tentação de se tornar a espécie de Messias que Baruque esperava. Baruque, que de fato não deseja nada além de uma demonstração contra Roma, está muito pronto a trair os judeus conservadores que imaginam estar fazendo dele um instrumento; ele, por sua vez, tentará fazer de Judas um instrumento, o qual, porém, se virará contra si e o trairá também. Por fim, Baruque tentará fazer de Jesus um instrumento. Quando isso acontecer, Judas trairá a ambos e a si mesmo.

---

[3]Gíria para designar soldados comuns do exército britânico. [N.T.]
[4]Arnold Hugh Martin Jones (1904-1970), historiador britânico. [N.T.]

O **HERODIANO**. Esse cavalheiro explica os pontos de vista de seu partido com bastante clareza. Ele aparecerá novamente na questão do dinheiro do tributo.

Os **ANCIÃOS**. Sabemos tudo sobre eles desde a peça III.

CAIFÁS é o político eclesiástico completo: uma obra plausível e desagradável.

CENA I (GALILEIA)

O EVANGELISTA: Depois de ter curado muitos enfermos, Jesus saiu certo dia e viu um coletor de impostos chamado Mateus sentado na recepção da alfândega. E lhe disse: "Siga me". Mateus deixou tudo, levantou-se e o seguiu. E Jesus estava na Galileia com seus discípulos.

FILIPE *(concluindo uma longa história dolorosa)*: ... então, o comerciante disse: "Tudo certo, né?", e eu disse: "Tudo certo", mas quando cheguei em casa vi que estavam faltando seis dracmas.

ANDRÉ: Seis dracmas! Sério, Filipe?

FILIPE: Eu sinto muito, pessoal.

SIMÃO: Eu acho que você sente mesmo. Mas aqui estamos eu e André e os Zebedeus trabalhando a noite toda com as redes pra ganhar a vida pra nós todos, e você vai e deixa que o primeiro vendedor trapaceiro que você encontra no bazar engane você!

FILIPE: Eu já disse que sinto muito. Mestre, sinto muito. Mas parecia tudo certo quando ele fez a conta.

MATEUS: O fato é, Filipe, meu filho, que você fez papel de bobo. Ele fez tudo parecer certo pra você de modo muito apropriado. Você devia ter mantido os olhos bem abertos; devia, sim. Se eu contar pra você os truques que esses caras têm na manga, você ia ficar de boca aberta.

FILIPE: Muito provavelmente, Mateus. Mas eu nunca fui cobrador de impostos. Não tenho essas vantagens.

JOÃO: Ah, Filipe! Isso não foi muito gentil.

MATEUS: Eu não nego que fiz alguns negócios muito duvidosos antigamente. Tirei minha caixinha em tudo o que passou por mim. Foi assim que fiz minha fortuna. Eu não tô me defendendo. Mas não é certo deixar um mentiroso escapar desse jeito. Não é justo com seus amigos.

João: Isso é importante mesmo? O Mestre diz que não devemos nos preocupar com dinheiro. Não foi, Mestre? Deixe o pobre pecador ficar com isso, se vai lhe fazer algum bem.

Mateus: Tudo bem, tudo bem. Deixa ele ficar com o dinheiro. Mas ele precisa entender que você sabe tudo sobre ele. Diga pra ele: "Amigo, você me enganou, mas eu lhe dou de presente aquele pobre lixo, pelo amor de Deus"; talvez ele sinta vergonha de si mesmo. Mas, se você se comportar como um tolo, isso só vai endurecer o coração dele. Inocentes como você é que colocam tentações no *caminho* de um homem. Deus me perdoe, eu deveria... O que você diz, Mestre?

Jesus: Ouçam. Eu vou lhes contar uma história. Era uma vez um homem rico, que tinha um administrador, e um dia ele soube que esse homem estava desperdiçando os bens que lhe haviam sido confiados. Então, o patrão mandou chamá-lo e disse: "Muito triste ouvir essas coisas sobre você. Eu vou ter de despedir você. Traga-me todos os livros contábeis; quero dar uma olhada neles". O administrador ficou muito aborrecido e disse a si mesmo: "O que eu vou fazer agora? Perdi o emprego. Não sou bom em trabalhar na terra e teria vergonha de viver de caridade. Mas eu tive uma ideia, que deixará muitas pessoas felizes em me receber e me ajudar nessa nova situação". Então, ele mandou chamar todas as pessoas que deviam dinheiro a seu empregador, e disse à primeira: "Quanto você deve ao meu senhor?". E o homem disse: "Cem potes de azeite". "Olhe aqui", disse o mordomo, "sou seu amigo e não quero ser duro com você, vamos deixar por cinquenta". *(Mateus deixa escapar uma risada pouco educada.)* E para o próximo devedor, ele disse: "O que a gente precisa receber de você?". E o homem disse: "Cem tonéis de trigo". Então, o mordomo disse: "Isso é bastante difícil — devolva oitenta tonéis, e eu passo um recibo do total".

(Mateus ri de novo.)

João: Mas o empregador não descobriu?

Mateus: Ah, com certeza, mas depois que o cara conseguiu um novo emprego.

Jesus: Ah, sim, depois de algum tempo ele descobriu, e, quando encontrou o administrador de novo, ele disse *(ameaçadoramente)*:

"Cara, você é um canalha completo *(com uma mudança de tom)*, mas eu admiro seu jeito astuto de agir!"

MATEUS *(batendo na coxa)*: Há, há, há! Ótimo sujeito!

JESUS: As pessoas do mundo, como vocês viram, usam muito mais sabedoria com respeito a seus negócios insignificantes do que as pessoas não mundanas usam com respeito aos assuntos de Deus. Elas dedicam a mente ao que estão fazendo. E eu digo a vocês: aprendam com eles. Aprendam a lidar com o mundo e a fazer amizade com pessoas mundanas, para que, quando tudo na terra falhar, vocês tenham acesso ao coração delas. O homem que é confiável em pequenas coisas é confiável também em grandes coisas, e se vocês *não* podem lidar com os bens deste mundo, como podem ser confiáveis para lidar com os verdadeiros tesouros do Céu?

FILIPE: Mestre, isso é bastante difícil de entender. Mas eu entendi que não tenho o direito de ser tão estúpido. Lamento ter falado como falei com Mateus. Talvez seja melhor ele ser nosso tesoureiro, até que eu tenha aprendido um pouco mais de sabedoria mundana.

MATEUS: Não, não, eu não. Por favor, Mestre, que não seja eu. Eu tirei dinheiro da cabeça e prefiro não ter de lidar com ele. Eu me acostumei a fazer o mal, como você sabe, e me arrependi. Mas se eu voltasse a sentir a prata em meus dedos, não posso responder por mim. Não me tente muito, Senhor, não agora. Eu sou apenas um iniciante.

JESUS: Deus trata com gentileza os iniciantes. Ele não quebrará o caniço rachado nem apagará o pavio fumegante.

(Barulho de batida à porta.)

João, veja quem está à porta.

JUDAS *(quando a porta se abre para ele)*: Com licença, Jesus de Nazaré mora aqui?... Ora, olá, João, filho de Zebedeu!

JOÃO: Judas! De onde você veio? Que bom revê-lo! Entre... André! Simão! Olha quem tá aqui!...

(Exclamações de surpresa.)

Mestre, este é Judas Iscariotes. Ele estava conosco quando éramos todos discípulos de João Batista, e seguiu João quando ele foi preso.

JUDAS: Salve, honrado rabino.

JESUS: Judas Iscariotes... Você é bem-vindo, por amor a meu primo João.

JUDAS: Ele manda saudações a você e a todos... André, Simão... bom demais estar de volta! Onde está Tiago?

João: No telhado com Natanael. Vou dizer pra eles descerem... *(chamando)* Tiago! Tiago! Judas tá aqui. Ele veio nos ver!

(Grito de "Tô indo" vindo de cima.)

Simão: Sente-se, Judas, e conte todas as novidades pra gente. A propósito, este é Filipe e este é Mateus... Seus pés estão empoeirados; vou buscar um pouco de água.

Judas: Obrigado, Simão. Ah! Tiago tá chegando! Como você tá, meu rapaz?

Tiago: Melhor agora por te ver de novo. Natanael, você nos ouviu falar sobre Judas; bem, aqui está ele, em carne e osso... Então, Judas, você deixou João Batista? Ele... ele tá bem? Espero que sim.

Judas: Se uma águia em uma gaiola pode estar bem... Ele ainda está preso, na Fortaleza de Maquero.

João: Aquele lugar tenebroso e assustador perto do mar Morto? Ó Judas!

Judas: Ele está mais seguro lá. O que os olhos não veem, o coração não sente... Enquanto a Rainha o esquecer, a vida dele será poupada. Herodes não é hostil e procura tornar o cativeiro dele o mais tolerável possível naquele horrível deserto de sal. Os amigos dele podem visitá-lo, e notícias chegam até nós de vez em quando. Ouvimos muito de seu ensino, Rabino Jesus, e das obras de poder que você fez na Galileia, e ficamos maravilhados. Mas João está inquieto. Dia após dia, ele olha pela janela da prisão, vendo apenas quilômetros e quilômetros de sal branco e estéril. E ele diz: "Tá tudo bem, tá tudo bem... mas Herodes governa na Galileia, e a mão de César está sobre tudo. Quando o Senhor voltará e visitará seu povo? Quando as longas lanças serão destruídas em Jerusalém?". E ele mandou a mim e mais dois para procurá-lo e perguntar o que você pretende fazer.

Jesus: Você verá e ouvirá tudo o que quiser, e levará seu relatório.

Judas: A respeito de mim, João lhe enviou uma mensagem especial. Posso apresentá-la?

Jesus: O que ele disse?

Judas: Ele diz o seguinte: "Primo e Mestre, recomendo a você meu aluno, que tem sido como um filho pra mim. Pois eu ensinei pra ele tudo o que eu pude" — você entende que essas são as palavras de João, e não minhas. — "Eu ensinei pra ele tudo o que eu pude, e acho que muitas coisas que são obscuras à minha visão estão claras pra ele. E eu não queria que ele desperdiçasse a vida no deserto, onde eu permaneço, um prisioneiro da esperança". Essa é a mensagem de João.

Jesus: Você concorda com ele?

Judas: Mestre, eu amei João e honrei seus ensinamentos. Mas ele sempre apontou para aquele que deveria vir depois dele; e agora ele está como Moisés estava no topo de Pisga, olhando para o novo reino onde ele nunca poderia colocar os pés. Mas foi Josué que conduziu Israel a Canaã, e você não é Josué? Pois os nomes Josué e Jesus têm o mesmo significado. O anjo de Deus sabia bem o motivo quando lhe deu um nome antes de você nascer. E eu acho que a nova terra será muito diferente da antiga, e o caminho para ela é um caminho oculto, e nada será como a gente imaginava.

Jesus: Havia um homem chamado Nicodemos, membro do Sinédrio, que veio a mim secretamente uma noite, perguntando sobre essas coisas. E eu disse a ele: "A menos que o homem nasça de novo, ele não pode ver o Reino de Deus". Mas ele não entendeu. E eu disse a ele novamente. "A menos que um homem nasça de novo da água e do espírito, ele não pode entrar. Pois o vento sopra como quer, e você ouve o som dele, mas ninguém sabe de onde vem ou para onde está indo. Assim são todos aqueles que nascem do vento do Espírito".

Judas: Isso é o que quero dizer. O batismo de João é na água; o seu, no Espírito, como ele disse. Mas o que a água sabe sobre o vento que agita suas ondas?

Jesus: Você tem sutileza e compreensão, e também coragem, parece-me. Essas são dádivas preciosas. Onde Deus deu tanto, Ele exigirá grandes coisas... Você será fiel?

Judas: Espero que sim. Eu vou lhe dizer isto: se eu colocar minha mão no arado, nunca vou olhar pra trás, embora o sulcar a terra aconteça com lágrimas e sangue.

Jesus: Tenho certeza de que isso é verdade. Tome cuidado para que isso não seja mais verdadeiro do que você pensa. Mas, se você está decidido, então, venha e siga-me, pois tudo o que os profetas disseram sobre mim deve ser cumprido, e nada pode acontecer exceto como meu Pai deseja.

(Pausa.)

Filhos, deem um pouco de atenção a seu amigo. Eu preciso ficar um pouco sozinho.

(Ele sai.)

André: Você o deixou com um humor estranho, Judas. Quando ele está assim, não consigo nem me dirigir a ele. Mas você parece que o entende.

Judas: André, você não sabe com o que se envolveu. O mundo está sendo virado de cabeça pra baixo enquanto você fica sentado e observando. O que você acha que ele é... aquele homem que acabou de sair?

Filipe: Nós achamos que ele é o Messias que restaurará o reino de Israel.

Natanael: E o poder de Deus com certeza tá com ele. Ele impõe a mão sobre os enfermos e os cura, e faz muitas outras coisas maravilhosas.

Simão: Eu me lembro da primeira vez em que percebi que ele não era como os outros homens. Ele estava sentado no barco com André e comigo, falando sobre o amor de Deus. Ele falava dum jeito muito doce. Nós tínhamos passado uma noite bem ruim com as redes de arrasto e estávamos nos sentindo um pouco desanimados, mas esquecemos isso ao ouvi-lo. E, de repente, ele disse, rápido e alegre: "Senhores, joguem a rede deste lado se quiserem apanhar peixes". Eu disse: "Não adianta muito. A gente trabalhou a noite toda, e não pegamos nada, mas vamos tentar, se você quiser". E fizemos isso... e o peso dos peixes arrebentava a rede. Deu um trabalhão botar todos eles no barco. E eu perdi a cabeça... aquilo parecia tão estranho, e eu tava cansado, e caí de joelhos e disse: "Senhor, vá embora e nos deixe. Eu sou um pecador comum, e não posso suportar isso". E ele riu e disse: "Tenham coragem; sigam-me, e eu vou ensinar vocês a pescar homens"... Claro, isso não é nada em comparação com as coisas que vimos desde então. Mas nunca vou superar aquele primeiro momento: o Sol no mar, e os peixes pulando e brilhando, e o choque de saber que ele não era... que ele não era comum.

Mateus: Ah! Às vezes ele faz você se sentir mal. Ri e fala e come com você, e o tempo todo você sabe que não é digno de tocá-lo... Eu também não vou esquecer a primeira vez que o vi. Você não me conhece, senhor... bem, vou lhe contar, eu era cobrador de impostos. Você sabe o que pensar sobre isso: posso ver no seu rosto. Um dos cães imundos que trabalha para o governo e lucra vendendo seus conterrâneos. Isso é verdade, e você está absolutamente certo... Bem, veja só. Quando ele desceu nossa rua outro dia — não me importo de dizer que eu tinha tido um ótimo dia. Eu estava dando tapinhas nas minhas próprias costas, pensando em como eu tinha feito pressão sobre alguns daqueles pobres-diabos dos fazendeiros e feito um bom pé-de-meia ilegal num dia chuvoso. "Mateus", eu disse pra mim mesmo, "você está se tornando um homem abastado". E eu levantei os olhos, e lá estava ele. "Oi", eu pensei, "aqui está o Profeta. Acho que ele vai começar a me xingar como o resto deles. Deixa. Palavras duras não quebram ossos". Então, eu o encarei, e ele me encarou: parecia que seus olhos estavam passando direto por mim e pelos livros contábeis, e lendo todos os trechos que eu não havia registrado. E de alguma maneira, ele fez com que eu me sentisse sujo. Só isso. Apenas sujo. Comecei a arrastar os pés no chão, sem jeito. E ele sorriu — vocês sabem como ele sorri às vezes, de repente — e disse: "Siga-me". Eu não pude acreditar no que estava ouvindo. Eu caí da minha mesa, e ele subiu a rua, e eu fui atrás dele. Eu podia ouvir as pessoas rindo — e alguém cuspiu em mim —, mas nada daquilo me importava.

JOÃO: Não foi nenhum de nós, Mateus.

MATEUS: Eu sei disso... Quando ele chegou à minha casa, ele parou e esperou por mim. Eu disse: "Você pode entrar?". E ele disse: "Sim, claro!". E eu disse: "Convido você pra jantar conosco, mas... talvez não goste da nossa companhia". E ele disse: "Por que não?". E eu disse: "Olhe bem... este não é um lugar adequado para você estar. Você sabe como eu ganho a vida". E ele disse: "Sim, eu sei. Não importa". E do jeito que ele disse, eu me senti mais envergonhado do que se ele tivesse começado a me repreender. Então, ele entrou e se sentou, e todos aqueles caras vieram com ele. E ninguém parecia surpreso, só eu.

ANDRÉ: Desistimos de ser surpreendidos há algum tempo.

FILIPE: Alguns dos fariseus ficaram bastante surpresos. Lembra daquele bando na porta quando saímos? "Realmente, meu bom homem, seu Mestre deveria saber escolher melhor suas companhias, gente melhor do que essa ralé".

MATEUS: Sim, e ele os atacou no ato: "Os homens saudáveis não precisam do médico", disse ele, "mas os doentes, sim. Não tenho mensagem para pessoas respeitáveis, apenas para pecadores. Vão embora", ele disse, "e leiam a Bíblia até saber o que isto significa: eu quero misericórdia, e não sacrifício". E eu disse a ele: "Mestre, vou com você". E ele disse: "Venha". E eu saí de casa na hora, e aqui estou.

JUDAS: O que você fez com todos os seus pertences?

MATEUS: Nunca pensei neles, nem por uma semana. Meu irmão me perseguiu e me perguntou o que eu achava que tava fazendo. "Venda tudo", eu disse, "ou faça o que quiser. Eu não tenho mais nada com isso". E esse tempo tem sido maravilhoso pra mim: ouvindo ele falar e vendo o bem que ele faz. Lembra daquele pobre sujeito na piscina de Betesda? Ele estava paralítico há 38 anos. Deitado ali o tempo todo num colchão velho. "Levante-se", diz o Mestre, e ele se pôs de pé. Jesus disse: "Pegue seu colchão e vá para casa". E ele jogou o colchão no ombro e foi embora. E, ó meu caro, a coisa ficou feia, a coisa ficou feia.

JUDAS: Por quê?

SIMÃO: Os anciãos não gostaram, porque era sábado, e eles acham que é violação da lei carregar um colchão no dia de sábado.

MATEUS: Você acredita que alguém pode ser tão mesquinho? No sábado passado, estávamos passando por um campo, e com um pouco de fome. Então, esfregamos algumas espigas de trigo nas mãos e comemos. E surgiram alguns desses preciosos idiotas, fazendo cara feia. "Vocês não sabem que é contra a Lei preparar uma refeição no sábado?". Eles chamaram aquilo de preparar uma refeição! E o Mestre disse: "O sábado foi feito para o homem, e não o homem para o sábado. Portanto", disse ele, "o Filho do Homem é senhor até do sábado".

JUDAS: Ele disse "o Filho do Homem"? Essa é uma reivindicação direta ao título de Messias. O que eles disseram sobre isso?

TIAGO: Nada. Mas eles foram embora resmungando. Certamente teremos problemas.

JOÃO: As pessoas vão ficar do lado dele. Elas não vão esquecer o que aconteceu em Naim. Se você tivesse visto aquilo, Judas!... *(Ele conta a história com alguma dificuldade, revivendo o efeito assombroso que teve sobre ele)*... O funeral de um pobre menino, e a mãe, viúva, chorando. Jesus disse: "Não chore, Mãe"... e ele tocou o esquife, e os carregadores pararam... "Levante-se, meu rapaz", ele disse... e o menino morto se sentou... e falou... Judas, foi assustador! Ele colocou o menino nos braços da mãe... e o povo clamou: "Um profeta! Um profeta! Deus visitou seu povo!"

Judas: Você tá certo; *vamos* ter problemas.

Tiago: Que bom que você está aqui, Judas. Você é inteligente e pode ver o que está por vir. E acredito que você entende o Mestre melhor do que qualquer um de nós.

Filipe: Sim. Junte-se a nós... A propósito, você tem cabeça boa pra números?

André: Judas tem cabeça boa pra tudo.

Judas: Obrigado, André, por seu gentil testemunho. Posso somar dois e dois e fazer quatro.

Filipe: Então, você pode assumir as finanças. Fui enganado por um comerciante de óleo hoje e perdi seis dracmas, então não sou muito popular. Até o Mestre fez um discurso pra mim sobre a necessidade da sabedoria mundana. Portanto, vou entregar a bolsa pra você com prazer... Qual é o problema, João? O que você tá procurando?

João: Os castiçais... Tô ouvindo os passos do Mestre na escada. Ele costuma ler as Escrituras pra nós um pouco antes do jantar... Você vai ficar, não é, Judas?... Pega essa vela, André. Acenda na lareira, por favor.

Jesus *(entrando)*: Vocês estão prontos, filhos?

João: Sim, Mestre... Judas pode ouvir também, não pode?... Qual livro você vai ler hoje?

Jesus: Vou ler a história de Josué... Mas, antes, há algo que quero dizer a vocês sobre o Reino dos Céus. Ele é como uma rede de arrasto lançada ao mar, que arrasta criaturas de toda espécie, boas e más juntas. E, quando ela está cheia, os pescadores a puxam para a praia; depois, sentam e separam os peixes bons e os colocam em cestos, mas tudo o que é inútil ou venenoso eles jogam fora. E é assim que o julgamento de Deus funciona no mundo. Pois, quando chegar a hora, os anjos recolherão o bem e lançarão o mal na destruição do fogo; e haverá lamento e amarga raiva. Vocês entendem o que estou dizendo?

Simão: Sim, Mestre. Nós entendemos isso muito bem.

Jesus: Os julgamentos de Deus estão escritos na História. Assim, cada estudante, quando lê as Escrituras para descobrir o que elas podem lhe dizer sobre o Reino dos Céus, deve aprender a interpretar o presente pelo passado. Pois ele é como o dono da casa, passando por estantes e armários, e tirando deles tesouros novos e antigos... Agora, me dê o pergaminho...

CENA II (JERUSALÉM)
SEQUÊNCIA 1 (O PÁTIO DE UMA POUSADA)

O evangelista: E sua fama se espalhou por toda a Síria. E o seguia uma grande multidão da Galileia, e de Decápolis, e de Jerusalém, e da Judeia e de além do Jordão. Mas os fariseus aconselharam-se com os herodianos contra ele, sobre como poderiam acabar com ele.

Proclo: Estalajadeiro!

Estalajadeiro: Senhor?

Proclo: Uma garrafa de vinho e um pouco de queijo e de pão.

Estalajadeiro: Sim, senhor... Rapaz, vinho para o nobre centurião... Onde o senhor vai querer?

Proclo: Aqui, no banco sob a figueira.

Estalajadeiro: Onde o outro cavalheiro está sentado, senhor?

Proclo: Sim. Eu suponho que ele não vá se opor... Com licença, senhor, você se importa se eu... Sósio, pelos deuses!

Sósio: Proclo! Que surpresa!

Proclo: Não nos encontramos desde a última Guerra Germânica.

Sósio: Como vai você, depois de todos esses anos?

Proclo: Muito bem, para um veterano de 58 anos. E você?

Sósio: Até que estou bem, com exceção da minha perna dura. Eles me consideraram inválido depois daquele ferimento que sofri em Münster. Então, você ainda está no Exército? Imaginei que você tivesse se aposentado anos atrás.

Proclo: Eu, não! Não. Eu aleguei boa saúde e bom serviço, e eles me mantiveram. Mandaram-me para o interior para manter a ordem e treinar auxiliares. Também tenho um sítio simpático. Perto de Cafarnaum. Uma cidade bem pequena, mas muito agradável.

Sósio: O que você está fazendo em Jerusalém?

Proclo: Acabei de estabelecer um destacamento. Eles parecem estar esperando algum tipo de problema.

Sósio: Eles estão sempre esperando problemas... Um brinde, então!... Pilatos conseguiu desanuviar o alvoroço a respeito da cerimônia de dedicação.

Proclo: Eu pensei que o Imperador havia resolvido isso.

Sósio: Foi o que ele fez. Mas ele apoiou Herodes e disse a Pilatos para respeitar os sentimentos judeus e colocar suas forças de defesa em Cesareia. Desde então, Herodes e o governador não se falam. Não é bom quando a autoridade imperial e as locais não conseguem se unir.

Proclo: Eu não apoiaria ninguém além de Herodes Antipas. Ele é um bruto escorregadio e astuto. Não é como seu pai. Servi dez anos ao velho rei Herodes. Um velho temível e bárbaro, é verdade, mas um governante excelente e perfeitamente leal a Roma.

Sósio: É necessário um governante excelente pra manter esses judeus sob controle.

Proclo: Oh, eles não são tão ruins. Você só precisa ter algum tato. Pilatos nunca teve nenhum tato: esse é o problema. Parece ser muito valentão, mas tá todo amarrado com a burocracia e a importância de ser governador da Judeia. Esses judeus são pessoas muito honestas, se você lidar com eles do jeito certo. Eu me dou pra lá de bem com os judeus da minha região. Eles me pediram que me comprometesse a construir uma sinagoga pra eles; eu fiz isso, e eles ficaram muito satisfeitos.

Sósio: Muito bom. Mas tente convidá-los a construir um templo pro *seu* deus, e veja o que eles vão dizer. Você pode obedecer ao Jeová *deles*, mas eles não obedecerão ao *seu* Júpiter. Essa é a ideia que eles têm de tolerância religiosa. Mesmo entre si, eles brigam como gatos. Houve um tumulto lá outro dia sobre um profeta qualquer. Essa tarde, eles estão fazendo uma reunião de protesto sobre esse assunto: os anciãos e os fariseus, e um bando de herodianos também se aliou a eles. A única coisa em que as seitas confusas deles concordam é em perseguir um pobre infeliz que não se identifica com nenhum partido. Esse profeta — acho que o homem vem da sua parte do país. Jesus, filho de Alguém... filho de José: você sabe alguma coisa sobre ele?

Proclo: Não muito. Ele é filho de um carpinteiro de Nazaré, e dizem que é um fazedor de milagres. Eu só o vi uma vez, mas gostei da aparência dele. Um cara bom, pensei, com alguma coisa de divino no rosto. Quando Apolo, o Cura-Tudo, assumiu a forma humana, deve ter sido parecido com esse aí.

Sósio: Apolo, o Curandeiro? Bem, ele curou muitas pessoas em Jerusalém. Mas, ao que parece, ele não escolheu um dia bom para fazer isso, e os judeus rigorosos se ofenderam. Mas é bom que ele tenha se desentendido com as autoridades judaicas, porque algumas pessoas estão tentando torná-lo candidato a líder nacional, e Pilatos ficou preocupado com isso. Mas ele não terá apoio para uma rebelião se continuar sendo tão tolerante. Ele tem muitos seguidores entre as classes mais baixas: pescadores e coletores de impostos, e gente dessa laia. Mas esses não contam muito. Você está hospedado em Jerusalém?

Proclo: Não. Eu entreguei meus homens e tenho de voltar. Minha esposa está me esperando.

Sósio: Tudo bem em casa?

Proclo: Tudo bem, sim. Obrigado... Exceto meu ordenança, que está acamado com alguma doença que os médicos não entendem. Um bom homem também. Eu lamentaria muito perdê-lo.

Sósio (*de modo zombeteiro*): É melhor você fazer seu Apolo judeu operar um milagre.

Proclo (*sério*): Tenho muita vontade de tentar. Mas não sei se um curandeiro judeu faria alguma coisa por um romano. Posso pedir aos anciãos locais pra falarem com ele. Mas não sei como ele reagiria.

Sósio: Ora! Afinal, você construiu uma sinagoga pra eles — eles devem essa pra você... Bem... o que esse grupo de velhos quer?

Primeiro ancião: Com licença, senhor. Você por acaso sabe se o Sinédrio está se reunindo no antigo Gazit ou no novo salão?

Sósio: Não sei dizer, bom fariseu. Mas eu vi vários Anciãos entrando na casa do Sumo Sacerdote.

Primeiro ancião: Oh, obrigado. Talvez a reunião esteja sendo realizada lá.

Segundo ancião: Muito provável. Não é um conselho formal.

Primeiro ancião: Sou grato a você, senhor. Bom dia... Puxa! Agora nos desviamos do caminho. Já estamos muito atrasados.

Segundo ancião: Podemos pegar um atalho pelo pátio do Templo.

SEQUÊNCIA 2 (CASA DO SUMO SACERDOTE)

Primeiro ancião *(é o mesmo primeiro ancião que participou da cena no Templo da terceira peça e está concluindo um discurso)*: ... e acho que a reunião vai concordar que esse tipo de coisa tem de ser parado *(murmúrios de concordância)*. Não precisamos discutir sobre os alegados poderes milagrosos do homem. Ele pode ser um charlatão. Ele pode ser um feiticeiro. Mas ele intencionalmente estimulou muitas pessoas tolas a imaginar que ele é o Messias e a atiçar as chamas de uma revolta que pode provocar represálias por parte de Roma. Não queremos tais exibições de zelo fanático e desregulado. *(Aplausos)*

Baruque: Meu senhor Sumo Sacerdote! Oponho-me veementemente à última expressão do Reverendo Ancião, que parece ter a intenção de ofender o partido dos zelotes, ao qual pertenço. Não se devem impor limites ao zelo pela nossa religião e pela nossa raça escolhida, e estou horrorizado que alguém deseje suprimi-lo sob o pretexto de que precisamos acalmar o império pagão de Roma e nos sujeitar a ele. Minha reclamação contra Jesus filho de José é que, longe de mostrar zelo pela restauração do reino judaico, ele insulta os líderes religiosos, desrespeita abertamente a Lei de Moisés e se associa a gentios e a samaritanos e aos desprezíveis coletores de impostos que sugam nosso povo até a morte pelos interesses de Roma. *("Ouçam! Ouçam!")*

Uma voz: Ele prega a vinda do Reino.

Baruque: Mas ele o interpreta num sentido místico muito rebuscado que ninguém consegue entender. Na verdade, ele está pregando simplesmente a si mesmo, e pregando uma devoção fanática por sua própria pessoa. Se ele estabelecer alguma coisa, será uma seita idólatra de culto a Jesus. Você quer ver templos dedicados a Jesus, filho de José? Um Carpinteiro Divino é melhor que um César Divino? *(Murmúrios zangados)*. Já não tivemos o bastante dessas tolices blasfemas nos dias de Herodes, o Grande?

Herodiano: Senhor! Senhor! Meu senhor Caifás, isso é insuportável! Como herodiano, devo protestar contra essas calúnias abomináveis lançadas sobre o ancestral de nossa Casa Real. O rei Herodes, o Grande, nunca permitiu a idolatria dentro dos limites do judaísmo.

Voz: E sobre a Síria?

Herodiano: Se os pagãos sírios, por causa da sua cegueira, decidiram erguer templos para Herodes, isso era problema deles. Quando, por causa da briga entre nós, quebramos o poder da casa herodiana, nós nos vendemos como escravos a Roma. E eu digo que somente nos unindo novamente sob o governo de um herodiano podemos ter uma pequena esperança de restaurar a independência. Os movimentos sectários apenas dividem o esforço nacional. Os judeus não marcharão para a vitória sob a liderança de um carpinteiro nazareno, mas apenas sob os estandartes da Casa de Herodes.

Primeiro ancião: Segundo a profecia, o Messias dos judeus nascerá da Casa real de Davi, e não da linhagem de Herodes, que era edomita e usurpador.

(Protesto e aplausos.)

Sadraque: O homem Jesus antecipou você nesse ponto. Ele diz que é da Casa de Davi.

(Murmúrio de raiva.)

Terceiro ancião: Não estamos nos afastando do assunto? Ninguém está sugerindo que devemos apoiar Jesus de Nazaré. A questão é: como nos livrarmos dele, sem causar um alvoroço popular que provoque a interferência de Roma? O Governador não nos apoiará na punição de uma ofensa puramente eclesiástica. Mas, se o homem fizesse algum tipo de declaração que pudesse ser interpretada como desafio ao Imperador...

Baruque: O Imperador! Você quer dizer que devemos nos degradar apelando para a autoridade de Roma?

(Interrupções e confusão.)

Caifás: Anciãos de Jerusalém...

(Silêncio.)

Voz: O Sumo Sacerdote! Silêncio para o Sumo Sacerdote!

Caifás: Eu entendo que a sugestão é que devemos jogar Jesus e Roma um contra o outro: usar Roma pra fazer o trabalho sujo por nós. Isso me parece um esquema totalmente diplomático para frustrar os egípcios.

(Risada.)

Consequentemente, devemos tentar enredar esse homem em suas conversas e levá-lo a fazer alguma reivindicação pública ao

Messiado que possa parecer uma indicação de levante nacional, ou, quem sabe, provocá-lo a instigar uma violação à Lei Romana, como recusa em pagar os impostos imperiais ou algo assim. É isso que você tinha em mente?

TERCEIRO ANCIÃO: Meu senhor Sumo Sacerdote interpretou com exatidão o que quero dizer.

CAIFÁS: Nesse caso, podemos prosseguir para... Parece que o Ancião Sadraque tem algo a dizer. Pois não?

SADRAQUE: Eu só quero dizer o seguinte: Jesus de Nazaré não é bobo e não vai ser tão fácil enredá-lo. Além disso, estamos com a desvantagem de nenhum de nós saber realmente o que esse movimento pretende. Sim, nenhum de nós o aprova; mas essa é a única coisa em que concordamos. Jesus uniu o povo e nos desuniu, e, quer suas vindicações de inspiração sejam verdadeiras, quer não, acho que ele é um oponente que precisamos levar a sério.

BARUQUE: O que o ancião Sadraque diz é muito sábio. Posso fazer uma sugestão? Se a gente conseguir desunir seus discípulos e, ao mesmo tempo, obter informações privilegiadas sobre os planos dele, poderíamos acabar com esse movimento por dentro.

CAIFÁS: Um esquema muito sensato, bom Zelote. Você tem algum passo prático a propor?

BARUQUE: Eu conheço um homem que pode ser útil para nós. Um ex-seguidor de João Batista, que foi visto com Jesus nas últimas semanas. Fiz contato com ele há algum tempo e o achei interessado, ousado e zeloso por Israel.

CAIFÁS: Ele é suscetível a ameaças? Ou a subornos?

BARUQUE: Não da maneira comum. Não. Ele tem uma mente sutil e não seria enganado por qualquer esforço direto para corrompê-lo. Mas ele pode ser levado a enganar a si mesmo com argumentos capciosos. Essa é a fraqueza de todas as pessoas inteligentes. Desonestidade intelectual originada do orgulho intelectual: o pecado pelo qual Adão caiu.

CORO DE VOZES APROVANDO: Muito verdadeiro, muito verdadeiro.

NICODEMOS (*de repente e em voz alta*): E você acha que essa proposta é honesta?

CAIFÁS: Irmão Nicodemos, essa é uma observação muito desnecessária. Deixe os ímpios caírem em sua própria cova... Suponho que a reunião aprova a ideia de que este cavalheiro deveria iniciar negociações com... qual é o nome do jovem, por falar nisso?

Baruque: Judas Iscariotes.

Caifás: Com Judas Iscariotes.

(Murmúrios de aprovação, com os quais a cena se desvanece.)

CENA III (GALILEIA)

O evangelista: E Jesus chamou seus discípulos, e deles escolheu doze, para que estivessem sempre com ele, aos quais também chamou de seus apóstolos: Simão, filho de Jonas, e André, seu irmão; Tiago e João, os filhos de Zebedeu; Filipe e Natanael, Tiago e Judas, os filhos de Alfeu, e Simão, o zelote; Tomé, apelidado de Dídimo, e Mateus, o cobrador de impostos; e Judas Iscariotes, que foi quem o traiu.

(Pequena pausa.)

E ele ensinava as multidões, dizendo:

Jesus: Nunca pensem que eu vim destruir a lei. Estou aqui para mostrar como guardá-la. Pois a antiga Lei diz: "Não matarás", e estabelece como os assassinos devem ser punidos. Mas *eu* digo: "Nunca odeie ninguém", pois o ódio é o que leva ao assassinato: *é* assassinato; quando você odeia seu próximo, há assassinato em seu coração. E a velha Lei dizia: "Se fizer um juramento, você tem de cumpri-lo". Mas *eu* digo: "Pense a verdade e fale a verdade, e não haverá necessidade de insultar a Deus com juramentos". E a velha Lei dizia: "A vingança deve ser mantida dentro de limites: olho por olho, dente por dente, e nada mais". Mas *eu* digo: "Não se vinguem de forma alguma. Se um homem bater em você uma vez, deixe-o bater de novo se tiver vontade; se ele é mau com você, esforce-se para ser generoso com ele; se ele exigir algo de você, dê a ele o dobro do que ele pede, e assim tire a amargura de seu coração". E a velha Lei dizia: "Ame seus amigos e odeie seus inimigos". Mas *eu* digo: "Qualquer um pode fazer isso. Abandone completamente essa atitude de barganha. Ame até mesmo seus inimigos, faça a eles todo o bem que você puder, e, quando eles tratarem você mal, ore por eles. Seja como seu Pai Celestial, que envia sua chuva a regar a terra para todos os homens, bons e maus". Comportem-se com cada homem como gostariam que ele se comportasse com vocês, pois essa é a maneira de guardar a Lei e cumprir todos os ensinamentos dos profetas.

MULTIDÃO: Ah, Rabino! Que ensino maravilhoso é esse!... Continue falando, querido Mestre... A gente poderia ouvir você o dia todo... Fale mais, bom Rabino! Faz muito bem pra nós ouvir você!

JESUS: Sim, mas não adianta me chamar de Mestre se vocês não fizerem o que eu digo. Muitas pessoas virão a mim no último dia, clamando: "Senhor, Senhor, em Teu Nome temos ensinado e curado e feito isto e aquilo", e terei de dizer a elas: "Vão embora, Eu não conheço vocês. Vocês nunca pertenceram ao Reino". O homem que não apenas escuta, mas *faz* o que eu digo, é como um homem sábio que construiu sua casa sobre uma rocha, e a chuva caiu, e o vento soprou e as ondas bateram na casa, mas não conseguiram sacudi-la, porque ela foi fundada sobre a rocha. Mas o homem que apenas escuta e nada faz a respeito é como um homem tolo que construiu sua casa sobre a areia; e a chuva caiu, e o vento soprou e as ondas bateram nela e a levaram, e a ruína daquela casa foi grande.

JOÃO: Obrigado, Mestre, pelo alerta. Deus nos ajudando, tentaremos construir nossa casa sobre a rocha... Você vai ensinar mais hoje?

JESUS: Não, agora não. Vamos descer para Cafarnaum.

SIMÃO: Por hoje é só, meus amigos! Vão pra casa agora, e Jesus vai falar com vocês novamente amanhã...

MULTIDÃO: Uau! Nunca ouvi ninguém pregar assim... Nem um pouco parecido com os escribas! Eles só sabem dizer: "Moisés disse isso" ou: "Isaías disse aquilo", mas este homem diz: "*Eu* digo a vocês", como se ele fosse tão importante quanto Moisés... O que ele quis dizer sobre vir até *ele* no último dia? A maneira que ele fala faz a gente pensar que ele é o Deus todo-poderoso... Ele faz a gente ver o que a Lei *significa*: se a gente não pecasse, não ia precisar de nenhuma Lei, como ele diz... Anda com gente engraçada, não é?... Ele não é a ideia que eu tinha de um homem santo; João Batista não ia a jantares, *ele* vivia de gafanhotos... João? Era sujeito meio maluco... É a pregação mais maravilhosa que já ouvi: eu preciso ouvir esse homem de novo... Bora, gente! Eles tão todos seguindo ele! Bora ver se a gente consegue pegar mais alguma coisa...

ANDRÉ: Ó Mestre! Uma delegação dos Anciãos em Cafarnaum está aqui; você pode falar com eles? Eles parecem muito ansiosos... É aquele velho e simpático Rabino Salomão, que esteve no casamento em Caná.

Jesus: Sim, claro... Honrado Rabino, como posso servi-lo?

Rabino: Deus tenha misericórdia de você, Jesus, filho de José. Viemos em nome desse nosso grande amigo: Proclo, o centurião romano, que vive perto de nós. Um servo dele, um homem excelente, está desesperadamente doente, e ele acha que, se você viesse e impusesse as mãos sobre o pobre sujeito...

Simão: O Mestre impor as mãos sobre um pagão! Um soldado romano! Meu bom senhor, você deve estar louco. Todo romano é um inimigo de Israel...

Jesus: Ah, Simão! Você nunca ouve uma palavra do que eu digo? Eu disse: "Amem os seus inimigos".

Rabino *(ansioso)*: Mas Proclo, na verdade, não é um inimigo! Ele é um pagão, é claro, mas *muito* amigável: gosta muito do povo judeu e é muito gentil conosco. Ele até construiu uma nova sinagoga para nós. E ele está tão angustiado com esse servo, que está com ele há muito tempo.

Jesus: Eu vou vê-lo.

Rabino: Você vai? Isso é muita bondade de sua parte. Você ouviu isso, Proclo? Jesus disse que virá visitar o pobre doente — é bem perto, nem um quilômetro...

Proclo: Só um momento, só um momento, senhor. Estou profundamente grato a esses bondosos Anciãos e a você. Mas eu não contava que você viesse a minha casa. Nós, romanos, entendemos muito bem sobre profetas e pessoas devotadas. Sabemos que o corpo de vocês é sagrado e não deve ser poluído por tocar em qualquer coisa que não seja cerimonialmente limpa. E, claro, somos impuros pra você. Além disso, em minha casa você veria todo tipo de coisa que não pode aprovar: estátuas do Imperador e de nossos deuses, e coisas assim. Realmente, não seria adequado que você viesse, e não pediria isso.

Jesus: Então, o que você me pede, Proclo? Você não quer que seu servo seja curado?

Proclo: Sim, eu quero muito. Mas, com certeza, você não precisa vê-lo. Você só precisa dizer uma palavra, e ele vai ficar curado.

Jesus: O que faz você crer nisso?

Proclo: Senhor, eu só tenho que olhar pra você. Eu reconheço a autoridade quando a vejo. Eu fui soldado toda a minha vida. Tive de obedecer ao meu coronel, e meus homens tiveram de me obedecer. Eu digo ao cabo: "Vem cá", e ele vem, e a outro homem: "Vai ali", e ele vai; ou digo ao meu ordenança: "Faça isso", e ele faz. E eu sei muito bem que, quando *você* comanda, você é obedecido.

Jesus *(com veemência)*: Vocês todos ouviram isso? É maravilhoso! Em nenhum lugar eu encontrei uma fé como essa; não a encontrei em todo o território de Israel. E eu digo a vocês que muitos virão do leste e do oeste e se assentarão com Abraão, Isaque e Jacó no reino de nosso Pai, enquanto os herdeiros legítimos do reino serão lançados na escuridão para ranger os dentes e gritar de lamentação... Volte para casa, Centurião, e, assim como você creu, assim será.

Proclo: Muito obrigado, senhor. *(Ele se afasta)*

Judas: Mestre, os discípulos que vieram comigo da parte de João Batista querem voltar pra ele agora, e eles perguntam que mensagem devem levar.

Jesus: Muito bem, Judas. Eles estão aqui?

Judas: Sim, Mestre; aqui estão eles.

Jesus: Agora, meus caros, o que João Batista mandou vocês perguntarem?

Discípulo: Ele perguntou: "Você é realmente aquele cuja vinda os profetas predisseram? Ou devemos esperar por outro?"

Jesus: Voltem agora e digam a João como vocês viram as profecias cumpridas: como os cegos veem e os coxos andam, os leprosos são curados e os surdos ouvem e os mortos ressuscitam...

Discípulo: Isso é realmente um milagre.

Jesus: ... e as boas novas do Reino são anunciadas aos pobres. Não se esqueçam de dizer isso.

Discípulo: Talvez isso seja ainda mais maravilhoso.

Jesus: Talvez seja. Feliz é o homem que não duvida de mim.

Discípulo: Nós entregaremos sua mensagem. Adeus, Jesus filho de José.

Jesus: Adeus... Agora, todos vocês, me escutem. Esses homens estão indo para João Batista. Hoje todos vocês vêm correndo atrás de mim. Há pouco tempo vocês estavam correndo atrás dele. Vocês se esqueceram dele? Herodes o colocou na prisão. Foi um choque, não foi? Quando vocês foram atrás de João, o que esperavam ver?

Uma cana soprada para um lado e para o outro por todos os ventos de opinião? Mas João não era assim. O que vocês esperavam ver? Um homem vestido com roupas luxuosas? Ah, não! Para ver pessoas desse tipo vocês devem ir ao palácio do rei. Mas o que vocês *realmente* esperavam ver? Um profeta? Sim, de fato, e muito mais do que um profeta: o próprio mensageiro de Deus. De fato e de fato, eu digo a vocês que, de todos os homens nascidos, nunca houve ninguém maior do que João Batista. No entanto, o mais humilde dos que entram no Reino é maior do que ele. Todos os Profetas e toda a Lei apontaram para a vinda de João. E, desde que ele veio, o Reino dos Céus está aqui. Ele está entre vocês; está aqui para vocês o apreenderem e o possuírem, e homens decididos podem tomá-lo de assalto.

Mas a grande oportunidade para vocês chegou, e o que vocês estão fazendo? Vocês são como crianças tolas correndo pelas ruas. Seus companheiros dizem: "Por que vocês não brincam conosco? Nós tocamos uma música divertida pra vocês, mas vocês não querem dançar. Nós fingimos estar de luto, mas vocês não participam". Quando João chegou, ele jejuou de comida e bebida, e vocês disseram que ele era louco. O Filho do Homem vem comendo e bebendo como as outras pessoas, e vocês reclamam que ele é comilão e bêbado e anda em más companhias. Nada agrada vocês. Mas todos os filhos de Deus são sábios a seu próprio modo.

Mas ai de você, Corazim! Ai de você, Betsaida! Pois se as obras poderosas que foram feitas em vocês tivessem sido feitas nas nações pagãs de Tiro e de Sidom, elas teriam se arrependido há muito tempo em panos de saco e em cinzas! E ai de você, Cafarnaum! Porque, se a ímpia cidade de Sodoma tivesse visto o que você viu, Deus não precisaria tê-la destruído. Mas haverá mais tolerância para Tiro, Sidom e Sodoma no dia do julgamento do que para você!

Multidão: Ai de nós! Ai de nós! O que devemos fazer? O que devemos fazer pra ser salvos?

Jesus (*O fogo da cólera já se foi dele, deixando apenas piedade*): Venham a mim, todos os que estão cansados e sobrecarregados, e eu lhes darei descanso. Tomem sobre vocês o meu jugo e aprendam de mim, pois sou manso e humilde de coração, e vocês encontrarão descanso para as suas almas. Pois o meu jugo é suave e o meu fardo é leve.

EVANGELISTA: Quando o rei Herodes estava comemorando seu aniversário, a filha de Herodias dançou diante deles e agradou tanto a Herodes que ele prometeu sob juramento dar-lhe tudo o que ela pedisse. E ela, sendo influenciada pela mãe, disse: "Dá-me, eu te peço, a cabeça de João Batista em um prato". E Herodes lamentou, mas teve de cumprir seu juramento. Então, ele mandou decapitar João na prisão, e sua cabeça foi colocada em um grande prato e dada à jovem, e ela a trouxe para sua mãe. E os discípulos de João enterraram o corpo, e vieram e contaram a Jesus.

PERSONAGENS

O evangelista.
Jesus.
Baruque, o Zelote.
Esposa de Baruque.
Judas Iscariotes.
Filipe.
André, filho de Jonas.
Simão, filho de Jonas (Simão Pedro).
Tiago, filho de Zebedeu.   Discípulos de Jesus.
João, filho de Zebedeu.
Natanael.
Tomé Dídimo.
Mateus, o Cobrador de impostos.
Primeiro judeu.
Segundo judeu.
Terceiro judeu.
Multidão.

5

O PÃO DO CÉU

OBSERVAÇÕES
A PEÇA

Esta peça, ao contrário das outras, contém certa quantidade de ação. Se for considerada muito longa, a cena II pode ser integralmente omitida. Nessa cena e na seguinte, a MULTIDÃO foi estilizada, de modo que a omissão da cena II pode deixar a cena III desafinada; nesse caso, a parte desempenhada pela multidão na cena III pode ser um pouco expandida e tratada de forma mais natural.

[Espero que a multidão ser enganada por um xale de cabeça não pareça ao leitor coisa similar demais à trama de um episódio de *thriller*. Isso pareceu-me emergir, de alguma forma, dos textos de Mateus, Marcos e João juntos. Os Sinópticos dizem que Jesus "insistiu com os discípulos para que [...] fossem adiante dele para o outro lado, enquanto Ele despedia a multidão" (Mt 14:22). Mas por quê? *Ele* era a pessoa que as multidões queriam, e o bom senso sugeriria que Ele deixasse os discípulos para manter a boa ordem e a disciplina enquanto Ele "se separava". Se Ele podia dispersar as multidões simplesmente dizendo-lhes que fossem para casa, de que adiantaria mandar os discípulos na frente? Apenas para que Ele pudesse encenar uma exibição perfeitamente desnecessária de caminhada milagrosa sobre água? Isso seria muito diferente de seu procedimento normal: Ele nunca fez milagres supérfluos por diversão.

João acertou, como de costume. Ele diz, com o mínimo de palavras, que Jesus escapou das multidões: "Retirou-se" (6:15), porque "pretendiam proclamá-lo rei à força". As pessoas obviamente seguiram os discípulos até a praia, visto que João diz (v. 22) que "a multidão [...] percebeu que apenas um barco estivera ali, e que Jesus não havia entrado nele com os seus discípulos". As pessoas só poderiam ter percebido isso se estivessem lá no momento. (João agrupa tudo isso, retrospectivamente, em um parágrafo sobre "no dia seguinte", mas essa é apenas a forma confusa de João escrever; as pessoas não poderiam ter "visto" *no dia seguinte* que alguém não tinha estado em um barco que tinha tirado da água na noite anterior. O que ele evidentemente quer dizer é que as pessoas seguiram os discípulos até a praia, viram, então, que Jesus não estava com eles e que não havia outro barco, de modo que "no dia seguinte" eles tiveram de esperar a balsa vir de Tiberíades antes de poderem fazer a travessia.)

Aceitando-se os métodos de *flashback* de João, a coisa está perfeitamente clara. As pessoas desceram para a praia; elas viram os discípulos no barco e *só então perceberam* que Jesus não estava com eles. Portanto, algo as havia levado previamente a supor que Ele estaria com os discípulos, ou elas não teriam seguido os discípulos de modo algum, pois não queriam fazer *deles* reis. O barco provavelmente foi tirado da água um pouco e ficou parado, esperando que Jesus aparecesse. Mas Ele não veio — sem dúvida porque as multidões ainda estavam na praia —; então, vendo que estava escurecendo e que uma forte tempestade se aproximava, os discípulos desistiram de esperar e começaram a travessia (v. 17). Assim, quando a multidão se foi (para encontrar Jesus ou para se abrigar), Jesus veio até a margem, observou que os remadores haviam se metido em dificuldades e foi atrás deles pelo lago. Considerado desse modo, tudo faz sentido.

A única pergunta é: *por que* a multidão imaginou que Jesus havia descido para o barco com os discípulos? Presumivelmente, eles confundiram outra pessoa com Ele — de qualquer forma, essa é a sugestão que fiz, e o xale de cabeça fornece uma "desculpa" para explicar esse erro.

As datas e os locais dados por João são sempre sugestivos e úteis. Por exemplo: ele menciona que a Páscoa estava próxima

(v. 4). Consequentemente, durante a travessia, uma boa lua minguante estaria lutando com a tempestade, para que os discípulos pudessem ver Jesus vindo do outro lado do Lago sem nenhuma das auréolas sobrenaturais e fogos de artifício que costumamos ver nas pinturas desse episódio. A "quarta vigília da noite" (Mt 14:25; ACF) (3h) parece um pouco tarde para tudo isso, mas eles tiveram de empenhar-se uns bons cinco quilômetros contra o vento com um barco muito carregado; então a hora é, sem dúvida, bastante razoável, e a lua ainda estaria alta, de qualquer maneira.

Acho que, quando há relatos disponíveis em Marcos e João, eles geralmente fazem sentido, separadamente ou juntos. João nem sempre se incomoda com o fato de estar contando algo que já foi escrito: ele apenas menciona o episódio e segue. Mesmo assim, ele com frequência fornece algum elo perdido; p. ex.: a *razão* pela qual, naquele ponto, Jesus apelou a Pedro para sua confissão de fé. Os Sinóticos apresentam o tema de maneira bastante casual e abrupta. Mas João o vincula ao fato de que, após o discurso do "Pão do Céu", os seguidores começaram a se afastar...

Você notará que traduzi e glosei as bem-aventuranças com bastante liberdade. Eu queria me livrar da noção de "recompensa e punição" que se apegou a elas. Elas certamente são uma descrição do tipo de pessoa que *já* pertence ao Reino e *são* (não no sentido cronológico de "serão no futuro") bem-aventuradas. Até me livrei da palavra "bem-aventurada", não porque não seja de fato uma palavra melhor do que "feliz", mas porque, no entendimento popular, está conectada com a ideia de Deus conceder favores arbitrariamente. Além disso, ninguém hoje pensa muito do ponto de vista da "bem-aventurança". Isso é um tipo de coisa de igreja; o que as pessoas procuram é "felicidade", e, embora "felicidade" seja uma palavra pobre, mirrada e pagã, significa mais para elas. Eu acredito que "sinceros" é uma tradução aceitável de καθαροὶ τῇ καρδίᾳ (καθαρός = sem mistura), e é uma palavra muito mais ampla e profunda do que "puro" (Mt 5:8), que foi reduzida a uma conotação quase técnica que, no contexto, é positivamente enganosa...

Com o objetivo de comprimir o drama, eliminei todas as referências aos Quatro Mil e transferi a confissão de Pedro de Cesareia de Filipe para Cafarnaum, fazendo-a derivar diretamente da discussão com os judeus, à qual claramente pertence segundo a lógica, se não segundo a geografia, como João torna claro.]

[Das cartas escritas ao Dr. Welch.]

Aviso à Equipe de Efeitos Sonoros! O "mar" da Galileia é um lago interior de água doce, e o barco era um barco a remos. Não irrite o Produtor (que já tem problemas o suficiente) com a oferta de efeitos de "Escuna na tempestade: recolher velas e ventos no convés" ou de "Grandes ondas do Atlântico se quebrando na costa da Cornualha", ou mesmo aqueles sons bonitinhos e melosos de gaivotas, que conhecemos tão bem. "Rajada de vento no lago" está mais perto do alvo; mas tenha bastante vento e ondas, porque assim o texto pede.

Canção na cena IV. Não acho que seja necessário procurar uma melodia hebraica para esse salmo. Qualquer melodia de hino conhecido, forte e antigo servirá, com os remos marcando o ritmo.

OS PERSONAGENS

JESUS. O tema da peça gira em torno de uma espécie de sugestão de que a tríplice tentação do Diabo é aqui repetida, e a cada vez ela força uma recusa e um desafio. Há uma recusa em explorar (1) a popularidade dos benefícios materiais (cura e alimentação), (2) sinais e maravilhas (caminhar sobre o mar), (3) ofertas de poder mundano (a realeza oferecida e rejeitada). Tudo isso é enfrentado por meio do desafio deliberado e quase violento sobre o pão vivo, o qual afronta tudo o que o homem comum poderia desejar ou a tradição religiosa consideraria sagrado. Isso traz a deserção dos curiosos ociosos ou tímidos, a busca dos elementos fracos e fortes entre os discípulos e a certeza de que a salvação virá pelo caminho da cruz. A cena II (se mantida) e a cena IV devem ser desempenhadas com uma espécie de alegria; a cena III, com uma espécie de determinação de forçar tanto a multidão quanto os discípulos a um ponto de crise; a cena V é a crise; a primeira parte deve ser desempenhada com determinação inabalável e ênfase reiterada no ponto principal (em João 6, as mesmas frases são repetidas vez após vez, como que para ressaltar a ideia); a segunda parte (com Pedro) é desempenhada com paixão. As Bem-aventuranças na cena I (uma vez que usa a técnica de flashback) podem ser um pouco estilizadas no modo que são apresentadas.

BARUQUE, O ZELOTE. Puro político. Seus discursos podem ser cortados um pouco, se necessário, mas eles têm seu apelo local. Baruque vê Jesus como o partido nazista pode ter visto Hitler: um orador fascinante enviado do céu, um tanto louco, mas uma ferramenta política valiosa nas mãos certas.

JUDAS. Nessa peça ele, enfim, se define. Ele tem uma posição certa, e a mantém com paixão e sinceridade. Mas seu orgulho intelectual, seu ciúme e uma falta fundamental de generosidade o tornam um terreno pronto para o plantio de sementes de suspeita. Ele não confia em ninguém além de si mesmo. Ele apreendeu abstratamente a ideia de purgação pelo sofrimento — ele a vê, mas mais alguém vai ver? Jesus realmente entende o que isso significa? Ele proclama que Jesus é incorruptível, mas suponha que Baruque esteja certo, afinal! "Eu o mataria com minhas maos" se ele abandonasse a ideia que eu tenho dele: esse é o discurso-chave. E as próximas coisas que acontecem não parecem muito boas. A popularidade ("se há um homem popular na Judeia hoje", sim, é verdade!) e o apelo temerário ao rebanho: instintos dos Cinco Mil, seguidos (tão inevitavelmente) pelo oferecimento de um reino. Jesus recusou; isso é bom — mas ele não se referia a isso? O que ele está fazendo lá do outro lado do Lago? Algo sinistro está acontecendo? Depois, a cena com os judeus e com Pedro — esplêndida, esplêndida! Judas está satisfeito; mas por que a bênção deve ser pronunciada sobre Pedro? Por que a confiança deveria ser dada a João? Por que essas marcas de favor não são para Judas, que é quem de fato entende? (Mas ele, é claro, não entende a coisa que Pedro e João entenderam — Pedro por inspiração inconsciente e João por uma espécie de instinto — que a personalidade com a qual estão lidando é mais do que humana.) Judas, sem se dar conta disso, também vê Jesus como uma espécie de ferramenta: uma pessoa destinada a realizar a ideia que Judas tem sobre o caminho de salvação; e se Jesus mostrar qualquer sinal de recuar desse caminho, Judas o forçará a voltar a ele (com tanta determinação quanto certos elementos religiosos forçaram a França à derrota para seu próprio bem). Não mostrei Judas operando nenhuma cura; acho que ele provavelmente se limitaria ao aspecto da pregação na tarefa.

ESPOSA DE BARUQUE. A ela não é permitido participar das intrigas políticas do marido (não há lugar para mulheres), mas conhece o ponto de vista dele. A única desculpa para que ela se intrometa na peça é proporcionar o leve alívio de uma voz feminina. Mas ela tem tanta "intuição feminina" que adivinha de imediato que Judas está inconscientemente com ciúme do milagre de Filipe.

FILIPE. Ele continua sendo um "bom menino", bastante sincero e humilde consigo mesmo. Ele sabe que não é particularmente brilhante, e admira Judas, que é bastante inteligente e prega muito bem. É espantoso que ele, o estúpido, tenha podido fazer um milagre. É tudo muito surpreendente e exaustivo. Não sendo de temperamento nervoso ou introspectivo, Filipe tem um jeito bruto e saudável de fazer o que lhe é exigido e depois se enrolar e dormir. Pode-se confiar que ele se comportará de maneira amigável, agradecerá com gentileza e irá para a cama quando lhe for ordenado, como um colegial bem-educado.

SIMÃO PEDRO. Aqui ele tem dois de seus grandes momentos, cada um deles seguido pela ruína de sempre. Em um momento, o outro mundo parece real e este mundo, nada. Pedro pode andar sobre as águas; ele pode ver a face de Deus. Então, ele perde o controle, pensa em si mesmo, e tudo se vai: sobra só um pescador rude, familiar, resmungão, abrupto e inclinado a tratar seu Mestre como uma babá vigorosa e de língua afiada trataria um príncipe rebelde.

TOMÉ. Um homem excelente, fiel o suficiente em qualquer perigo físico (como aprenderemos mais tarde), mas amaldiçoado com um temperamento pessimista e constitucionalmente avesso a aceitar fazer papel de bobo.

MATEUS. Nada de novo sobre ele, exceto certo talento para organização (possivelmente ele já teve de lidar com filas e multidões antes) e a forte objeção do homem da cidade ao desconforto úmido e aos barcos que balançam. Ele é o tipo de otimista que tende a exagerar quando canta "Não quero morrer" e "Não é uma guerra adorável?"

OUTROS DISCÍPULOS. Nada de novo.

Os JUDEUS. Não Sacerdotes ou Fariseus, mas cidadãos comuns, que se deliciam em ficar boquiabertos com as maravilhas e por usufruir de qualquer coisa boa que está acontecendo, contanto que isso não os leve a dificuldades ou a perigos. São, por constituição, conservadores e prosaicos.

CENA I (GALILEIA)

O EVANGELISTA: Jesus, então, reuniu seus doze apóstolos e deu-lhes poder para expulsar demônios e curar doenças. E ele os enviou, dois a dois, para pregar o Reino de Deus e curar os enfermos. E lhes disse:

A VOZ DE JESUS: Não levem nada para a jornada de vocês: nem dinheiro, nem comida, nem roupas extras. Apenas um cajado para se apoiarem. Só isso. Quando vocês chegarem a uma cidade ou vila, peçam a hospitalidade de algum homem decente e fiquem na casa dele até saírem dali. Não hesitem em aceitar convites de toda a gente. Se as pessoas não aceitarem vocês ou não quiserem ouvir seus ensinamentos, sacudam a poeira daquele lugar que se grudou nos pés de vocês e deixem o lugar para o julgamento de Deus. E não tenham medo de ninguém. Deus, que cuida dos pardais, cuidará de vocês. Lembrem-se: vocês não estarão sozinhos. Quem recebe vocês, recebe a mim; e quem me recebe, recebe a Deus, que me enviou.

O EVANGELISTA: E eles partiram e percorreram as cidades, pregando o evangelho e curando em todos os lugares.

BARUQUE: Bem, Judas, essa é uma história maravilhosa. Muito interessante e impressionante. Você fala tão bem quanto prega. Esposa! Nosso convidado não tem nada para beber.

JUDAS: Está bem, gentil anfitriã. Obrigado.

BARUQUE: Só uma taça. Você precisa de uma, depois de seu dia de trabalho, Filipe?

Filipe: O quê? Me desculpa...
Judas: Filipe está meio adormecido.
Filipe: Não, eu estou bem acordado.
Baruque: Ele não disse uma palavra a noite toda.
Esposa: Pobre menino. Parece morto de cansaço. Uma tigela de leite morno é o que ele quer, e depois, cama.
Filipe: Obrigado. Eu aceito um pouco de leite.
Esposa: Claro! Aqui está. Beba como um bom menino... Tem certeza de que está se sentindo bem?
Filipe *(levantando-se)*: Sim, tô sim. Estou perfeitamente bem. Por favor, não se preocupe comigo.
Judas: Filipe teve um dia cheio de emoções. Ele operou sua primeira obra de cura. Eles nos trouxeram uma pobre mulher, possuída por um espírito de loucura...
Baruque: Você a conhece, minha querida. A Ester maluca, coitada.
Esposa: A Ester maluca! E você a curou? Mas que maravilha! Eu gostaria de ter visto isso! Achei que ela era incurável.
Baruque: Todo mundo pensava isso.
Esposa: Como você fez isso? Um jovem como você.
Filipe: Eu não sei. Quer dizer, não fui eu. Jesus, nosso Mestre, foi quem fez.
Judas: Filipe foi apenas um instrumento de Deus... como todos nós.
Filipe: Suponho que tenha sido Deus. Eu sei que foi Jesus.
Esposa: Mas me conta mais sobre isso.
Filipe: Os pais trouxeram a pobre criatura e perguntaram se podíamos curá-la — bem desse jeito. Ela parecia muito, muito brava e infeliz, e eu estava terrivelmente triste por eles, mas não tinha ideia do que fazer... Claro, Jesus nos deu autoridade pra curar pessoas, mas eu... sei lá... eu nunca pensei em fazer isso. Eu meio que imaginei Judas fazendo isso, e eu só olhando. Tentei chamar sua atenção, Judas, mas você estava ocupado respondendo a perguntas e não percebeu... Os pais se levantaram e olharam pra mim como se estivessem esperando que algo acontecesse, e eu me senti um completo idiota. Mesmo assim, pensei que tinha de fazer *alguma coisa*. Então, fiz uma oração curtinha e coloquei as mãos sobre a mulher. No minuto em que toquei na mulher, ela teve uma espécie de ataque e começou a se debater e a gritar! E eu agarrei ela pelos ombros. Uau!

Judas: Esses loucos têm a força de dez homens.
Baruque: O dela era um demônio muito poderoso.
Filipe: Eu sou muito forte, mas não estava conseguindo segurar a mulher. "Eu não vou conseguir", eu pensei. Então, passou pela minha cabeça: "Não em meu próprio poder", e gritei: "Em nome de Jesus, o Messias!". E na mesma hora — você não vai acreditar...
Esposa: Sim, sim! Continue.
Filipe: Senti mãos se fechando sobre as minhas. Pressionando-as pra baixo. Como ferro. Nunca imaginei que mãos pudessem ser tão fortes. Elas me seguraram e elas seguraram a mulher. Senti o osso dos ombros dela sob meus dedos... E então percebi que as mãos eram as *minhas* mãos. *Eu* estava fazendo aquela enorme pressão. A pobre garota gritou e se contorceu e me mordeu — e de repente eu me ouvi falando, alto e rápido, como alguém dando uma ordem... mas não era minha voz, e nem sei o que eu disse.
Judas: Você disse: "Diabo, fica quieto e saia dela!" ... Você me assustou. Você falou muito parecido com o Mestre.
Filipe: Não era minha voz. Era a dele.
Judas: Quando Filipe falou, a mulher parou de lutar. Ela ficou imóvel e começou a chorar. Então, ela pareceu perceber que havia muita gente olhando pra ela. Ela disse: "Mãe... o que tá acontecendo? Por favor, me leva embora". E ela estava tão gentil e tão sã quanto você ou eu.
Esposa: Puxa, eu nunca ia imaginar isso! Que incrível!... Você deve ter sentido orgulho de si mesmo.
Filipe: Eu me senti absolutamente esgotado. Meus joelhos tremiam e o suor escorria de mim, e cada osso em mim doía com a agitação. Como se todo o meu interior tivesse sido sugado pra fora de mim... Judas foi maravilhoso. Ele se interpôs entre mim e a multidão e pregou um sermão esplêndido, enquanto eu me sentava no chão e me arrumava... Judas! Quando o Mestre cura as pessoas, você acha que ele se sente assim?
Judas: Ele talvez conseguisse curar uns vinte ou trinta em um dia, se o fizesse. O poder dele é inato.
Filipe: Mas custa alguma coisa pra ele, mesmo assim. Lembra daquela vez em Tiberíades? Estávamos passando por uma multidão terrível quando ele parou e perguntou: "Quem me tocou?". Simão — você

conhece o jeito engraçado, áspero e familiar dele, — Simão disse: "Ah, Mestre! A gente tá sendo esmagado até a morte por essa multidão, e você quer saber quem tocou em você!". Mas ele insistiu: "Alguém me agarrou". E se descobriu que uma pobre criatura doente havia agarrado a barra da roupa dele e tinha sido curada. Quando perguntamos como ele sabia, ele disse: "Eu senti poder saindo de mim". Eu não sabia o que ele queria dizer com isso, mas agora eu sei muito bem... Sim... Mas não é exatamente a mesma coisa. Ele sentiu o poder sair. Eu senti o poder vir *e* sair... Eu gostaria de saber o que fazer com isso.

JUDAS: Provavelmente será mais fácil pra você da próxima vez.

FILIPE: Sim, eu espero que seja. Vou ficar quieto e deixar acontecer — eu quero que ele só tenha de passar por mim normalmente, sem precisar fazer força, se você me entende. Eu acho que foi porque eu estava com muito medo que a coisa toda ficou mais difícil, não é?

JUDAS: É bem provável. Mas olha aqui: não seria uma boa ideia levar as coisas com calma agora? Você está ficando todo animado.

BARUQUE: Você teve uma experiência incrível e não deve se exaurir, ou não estará apto para nada amanhã. Você sabe que isso exigiu muito de você.

FILIPE: Você quer dizer que tá na hora de eu ir pra cama. É... eu acho que você tá certo... Eu tô muito cansado... Boa noite a todos... E *muito* obrigado por nos pedir para ficar e por ser tão gentil conosco.

BARUQUE: Você é muito bem-vindo. Esposa, mostre o quarto ao nosso convidado.

JUDAS: Boa noite, Filipe. Eu vou subir em meia hora, e quero ver você dormindo!

FILIPE *(falando atrás dele)*: Boa noite, Judas!

BARUQUE: Bem, Judas Iscariotes. Agora que seu jovem fazedor de milagres foi pra cama...

JUDAS: Você acha que chegou a hora de uma pequena discussão política. Achei que você estava esperando por algo assim.

BARUQUE: Você me reconheceu, então? Eu não tinha certeza.

JUDAS: Oh, sim. Você é Baruque, o Zelote. Nosso último encontro foi há doze meses, quando João Batista estava batizando no vau do rio. Você queria saber se ele estava pronto para pregar a revolução, e se estava, se ele o faria...

BARUQUE: Se estivesse pronto, e se o fizesse, poderíamos contar com seu entusiasmo, Judas. Naquela época, você era zeloso pela causa. Esperava encontrá-lo novamente, e, quando vi você e Filipe esta manhã, pareci reconhecer o dedo de Deus.

JUDAS: É seguro reconhecer o dedo de Deus em *qualquer* acontecimento. É mais difícil ter certeza de para qual direção ele está apontando. Eu falei a você na ocasião que não poderia responder pelas intenções de João Batista.

BARUQUE: João Batista está morto. Este homem Jesus parece ser uma proposta diferente.

JUDAS: Muito diferente.

BARUQUE: Diga-me francamente quem é ele?

JUDAS: De acordo com o povo, o Messias de Israel. Segundo ele mesmo, o Messias de Israel.

BARUQUE: E de acordo com você?

JUDAS: De acordo comigo, o Messias de Israel; se Israel conhece a própria salvação.

BARUQUE: Muito bem. Vamos concordar que ele seja o Messias de Israel. Mas que tipo de homem é o Messias de Israel? Político, louco, profeta inspirado, gênio religioso? Como lidar com Jesus de Nazaré?

JUDAS: Ele não é o tipo de pessoa que se manipula.

BARUQUE: Ah, meu caro! Todo mundo tem um ponto fraco em algum lugar... Vamos parar de fazer rodeios e colocar as cartas na mesa... O homem tem poder, isso é certo. Mas, a menos que alguém cuide dos negócios para ele, ele vai ter um fim pior do que João Batista. Os Sacerdotes e os Fariseus — que o céu confunda a hipocrisia bajuladora e oportunista deles — o quebrarão como uma palha se ele fizer qualquer coisa que crie problemas com Roma. Eles só estão esperando o primeiro passo em falso dele. Uma palavra de rebelião, uma sugestão de movimento nacional, uma demonstração contra o Imperador, e tá feito! Lá vem a armadilha — Igreja e Estado dão as mãos pra acabar com o Messias de Israel. E então o que acontece com a salvação do povo?

JUDAS: Não há salvação para Israel, a menos que...

BARUQUE: A menos que! A menos que! Já ouvi isso tantas vezes. Não há salvação a menos que... Você sabe o que eu penso sobre isso?

Judas: Vá lá, me diga!

Baruque: *A menos que...* quando chegar o momento, haja um levante popular, no momento certo, com uma organização e forças armadas por trás dele. Isso significa *nossa* força e *nossa* organização. O partido está pronto, como você sabe. Tudo o que precisamos é uma figura de proa, um líder, um orador inspirado para incendiar a imaginação das massas e fazê-las marchar atrás do partido... Cérebros não são suficientes. Você tem de apelar para as emoções: tirar esses camponeses de sua mentalidade de escravos e dar a eles algo pelo que lutar e pelo que morrer.

Judas: Pelo que morrer... sim. Essa é a palavra certa, Baruque... Uma vez pensei como você, que Israel deveria cavalgar pela estrada real para o triunfo. Mas agora acho que estávamos errados. Já que me sentei aos pés de Jesus, sei a razão de João ter vindo pregando o arrependimento. O caminho para a salvação é por meio do sofrimento e da morte.

Baruque: Mas eu concordo com você nisso. O povo deve aprender a ousar e a sofrer. Mas César prega outro tipo de salvação: prosperidade, segurança, a paz mundial de Roma. "Ordem e segurança": esse é o seu lema. Um único despotismo benevolente sobre toda a terra, e o Leão de Judá domado e paciente, mastigando sua ração de forragem do governo como um boi gordo no estábulo. E assim eles dopam as massas com propaganda, enquanto nós, que temos coração e espírito para lutar, continuamos brigando entre nós — fariseu contra saduceu, galileu contra samaritano, casa de Davi contra casa de Herodes —, até que sejamos desarmados um por um e corrompidos por dentro. A podridão foi longe, Judas, a podridão foi longe.

Judas: Tão longe que agora é tarde demais para resistir. Israel precisa passar pelo fogo, e o julgamento precisa queimar sua iniquidade. Você fala de salvação, mas o tempo todo tá tentando escapar dela, como um homem doente se encolhendo ao ver o bisturi do cirurgião. Este é o significado do Evangelho: que tudo deve ser suportado, e o cálice da humilhação deve ser bebido até a última gota. É só quando somos despojados, quando alcançamos o abismo mais profundo da desolação, é então, e só então, que a flor branca da felicidade, a bem-aventurança da salvação de Deus, pode florescer no pó da nossa corrupção.

BARUQUE: É um Evangelho de boas novas, sem dúvida! É essa a doutrina do seu Messias?

JUDAS: Você não entende... Ninguém o entende... No dia em que escolheu doze de nós para sermos seus companheiros mais próximos, ele nos conduziu para o alto de uma montanha, longe de todas as pessoas. Ele orou lá a noite toda, e pela manhã ele nos chamou para perto de si e falou conosco... As brumas ainda não haviam sumido do topo das colinas; o ar estava fresco, com uma leve brisa e muito quieto. Havia uma fonte borbulhando na rocha, e ele se sentou ao lado dela, com o Sol nascente no rosto. Ah, se eu conseguisse fazer você vê-lo! Se você ao menos pudesse ouvir a voz dele como a gente ouviu naquele dia, falando sobre felicidade e sobre o Reino bendito de Deus. Eu continuo ouvindo... vai estar nos meus ouvidos até eu morrer...

A VOZ DE JESUS: ... Ouça, e eu direi a vocês quem são as felizes pessoas a quem Deus abençoou.

Felizes são os pobres, pois nada se interpõe entre eles e o Reino. Felizes são os tristes, pois a alma se fortalece com o sofrimento. Felizes são os humildes, pois recebem o mundo inteiro como presente. Felizes são os que anseiam por santidade como um homem anseia por alimento, pois eles desfrutarão da abundância de Deus. Felizes são os misericordiosos, pois são misericordiosamente julgados. Felizes são os que estabelecem a paz, pois compartilham a própria natureza de Deus. Felizes são os sinceros, pois eles veem a Deus.

E considerem-se felizes quando as pessoas odeiam e evitam vocês, quando insultam, injuriam e perseguem vocês por causa do Filho do Homem. Quando isso acontecer com vocês, riam e dancem de alegria. É um sinal de que vocês estão acertados com Deus, pois todos os verdadeiros profetas são perseguidos, e Deus será a recompensa de vocês.

Mas infelizes são os ricos! Eles já tiveram sua cota de coisas boas e não têm mais nada para procurar. Infelizes são os bem alimentados e satisfeitos! Há um vazio na alma deles que nada pode preencher. Infelizes são os corações frívolos e zombeteiros! Chegará o tempo em que eles lamentarão e chorarão e não saberão a quem se voltar para obter consolo. E saibam que vocês são infelizes quando forem populares e aplaudidos por todos, pois apenas os falsos profetas são populares.

Vocês são o sal do mundo. Mas, se o sal se torna insípido e perde sua pungência, nada pode trazer de volta seu sabor. Ele só serve para ser jogado no monte de lixo.

Vocês são a luz do mundo. Então, levantem-se e brilhem, para que os homens vejam o que vocês estão fazendo e deem glória ao seu Pai Celestial...

JUDAS:... assim, ele pôs nosso fardo sobre nós: tristeza e humildade e tormento e vergonha, e pobreza e paz de coração. A salvação de Deus. E ficamos cheios de uma estranha felicidade. A seguir, ele nos abençoou. E nós lavamos o rosto no riacho e descemos da montanha.

BARUQUE: Você faz eu me sentir como se tivesse estado lá... Bem, se alguma vez duvidei do poder do homem, não duvido mais. Ele fez algo a você que eu não acreditaria ser possível... Só espero, para seu bem, que Jesus dê ouvidos aos próprios sermões.

JUDAS: O que você quer dizer com isso?

BARUQUE: "Apenas falsos profetas são populares". Se há um homem popular na Judeia hoje, devo dizer que é Jesus de Nazaré. É preciso grande integridade para não se deixar ser o ídolo do povo.

JUDAS: Não temo por ele. Ele é incorruptível.

BARUQUE: É o que você pensa. E é o que ele pensa, sem dúvida. Mas vimos muitos profetas recentemente. Eles começam bem; então, conseguem muitos seguidores, o sucesso lhes sobe à cabeça, e, antes que você se dê conta, o homem que era tão antimundano até mesmo para trabalhar e ganhar a vida está aceitando presentes de senhoras ricas, criando seitas religiosas da moda e rastejando escada acima para a política.

JUDAS: Você não conhece Jesus.

BARUQUE: Ele é um homem. Todo homem tem seu orgulho, ou sua vaidade predileta. Agora ele está com esse papo de pobreza santa e mundo completamente perdido, mas no dia em que você vir Jesus Carpinteiro cavalgando Jerusalém adentro, as pessoas o saudando com ramos de palmeiras e gritos de "Hosana", lembre-se: eu avisei você.

JUDAS (*com paixão*): Se eu achasse que você está certo, eu mataria Jesus com minhas próprias mãos enquanto ele ainda não está corrompido.

Baruque: Bobagem, bobagem! Esses loucos geniais são feitos para nós usarmos. Deixe-o ficar com os hosanas, mas tratemos de providenciar um exército para intervir enquanto as coisas vão bem. Caso contrário, é só mais uma oportunidade para César acabar com o que restou da liberdade judaica.
Judas: Esse não é o caminho certo. Vou repetir: não penso assim. Não vou agir desse modo.
Baruque: Não há pressa. Pense bem. Durma pensando nisso... Ah, aqui está minha esposa. Minha querida, você chegou bem a tempo de se despedir de Judas.
Esposa: Boa noite. Que os anjos de Deus cuidem de você. Vá em silêncio, acho que seu amigo está dormindo.
Judas: Boa noite. Baruque, boa noite. Não vou mudar de ideia.
Baruque: Boa noite.

(Porta se fecha.)

Bem, o que você acha dessa dupla?
Esposa: O menino é um encanto.
Baruque: Um simplório honesto. E Judas?
Esposa: Acho que ele tem ciúme do amigo sem saber.
Baruque: Eu não ficaria espantado com isso. Judas é um tolo inteligente. Eu sei o que fazer com ele, se quisermos nos livrar de Jesus.
Esposa: Baruque, nós temos de nos livrar de Jesus? Um poder como o dele certamente deve ser de Deus.
Baruque: O poder do fogo também. Mas tem de ser bem utilizado. Esse Jesus pode incendiar o mundo. Que instrumento, que instrumento ele seria nas mãos certas! Um martelo contra Caifás, uma espada no coração de César. Se a gente pudesse se apossar dele... Mas eu tenho uma sensação horrível.
Esposa: É?
Baruque: De que ele seja mesmo incorruptível.

CENA II (TIBERÍADES)

O evangelista: Quando os doze apóstolos voltaram de viagem, eles contaram a Jesus tudo o que haviam feito e o que haviam ensinado. E as multidões se aglomeravam ao redor deles, e havia tantas pessoas indo e vindo que eles não tinham tempo para comer.

(*A seguinte passagem introdutória fortemente estilizada: fundo confuso de* CLAMOR DO MUNDO, *com pequenas ilhas de diálogo surgindo dele e afundando de volta no mar de súplicas; o produtor seleciona conforme necessário.*)

O CLAMOR DO MUNDO: Senhor, tenha piedade de nós. Cristo, tenha piedade de nós. Senhor, tenha misericórdia de nós. Filho de Davi, tenha misericórdia de nós. Somos cegos, estamos doentes, somos infelizes. Abra nossos olhos, ensine-nos, salve-nos, ó Senhor. O que devemos fazer para ser salvos? Meu filho está doente. Minha filha está morrendo. Somos ignorantes, somos pobres. Ensine-nos e cure-nos, ó Senhor. Jesus Messias, Jesus, nosso Mestre, Jesus, nosso Médico, Jesus, nossa ajuda. Ouça-nos, olhe pra nós, tenha piedade.

    A. Imundo! Imundo! Um leproso e impuro! Jesus, tenha piedade! JESUS: Eu tenho; você está limpo. A. Bendito seja o nome de Jesus!

    B. Meu filho está possuído. OS LUNÁTICOS *(gritando)*: Ah, ah! ah! deixa estar, Jesus, deixa estar! Legiões de demônios, queimando, queimando, queimando. Não me toque! Ah! JESUS: Fique quieto e saia! O LUNÁTICO: Aaaaaaaah! *(um longo choro soluçante)*. B. Glória a Deus! Jesus, ó Jesus!

    C. Cego! Cego! Piedade do cego! Jesus, bom Jesus, dê vista aos cegos. JESUS: Receba a visão. C. Oh, o Sol! Eu vejo o Sol!

    D. Eu tô doente, eu tô surdo, eu tô paralisado! DISCÍPULOS: Em nome de Jesus de Nazaré! D. Nós somos loucos, somos miseráveis. DISCÍPULOS: Em nome de Jesus de Nazaré! D. Nós somos coxos, somos indefesos, surdos, mudos, cegos, doentes. DISCÍPULOS: Em nome de Jesus de Nazaré.

    E. Ai de mim! ai de mim! Meu pai tá morrendo. Minha irmãzinha tá morta. Viúva, desolada, órfã — morrendo e morta, morrendo e morta. JESUS: Eles não estão mortos, mas dormindo. Levantem-se, levantem-se, vivos! E. Vivo, vivo, vivo! Glória ao Deus que dá vida! Ó bendito Jesus!

TIAGO: Há uma mãe aqui com o filho doente. Onde tá Filipe?
JUDAS: Cansado e adormecido. Filipe!
TIAGO: Não, não acorda ele. Eu posso cuidar disso.
NATANAEL: João! Você pode vir e tratar desse lunático? Não consigo fazer nada com ele.
JOÃO: Eu tô indo.

André: Há uma delegação de anciãos pedindo para ver o Mestre.

Simão: Eles podem esperar. Ele desceu à aldeia para visitar uma família que tem uma pessoa com febre.

Tomé: Alguém pode ir ver logo uma mulher moribunda?

Judas: Um coxo que andou mancando com muletas quase dez quilômetros está aqui.

Tiago: Aqui está uma maca trazida de Betsaida.

André: Há um homem aqui que deseja Jesus, mas ele diz que Mateus serve.

Mateus: Você está certo! Estou chegando em meio minuto.

Tomé: Aqui, deixa que eu vou. Você não comeu nada.

Mateus: Está tudo bem, Tomé. Eu conheço a pessoa.

Judas: Tem uma idosa aqui com uma perna machucada.

Natanael: Ah, não *suporto* mais ver pernas machucadas! Onde ela tá?

Multidão *(pressionando a casa)*: Estamos aqui, estamos aqui, estamos esperando. Esperando pelo Senhor. Estamos doentes, estamos cegos, estamos impuros. Cure-nos. Ajude-nos. Senhor, tenha misericórdia de nós. Meu filho ta louco. Meu pai tá doente. Minha mãe tá morrendo. Cadê Jesus? Leva a gente até Jesus! Tenha piedade dos pobres!

André: João tá voltando.

João: Preciso sentar um pouco.

André: Qual é o problema?

João *(quase em lágrimas)*: Nenhum, mas eu tô tão *cansado*.

Simão: Pessoal, não dá pra continuar assim. É mais do que carne e sangue podem suportar. A gente não consegue comer, não consegue dormir...

Mateus: Como é que a gente vai mandar todas essas pobres pessoas embora?

João: Jesus não rejeita ninguém.

André: Eu não sei do que ele é feito. Parece que ele não precisa parar nunca...

Simão: Ele exige muito de nós.

Tiago: Ele exige muito mais dele mesmo.

Judas: João, estão procurando você.

Tiago: João não pode ir.

João: Posso, sim.

Tiago: Irmão, você precisa se poupar.

João: Há muita miséria no mundo.

Judas: "Faminta e sedenta, a alma desfaleceu neles". Que o corpo desmaie e a alma adoeça, mas Deus nos dirige, e o trabalho deve continuar.

Multidão *(do lado de fora)*: Jesus! Jesus! Jesus de Nazaré! Toque em mim! Fale comigo!

Simão: O Mestre voltou.

Jesus *(do lado de fora)*: Filha, você está curada. Vá para casa agora e viva melhor... Levante-se, meu velho, e dê graças a Deus... Abra os olhos e, por ter crido, você verá... Mãe, dê-me a criança...

Multidão: Bendito seja Deus! Bendito seja Jesus, o Profeta de Deus! Como podemos agradecer a você, bendito do Senhor?

Jesus: Amem-se uns aos outros, guardem os mandamentos e orem pela vinda do Reino. Essa é a melhor maneira de agradecer a Deus... Vão para casa agora. Vão em paz. E o Espírito de nosso Pai esteja com todos vocês.

Multidão: Amém!

Jesus *(entrando rapidamente)*: Pescadores de homens, vocês trabalharam duro hoje. As redes estão cheias, talvez quase se rompendo?... Meus pobres filhos! João, você parece perto de desabar. Dê-me sua mão. Vejo que preciso terminar o dia curando meus próprios discípulos. André está com dor de cabeça, me parece; Filipe parece ter desistido completamente e Tiago também não parece muito feliz. Simão!

Simão: Sim, Mestre?

Jesus: Algo em você me diz que tem resmungado. E ninguém jantou ainda?

João: M-m-mestre, havia tantas pessoas e estávamos muito cansados. Imagino que se a gente tivesse ma-m-mais fé seria mais fácil. Mas você não estava aqui, e nós quase deixamos isso tudo ca-cair em cima da gente. Mas estamos prontos pra continuar o tempo que você quiser.

Jesus: Não, vocês não devem continuar. Iremos imediatamente sozinhos para um lugar tranquilo nas colinas, e vamos descansar. Eu não quero exigir muito de você, Simão.

Simão: Mestre, eu resmunguei, e sinto muito.

Jesus: Sente mesmo? Bem, agora ouçam. Havia um homem com dois filhos, e ele lhes disse que fossem trabalhar em sua propriedade. E um deles disse, animado: "Sim, sim, pai". Mas ele encontrou alguns amigos e se esqueceu de tudo e nunca deu uma enxadada sequer. O outro filho disse: "Não, não vou. Eu odeio cavar". Mas depois pensou: "Bem, acho que seria melhor", e saiu resmungando e obedeceu. Agora, qual dos dois fez a vontade do pai?... Não precisa de resposta, precisa?... Ponham alguma coisa de comer em suas cestas, e alguém acorde Filipe. Vamos pegar um barco, atravessar o Lago até Betsaida e passar a noite nas montanhas. E o Senhor, Deus de Israel, dará descanso a seu povo.

CENA III (PERTO DE BETSAIDA, ALÉM DO JORDÃO)

O evangelista: Eles, então, partiram, usando um barco particular, para um lugar deserto. Mas as pessoas os viram saindo e reconheceram Jesus, e correram atrás dele. No dia seguinte, quando saiu do lugar onde eles estavam descansando, Jesus viu as multidões e teve compaixão delas, porque eram como ovelhas sem pastor. E ele as ensinou e curou os enfermos.

Multidão: Jesus, filho de misericórdia, fale conosco e nos conforte. Estamos com fome, temos sede, estamos cansados. O dia foi muito longo. A noite está chegando. Chame-nos, alimente-nos, Pastor de Israel.

André: Mestre, está anoitecendo e as pessoas não têm nada pra comer.

João: As crianças estão chorando. Não sabemos o que fazer com eles.

Judas: Não seria melhor dizer a elas pra irem embora e comprar alguma comida?

Jesus: Não há necessidade delas irem. Dê a elas um pouco da comida de vocês.

Simão: Mas isso é ridículo! Não temos o suficiente pra toda essa multidão. Deve haver bem umas três ou quatro mil pessoas.

Tomé: Quase cinco mil, diria eu.

Jesus: Então vocês precisam ir e comprar alguma comida. Vá você, Filipe. Peça dinheiro a Judas.

Filipe: Precisaríamos de, pelo menos, duzentos denários de pão. E, mesmo assim, cada pessoa ia receber só um pedacinho de lanche.

Judas: Duzentos denários! Você pode até me pedir dez vezes mais! A verdade é que não há nada que a gente possa fazer.

Jesus: Bem, quanta comida vocês têm? Vá ver.

Filipe: Mestre, eu fui ver e não sobrou quase nada. Veja!

André: Temos cinco pães de cevada e dois peixes secos, bem pequenos. Mas de que serve isso pra esse monte de gente?

Jesus: Bem, devemos fazer o melhor e confiar em Deus. Diga às pessoas para se sentarem... ali, naquela encosta suave de grama verde... Qual é o problema agora, Tomé Dídimo?

Tomé *(sem rodeios)*: Parece um pouco bobo, só isso. Mas a gente faz como você prefere, é claro.

Jesus: Tomé, poderíamos agir com um pouco mais de fé e com um pouco menos de objeções.

Mateus: Tomé, vem aqui. Por que você não faz o que ele diz? Você pode discutir com quem quiser, mas você não sabe que ele está sempre certo?

Tomé: Não gosto de parecer idiota.

Mateus: E o que importa o que *você* parece? Vamos fazer o que ele mandou.

André: O que vamos dizer às pessoas?

Tiago: Acho melhor usar cara de pau... Pessoal, atenção! O Rabino sabe que vocês percorreram um longo caminho e devem estar cansados e com fome. Não esperávamos uma multidão tão grande e não podemos convidá-los para um banquete, apenas pão e peixe. Mas nosso Mestre recebe vocês para o que temos.

(Murmúrios de aprovação.)

Vocês podem, por favor, sentar aí?

Mateus: Aqui! Não fiquem todos num grupo só! Façam uma linha aqui de cinquenta ou mais. Isso mesmo. Agora, outra fileira atrás... Isso! Senhora, um pouco mais para lá. Este é seu filho? Então, segure o menino... Isso é ótimo!

(Confusão e algumas risadas.)

Discípulos: Outra linha aqui... Não, um pouco mais atrás... Sente-se um pouco mais perto... Quatro, seis, oito... Podemos colocar cem entre essas duas rochas...

João: Mestre, as pessoas estão prontas. Devemos servir agora?

Jesus: Filhos de Israel. Hoje vocês são meus convidados, e os convidados do Reino de meu Pai.

Homem na multidão: Obrigado, bom Rabino. Bem-aventurados os que comerão pão no Reino de Deus.
João: Mestre, você vai abençoar o pão?
Jesus: Pai de toda bondade, nós Te agradecemos por Tuas dádivas. Bendito seja este pão e esta carne para nosso corpo, assim como Tua palavra para nossa alma. Amém.
Discípulos: Amém.
Jesus: Peguem a comida e distribuam ao povo, para que todos comam e se fartem.
Discípulos: Comam e se fartem... comam e se fartem... comam e se fartem.
Multidão: Graças a Deus! Bênçãos sobre o nome do Profeta...

(Continua enquanto o evangelista fala.)

O evangelista: E todos comeram e se fartaram. E eles recolheram, dos pedaços que sobraram, doze cestos cheios.
Multidão: Um profeta! Um profeta! Bendito seja Jesus, o Profeta! Um milagre! O Reino está vindo entre nós! Uma terra que mana leite e mel! Bênçãos sobre o nome de Jesus! Bendito seja o Profeta de Deus! Sigam o Profeta que alimenta seu povo! Um profeta em Israel! Vamos segui-lo! Vamos segui-lo! Salve o Profeta Jesus!
Uma voz: Um Messias! Um Messias!
Multidão: Jesus Messias! Jesus Messias!
Voz: Vamos segui-lo e fazê-lo Rei!
Multidão: Um rei! Um rei para Israel! Jesus rei! Jesus rei! Um rei judeu para o povo judeu! Um rei!

(Tumulto e debandada.)

Jesus: Fiquem quietos, seus tolos!

(Sua voz é abafada pelo tumulto.)

Multidão: Você será nosso rei! Não queremos outro líder! O reino! O reino! Jesus será rei!
Judas: O que você vai fazer agora, Mestre?
Jesus: Desçam rapidamente. Peguem o barco. Atravessem o lago. Tentem chegar lá antes que eles o façam. Vou escapar deles e me juntar a vocês mais tarde...
Simão: Tire esse xale de cabeça azul, Mestre. Isso marca você.
Tiago: Dê pra mim...
Simão: Tiago, você coloca isso. Você tem mais ou menos a altura dele.

Multidão: Atrás deles! Vamos segui-los! É ele com o xale azul! Vamos pegá-lo! Agarrem! Vamos levá-lo para Jerusalém! Um Messias! Um Messias!

(A perseguição desaparece.)

CENA IV (LAGO DA GALILEIA)

(O barulho da água e o rangido dos remos nas cavilhas. Vento violento.)

Simão: Mais força, pessoal. Uma tempestade terrível tá chegando. Vejam aquelas nuvens negras passando pela Lua.

João: Vai ser uma noite de muito vento. Espero que o Mestre tenha escapado em segurança.

Judas: Espero que sim. E eu só espero... deixa pra lá!

André: O quê, Judas?

Judas: Eu só queria saber. Ele estava se livrando das pessoas, ou de nós? Elas podem estar fazendo dele um rei agora.

Simão: O quê? Sem nós? Ele não nos decepcionaria assim. Se houver alguma coroa, nós vamos estar lá também.

Filipe: Sentado em tronos, julgando as doze tribos de Israel. Ele disse isso.

Judas: Disse mesmo?

Tiago: Um dia, quando a gente estava discutindo sobre o Reino. Mas acho que ele estava zombando de nós. De qualquer forma, ele não faria nada pelas nossas costas.

Judas: Tem certeza?

Tiago: Claro que tenho certeza. Que ideia abominável.

João: Não acho que Jesus queira ser coroado rei. Não esse tipo de rei, pelo menos.

Judas: Não? Bem, ele estava pedindo por isso, não estava? Todas aquelas pessoas, e um milagre desses! O que ele esperava?

João: As pessoas não entendem.

Tomé: Algum de nós entende?

João *(de modo vago)*: Quando eu segurei o pão em minhas mãos — tão pouquinho e, ainda assim, o bastante pra distribuir a toda aquela multidão — a abundância de Deus, se multiplicando nas minhas mãos — eu não sei! Foi como se a gente tivesse tocado a própria fonte de toda a vida... como se...

(A tempestade aumenta.)

Simão: João! João! Não sonha! Preste atenção nas ondas!

André: Onde estamos?

Simão: Acho que não avançamos nem cinco quilômetros, com esse vento. Vamos lá, usem toda a força que vocês têm!

Filipe: É uma noite muito ruim.

André: Cuidado! O vento forte tá chegando.

(Barulho de ondas quebrando sobre o barco.)

Tudo bem aí?

Tiago: Tem água demais a bordo.

Mateus: Não tô gostando disso. Eu sempre prefiro a terra seca.

João: Pobre Mateus! Aqui, pegue essa tigela e jogue água pra fora.

Mateus: Ah, sim! A gente só pode morrer uma vez. Todos aqueles que ao mar descem, as maravilhas de Deus podem observar... acho que não. Está tudo muito bem para vocês, rapazes; vocês estão acostumados com isso, mas se eu... *(com um grito de verdadeiro terror)* Aaaaaaah! Olha lá!

André: O que que é?

Mateus: Lá! Lá! Alguma coisa tá vindo... caminhando por cima das ondas...

Judas: Bobagem!

Tiago: Não vejo nada.

Mateus: Espere a Lua aparecer — Ali! Ah, ali! Olha! É um espírito ou coisa assim!

Discípulos: O céu nos defenda! É um demônio! Um anjo! O fantasma de um homem afogado! Tá vindo rápido! Tá nos alcançando!

Simão: Remem para nos salvar!

Mateus *(rapidamente)*: Deus me perdoe, Deus me perdoe. Eu tenho sido um grande pecador!

Filipe: Se ao menos o Mestre estivesse aqui!

Tiago: Alguém, fale com aquilo.

Simão: Em nome de Deus, quem é você? É de Deus?

Jesus: Eu sou.

Tiago: Essa coisa falou hebraico.

Simão: Falou o grande nome de Deus.

Jesus: Não tenham medo. Essa coisa sou eu.

João: É o Mestre!

Simão: É o Senhor mesmo? Não vá! Espere por mim.
Jesus: Então, venha, Simão.
Simão: Sim, sim, eu tô indo.
André: Simão, o que você tá fazendo? Fica no barco. Você tá louco!
Simão: Me solta!
André: Equilibra o barco. Cuidado! Segurem firme! Força! Alguém, segura o Simão.
Tiago: Ele já foi... Ele está caminhando sobre a água...
Filipe: As ondas estão sustentando ele...
João: Seus olhos estão no Mestre. Ó grande e misericordioso Deus!
Tomé: Ele tá olhando pra nós... ele tá acenando pra nós...
Discípulos *(juntos)*: Ele afundou!
Simão: Socorro, socorro! Eu tô me afogando. Senhor, socorro!
Jesus *(bem perto)*: Agarre-se aqui. Eu estou aqui. Eu peguei você. Por que você perdeu a fé de repente?
Simão: Eu fiquei com medo... o vento e as ondas... eu olhei pra trás...
Jesus: Você estava indo bem até que parou para pensar em si mesmo. Vamos para o barco!
André: Caras, peguem ele!... Olhem pra lá!

(Vento e ondas.)

Jesus: Vocês estão bem, filhos? Há espaço no barco para mim?
Discípulos: Claro, Mestre. Sim, claro.
Jesus: Vocês não têm medo de mim, têm?
João: Mestre, quando você está aqui não temos medo de nada... Mude de posição, Mateus... Caro Mestre...
Jesus: Paz seja com vocês.

(O vento diminui instantaneamente.)

Simão: A tempestade acabou.
Jesus: Vamos remar agora, pois estamos quase na terra.
André: Em frente, caras!
Canção: Todos aqueles que ao mar descem,
As maravilhas de Deus podem observar;
Ao comando dele, os ventos surgem,
Com tempestade e ondas furiosas a rolar.

Quando angustiados a ele invocam,
Ele acalma a fúria do mar,
E os traz, alegres de coração, até
O refúgio onde desejam estar.

CENA V (CAFARNAUM)

O evangelista: No dia seguinte, as pessoas do outro lado do lago, que tinham visto os discípulos partirem no único barco, procuraram Jesus em todos os lugares. Quando descobriram que ele não estava ali, também atravessaram o lago (já haviam chegado novos barcos) e foram procurá-lo em Cafarnaum. E elas o encontraram ensinando perto da Sinagoga.

Primeiro judeu: Lá está ele!

Segundo judeu: A gente não pode perdê-lo dessa vez. Rabino! Rabino!

Jesus: Sim?

Primeiro judeu: Temos procurado por você em todos os lugares. Como você conseguiu chegar aqui? Não havia barco daquele lado.

Jesus: Faz diferença como eu cheguei aqui?

Terceiro judeu: Oh, claro que não, de forma alguma, mas...

Segundo judeu: Tínhamos certeza de que você havia realizado mais mil de seus mais santos e benditos milagres.

Primeiro judeu: Muito bem nos faz contemplar todas essas obras maravilhosas!

Jesus: Acho que vocês não vieram me procurar por causa dos milagres. Vocês vieram porque comeram os pães e os peixes e esperavam receber benefícios. Quão arduamente vocês trabalham pela comida terrena, que se consome e perece! Trabalhem para ganhar o alimento que edifica o corpo e a alma para a vida eterna.

Terceiro judeu: Sim, mas como?

Segundo judeu: Qual *é* a obra de Deus?

Jesus: A obra de Deus é simplesmente esta: confiar no Filho do Homem, que vem a vocês pela autoridade de Deus.

Terceiro judeu: A quem você se refere? A você mesmo? Mas *onde* está sua autoridade? Mostre-nos um sinal, para que possamos saber com certeza quem você é.

Primeiro judeu *(um homem de mente extremamente literal)*: Ou você quer dizer que os pães e os peixes eram um sinal? Mas eles não vieram do Céu. Eles saíram de um cesto.

Terceiro judeu: Nossos ancestrais comeram maná no deserto. Esse foi o sinal que Moisés deu. E aquilo desceu mesmo do céu — isso é dito na Bíblia.

Jesus: De fato e de fato, eu digo a vocês, que não foi Moisés quem deu o pão. Mas meu Pai lhes dá o verdadeiro pão do Céu, pois aquele que vem do Céu a vocês é o pão de Deus, que dá vida ao mundo.

Primeiro judeu: Então, dê-nos esse pão, para que nunca mais tenhamos fome.

Jesus: Eu sou o pão da vida. O homem que vem a mim nunca conhecerá a fome, e quem crê em mim nunca mais terá sede. Eu vim para fazer a vontade de meu Pai, e é esta: que aquele que crê em mim tenha a vida eterna, e eu o ressuscitarei da morte no último dia.

Primeiro judeu: O que esse homem quer dizer?

Segundo judeu: Como pode *ele* ser o pão do céu?

Terceiro judeu: Ressuscitar-nos dos mortos no último dia? Do que ele está falando? Quem é esse homem, afinal?

Primeiro judeu: É só Jesus, o carpinteiro de Nazaré.

Segundo judeu: Sim, claro, sabemos tudo sobre ele e de onde vem.

Primeiro judeu: Conhecemos sua família. Ele é o filho de Maria e de José filho de Heli. Que bobagem é essa de descer do céu?

Jesus: Vocês não precisam sussurrar entre vocês assim. Eu vou lhes repetir. Eu sou o pão da vida. Seus antepassados comeram maná no deserto e morreram mesmo assim; mas, comam do pão que desce do Céu, e vocês viverão e não morrerão. De fato e de fato, eu digo a vocês: eu sou o pão vivo. O pão que eu darei a vocês é minha própria carne, que é dada para a vida do mundo.

Primeiro judeu: Isso é uma loucura! Como o homem pode nos dar sua carne para comer?

Segundo judeu: Não sei do que ele está falando.

Jesus: De fato e de fato, eu digo a vocês: A menos que vocês comam a carne do Filho do Homem e bebam seu sangue, vocês não têm vida em si mesmos. Pois minha carne é verdadeiramente alimento e meu sangue é verdadeiramente bebida. Assim como o Pai, que vive, me enviou e eu vivo por Ele, assim o homem que se alimenta de mim viverá por mim.

Primeiro judeu: Isso é blasfêmia, ou pior! É proibido pela Lei provar sangue.

Segundo judeu: Isso é conversa de gente pagã!

Terceiro judeu: O homem é um idólatra — se não estiver delirando.

Segundo judeu: Vamos embora. Não há o que se aproveite nele.

Terceiro judeu: Certamente não. Eu vim só por curiosidade.
Primeiro judeu: Eu acho que não se pode permitir que esse tipo de coisa continue...

(Eles se afastam murmurando.)

André: Mestre, eles não estão achando muito bom isso tudo. Você perderá seus seguidores se continuar dizendo essas coisas estranhas.
Tomé: Devo dizer que é muito difícil de entender. Você consegue decifrar, Judas?
Judas: Eu tenho visto um grande perigo indo e vindo. Mas se ele está pregando o reino de Deus, ou se está simplesmente pregando a si mesmo...
Jesus: De qualquer forma, Judas, ela não parece ser uma doutrina popular. A multidão está se afastando. Conforte-se com o fato de que não é provável que me coroem rei hoje.
Judas: Não. Você os desafiou. Até agora, tudo bem.
João: Mestre, quando você disse que daria seu corpo pela vida do mundo, o que quis dizer?
Jesus: Eu vou lhes dizer em breve... Tomé, você ainda tem alguma dificuldade? É porque falei em descer do céu? O que você diria se visse o Filho do Homem voltar para o Céu de onde veio? Ou são as palavras sobre a carne que você acha muito difíceis? Sem o Espírito, a carne não é nada, pois é o Espírito que dá vida à carne. As palavras que eu lhes falo são espírito e vida... Mas alguns de vocês não confiam em mim.
Mateus: Confiamos totalmente em você. Mas você ofendeu muitas pessoas. Algumas delas se foram e não vão voltar.
Jesus: É verdade. E quanto a vocês, meus filhos? Vocês também querem ir?
Simão: Senhor, para quem poderíamos ir? *Você* tem as palavras de vida eterna.
Jesus: Você pensa isso? Digam-me: todas essas pessoas, quem elas dizem que eu sou?
Tiago: Bem, algumas dizem que você é João Batista, que voltou.
André: Algumas pensam que você é Elias, ou um dos outros grandes profetas.
Jesus: Mas quem *vocês* dizem que eu sou?
Discípulos: Você é nosso mestre, nosso professor...

Simão: Você é o Cristo de Israel *(mudando de tom)*, você é o Filho do Deus vivo!

Jesus: Você é bem-aventurado, Simão, filho de Jonas, porque não disse isso de si mesmo. Essa palavra não foi falada por intermédio de carne e sangue; foi Deus quem falou pela sua boca.

Simão *(perplexo)*: Eu não sei por que eu disse isso. Isso... simplesmente veio até mim.

Jesus: Eu já disse a você uma vez que lhe daria um novo nome. Agora, você o merece. Você não será mais chamado de Simão, mas de Pedro, que significa a Rocha. Você é Pedro, e sobre aquela rocha eu edificarei minha igreja, e as portas do inferno não prevalecerão contra ela. E eu darei a você as chaves do Reino dos Céus. Você deve ligar os homens a Deus, e esse vínculo se manterá firme no Céu. Você deve libertar os homens na terra para andarem na liberdade do céu.

Mas não diga a ninguém o que você disse, nem mesmo que eu sou o Cristo. Pois o inimigo é forte, e o caminho é difícil, e eu acho que, de fato, devo passar por aflição e vergonha, e trilhar a árdua via até a cruz para trazer meu povo de volta à vida, tirando-o do poder da sepultura.

Simão: O quê? O que você tá falando? A cruz? Como você pode dizer essas coisas? Isso não pode acontecer. Isso não vai acontecer. Nunca! Nunca! Mestre, tire essa ideia horrível da sua mente.

Jesus: Simão, você está me tentando? É a velha luta com o diabo de novo? Fique longe da minha vista, Satanás! Pois a sua palavra não é mais de Deus, mas dos homens... Se alguém quiser me seguir, deve percorrer o caminho do sofrimento comigo. Se ele se agarrar à vida, ele a perderá, mas se estiver pronto para perder a vida, ele a salvará. De fato e de fato, eu digo a vocês: há alguns de vocês aqui que não provarão a morte até que vejam o Reino de Deus vir com poder... João, venha e ore comigo. Eu preciso de sua fé.

João: Sim, Senhor... Só você pode me ensinar pelo que orar.

(Breve pausa.)

Simão: Deus me perdoe! O que que eu fiz? Ele me chamou de Pedro... ele me chamou de Satanás... eu não sei quem eu sou.

Filipe *(angustiado)*: O que aconteceu com tudo? Estava tudo tão maravilhoso e agora... tá tudo dando errado.

TOMÉ: Você entende isso, Judas?
JUDAS: Eu entendo. Mas nenhum de vocês entende?
TIAGO: João, eu acho, entende.
O EVANGELISTA: Este é o testemunho de João, o Discípulo Amado: no princípio era aquele que é a Palavra, e a Palavra estava com Deus, e a Palavra era Deus. Nele estava a vida, e a vida era a luz dos homens. E a Palavra se fez carne e viveu entre nós.

PERSONAGENS

O Evangelista.
Jesus.

Judas Iscariotes. ⎫
Tiago, filho de Zebedeu. ⎪
João, filho de Zebedeu. ⎪
Mateus, o Cobrador de Impostos. ⎬ Discípulos de Jesus.
Filipe. ⎪
Tomé Dídimo. ⎪
Simão Pedro. ⎭

José. ⎫
Simeão. ⎬ Parentes de Jesus.

Caifás, Sumo Sacerdote de Israel.
Anás, sogro de Caifás.

Nicodemos. ⎫
Simão, o fariseu. ⎬ Membros do Sinédrio.
Um ancião. ⎭

Cláudia Prócula, esposa de Pôncio Pilatos, o governador.

Rebeca. ⎫
Um liberto. ⎬ Criados de Cláudia.

Um secretário (Ezequias).
Um confrontador (porta-voz de Sacerdotes e Fariseus).
O capitão da guarda do templo (capitão Eliú).
Eunice, uma siro-fenícia, massagista nos banhos públicos.
Primeiro judeu.
Segundo judeu.
Terceiro judeu.
Quarto judeu.
Uma judia.
Um sargento da guarda do templo.
Primeiro levita.
Segundo levita.
Primeiro soldado romano.
Segundo soldado romano.
Primeiro zelote.
Segundo zelote
Multidão.

6
A FESTA DOS TABERNÁCULOS

OBSERVAÇÕES
A PEÇA

Esta peça é apresentada em duas partes principais (identificadas como cena I e cena II), cada uma das quais é composta por um conjunto de sequências curtas que levam a uma revelação da Divindade de Cristo, a qual fecha essa parte. Acho que a Música de Intervalo deve ocorrer apenas entre as cenas I e II, usando-se algum outro dispositivo para separar as várias sequências de cada cena, de forma que a continuidade de cada parte principal seja preservada.

OS PERSONAGENS

JESUS. O único aspecto de Jesus totalmente novo nesta peça é que ela o mostra como um dialético, captando pontos em uma discussão e insistindo neles até torná-los muito claros e óbvios. Com seus parentes, na cena I, sequência 2, ele é indiferente e frio; e já há um toque da determinação implacável que o levará a Jerusalém, seis meses depois, para enfrentar a morte. *Desafio* talvez seja o tom dominante a apresentar. Na aldeia samaritana (cena I, seq. 4), ele está mais triste do que zangado — o espírito de violência afetou até mesmo João —, e a Parábola do Servo Impiedoso é apresentada de forma grave e intransigente como uma parábola sobre julgamento. Mas, depois que Pedro e Mateus mostram algum esforço para entender, ele é mais gentil com essas pessoas atônitas, e o nome "filhos do trovão" é dirigido aos abatidos Tiago e João como uma espécie de brincadeira séria — há ali um toque de "vocês são uma bela dupla, não é?". O "Pai Nosso" é dado em um tom que mostra que o perdão é completo e que uma relação justa é totalmente restabelecida.

Na cena II, sequência 1, o efeito que queremos obter é que Jesus está "ensinando" no sentido de que está fazendo um tipo de exegese e argumento com um grupo de Escribas e Fariseus, e interrompe isso de vez em quando para tomar as observações dos espectadores e responder a elas. (Isso parece ser o significado do que João quis dizer com: "Enquanto ensinava no pátio do templo, Jesus exclamou".) O apelo "Ouçam-me, ouçam-me *agora*" deriva da presença e da conversa dos LEVITAS, o que sugere uma ameaça à vida dele.

Na última cena (cena II, seq. 4), ele começa com grande exaltação os discursos "água" e "luz"; e então, quando o CONFRONTADOR põe-se a falar, ele o rebate golpe após golpe, como se para elevar o debate à altura do grande desafio.

JOSÉ e **SIMEÃO**. Os comentaristas divergem um pouco quanto a esses irmãos: se "não creram" em Jesus de fato, ou se não creram da maneira correta. Por causa disso, fiz cada um deles assumir um desses pontos de vista.

SIMEÃO não crê genuinamente em nada. Ele está inclinado a pensar que Jesus é um membro vergonhoso da família, que deveria conter suas extravagâncias e se conformar às decências da vida doméstica judaica: submissão aos pais, manter as aparências etc.

JOSÉ, por outro lado, acredita na reivindicação messiânica e quer uma manifestação pública e a formação de um grupo político devidamente constituído para explorar a situação.

JUDAS está começando a irritar as outras pessoas, e a si mesmo. Ele está ficando obcecado com a sensação de que nada nunca vai dar certo a menos que ele ajude a mexer os pauzinhos. Ele rejeitou as propostas de Baruque e lhe disse que Jesus é incorruptível, mas continua remoendo ideias na mente: as coisas estão acontecendo em segundo plano; parentes estão exercendo influência indesejável em primeiro plano; os outros discípulos são muito estúpidos; Jesus está seguindo a linha certa, mas será que seguirá nela sem ajuda? Ele afirma corajosamente a integridade de seu Mestre perante Caifás, mas deixa escapar que tem observado Jesus ser posto à prova; ele está caminhando, não pela fé, mas pelas evidências. Sua explosão com Caifás sobre Roma é de todo sincera, mas sua concepção de tudo permanece estritamente nacional. Acima de tudo, existe a sensação de que tudo deve ser administrado por ele mesmo; sem perceber, ele está caindo na atitude de Baruque e tentando fazer de Jesus um peão político, do outro lado do jogo.

JOÃO. Pela primeira vez, vemos que o entusiasmo de João pode ser tingido com um toque de temperamento explosivo. Ele aparece de modo discreto na cena com os parentes e explode na aldeia samaritana. Não é nada pessoal; ele só foi movido por uma indignação feroz quando alguém insultou o amado Mestre. Mas isso passa e não deixa rastro, porque ele tem a humildade de poder ser repreendido. Consequentemente, ele não fica surpreso com o fato de que Jesus tenha perdoado a ele e a Tiago de modo tão pleno a ponto de torná-los testemunhas da Transfiguração. E embora, na época, ele estivesse cheio de medo e de admiração, isso não lhe parece algo fora da natureza. Ele consegue dormir depois do ocorrido, e o fato não alterou suas relações com Jesus, apenas as aprofundou. Ele poderia quase, pode-se perceber, ter perdido o contato com a terra e sido totalmente absorvido pela glória, se não fosse o amor humano de seu irmão que o manteve ainda um pouco preso à terra.

TIAGO, por outro lado, só entra no céu agarrado à mão de João, por assim dizer. Tiago liga João à terra; João liga Tiago ao céu. Por toda a vida, Tiago teve de cuidar de João — protegê-lo do ridículo, pular em sua defesa contra as críticas; na infância, ele sempre teve de correr atrás do irmão mais novo quando este se aventurava demais —, e, se João fosse arrebatado direto para o Céu, Tiago iria também, para ter certeza de que ele estaria bem. (Os dois irmãos parecem nunca ter se separado, exceto na Crucificação. Nesse ponto, João deve ter de fato se afirmado; ou talvez tenha sido preciso que Tiago ficasse e cuidasse da mãe, Salomé.)

SIMÃO PEDRO. Sua ligação com este mundo é a própria terra sólida: o solo, o céu e as plantas. Ele é a Rocha, com os pés na terra e a cabeça nas nuvens; e ele tem a visão simultânea de ambos os mundos ao mesmo tempo. Ele deve representar a cena da Transfiguração com uma espécie de poesia forte e terrena.

MATEUS. Nada de especial a acrescentar sobre ele. Sua fé é do tipo implícito e incondicional. Tampouco tem a menor intenção de se permitir ser atropelado por Judas em algo que não considera um comportamento adequado.

CAIFÁS. Nada de novo. Um político sereno e flexível e completamente sem escrúpulos. A tímida decência de Nicodemos e os insultos apaixonados de Judas esvaem-se dele como água nas costas de um pato. Ele zomba até da própria perda momentânea de controle. É perceptível que ele mantém um pequeno dossiê sinistro, no qual o nome das pessoas desleais ou imprudentes é anotado cuidadosamente para referência futura. Lembre-se que no Julgamento ele irá — sem conseguir que suas testemunhas concordem —, de modo deliberado, forçar a Lei ao colocar o Prisioneiro sob o Grande Juramento, para condená-lo por suas próprias palavras, e encenará o belo ato dramático de rasgar as vestes da maneira mais eficaz. Seu *único* momento de sinceridade é quando ele presta homenagem ao deus doméstico da "conveniência", o deus do político. Isso repete o argumento de Herodes no final da peça I, mas com uma diferença: Herodes era apaixonado e patriótico; Caifás é frio como o gelo e egoísta — ele é um sujeito muito mais sórdido do que Herodes.

ANÁS. Um velho cavalheiro bastante azedo e rabugento, mal-humorado, ciente de que o mundo em geral está indo cada vez pior, e com uma opinião elevada do genro.

NICODEMOS. O homem decente com coragem o bastante para expressar suas opiniões, mas não o temperamento que aceita o martírio por causa delas.

SIMÃO, O FARISEU. Esse cavalheiro uma vez dignou-se a oferecer um pequeno patrocínio a um Pregador Nazareno itinerante, e recebeu um choque do qual nunca se recuperou. Hoje, ele seria, eu acho, pastor de uma igrejinha do interior. Ele é reservado a respeito das pessoas com quem se mistura, em especial com mulheres emotivas, "descritas como atrizes".

CONFRONTADOR. Apenas confrontos, em voz alta e tom ofensivo.

CAPITÃO DA GUARDA e **LEVITAS.** Esses homens são judeus e estão sob as ordens de Caifás. Eu não sei como eles devem ser distinguidos dos SOLDADOS ROMANOS, exceto que carecem daquele tom rude e confiante de disciplina inabalável que associamos a Roma, e que eles não têm, é claro, nenhum toque do desprezo romano pelas pessoas com quem têm de lidar. Eles são realmente apenas uma força policial.

CLÁUDIA PRÓCULA. A melhor dama romana: segura da própria posição para falar com natural interesse e simplicidade com os atendentes do banho e com seus próprios criados. (Pilatos se casou com alguém bem acima de sua própria posição; a filha dos Claudianos é do andar de cima.) Voz clara, fria, de uma dama. Ela tem cerca de 35 anos.

EUNICE. Eu a imagino com a idade entre vinte e trinta anos, com uma filha de oito ou nove anos. Não sei que língua ela e Cláudia falariam; mas, para os propósitos da peça, suporemos que Cláudia usa o latim e, portanto, Eunice pode ter um pouco de sotaque estrangeiro, para distingui-la tanto dos judeus quanto dos romanos. Ela é rápida e vivaz, pois é do ambiente grego. Algo como o sotaque de um estrangeiro falando inglês pode transmitir o efeito desejado para o ouvinte.

CENA I (ALTERNA-SE ENTRE JERUSALÉM E A CAMINHO DE NAZARÉ)
SEQUÊNCIA 1 (JERUSALÉM: CASA DO SUMO SACERDOTE)

O EVANGELISTA: Depois dessas coisas, Jesus andou pela Galileia, pois não queria andar pela Judeia, pois os judeus queriam matá-lo. A Festa judaica dos Tabernáculos estava próxima...

Secretário: Algo mais, Venerável?

Caifás: Não. Os preparativos para a Festa parecem estar bem encaminhados... Não, espere. Mais uma coisa. Chame o capitão da guarda do Templo.

Secretário *(à porta)*: Capitão Eliú, o Sumo Sacerdote deseja vê-lo.

Caifás: Ah, sim, capitão. Este homem, Jesus de Nazaré. Você o conhece de vista?

Capitão: Sim, meu senhor.

Caifás: Pelo que sei, ele está agora em Nazaré. Mas ele pode tentar subir para a Festa. Nesse caso, quero que ele seja detido antes de entrar na cidade. Ponha uma guarda na estrada, e detenha-o.

Capitão: Muito bem. Sob quais acusações?

Caifás: Blasfêmia, feitiçaria, sedição — tudo o que você quiser. Não quero ter de prendê-lo no meio da Festa. Isso provavelmente causaria um tumulto. É preciso pegá-lo antes que ele tenha tempo de ganhar a simpatia do público ou de fazer discursos inflamados... A propósito, eu vi uma carruagem parada diante da casa do governador. Pilatos está em Jerusalém?

Secretário: Acho que é só a esposa dele. Veio tratar de um assunto qualquer.

Caifás: Isso não deve ser muito ruim. Não podemos nos dar ao luxo de permitir uma perturbação. Tudo bem, capitão. Você sabe o que tem de fazer.

Capitão: As ordens do Sumo Sacerdote serão cumpridas.

SEQUÊNCIA 2 (NAZARÉ)

O evangelista: E quando a ocasião da Festa se aproximou, os irmãos de Jesus foram ter com ele, no lugar em que ele morava na Galileia...

Judas *(para alguém do lado de fora)*: Espere um pouco; eu vou ver se ele pode vir atender.

(Ele entra, fechando a porta com força)

João, onde está Jesus?

João: Lá em cima, com a mãe. Quem quer falar com ele?

Judas: Aqueles parentes dele estão aqui novamente. José e Simeão.

João: Muito bem, Judas; vou dizer pra ele. *(Ele sai chamando baixinho)* Mestre!

Judas: Eles querem saber se vamos subir para a Festa com eles. Nós vamos, Mateus?

Mateus: Acho que não. Um risco muito grande. É uma pena. Eu gosto da Festa dos Tabernáculos. O dia de ação de graças pela colheita e todas as barraquinhas construídas com ramos verdes, e todos acampados nelas. E os cultos do Templo: o derramamento da água e os grandes castiçais de ouro acesos no Pátio das Mulheres. Bonito, é como eu chamo isso.

Judas: Sim, sim. Mas, pelo amor de Deus, não incentive Jesus a ir.

Mateus: Quem, eu? Que jeito de falar, o seu. Não cabe a mim dizer ao Mestre o que ele deve fazer. Além disso, estou dizendo que é muito perigoso.

Judas: Pois é. Mas não da maneira que você pensa.

Mateus: Como assim?

Judas: Não importa. Não posso explicar tudo agora.

Mateus: Judas, veja bem. Eu sei que você é muito mais inteligente do que nós. Mas eu gostaria que você nem sempre tentasse *comandar* todo mundo.

Judas: Você não precisa entender assim.

Mateus: O Mestre pode administrar seus próprios assuntos, entende? Posso não entender muito sobre isso, mas eu entendo bastante. Só precisamos confiar nele. E tudo o que ele diz está certo... É assim que eu vejo a coisa... Não seria melhor a gente deixar essas pessoas entrarem? Não é nossa casa, você sabe. Não parece muito legal deixar os dois lá na varanda.

Judas: Como você quiser.

Mateus *(abrindo a porta)*: Bom dia, senhores. Querem entrar? João, filho de Zebedeu, foi procurar o rabino.

José:
Simeão: Bom dia, Mateus filho de Levi.

José *(um pouco ofendido)*: Espero que não sejamos indesejados aqui.

Mateus: De jeito nenhum. De jeito nenhum. É claro que tentamos não incomodar o Mestre quando ele está orando ou algo assim. Mas, naturalmente, qualquer parente dele... Ah! Aqui está ele.

Jesus: Paz seja com vocês, José e Simeão.

Simeão: Viemos perguntar se você mudou de ideia sobre vir conosco para a Festa.

Jesus: Não, Simeão. Eu não mudei de ideia.

José: Por favor, seja razoável. Você deveria mesmo manifestar-se na Judeia.

Jesus: Deixei a Judeia porque minha vida estava ameaçada.

Simeão: O que você espera, se escondendo num canto da Galileia? É natural que as autoridades pensem que você tá tramando conspirações. Pessoas que não têm nada a esconder agem abertamente. Se você for visto na Festa como um judeu piedoso e respeitável, sob a proteção da própria família...

Jesus: Da última vez que você me ofereceu a proteção da minha família, você estava ansioso para que eu voltasse para casa e ficasse lá.

José: Foi quando as pessoas disseram que você não estava bem da cabeça. Sua Mãe estava apreensiva com você. Estávamos todos muito preocupados.

Simeão: E você se comportou de maneira muito ingrata. Você se recusou a nos ver; e ouvimos que você falou de modo muito desatencioso sobre nós. Você disse que seus discípulos eram mais importantes pra você do que sua família.

Jesus: Não, Simeão. Eu disse que todos os que fazem a vontade de meu Pai Celestial eram irmão, irmã e mãe para mim. Todos os que vão ouvir a palavra de Deus e cumpri-la — como esses meus discípulos. Eles têm fé em mim, mas você não tem.

José: Tenho muita fé em você. Acredito em sua grande missão e em seus maravilhosos dons. Mas concordo com Simeão que você deve ir a Jerusalém e fazer valer suas reivindicações abertamente. Você está testando demais a fé de seus seguidores. Mostre suas obras e seus ensinamentos ao mundo, e eles terão mais confiança em você.

João: Você não tem o direito de falar assim. Nós temos pe-pe-perfeita confiança no Mestre.

Mateus: Isso mesmo.

João: Que coisa ho-horrível sugerir que...

Judas: Tá bom, João, já chega. Controle-se.

José: Bem, não precisamos discutir sobre isso. Mas estamos partindo para a Festa amanhã e, pela última vez, Jesus, imploramos que você mude de ideia e vá conosco para Jerusalém.

Jesus: Não posso ir com você, José. Não é o momento certo.

José: Que momento poderia ser melhor? É uma grande ocasião, e você atrairia um grande público.

Simeão: E nós vamos estar lá pra apoiá-lo.
Jesus: Todos as ocasiões são certas para vocês. O mundo é amigo de vocês. Mas ele me odeia, porque eu dou testemunho contra os maus caminhos dele. Vocês vão à Festa amanhã. Mas a minha hora ainda não chegou de fato.
José: Jesus, eu tô falando apenas pro seu próprio bem. Pense bem.
Simeão: Não adianta gastar saliva. É melhor a gente ir... Adeus... Acho que você tá procurando encrenca.

(Eles saem e batem a porta.)

Judas: Bem, é isso. Mestre, estou feliz por você ter tomado essa decisão.
Mateus: Eu também. Não que eu não goste da Festa dos Tabernáculos. Mas lá não é seguro, querido Mestre, de verdade. Não é seguro para você, quero dizer.
Jesus: Você não está preocupado com você mesmo?
Mateus: Eu? Eles não se importariam comigo. Eu não estava pensando nisso.
Jesus: Isso é bom. Porque estamos subindo para Jerusalém.
Judas:
Mateus: Estamos?
Jesus: Sim. Mas não com eles. E não agora.
Mateus: Como, então?
Jesus: Calmamente. Sozinhos. E sem fazer qualquer anúncio público... Filhos, vocês entendem? Nós somos *esperados* em Jerusalém, e nós temos de nos assegurar de que vamos chegar lá... Não digam nada a ninguém, mas estejam prontos para partir quando eu falar.
João: Mestre, quando será isso?
Jesus: Quando Deus indicar o tempo.

SEQUÊNCIA 3 (JERUSALÉM: OS BANHOS PÚBLICOS)

O evangelista: Naquela época, Pôncio Pilatos era governador da Judeia...
Criado: O banho foi do agrado de vossa senhoria?
Cláudia: Sim, obrigada.
Criado: Você não está com muito calor?
Cláudia: De jeito nenhum.
Criado: Deseja sua massagem agora?

Cláudia: Sim, por favor.

Criado: O criado habitual de vossa senhoria está doente, lamento dizer. Mas temos uma moça nova, siro-fenícia, que é muito boa. Todas as mulheres gostam dela.

Cláudia: Para mim, está bem. Contanto que ela tenha boas mãos.

Criado: Tenho certeza de que ficará satisfeita com ela, senhora... Eunice!... Venha aqui, garota, e faça o melhor. É a esposa do Governador, a senhora Cláudia Prócula.

Eunice: Vou tentar satisfazer vossa senhoria.

Cláudia: Não sou difícil de agradar. Você tem um rosto bonito e alegre; eu gostei dele. Sinto um pouco de dor aqui no ombro. Veja se seus dedos conseguem resolver isso.

Eunice: Sim, senhora.

Cláudia: De onde você vem?

Eunice: Eu moro perto de Sidom, senhora. Meu marido era assistente em um banho lá. Mas ele morreu há um ano. Então, vim para Jerusalém tentando ganhar um pouco mais de dinheiro, pois tenho uma filha pequena para cuidar.

Cláudia: Você é jovem para perder o marido... Sua garotinha deve ser um grande conforto para você.

Eunice: Agora ela é, senhora. Mas houve tempo em que ela foi minha maior dor. Ela nunca foi completamente normal e tinha ataques, coitadinha. As pessoas diziam que ela estava possuída. Mas na primavera passada ela foi curada por um milagre maravilhoso.

Cláudia: É? A qual deus ou deusa você orou?

Eunice: Para todos eles, senhora. Eu havia orado muitos anos em vão.

Cláudia: Então, quem fez o milagre?

Eunice: Senhora, foi um profeta judeu.

Cláudia: Um profeta judeu! E você é grega! Achei que os judeus não gostavam de ter contato com os gregos.

Eunice: Eu também pensava assim. Mas esse homem tinha uma ótima reputação, e eu estava determinada a tentar, se algum dia tivesse a chance. Então, um dia... mas estou cansando vossa senhoria.

Cláudia: Não, não! Continue.

Eunice: Um dia, ele passou pela nossa cidade, e eu corri atrás dele, pedindo ajuda. Seus discípulos tentaram me afastar. Mas eu estava desesperada e abri caminho até ele, gritando: "Senhor, senhor, tenha piedade de mim!". Eles disseram: "Mande-a embora, Mestre! Ela continua nos importunando". E ele olhou para mim... e não disse uma palavra. Então, caí a seus pés e implorei que curasse minha filha. Ele falou, com certa severidade: "Não fui enviado a vocês, mas apenas aos filhos de Israel". "Ó senhor", eu disse, "por favor, me ajude". Mas ele respondeu: "Não é certo pegar o pão dos filhos e jogá-lo para os cachorrinhos".

CLÁUDIA: Oh, que cruel!

EUNICE: É assim que os judeus nos chamam: cães pagãos. Mas a voz dele não era cruel. Ele tinha uma espécie de desafio no olhar quando olhou para mim. Eu pensei: "Eu tenho que dizer a coisa certa... rápido!". Então, eu disse: "Isso é verdade, senhor. Mas os cachorros comem as migalhas que caem da mesa dos filhos". Ó senhora! A senhora deveria ter visto como o rosto dele se iluminou! "Isso mesmo!", ele disse. "Sua fé e sua inteligência salvaram sua filha. Vá para casa agora; ela está curada". Eu saí correndo pra casa, e lá estava ela: tão bem, tão saudável como qualquer outra criança.

CLÁUDIA: Que maravilha! Eu gostaria de ver este profeta.

EUNICE: Senhora, a Festa judaica dos Tabernáculos começa amanhã. Muita gente está esperando que ele apareça. Ela dura oito dias, e é certo que, em um deles, ele vai pregar no Templo.

CLÁUDIA: Vou pedir informações. Qual é o nome do profeta?

EUNICE: Eles o chamam de Jesus de Nazaré.

SEQUÊNCIA 4 (SAMARIA)

O EVANGELISTA: Quando chegou a ocasião de Jesus subir a Jerusalém, ele enviou mensageiros à frente. Eles entraram em uma aldeia de Samaria, a fim de prepará-la para ele. No entanto, judeus e samaritanos estavam sempre em inimizade entre si.

TIAGO: Ah, meu caro! Vou ficar feliz em ir pra cama esta noite.

JOÃO: Anime-se, Tiago. Não é nem um quilômetro até a aldeia. Olha lá! Filipe e Mateus estão vindo pra dizer que está tudo pronto pra nós.

TOMÉ: Eles estão correndo. E agitando os braços. Eu acho que alguma coisa deu errado.

TIAGO: Você sempre espera o pior, Tomé Dídimo.

TOMÉ: O que você pode esperar dos samaritanos?

MATEUS:
FILIPE: Mestre! Mestre!

JESUS: Qual é o problema, filhos?

MATEUS: Eles não querem nos receber na aldeia...

FILIPE: Eles viram que a gente está subindo pra Jerusalém...

MATEUS: Eles nos chamaram de bando de judeus imundos...

FILIPE: Eles disseram que você é um vil herege judeu. E eles soltaram os cachorros em cima de nós!

JOÃO *(incoerente)*: Q-q-quem eles pensam que são? Como eles se a-a-atrevem?

TIAGO: Selvagens insolentes!

TOMÉ *(com tristeza)*: Eu sabia que os samaritanos não eram gente legal.

JESUS: Não se preocupem. Podemos ir para outra aldeia.

TIAGO: Essas pessoas merecem ser punidas.

JOÃO: Falar assim do Mestre!

TIAGO: Mestre, devemos pedir que caia fogo do céu...

JOÃO: Pra queimar essa vila n-no-nojenta deles até o chão?

JESUS: Tiago, João, que vergonha!

JOÃO: Mas, Mestre...

JESUS: Vocês não sabem de que espírito são. O Filho do Homem não veio para destruir a vida dos homens, mas para salvá-la.

JOÃO: Me desculpe, Mestre. Eu não pensei antes de falar.

TIAGO: A gente perdeu a paciência. Por favor, nos perdoe.

JESUS *(com gravidade)*: Mas vocês perdoaram esses homens? O perdão não pode socorrer vocês se vocês nutrem uma disposição de não perdoar. O Reino dos Céus é como um governante, do qual um dos servos lhe devia o valor de mil talentos. Por isso, o rei deu ordens para que o homem fosse vendido e colocado na prisão por causa da dívida. Mas esse servo implorou, de modo tão comovente, que lhe fosse dado tempo para pagar, que o rei o perdoou e cancelou toda a dívida. Mas esse homem se lembrou de um de seus conservos que lhe devia só um punhado de moedas. Então, ele foi e pegou o colega pelo pescoço, gritando: "Eu quero meu dinheiro de volta!". "Tenha misericórdia!", disse o pobre homem. "Dê-me algum tempo, e eu vou pagar tudinho pra você!". Mas o credor não quis ouvi-lo e o jogou na prisão até que pagasse a dívida. Quando o rei soube, mandou chamar seu servo e disse: "Homem perverso!

Eu perdoei toda aquela grande dívida, porque você me pediu isso. Você não deveria ter tido compaixão do seu conservo como eu tive compaixão de você?". E, não encontrando benevolência no homem, o rei o entregou à lei, para que fosse cobrado cada centavo que ele devia. E assim será com vocês, a não ser que, de coração, perdoem a seus irmãos todos os erros que eles cometeram com vocês.

MATEUS: Mestre, o rei dessa história representa Deus?

JESUS: Sim, Mateus.

MATEUS: Mas isso é terrível! Jamais poderíamos pagar a Deus tudo o que devemos a ele!

SIMÃO PEDRO: Não... mas o primeiro homem não teria de pagar ao rei se ele não tivesse se comportado como um brutamontes com o outro homem. Sua dívida teria sido perdoada.

JESUS *(satisfeito; Pedro realmente entendeu a questão)*: Certo, Pedro. Você, então, sabe o que tem de fazer.

SIMÃO PEDRO: Sim, Mestre. Mas... vamos supor que meu irmão continue errando comigo. Quantas vezes eu vou ter que perdoar? Sete vezes!

JESUS: Sete vezes? Não. Setenta vezes sete. Com a mesma frequência com que você precisa do perdão de Deus... Tiago e João, filhos do trovão, o que acham disso?

JOÃO: Acho que somos piores do que os samaritanos, porque eles não conhecem nada melhor. Mas temos você para nos ensinar, e ainda assim agimos mal. Diga-nos como orar, Mestre, para que o Reino venha a eles e a todos nós.

JESUS: Quando vocês orarem pelo Reino, digam o seguinte: Pai nosso, que estás nos Céus, santificado seja o teu nome. Venha o teu reino. Seja feita a tua vontade, assim na terra como é feita no céu. O pão nosso de cada dia nos dá hoje. E perdoa nossas ofensas como nós perdoamos aqueles que nos ofenderam. E não nos conduzas à tentação, mas livra-nos do mal...

(Som se esvaecendo na última frase.)

SEQUÊNCIA 5 (JERUSALÉM)

O EVANGELISTA: Os judeus o procuravam na festa e perguntavam: "Onde ele está?..".

CAIFÁS: Bem, capitão. Você conseguiu colocar as mãos em Jesus, filho de José?

Capitão: Não, meu senhor Sumo Sacerdote.
Caifás: Como assim?
Capitão: Ele não apareceu. Provavelmente ele ficou com medo. Pegamos um grupo de amigos e parentes dele e os questionamos. Disseram que ele se recusou a vir.
Caifás: Bem, isso evita problemas.
Capitão: Devemos continuar guardando as estradas?
Caifás: Não. A Festa já começou. Ele provavelmente não virá agora.
Capitão: Muito bom.

SEQUÊNCIA 6 (UMA VILA NA ESTRADA)

O evangelista: E aconteceu que ele tomou Pedro, João e Tiago, e subiu a uma montanha para orar...

(O que se segue, tudo em sussurros.)

Simão Pedro: Tiago! João! Vocês estão acordados?
Tiago: É você, Pedro?... Sim, não consigo dormir; fico só pensando...
Pedro: Nem eu. Eu preciso falar sobre isso com alguém. Mas os outros ficaram perto da gente a noite toda. E *ele* disse pra gente não contar aos outros.
Tiago: Fale baixo, ou você vai acordá-los.
Pedro: Não podemos subir ao eirado um momento?
Tiago: Não quero incomodar o João. Ele tá dormindo no meu ombro.
João: Eu *estava* dormindo... até que Pedro tropeçou no meu pé.
Pedro: Você estava dormindo?
João: Sim! Por que não?... Suba, Pedro. Bem-vindo.
Pedro: Cadê a escada?
Tiago: Uns três passos para a direita... Você terá de passar por cima de Tomé.

(Uma pausa e um movimento furtivo. Uma pessoa que dorme vira com um suspiro. O que se segue é dito em voz baixa, mas não sussurrado.)

Pedro: Podemos ficar aqui, se a gente falar baixinho... Tá muito frio.
Tiago: Eu trouxe nossas capas... Olhem pras estrelas... Estão espalhadas sobre a terra como um manto de glória.
Pedro: Mas nada que se compare com a glória que vimos hoje na montanha.
Tiago: Nada mesmo. Me fala, Simão Pedro: o que você viu? Foi o mesmo que nós vimos?

Pedro: Eu tava cansado de subir... Eu o observei por um tempo quando ele se levantou e orou, sem falar, sem se mover, com o rosto voltado para Jerusalém... como se ele não visse nada além de uma visão interior estranha que o manteve em transe... Tentei orar também, mas nenhum pensamento veio... Isso pareceu durar pra sempre...

João: Como se o tempo tivesse parado.

Pedro: Acho que eu me perdi um pouco... ali no silêncio... Pois a próxima coisa que eu percebi foi um grande terror, como se eu estivesse me afogando naquela coisa — e, quando olhei pro rosto de Jesus, não era desta terra. Era... era como... é uma coisa que eu nem ouso pensar...

Tiago: Não, Pedro. Nós também vimos.

Pedro: E as roupas dele ficaram mais brancas do que a luz — dum jeito que nenhum lavandeiro na terra poderia branquear... E aqueles outros dois estavam com ele... Eles conversaram, mas eu não sabia o que eles estavam dizendo... A glória estava sobre eles, e eu reconheci o bendito Moisés, que conversou com Deus no Sinai, e o santo Elias, que subiu para o Céu em luz e fogo... E parecia que aquilo que eu vi era a realidade, e a Terra e o céu eram só um sonho... mas eu sabia o tempo todo que o Sol estava brilhando, e eu podia sentir os caules ásperos do arbusto entre os dedos.

Tiago: Eu tinha perdido contato com tudo — menos com a mão do João na minha.

João: Meu caro Tiago! Eu senti você, mas era como se a gente fosse criança de novo, lembra? Quando aquele grande raio caiu, e eu fiquei assustado.

Tiago: Ah, João, meu irmãozinho João. Agora é você que se interpõe entre mim e o medo.

João: Eu também estava com medo. Pedro foi o mais corajoso. Ele falou.

Pedro: Sim, mas que grande bobagem eu disse! Eu achei que a visão estava indo embora. Eu me lembro de gritar: "Senhor, é bom estar aqui. Será que não podemos construir três tabernáculos, pra você e Moisés e Elias, e ficarmos, todos nós, assim para sempre?"... tão estúpido... mas eu não sabia o que eu tava dizendo... Pensei na Arca no deserto e na glória do Senhor na coluna de fogo... tudo misturado de alguma forma com a Cidade Santa e a Festa dos Tabernáculos...

E então, e então... o fogo e a luz estavam ao nosso redor... e a Voz... foi fora de nós ou dentro de nós?... E era mesmo uma voz?

João: Ela encheu tudo — não havia mais nada no mundo, só aquela voz: "Este é o meu Filho amado, ouçam-no".

Tiago: E depois disso... nada. Apenas as colinas e o céu, e Jesus parado ali, sozinho.

Pedro: Ele estendeu a mão, e eu fiquei com medo de tocá-lo... Mas ele era o mesmo... como se nada tivesse mudado nele.

João: Acho que a mudança não foi nele, mas em nós. Acho que a gente conseguiu vê-lo por um momento como ele sempre é.

Tiago: Mas por que essa maravilha foi mostrada pra *gente*? Você e eu, João, nós o irritamos tanto na noite anterior.

João: Talvez tenha sido um sinal de perdão. Ele disse uma vez, você se lembra?, que havia mais alegria no Céu por alguém que pecou e se arrependeu do que por 99 bons homens que nunca sentiram necessidade de arrependimento.

Tiago: Talvez seja isso. Mas o que ele quis dizer com o que ele nos mandou: que a gente não deveria contar a ninguém o que a gente tinha visto, nem mesmo ao restante dos Doze, antes do Filho do Homem ressuscitar dos mortos?

João: Ah, Tiago, eu sei. Isso me assustou mais do que tudo... O Filho do Homem, que é ele mesmo... muitas vezes ele se chama assim. Mas "ressuscitar dos mortos"?! Ele tem falado às vezes ultimamente como se fosse morrer em breve. Isso seria insuportável.

Pedro: Aqueles homens em Jerusalém ameaçaram matá-lo.

Tiago: E ele está caminhando direto para o perigo. Não me atrevo a perguntar o que ele vê pela frente. Simão Pedro, você que falou com ousadia quando nós estávamos com medo, não pode perguntar a ele o que ele quis dizer?

Pedro: Não, eu não posso fazer isso. Uma vez, quando ele falou de sua morte, eu o repreendi, e ele me silenciou com palavras que eu nunca vou esquecer.

Tiago: Ele não disse: "Depois que eu morrer"; ele disse: "Depois que o Filho do Homem *ressuscitar* dos mortos". Os saduceus dizem que não existe ressurreição, mas fomos ensinados que os mortos vão ressuscitar algum dia. Mas quando? No fim do mundo? Nossa história nunca vai ser contada até que Deus revele todos os segredos?

Pedro: Não sei. Mas ele falou como se o tempo não estivesse muito distante.

João: Talvez o fim do mundo esteja bem próximo.

(Pausa.)

Pedro: Quando descemos da montanha, foi como se o mundo se fechasse sobre nós como um saco preto. O Sol estava se pondo e havia sombras negras na planície. E havia aqueles infelizes com o pobre garoto endemoninhado gritando e se contorcendo...

João: E ele impôs as mãos sobre ele e o curou. E mesmo entre aquelas sombras havia paz.

CENA II (JERUSALÉM)
SEQUÊNCIA 1 (CASA DO SUMO SACERDOTE)

O evangelista: Já havia chegado o meio da festa. E havia vários rumores sobre Jesus, mas o povo não ousava falar muito abertamente, por medo das autoridades Judaicas.

Anás: Bem, Caifás. Este é o quarto dia da festa, e até agora não houve problemas.

Caifás: Não, sacerdote Anás, tudo correu muito bem.

Nicodemos: Você não conseguiu prender Jesus de Nazaré?

Anás: Infelizmente, não; mas algo terá de ser feito a respeito do homem. Ele tem uma influência muito ruim. Vários pais estão reclamando que seus filhos foram atrás dele, em vez de ficarem obedientemente em casa. Não sei o que está acontecendo com os jovens de hoje em dia.

Ancião: E ele também atraiu um bom número de mulheres. Eu não sei o que os maridos dizem sobre isso. Quando mulheres respeitáveis são atraídas assim...

Simão, o Fariseu: Algumas delas não eram nada respeitáveis. Há uma mulher chamada Maria, de Magdala, que tem, na verdade, uma reputação muito ruim. Ela entrou na minha casa um dia quando Jesus estava lá...

Nicodemos: Na *sua* casa? Como Jesus de Nazaré veio até a casa de Simão, o Fariseu?

Simão: Eu convidei o homem para jantar. Eu queria ver como ele era. Essa Maria Madalena entrou e fez uma cena. Ela chorou sobre os pés dele, e os beijou, e derramou perfume sobre eles e os enxugou com os cabelos, e se comportou de uma maneira muito chamativa.

Anás: Meu Deus!

Simão: Foi tudo muito cheio de emoções e desagradável.

Caifás: E ele repreendeu essa mulher?

Simão: Longe disso. Ele teve a impertinência de dizer que ela estava apenas fazendo o que *eu* deveria ter feito a um convidado. Isso dirigido a mim, por favor, pelo filho de um carpinteiro galileu! E ele coroou tudo dizendo à mulher que os pecados dela estavam perdoados.

Ancião: Sério?! Quem ele pensa que é?

Caifás: Eu conheço essa mulher de quem você está falando. É uma dançarina ou algo assim. Onde ela está morando agora?

Simão: Em Betânia, com sua irmã Marta e um irmão chamado Lázaro. Acho que Jesus fica com eles lá às vezes.

Caifás: Vou ficar de olho na casa.

Nicodemos: Não é verdade que, desde o encontro com Jesus, Maria mudou de vida?

Anás: Essa não é a questão, Nicodemos. Nenhum profeta temente a Deus sairia por aí com dançarinas. E quanto a perdoá-las dos pecados...

Caifás: Eis, sacerdote Anás, a parte mais sinistra do assunto. Ele afirma perdoar pecados porque é o Filho do Homem. Qualquer pessoa que usa *esse* título tem pretensões de ser o Messias. E você sabe aonde *isso* nos leva.

Anás: Se as pessoas aceitarem, isso significa um confronto com Roma, e isso

(Barulho na rua.)

precisa ser evitado a qualquer custo. Ouçam! Que barulho é esse na rua?

(Caminhada de soldados, misturada com gritos e vaias.)

Caifás: Soldados! Aconteceu alguma coisa. Eu esperava passar esses dias sem tumulto.

Anás: Coloque a cabeça para fora, Simão. Veja do que se trata.

Simão *(na janela)*: Ei, o que está acontecendo?

Voz *(do lado de fora)*: Eles pegaram Barrabás, o ladrão!

Simão: Fico feliz em ouvir isso. *(Trazendo a cabeça para dentro)* Está tudo bem. Aquele bandido, Barrabás, foi preso. Estão levando o sujeito para a prisão.

CAIFÁS: A justiça romana tem braço longo.

ANCIÃO: Acerca de Roma, digo que ela pode ser pagã, mas certamente é eficiente. É bom ficar do lado certo do Governo.

CAIFÁS: Precisamente. É por isso que me proponho a desencorajar os pretendentes messiânicos e perturbadores da paz. E por que sou devotamente grato...

SERVO *(interrompendo sem cerimônia)*: Meu Senhor Sumo Sacerdote!

CAIFÁS: Meu caro! Onde estão suas maneiras?

SERVO: Jesus de Nazaré está pregando no Templo.

CAIFÁS: O quê!!! (*controlando-se*) Não seria decoroso que o Sumo Sacerdote use expressões de baixo calão; mas eu queria ser um condutor de camelos egípcio só por cinco minutinhos.

SIMÃO: É mesmo uma grande provocação!

ANÁS: Como diabos ele chegou lá?

CAIFÁS: Não importa. Ele está lá. Bem, se necessário, devemos prendê-lo na cidade e aproveitar a oportunidade. Aqui, meu caro, leve esta nota ao capitão da guarda.

SERVO: Sim, meu senhor.

NICODEMOS: Meu senhor Caifás, você realmente pretende tomar medidas extremas contra esse homem?

CAIFÁS: Por enquanto, não, se eu puder evitar. Eu apenas dei ordens para que ele fosse mantido sob vigilância. Mas um dia desses, imagino que ele terá de ser... liquidado.

NICODEMOS: Mas punir um homem inocente pelos pecados e erros de seus seguidores...

CAIFÁS: Irmão Nicodemos, honro seus sentimentos. Mas, se Roma se ofender, toda a nossa nação sofrerá. Deixe-me dizer uma coisa — e um dia você ficará feliz em lembrar disso: às vezes é conveniente que um homem morra pelo povo.

SEQUÊNCIA 2

O EVANGELISTA: Então, Jesus foi ao Templo e ensinava. E os judeus ficaram maravilhados com ele.

(Um discreto murmúrio de fundo.)

PRIMEIRO HOMEM: Você pode dizer o que quiser. Eu o chamo de pregador maravilhoso.

Mulher: Fica quieto. Eu quero ouvir o que ele diz.

Primeiro homem: Tudo bem. Ele parou pra discutir uma questão com um dos escribas.

Segundo homem: Como esse homem pode expor as Escrituras? Ele não teve nenhum treinamento teológico.

Terceiro homem: Não sei de onde ele tira sua doutrina.

Mulher: Xii! Ele ouviu você.

Jesus: Minha doutrina não é minha. É a doutrina daquele que me enviou. Se você fizer a vontade de Deus, saberá de onde meu ensino vem.

Segundo homem: Quem deu a você sua doutrina?

Jesus: Aquele que deu a Lei a Moisés. E Moisés deu a Lei para vocês, mas você não a guardam. Por que, por exemplo, alguns de vocês querem me matar?

Terceiro homem: Você tá louco! Quem quer te matar?

Jesus: Vocês estão irados comigo porque uma vez curei um homem no Dia de Sábado. Mas Moisés ordenou que vocês realizassem deveres religiosos e obras de misericórdia no Sábado. Então, por que é errado eu curar alma e corpo? Vocês não devem se guiar pela letra, mas pelo espírito da Lei... Mas quanto ao texto que você cita, bom Escriba...

(*Sua voz é abafada no murmúrio de uma discussão.*)

Quarto judeu: Este é mesmo o homem que disseram que deveria ser eliminado? Ele fala com ousadia, e ninguém mexe com ele.

Primeiro judeu: Você acha que os chefes da Sinagoga pensam que ele realmente seja o Messias?

Segundo judeu: Bobagem, bobagem. Nós sabemos tudo sobre este homem e de onde ele vem. Ninguém sabe de onde virá o Cristo.

Quarto judeu: Na verdade, sabemos. Cristo deve vir da casa de Davi e da cidade de Davi, que é Belém.

Terceiro judeu: É isso aí! Este homem é galileu e vem de Nazaré.

Jesus: Você me conhece e sabe de onde eu venho. Mas eu não vim de mim mesmo, vim daquele que me enviou, a quem você *não* conhece. Mas eu o conheço porque vim dele, e aquele que me enviou é a própria verdade.

Segundo judeu: Sim, mas de *onde* ele vem? E quem o enviou?

Mulher: Bem, eu acredito que ele *é* o Messias, sim.

Segundo homem: Típico de mulher: acreditar em coisas sem um átomo de prova.
Primeiro homem: Prova? Veja as obras poderosas que ele faz! Quando Cristo vier, ele vai fazer milagres maiores do que este homem faz?
Primeiro levita: Sargento, ouça o que essas pessoas estão dizendo. Devemos prendê-lo agora?
Sargento: Acalme-se, meu rapaz. Ainda não. Eu quero ouvi-lo. Eu nunca tinha ouvido nada parecido antes.
Segundo levita: Faz a gente pensar, não é? Você acha que ele *seja* o Messias?
Sargento: Pronto, basta... Os soldados não são pagos para pensar.
Jesus: Ouçam-me, pessoas, ouçam-me agora. Estou com vocês apenas um pouco, e depois devo voltar para aquele que me enviou. Então, vocês vão me procurar, e não vão me encontrar, pois estou indo para onde vocês não podem me seguir.
Terceiro judeu: O que ele quer dizer com isso? Aonde ele está indo que não podemos ir? Ele está saindo do país para ensinar entre os gentios?
Segundo judeu: Não sei o que ele quer dizer. Se você gosta de imaginar...
Primeiro judeu: Também não sei. Tudo que eu disse foi...
Terceiro judeu: Se você me perguntar...
(A discussão deles vai sumindo.)

SEQUÊNCIA 3 (CASA DO SUMO SACERDOTE)

O evangelista: No último dia, o grande dia da festa, os Oficiais da Guarda foram até os Principais Sacerdotes e aos Fariseus...
Caifás: Capitão, eu preciso de uma explicação para isso agora. Eu lhe dei ordens claras ontem. Por que Jesus não foi preso?
Capitão: Meu senhor, os homens se recusaram a fazê-lo.
Anás: Recusaram? Nunca ouvi falar duma coisa assim. É um motim.
Caifás: Eles deram alguma razão?
Capitão: Bem, meu senhor, parece que eles não gostaram da ordem que receberam. Disseram que nunca ouviram um homem falar como este... Tenho a impressão de que eles puseram a ideia na cabeça, se vocês me desculpam eu mencionar isso, de que esse homem pode ser... o Messias.

Caifás *(pensativo)*: Entendo... Você não parece ter muita certeza disso, capitão. Esse impostor também pegou você? Com certeza, deve bastar para você que nem eu, nem qualquer um dos principais da Sinagoga, acreditemos nas reivindicações que esse homem faz.

Anás: É essa ralé miserável, que nada sabe da Lei. Existe uma maldição sobre nosso povo.

Nicodemos: Por acaso, nossa Lei condena um homem sem o devido exame e investigação? Não digo que ele seja o Messias, mas ele pode muito bem ser um profeta.

Caifás: Irmão Nicodemos, sua atitude me surpreende. Qualquer um pensaria que você é galileu. Pense bem. A Galileia provavelmente não produzirá um profeta em nossos dias... Você pode ir agora, capitão. Terei de pensar sobre esse assunto.

Capitão: Muito bem.

(Ele sai e fecha a porta.)

Anás: Eu não gosto disso.

Caifás: Nem eu. Mas não podemos forçar uma prisão com tropas insatisfeitas.

Ancião: O que aconteceu com aquele homem, Baruque, o Zelote, que se comprometeu a prender um dos discípulos do Nazareno?

Caifás: Ele enviou um relatório um tanto vago, informando que o tal discípulo era perfeitamente leal, e solenemente garantiu-lhe que nenhum movimento político era pretendido.

Ancião: Huuuum. Eu não confiaria muito em Baruque. As informações que eu tenho é que ele se retirou para as montanhas com um bando de guerrilheiros e está tramando algum tipo de golpe. Acho que ele está fazendo um jogo duplo.

Caifás: Eu não ficaria surpreso com isso. Na verdade, tomei o cuidado de entrar eu mesmo em contato com o discípulo. Judas Iscariotes é o nome do sujeito. Pedi a ele que viesse me ver, e ele está aqui agora. Você gostaria de falar com ele?

Todos: Nós todos queremos, muito.

Caifás: Chame o tal Iscariotes... Ele não criou dificuldades para vir... Devemos ser cuidadosos ao lidar com ele, porque, sem dúvida, tudo o que dissermos será relatado a Jesus, filho de José... Ah! bom dia, meu bom homem. Seu nome é Judas Iscariotes?

Judas: Sim.

Caifás: Você é seguidor de Jesus de Nazaré?

Judas: Eu sou.

Caifás: O Sinédrio tem se inquietado com os boatos, sem dúvida infundados, de que seu Mestre está envolvido em atividades políticas de tipo um tanto indiscreto, e que podem provocar represálias por parte do Governo. Queremos acreditar que não seja esse o caso.

Judas: Você pode acreditar em minha palavra: essa história é totalmente falsa.

Caifás: Ótimo! Estamos felizes em ouvir isso. Seria uma pena se o seu trabalho de caridade entre os... os pobres, e esse tipo de gente em geral... sofresse interferências. Mas, como você sabe, Roma não vê com bons olhos as atividades grupais que possam ter uma tendência subversiva.

Judas: Eu entendo você. Você acha que meu Mestre pertence ao partido nacionalista. Você acha que ele pode encorajar a Judeia a se livrar do jugo romano. Você o conhece muito pouco! E quão pouco você sabe sobre esta nação! Roma é o castigo que este povo deve suportar por causa de seus pecados. A Judeia é corrupta, e Roma é o julgamento de Deus sobre ela: a vara romana desce nas costas do pecador, e o machado romano atinge a raiz da árvore podre... Isso o irrita, meu senhor Caifás?... Houve uma época em que o senhor Sumo Sacerdote podia dar ordens em Israel. Hoje, você deve lisonjear César servilmente. Essa é a medida de sua humilhação e de seu pecado.

Anás: Você é insolente!

Judas: Para Israel, como para seu Messias, não há salvação senão no suportar paciente de todas as coisas.

Ancião: Palavra de honra! O discípulo é tão fanático quanto seu Mestre!

Caifás *(suavemente)*: É pelo menos um ponto de vista original... Você fala do Messias. É verdade que seu Professor afirma ser o Cristo?

Judas: Ele é o Cristo. Mas ele é o Messias, não de um Reino terreno, mas de um espiritual.

Caifás: Concordo... *(abruptamente)* O que você sabe de um homem chamado Baruque, o Zelote?

Judas: Ele é um homem com quem se deve ter cuidado. Ele gostaria de se apossar de Jesus e torná-lo um instrumento para fins políticos. Sei disso com certeza, pois ele se aproximou de mim para tratar disso.

Caifás: Ah, obrigado... Você acha que seu Mestre se prestaria a tal intriga...?

Judas: Tenho certeza de que não. Houve um momento no Mar da Galileia em que a turba tentou torná-lo rei. Mas ele recusou. E várias vezes desde esse episódio, ele tem-se mostrado à prova de tentação.

Caifás: Muito louvável, muito louvável mesmo. Mas de tantas vezes ir o jarro ao poço... As motivações dos demagogos bem-sucedidos tendem a se tornar menos elevadas à medida que avançam. Se a qualquer momento ele enfraquecer a pureza espiritual de suas intenções...

Judas: Eu serei o primeiro a denunciá-lo... Mas ele não vai fraquejar.

Caifás: Isso é muito satisfatório. Estamos felizes por sermos tranquilizados. Ao mesmo tempo, você pode dar a ele uma dica para ter cuidado... Suas próprias opiniões, Judas, sobre o tema da regeneração nacional são muito importantes e interessantes. Eu mesmo acho que uma política de reconstrução e colaboração com Roma é do melhor interesse dos judeus... Obrigado... não precisamos detê-lo mais... Bom dia. Ezequias, mostre o caminho para este digno homem.

(A porta é fechada.)

Anás: Caifás, eu lhe dou os parabéns!

Caifás: Esse homem tem ideias. Pessoas com ideias sempre têm inveja de seus líderes. Sim, senhores, penso que podemos dizer que agora temos Jesus de Nazaré onde o queremos.

SEQUÊNCIA 4 (DIANTE DO TEMPLO)

(Barulho da multidão.*)*

Primeiro transeunte: Louvado seja Deus! Foi um festival feliz!

Segundo transeunte: Uma boa colheita e um bom feriado. Bendito seja Ele!...

Primeiro soldado romano: Ei, Marcos! Você está de plantão?

Segundo soldado: Acabei de enviar um piquete aos degraus do Templo, para o caso de problemas. Louvados sejam os deuses, este festival confuso está quase acabando.

Primeiro soldado: Odeio esse serviço provinciano. Muito trabalho policial. Eu queria uma boa guerra qualquer dia desses...

Terceiro transeunte *(em tom reservado)*: É você, Bildade ben-Ismael?

Quarto transeunte *(mais alto)*: Quem é você? E o que você quer comigo?

Terceiro transeunte: Não fale tão alto. Venho das colinas com uma mensagem de Baruque, o Zelote.

Quarto transeunte: Ótimo. Eu tenho homens e armas... Onde é o lugar?

Terceiro transeunte: Cuidado!

Confrontador: Que multidão é essa nos degraus do Templo?

Seu companheiro: Se Jesus de Nazaré começar a se dirigir a essas pessoas, você tem de estar pronto para abafar a voz dele com gritos.

Confrontador: Eu vou. Você tem apoiadores na multidão para ajudá-lo?

Companheiro: Pode deixar isso comigo...

(Ruído de uma carruagem conduzida lentamente pelo meio da multidão.)

Servos: Abram caminho, seus cães! Abram caminho para a esposa do governador! Espaço para a senhora Cláudia Prócula!

(Manter o ruído da multidão acontecendo em segundo plano.)

Cláudia: Pare a carruagem, Rufo! Veremos muito bem daqui... Quão grandioso é o Templo, com a luz das velas e das tochas, e aquela grande Lua pairando no alto!... Estou feliz por ter vindo, Eunice.

Eunice: Foi muito amável de Vossa Senhoria me trazer.

Cláudia: Espero que vejamos o seu Profeta.

Eunice: Sim, espero que sim, senhora.

(Forte canto vindo do Templo.)

Cláudia: Rebeca, você é judia... Qual é o significado desta festa?

Rebeca: Senhora, é a festa da água e da luz, quando damos graças a Deus pela colheita: pela chuva boa que *faz* crescer o trigo e pelo Sol bendito que o amadurece.

Eunice: Ó senhora, veja! Ali está o Profeta. Acaba de passar pelos claustros para o pátio externo. Lá! Lá! A senhora consegue vê-lo?

Cláudia: Eu vejo. Então, esse é Jesus de Nazaré!

Eunice: Senhora, não é um rosto lindo?

Cláudia: É um rosto maravilhoso, Eunice.

Rebeca: Ele vai falar ao povo.

Multidão: Jesus, Filho de Davi, fala conosco!

Jesus: Se alguém tem sede, venha a mim e beba. Aquele que crê em mim, como diz a Escritura, de seu coração brotará uma fonte de água viva, jorrando para a vida eterna.

CLÁUDIA: Estranho que um rosto e uma voz provoquem tanta comoção. Ó meninas, meninas! Ele não parece um filho dos Imortais, parado entre os castiçais de ouro?

JESUS: Eu sou a luz do mundo. Quem me segue não andará nas trevas, mas terá a luz da vida.

MULTIDÃO: Bendito seja Jesus, o Profeta de Israel!

JESUS: Se vocês continuarem a guardar minhas palavras, vocês serão meus discípulos de fato. Pois então vocês conhecerão a verdade, e a verdade os libertará.

CONFRONTADORES: Não deem ouvidos a ele. Ele é um enganador!

(Tumulto.)

Ouça, seu profeta nazareno. Somos filhos de Abraão, nunca fomos escravos de ninguém.

JESUS: Eu sei que vocês são a semente de Abraão, mas vocês não são verdadeiros filhos dele. Alguns de vocês gostariam de me matar, porque eu digo a verdade. Abraão não teria feito isso. Tal pai, tal filho: as ações de vocês mostram de quem vocês são filhos espirituais.

CONFRONTADORES: Somos israelitas verdadeiros. Temos apenas um Pai: somos filhos de Deus.

JESUS: Se Deus fosse Pai de vocês, vocês me amariam, porque eu vim de Deus e sou enviado por Deus. Por que vocês não me entendem? Porque se recusam a me ouvir. Vocês são filhos do diabo e fazem a obra do diabo.

VOZES DO GRUPO DO CONFRONTADOR: Acabem com ele! Matem ele!

JESUS: Vocês vão me matar? O diabo foi um assassino desde o início. Ele odeia a verdade, porque não há verdade nele. Suas palavras mentirosas vêm dele mesmo, pois ele é um mentiroso e o pai da mentira. Mas quando eu lhes falo a verdade de Deus, vocês não acreditam em mim. Por quê? Os filhos de Deus ouvem a palavra de Deus, mas vocês não ouvirão a verdade porque não são filhos de Deus.

CONFRONTADOR: Vocês ouvem esse sujeito? Este louco herege samaritano? É morte ouvir essa conversa.

JESUS: De fato e de fato, eu lhes digo: se um homem guardar o que eu digo, ele nunca verá a morte.

(Tumulto.)

CONFRONTADOR: Agora sabemos que você é louco. Abraão está morto, e os profetas estão mortos, e agora você vem dizer que, se um homem guardar o que você diz, ele nunca provará a morte. Que afirmação horrenda é essa? Quem ou o que você pensa que é?

Jesus: Se eu lhes disser quem sou, não é com o objetivo de honrar a mim mesmo. Minha honra vem de meu Pai, daquele a quem vocês chamam seu Deus. Abraão, pai de vocês, regozijou ao ver o meu dia; ele o viu e ficou feliz.

Confrontador: Você não tem nem cinquenta anos, e você viu Abraão?

Jesus: De fato, e de fato lhes digo: antes que Abraão existisse, Eu sou.

(Um momento de estupor, então o pandemônio se espalha.)

Multidão: Blasfêmia! Blasfêmia! Sacrilégio! Ele tomou o nome de Deus em vão! Acabem com o blasfemador! Fora com ele! Peguem ele! Apedrejem até a morte! Pedras! Pedras! Pedras!

(Gritos das MULHERES.)

Cláudia: Oh, céus! Eles vão matá-lo! Mande chamar os guardas! Onde está meu liberto?

(Manter o barulho da MULTIDÃO até o final da cena.)

Liberto: É melhor você sair daqui, senhora. Esses cães judeus vai haver um tumulto. Cocheiro, acelere!

Multidão: Saiam do caminho! Pedras! Pedras!

Escravos: Voltem! Abram caminho! Afastem-se dos cavalos! Guardas! Guardas! Saiam da estrada, malditos!

(Chicotadas e guinchos.)

Cláudia: Pare! Pare! Eu preciso interferir. Não podemos deixar aquele homem ser morto.

Liberto: Ele escapou, senhora. Ele escapuliu na confusão. Ele está seguro.

Cláudia:
Eunice: Graças a Deus!
Rebeca:

(À medida que o barulho vai diminuindo, ouvimos o barulho da guarda romana.)

Evangelista: Jesus disse: "Não pensem que vim trazer paz à terra; não vim trazer paz, mas espada".

PERSONAGENS

O evangelista.
Jesus.
Lázaro. ⎫
Marta. ⎬ Amigos de Jesus.
Maria Madalena. ⎭
João, filho de Zebedeu. ⎫
Tiago, filho de Zebedeu. ⎪
Simão Pedro. ⎬ Discípulos de Jesus.
Tomé Dídimo. ⎪
Mateus, o cobrador de impostos. ⎪
Judas Iscariotes. ⎭
Jacó ben-Issacar, um homem cego de nascença.
Issacar. ⎫ Os pais dele.
Raquel. ⎭
Primeiro ancião. ⎫
Segundo ancião. ⎬ Membros do Tribunal
Terceiro ancião. ⎪ da Sinagoga.
Quarto ancião. ⎭
Escriturário do Tribunal da Sinagoga.
Caifás, Sumo Sacerdote de Israel.
José de Arimateia. ⎫
Nicodemos. ⎪
Sadraque. ⎬ Membros do Sinédrio.
Primeiro ancião. ⎪
Segundo ancião. ⎪
Terceiro ancião. ⎭
Escriturário do Tribunal do Sinédrio.
Primeiro pranteador.
Segundo pranteador.
Terceiro pranteador.
Quarto pranteador.
Primeiro fariseu.
Segundo fariseu.
Voz rude.
Camponês.
Primeiro zelote.
Segundo zelote.
Sargento do exército.
Capitão da cavalaria.

7
A LUZ E A VIDA

OBSERVAÇÕES
A PEÇA

Na primeira metade da peça, a atmosfera é de calmaria antes da tempestade que se aproxima. A cena de abertura (Casa de Lázaro) é serena e quase lírica; a cena no Tribunal da Sinagoga e aquela entre Jacó e seus pais devem ser representadas com ímpeto e humor. A cena na rua deve ter alegre confiança; o tom dela é: "Enfrentamos o ostracismo e possivelmente a morte, mas não nos importa; nós sabemos o que estamos fazendo, e tudo ficará bem, tudo ficará bem, todas as coisas ficarão bem".

Na segunda metade, a tempestade começa a irromper: a pacífica estadia além do Jordão termina abruptamente; os discípulos estão inquietos com Judas e incomodados com a profecia de Jesus sobre sua morte; a explosão de Judas mostra uma fé já danificada além de qualquer possibilidade de reparo; há pistas de um complô nos bastidores; a Ressurreição de Lázaro é um desafio e um hino de triunfo soando sobre um abismo de terror e descrença. (O "Coro" dos Judeus Pranteadores aqui deve ser estilizado.)

A peça apresenta dois contrastes agudos: (1) Entre a escolha pela vida e a escolha pela morte. Jesus, Maria, Marta, Jacó, cada um a sua maneira, aceitam a vida. Lázaro a rejeita; e tem de encontrar a vontade de viver passando pela morte e encontrando, nela, a vida. Judas também representa, a seu próprio modo, a escolha pela morte, em sua determinação de que Jesus aceitará o sacrifício em benefício próprio. (2) Entre confiança e desconfiança. De um lado está Lázaro, cuja concretização da escolha pela vida está condicionada unicamente ao seu reconhecimento pessoal de Jesus e sua fé nele; assim como a confiança ousada e simples de Jacó. Por outro lado, temos a desconfiada suspeita de Judas, a meia fé das duas irmãs e de seus amigos judeus, e a timidez de Nicodemos e de José de Arimateia, que (ao contrário de Jacó) não estão preparados para enfrentar as autoridades por causa de suas convicções.

OS PERSONAGENS

JESUS. As observações acima sobre a peça fornecem a linha a ser adotada por Jesus em toda ela. Na cena de abertura, a humanidade tranquila e o bom senso de seu trato com Marta e Maria são permeados por um forte clima de "consciência divina" (no discurso sobre "Palavra e Sabedoria" atuando no mundo). Isso acontece novamente na cena com Jacó; Jacó diz: "Suponha que você estivesse olhando para a Lua pela primeira vez", e a resposta é: "Deus olhou para tudo o que Ele havia feito", com a implicação de que isso fazia parte de sua própria experiência. No embate com os fariseus ("o verdadeiro Pastor") há serenidade e confiança completas: "Isso é o que eu sou, e vocês só podem fazer comigo o que eu escolher".

Na segunda metade, o tom é alterado. O desafio para Judas é inflexível e é recebido com o silêncio da desconfiança. A proclamação a Marta é recebida com uma afirmação formal e bastante incompreensível de fé convencional. "Eu sou a ressurreição e a vida. Você crê nisso?" "Eu creio que você é o Messias" é uma fé do tipo suficiente para prosseguir, mas que não vê o essencial. Maria vai mais longe: ela crê que a morte não pode tocar Jesus; mas, em seu sentido mais óbvio, essa crença vai ser falsificada pela incredulidade do mundo, e Jesus "geme interiormente". A elas precisa ser mostrado que "ressurreição e vida" significam, não escapar *da* morte, mas passar da morte para a vida. Só a fé de Lázaro, que passou pela morte, é confiável; e ele está pronto, como prometeu, para "viver para o Senhor". As palavras "Lázaro, sai para fora" são um chamado não apenas à fé, mas também, em certo sentido, ao sacrifício; e esse chamado realmente será atendido. Mas o triunfo é um triunfo severo.

LÁZARO. É o melancólico por definição: gentil, charmoso, mas pouco vívido. Ele se sente atraído por pessoas poderosamente vivas, embora tenha, eu acho, um pouco de medo de Marta. Maria é sua irmã favorita. Ele tem uma natureza afetuosa, e isso o salva do egoísmo, embora ele seja obviamente introspectivo e um pouco inclinado à autopiedade... Após sua ressurreição da morte, ele está completamente mudado; as poucas palavras que fala saem dele com triunfo e tremenda confiança.

MARTA não é uma personagem discreta. "Orgulhosa da casa" a resumiria, exceto que ela é capaz de uma boa e robusta honestidade sobre si mesma, quando tem tempo para pensar sobre isso. O que ela sente em Jesus é "a Verdade"; e a isso ela reage com um súbito lampejo de percepção sobre si mesma. Sua religião é provavelmente bastante convencional: a tremenda frase sobre "a ressurreição e a vida" produz apenas uma declaração formal de crença de que Jesus é o Messias; foi isso que ela entendeu, mas as implicações teológicas disso estão além de sua compreensão... Quando ela diz que se Jesus tivesse vindo antes, Lázaro não *estaria morto* agora, ela está pensando apenas na cura da doença corporal. No entanto, "mesmo agora" ela sabe que as orações de Jesus são eficazes; ela diz isso, mas o bom senso continuará se manifestando — afinal, Lázaro está morto há muito tempo, e ela não vê o que mesmo o Messias pode fazer a respeito.

MARIA é cheia de vitalidade. Nada, nem mesmo o arrependimento, pode abafar seu espírito por muito tempo. Antes ela amava as coisas erradas, agora ela ama as coisas certas; mas ela faz as duas coisas apaixonadamente — e não fingirá, tampouco, que os velhos e inúteis prazeres não tivessem seus atrativos. O que ela vê em Jesus é "a Vida": a luz resplandecente do viver intenso, que ilumina e desmascara o ornato pomposo e o ouropel. Ela é inconstante: ri de uma hora para outra, desfruta prontamente, chora sem aviso; e se acomoda facilmente ao mecanismo da vida (o leitor sente que se, a qualquer momento, os suprimentos não forem suficientes, ela faria todo mundo comer batata cozida e achar graça). Quando ela diz: "Se você tivesse vindo antes, Lázaro não *teria morrido*", ela quer dizer, literalmente, que seu irmão teria repudiado a própria ideia de morrer: ele não poderia morrer com Jesus ali — ninguém poderia.

JOÃO, TIAGO, SIMÃO PEDRO. Nada de muito especial a respeito deles nesta peça, exceto que o sentimento desconfortável em relação a Judas começa a despertar uma verdadeira repugnância em João.

TOMÉ, pessimista, como sempre, mas vigorosamente devotado.

MATEUS. Uma vez mais, como de costume, é rápido em detectar qualquer coisa errada no aspecto financeiro. Ele está acostumado demais a esse tipo de coisa para sentir muita surpresa ou repugnância. Nesses assuntos, ele é realista. A experiência lhe ensinou que, quando você não pode provar nada, a única coisa a fazer é continuar como se nada tivesse acontecido, mantendo os olhos abertos e a boca fechada.

JUDAS. Lamento trazê-lo a esta peça por causa de um único discurso, mas parece importante obter uma reação dele naquele momento. O discurso em si soará um tanto inexplicável: a explicação virá na próxima peça. Na verdade, ele suspeita (com toda a razão) que o duas-caras Baruque e seus seguidores nas colinas estão planejando um golpe político tendo Jesus como centro e (muito equivocadamente) que Jesus está caindo na armadilha. Judas tem subornado os seguidores de Baruque para obter informações — eis a razão para os roubos na caixa de esmolas. Ele agora atingiu um estado mental em que é totalmente incapaz de aceitar a palavra de Cristo sobre qualquer coisa; até mesmo os francos anúncios sobre o sofrimento e a morte iminentes soam para ele como hipocrisia. Ele está verdadeiramente atormentado, mas tem o humor de um marido ciumento, cujas suspeitas só seriam confirmadas por protestos de inocência. A única coisa que pode ser dita a ele é: "Você confia em mim ou não?", e em resposta a isso ele não tem nenhuma expressão de confiança a manifestar. A partir desse momento, tudo o que acontecer só vai confirmar suas suspeitas, e ele vai desmoronar, até que cometa um crime indescritível e perceba o que fez. Mais ou menos como Otelo, ele só pode acreditar na inocência depois de matá-la.

JACÓ, o Cego. Ele tem cerca de quarenta anos e é uma pessoa excelente. Sua robustez e seu humor dão vida e movimento à cena com os Anciões, bem como à cena com seus pais. Ele é extremamente inteligente e muito bem instruído em sua religião, com uma forte compreensão do essencial de qualquer situação: "Uma coisa eu sei: eu era cego, e agora eu vejo..". "Se Deus ouve pessoas boas e não pessoas más, Jesus é bom, porque Deus o ouve"... "Você é o Messias, e é claro que confio em você". Trinta anos como mendigo fizeram dele um muito bom juiz de caráter; ele é completamente destemido e, quando encontra uma coisa boa, apega-se a ela. Ele também tem verdadeiros traços de poeta, vendo a Lua "nova como no dia em que foi criada". Jacó tem algo em comum com Mateus, mas seu humor é mais áspero e sagaz; ele não está surpreso com a graça e a bondade de Jesus: ele as *reconhece* instantaneamente como algo que "pertence" àquele a quem deveria pertencer.

OS ANCIÕES. Eles não são os mandachuvas; eles são os líderes da sinagoga local — o vigário da paróquia e os guardiões da Igreja, por assim dizer. O Primeiro Ancião está presidindo o tribunal. O Terceiro Ancião é uma pessoa tímida; os outros são mais venenosos.

PAIS DE JACÓ. Por meio dessas pessoas tímidas, trabalhadoras e respeitáveis, sente-se o poder da organização religiosa oficial. A vida singela delas é governada pela Igreja e pela Capela: seu sustento depende de manter-se do lado certo, o dos Anciãos — quem compraria vegetais de um homem em desgraça com a Sinagoga, ou confiaria as roupas a lavar à esposa dele? Nem mesmo um milagre pode encorajá-los a desafiar a autoridade. Eles têm apenas um objetivo: evitar problemas e não ofender. Eles não assumirão responsabilidade por nada. Claro que ouviram tudo sobre Jesus de Nazaré, mas negarão isso categoricamente no momento em que ficar claro que Jesus é *persona non grata* para os Anciãos. O PAI compensa a timidez explodindo de raiva em casa. A MÃE nasceu choramingona e choraminga constantemente.

NICODEMOS; JOSÉ DE ARIMATEIA. Esses homens são seguidores secretos de Jesus, e a consciência deles os leva a fazer um esforço para salvá-lo de seu destino. Mas, quando chega a hora, eles também não ousam encarar uma ruptura aberta com a autoridade eclesiástica. Eles são membros ricos e respeitados do Sinédrio, e a perspectiva de serem desgraçados publicamente como qualquer pobre é demais para eles. Mas eles são sinceros até onde podem, e fazem seus apelos com paixão.

CAIFÁS. Sabe, é claro, exatamente onde ter gente como Nicodemos e José. Ele os prende instantaneamente na questão crucial do Messiado e os força a uma posição em que devem ou se rebelar ou se retrair.

OS PRANTEADORES em Betânia deveriam, penso eu, para produzir o efeito de coro, ser em parte homens e em parte mulheres, seja ou não esse o costume judaico correto. O "lamento" pode ser usado como um tipo de interlúdio para representar a passagem do tempo.

CENA I (BETÂNIA, NA CASA DE LÁZARO)

O evangelista: Na aldeia de Betânia, perto de Jerusalém, morava um homem chamado Lázaro, com suas irmãs Marta e Maria. Maria tinha sido uma grande pecadora, até que conheceu Jesus; e agora, quando ele veio visitá-los, ela se sentou a seus pés para ouvir suas palavras. Mas Marta estava sobrecarregada com muito serviço...

João: Oi, Marta. Está tudo funcionando direitinho agora.

Marta: Obrigada, João, filho de Zebedeu. Eu gostaria que todo mundo fosse tão útil como você. Agora eu preciso continuar cozinhando. Quantos para jantar? O Rabi e você e nós três... são cinco...

João: Simão Pedro e Tiago, se eles voltarem de Jerusalém a tempo.

Marta: Sete... Espero que Tiago se lembre das especiarias.

João: Tiago não vai esquecer... Tem certeza que não há mais nada que eu possa fazer?

Marta: Não. Pode ir agora. Você vai encontrar o Rabino no pátio com Maria e Lázaro... *(saindo)* Abigail! Depressa com essas ervilhas... *(chamando de um pouco mais longe)* Ah, João!

João *(mais perto do microfone)*: Sim?

Marta: O Rabi gosta de recheio de figo ou de tâmaras? Ou devo apenas fazer com passas e algumas azeitonas?

João: Bem... recheio de figo, eu acho... *(para si mesmo)* Pobre Marta! Ela se agita e se preocupa tanto!... *(em voz alta)* Oi, pessoal! Desculpem pelo atraso.

Maria: Venha, João, e sente-se. Você parece estar com calor.

João: É o fogo da cozinha. Eu estava consertando o assador. Não estava muito estragado, não.

Maria: Ó meu querido! Podia ter deixado isso pra amanhã. Guardamos suco pra você.

João: Obrigado, Maria... É muito bonito aqui fora. Acho que o pôr do sol é a hora mais agradável do dia.

Maria: E o outono é a estação mais agradável. Olhe as folhas da videira, tão verdes com a luz passando por elas... e as sombras malhadas dançando no pavimento.

Lázaro: As folhas não ficarão verdes por muito mais tempo. Elas já estão começando a cair.

Maria: Elas são lindas *quando* caem: vermelhas, amarelas e castanho-avermelhadas, crispadas e enroladas nas bordas. Quando o vento sopra as folhas no chão, elas fazem um barulhinho sussurrante, como se estivessem contando um segredo feliz... Mas Lázaro sempre fica triste no outono. Rabi, diga a meu irmão que ele deve ser mais alegre.

Lázaro: Em um mundo como esse, qual razão pra ser feliz? Há muito trabalho e grande inquietação, há medo e um riso trêmulo. O máximo que um homem pode esperar é tranquilidade, e talvez até isso seja esperar demais. Eu acho que há um terror no cerne do mistério de Deus. Não é assim, Rabi? Não é o temor do Senhor o princípio da sabedoria?

Jesus *(de modo sonhador)*: "Quando Ele estabeleceu os fundamentos da Terra, eu estava com Ele formando todas as coisas, e eu ficava encantado a cada dia, alegrando-me diante dele, alegrando-me no mundo e me deleitando entre os filhos dos homens".

João *(um pouco assustado, pois isso parece quase autobiográfico)*: Mestre, de quem isso é dito?

Jesus: Da Palavra e da Sabedoria de Deus.

Lázaro: A alegria vai mesmo tão fundo assim? Vai até as próprias fundações do mundo?... Bem, vou fazer o melhor que eu puder. Mas não sou alegre por natureza.

Maria: Não. Desde pequeno você era quieto e melancólico: meu sério irmão mais velho. Você tentou domar meu espírito selvagem. Se eu tivesse ouvido você, nunca teria pecado tão profundamente. Mas havia tanto, tanto para desfrutar. Eu amei a beleza do mundo. Amava as luzes e os risos, as joias e os perfumes e o ouro, e os aplausos do povo quando eu dançava e deleitava a todos, com guirlandas de lírio nas minhas tranças ruivas.

Lázaro: Você está sempre apaixonada pela vida.

Maria: Eu amo as coisas erradas da maneira errada... Mas *era* uma espécie de amor... até eu encontrar um melhor.

Jesus: Porque o amor foi tão grande, o pecado está todo perdoado.

Maria: Bondoso Rabi, você me disse isso quando caí a seus pés na casa de Simão, o Fariseu... Você sabia? Meus companheiros e eu fomos lá naquele dia pra zombar de você. Achamos que você seria amargo e cruel, odiando toda beleza e tratando a vida como se fosse um inimigo. Mas, quando vi você, fiquei pasma. Você era a única pessoa lá que estava viva de verdade. O restante de nós estava quase morto: fazendo os gestos da vida, fingindo ser pessoas reais. A vida não estava conosco, mas com você: intensa e brilhante, como o Sol forte quando nasce e transforma a chama das velas em uma fumaça pálida. E eu chorei e fiquei envergonhada, me vendo uma coisa tão ruim e espalhafatosa. Mas, quando você falou comigo, eu senti a chama do Sol no meu coração. Eu estava viva pela primeira vez. E amo a vida ainda mais desde que aprendi o significado dela.

Jesus: É para isso que estou aqui. Eu vim para que os homens se apoderassem da vida e a possuíssem em abundância.

Lázaro: Rabi, é verdade. Eu sinto isso em você também: aquela imensa vitalidade com a qual um homem pode se aquecer como se fosse uma fogueira. Na sua presença, eu acho, ninguém poderia facilmente ceder à morte, nem mesmo eu. Mas eu não sou como Maria. Eu seguro a vida apenas com uma mão, e nem é com um aperto lá muito forte. Se a morte viesse calmamente pra mim um dia em que você não estivesse ao meu lado, eu não lutaria, mas escaparia com ela em silêncio e ficaria feliz em ir.

Jesus: Você me ama tão pouco, Lázaro?

Lázaro: Eu te amo muito. Dizer que eu morreria por você não é nada. Eu quase estaria pronto para viver por você se você me pedisse.

João: Ó Mestre, faça com que ele cumpra essa promessa. Olha, Lázaro, você fez sua irmã chorar.

Lázaro: Sinto muito. Receio ser uma companhia bastante deprimente. Não dê bola pra isso. Enxugue os olhos, Maria. Marta tá chegando. Ela vai me repreender se vir você chorando.

Marta *(chegando agitada)*: Aquela garota descuidada quebrou o grande jarro amarelo. E a porta da copa estragou. Não fecha direito. Quanto tempo Pedro e Tiago ainda vão demorar? A carne vai secar até virar cinzas. Maria, eu queria tanto que você se interessasse um pouco pelas tarefas domésticas. Há trabalho demais para um só par de mãos, e essa Abigail não serve pra nada. É muito bom que os homens fiquem sentados conversando o dia todo, mas o lugar da mulher é na cozinha. Rabi, por que você incentiva Maria a deixar tudo comigo? Você não acha que é um pouco injusto? Diga a ela pra vir me ajudar.

Jesus: Querida Marta, você é a alma mais gentil que existe. Você trabalha tanto e se preocupa tanto com tudo, exceto, talvez, com a coisa mais importante de todas, aquilo com que Maria se preocupa. Ela escolheu a melhor parte, e você não deve tirar isso dela.

Marta: Rabi, não tenho rancor de Maria. Mas ainda não acho que seja justo. Ela ficou longe de casa por muito tempo, Deus sabe, e, considerando tudo, acho que o mínimo que ela pode fazer...

Jesus: Marta, a cozinha pode continuar sem você por apenas cinco minutos?

Marta *(relutantemente)*: Bem, eu me atrevo a dizer que *pode*...

Jesus: Então, pare de se preocupar com isso por um momento e pense. Sente-se. Você se lembra de uma história que eu lhe contei na primeira vez que vim ver vocês?

Marta: O dia em que você trouxe Maria de volta pra nós? Sobre o filho mais novo que saiu de casa para conhecer a vida, e desperdiçou todo o dinheiro e teve de cuidar de porcos? Ele, então, se arrependeu e voltou pra casa e o pai o perdoou?

Jesus: Sim, essa mesma. Eu contei sobre o irmão mais velho desse moço?

Marta: Não, Rabi. Ela terminou com o pai dando um banquete pro filho que voltou pra casa.

Jesus: Bem, o irmão mais velho estava trabalhando no campo enquanto tudo isso acontecia, e, quando voltou, ficou surpreso ao ouvir música e dança e uma festa acontecendo. Ele chamou um dos servos e perguntou: "O que está acontecendo?" E o servo disse: "Seu irmão voltou para casa, senhor, e seu pai matou o bezerro cevado, porque está muito feliz por tê-lo de volta são e salvo". O irmão mais velho, todavia, ficou irado e não quis entrar, mas ficou sentado emburrado do lado de fora, até que o pai saiu e implorou para que ele se juntasse à festa. "Olhe aqui, senhor", disse o jovem, "trabalhei para o senhor todos esses anos e fui um bom filho para você, e o senhor nunca me deu nem um cabrito para eu assar para entreter meus amigos. E aqui está esse meu irmão, que desperdiçou seu dinheiro em dissipação e más companhias, e você vai matar o bezerro cevado para ele. Não é justo!" E o pai disse: "Filho, você está comigo o tempo todo, e tudo o que eu tenho é seu. Mas é justo que nos regozijemos e festejemos hoje, pois seu irmão está vivo e todos pensávamos que ele estava morto; ele estava perdido, e agora nós o encontramos".

MARTA *(chateada)*: Ó Rabi! Eu realmente tenho agido tão mal assim?

MARIA *(angustiada)*: Não, não, nunca! Rabi, ela não tem feito isso, de verdade. Ela e Lázaro foram perfeitos anjos pra mim.

MARTA: Não sei. Talvez eu *tenha* ficado um pouco ressentida com as coisas. Lá no fundo, não na superfície. Bastante satisfeita comigo mesma, você sabe, por agir mais generosamente do que eu me sentia de verdade. Ficar em casa o dia todo faz com que a gente se sinta um pouco restrita e exigente... um pouco... Sim, Rabi, eu sei o que você vai dizer, mas não diga.

JESUS: Muito bem, então, não vou dizer.

MARTA: "Presunçosa": posso ver em seu rosto... Maria, minha cordeirinha, não se sinta tão mal. Ele está certo, e eu sinto muito. Pronto, pronto! Venham agora. Não vamos esperar pelos outros. Se a ceia deles ficar ruim, será culpa deles por estarem atrasados.

TIAGO *(chegando com Pedro)*: Quem disse que estamos atrasados? Aqui estamos. Corremos metade do caminho!

PEDRO: A gente teria vindo mais cedo, mas o...

MARTA: Você trouxe os mantimentos?

TIAGO: Sim, claro... Mestre, lembra daquele cego que você curou ontem?

JESUS: Sim. O que tem ele?

PEDRO: Os fariseus estão terrivelmente perturbados...

TIAGO: Eles levaram o homem e os pais dele ao Tribunal da Sinagoga.
MARTA: Venham jantar, agora. Vocês podem conversar depois.
PEDRO: E eles estão dizendo no mercado...
  (Eles seguem em direção à casa, conversando muito empolgados.)

CENA II (JERUSALÉM)
SEQUÊNCIA 1 (UMA REUNIÃO DO TRIBUNAL DA SINAGOGA)

PRIMEIRO ANCIÃO: Bom, vamos ver se eu entendi. Você diz que é Jacó ben-Issacar, cego de nascença, e que ganha a vida mendigando?

JACÓ: Isso mesmo. Cego do nascimento até ontem. Todo mundo me conhece. Meu local de trabalho esses trinta anos foi a esquina da escadaria do Templo.

PRIMEIRO ANCIÃO: Agora, diga-nos exatamente o que aconteceu.

JACÓ: Eu estava sentado no meu antigo lugar ontem à tarde, como de costume...

SEGUNDO ANCIÃO: Ontem, que era sábado?

JACÓ: Isso mesmo. Eu estava sentado lá e ouço um grupo de homens se aproximando. Eram uns dez ou doze desses. Um deles joga uma moeda na minha tigela e diz pro outro: "Rabi Jesus, por que esse pobre homem nasceu cego? Foi para punir algum pecado de seus pais, ou ele mesmo cometeu pecado em uma pré... pré..". pré qualquer coisa.

PRIMEIRO ANCIÃO: "Em uma pré-existência?"

JACÓ: Isso mesmo. Acho que ele queria dizer sobre alguma coisa antes de eu nascer. E o outro cavalheiro responde e diz: "Nem ele nem seus pais são os culpados. Mas isso foi ordenado para que as obras de Deus fossem mostradas nele". E, então, ele diz: "Devo fazer as obras Daquele que me enviou enquanto durar a luz do dia, porque vem a noite, na qual ninguém pode trabalhar". Um tanto triste, ele diz isso. E continua: "Enquanto estou no mundo, sou a luz do mundo".

TERCEIRO ANCIÃO: O que ele quis dizer com isso?

JACÓ: Como vou saber?... Então, esse mesmo cavalheiro — aquele a quem chamavam de "Jesus" — chega perto de mim e coloca alguma coisa nos meus olhos — barro, ou alguma coisa do tipo — e diz: "Agora vá ao Tanque de Siloé e se lave".

SEGUNDO ANCIÃO: Nada mais?

Jacó: Nem uma palavra.

Primeiro ancião: Ele disse que você teria os olhos abertos?

Jacó: Não, nada. Só o que eu disse a vocês.

Segundo ancião: Então, por que você foi?

Jacó: Não sei. Mas eu meio que percebi pela voz dele que algo bom estava chegando. As vozes significam muito quando você é cego. Eu sabia que aquela voz tinha boas intenções comigo. Então, lá fui eu para o Tanque e me lavei com cuidado. E, quando tirei toda a argila, descobri que podia ver... Senhor, cavalheiros, isso foi estranho, foi, sim. Eu nunca tinha visto na minha vida, vocês sabem. No início, eu não sabia muito bem o que fazer, andava todo desajeitado. Mas logo aprendi. Ah! É uma coisa linda poder ver as pessoas e a cidade e o bendito céu e as árvores. Vocês, pessoas que enxergam, não sabem o quanto são sortudos.

Primeiro ancião: É fato, é fato... Isso aconteceu no sábado, você diz.

Jacó: Isso mesmo. E foi um sábado bendito pra mim.

Segundo ancião: Um caso claro de quebra do sábado.

Primeiro ancião: Este Jesus parece agir de propósito para afrontar todos os sentimentos decentes. Ele poderia perfeitamente ter curado o homem em algum outro dia da semana.

Jacó: Quanto melhor o dia, melhor a ação, não é?

Quarto ancião: Bobagem. Isso é uma coisa muito vil de dizer.

Segundo ancião: Todo trabalho é pecado no sábado, por mais benéficos que sejam seus efeitos. Este homem, Jesus, é um notório violador do sábado e um homem muito iníquo.

Jacó: Ah! Ele é? Eu gostaria que existisse mais gente como ele.

Terceiro ancião: Devo dizer que se os milagres são genuínos... não estou dizendo que eles são... mas *se* são, de onde Jesus obtém poder para isso, senão de Deus?

Segundo ancião: Do diabo, pelo que sei. O homem provavelmente é um feiticeiro.

Primeiro ancião: Muitos feiticeiros professam realizar curas.

Segundo ancião: E na metade das vezes a coisa é falsa. Eu não me espantaria se esse Jacó fosse um aliado. Não acredito que ele já tenha sido cego. Ele foi devidamente identificado?

Escriturário do tribunal: Temos os pais dele aqui, senhor.

Primeiro ancião: Mande-os entrar.

Escriturário: Sim, senhor. *(Na porta.)* Ei, vocês dois, podem entrar.
Pai: Muito bem, senhor. Certamente senhor. Bom dia para vocês, senhores.
Mãe: Deus abençoe vossas excelências.
Primeiro ancião: Quais são os nomes? Me dá aqui esse papel. Sim: Issacar e sua esposa, Raquel, moram na Cidade Baixa. Tem certeza de que essas são as pessoas certas?
Escriturário: Oh, sim, senhor. São bem conhecidos da polícia, senhor. Muito respeitáveis. O homem vende legumes e a mulher lava roupa para fora.
Primeiro ancião: Muito bem. Bem, Issacar e Raquel, vocês estão vendo este homem aqui. Vocês o conhecem?
Issacar: Seria engraçado se a gente não o conhecesse, senhor, pois esse é o nosso filho.
Raquel: Sim, senhor, esse é o nosso garoto Jacó. Nasceu cego e nunca viu o sol, senhor, até ontem quando seus olhos foram abertos. Glória seja!
Primeiro ancião: Nasceu cego? Então, como vocês explicam o fato de que agora ele vê perfeitamente bem?
Issacar: Por que, senhor...
Segundo ancião: Tenha cuidado! Se você mentir, ou se estiver em uma conspiração para enganar as autoridades...
Raquel: Oh, não, senhor, não! Somos pessoas honestas. Sabemos que este é nosso filho e sabemos que ele era cego. Mas a gente não sabe como ele passou a ver. De verdade, a gente não sabe.
Primeiro ancião: Quem lhe abriu os olhos? Você sabe quem foi?
Issacar: Não, senhor.
Terceiro ancião: Você já ouviu falar de um homem chamado Jesus de Nazaré?
Issacar: Certamente não, senhor.
Raquel: Não sabemos absolutamente nada sobre isso.
Issacar: Por que você não pergunta a Jacó? Ele tem idade pra responder por si mesmo, não é?
Raquel: Isso mesmo, senhor. Jacó vai contar. Nós não sabemos nada.
Primeiro ancião: Tudo bem, vocês podem ir... Jacó, você, venha aqui... Eu conjuro você solenemente, no grande nome de Deus, a falar a verdade.

Jacó: Jesus de Nazaré abriu meus olhos, e essa é a verdade, diante de Deus.

Primeiro ancião: É nossa opinião bem ponderada que o homem Jesus é um impostor. Você questiona a decisão do tribunal?

Jacó: Bem, senhor, tudo o que eu sei é que eu era cego e agora posso ver.

Segundo ancião: Mas como você sabe que Jesus teve alguma relação com isso? Como ele abriu seus olhos?

Jacó: Eu já disse tudo isso a vocês. Vocês não estavam ouvindo? Vocês parecem obcecados em ouvir sobre o Rabi Jesus. Vocês estão pensando em se tornar discípulos dele?

Segundo ancião: Como você ousa falar assim? É desacato ao tribunal!

Terceiro ancião: Olhe aqui, meu bom homem, *você* pode ser um discípulo de Jesus. *Nós* seguimos Moisés. Sabemos que Deus falou com Moisés, mas, quanto a esse sujeito, ninguém sabe quem ele é ou de onde ele vem.

Jacó: Bem, isso é estranho, não é? Vocês não sabem de onde o homem vem, e ainda assim ele sabia como abrir meus olhos. Ele é um homem iníquo, vocês dizem. Tudo bem. Deus ouve as orações de pessoas iníquas? "Não", dizem vocês, "é claro que Ele não ouve". Ele ouve as orações de pessoas boas? "Sim", vocês dizem, "Ele ouve". Bem, olhaqui. Aqui tá uma coisa que nunca se ouviu desde o início do mundo: que alguém pudesse abrir os olhos de um homem que nasceu cego. Ninguém pode fazer uma coisa dessas se não tiver a ajuda de Deus, é lógico.

Primeiro ancião: Você nasceu totalmente em pecado! Você tem a petulância de pregar para nós? Você vai ser excomungado por causa disso.

Segundo ancião: Expulso da sinagoga.

Quarto ancião: E cortado da congregação.

Primeiro ancião: O tribunal está de acordo sobre isso?

Segundo ancião: Sim.

Terceiro ancião: Sim. Concordo totalmente. Não podemos tolerar esse tipo de comportamento.

Quarto e restantes anciãos: O tribunal está de acordo.

Primeiro ancião: Jacó ben-Issacar, preste atenção, enquanto eu pronuncio a sentença de excomunhão. Em nome de Deus, a quem seja a glória... *(desvanecendo)*

SEQUÊNCIA 2 (CASA DO PAI DE JACÓ)

Pai: Nosso filho expulso da sinagoga! Que desgraça!

Mãe: Como vamos poder levantar a cabeça de novo?

Pai: A vida toda fomos pessoas respeitáveis. Eu me pergunto se você não tem vergonha de nos olhar na cara.

Jacó: O que eu me pergunto é como agora eu consigo olhar vocês. Você se esqueceu disso, parece.

Pai: Era melhor você ter ficado cego até o dia de sua morte do que trazer esse problema pra todos nós.

Jacó: Que coisa estranha pra um homem ouvir do próprio pai.

Mãe: Por que você tinha de falar desse jeito tão impertinente com os veneráveis senhores?

Pai: Você não tem nenhum chamado para defender esse Jesus. Você não poderia ter ficado quieto e dizer que não sabia de nada, como nós?

Mãe *(chorando)*: A gente tomou tanto cuidado pra não ofender ninguém.

Jacó: Deixaram tudo ao meu cargo, não foi?

Pai: A gente achou que podia confiar em você, que você ia ter um tiquinho de bom senso, na sua idade... Pera... você não disse que esse sujeito era o Messias, né?

Jacó: Não, não disse. Eu disse que ele era um bom homem e que Deus estava com ele, e que ficarei ao lado dele. Você não acha que eu poderia ficar ali, sabendo o que ele fez por mim, e ouvir ele ser desonrado por aquela corja?

Mãe: É assim que você fala dos sábios Anciãos e Fariseus?

Pai: Eu não vou ter seguidores de Jesus em *minha* casa. Se você não pode ficar na sinagoga, você não pode ficar aqui.

Jacó: Tudo bem, se você acha que isso tá certo! Eu vou procurar um trabalho. Graças a Deus, e graças a Jesus de Nazaré, agora eu posso trabalhar... Eu pensei que seria legal trabalhar procê, sabendo que você trabalhou a vida toda por mim. Esperei isso a vida toda. 'Xá pra lá. Adeus, mãe. Eu lamento que as coisas tenham acontecido desse jeito. Adeus, Papai... Acho que você não vai me dar sua bênção antes de eu ir embora.

Pai: Minha bênção? Uma maldição de pai é o que você merece, meu rapaz.

Mãe: Ó Issacar, não! Você não vai amaldiçoar meu filho?

Pai: Não se ele sair rápido daqui.

JACÓ: Bem! Sejamos gratos pelas pequenas misericórdias. Adeus de novo. *(Saindo.)*
MÃE: Jacó! Jacó! Se você voltar e pedir desculpas aos Anciãos...
JACÓ: Pedir desculpas pra eles? Sem chance... Papai, olha só, 'ocê não poderia...?
PAI: Vai embora!
(Ele bate a porta na cara dele.)
JACÓ: Bem!... Mundo engraçado, né? Sair de casa essa hora da noite... Tudo bem falar em conseguir um trampo, mas quem é o doido que vai contratar um cara que foi expulso da sinagoga?... Ainda assim, não adianta reclamar. Eu tenho visão e tenho força, e a gente nunca sabe que sorte nos espera... Senhor! Que coisa linda é a Lua! E pensar que eu nunca tinha visto isso até ontem à noite... Me desculpe, senhor; eu não ouvi que você estava vindo... Mas... que estranho. Se eu fosse cego, como eu era, teria ouvido você com certeza. Com licença, mas você já olhou pra Lua? Sabe, *olhar* pra ela de verdade! Você não imaginaria que algo pudesse ser tão bonito, se não estivesse acostumado a isso, por assim dizer. Pense no que sentiria se tudo fosse *novo* pra você, como aconteceu comigo; novo como no dia em que foi criado.
JESUS: "E Deus olhou para tudo o que Ele tinha feito, e eis que tudo era muito bom".
JACÓ: Pera, pera! Eu acho que conheço essa voz... Senhor, fale de novo. Pelo amor de Deus, fale de novo... Nunca coloquei os olhos no seu rosto antes — rostos não significam nada pra mim —, mas você tem a aparência que deveria ter, se 'ocê for o homem que eu imagino que seja.
JESUS: Jacó ben-Issacar, você está feliz com a dádiva que encontrou no Tanque de Siloé?
JACÓ: É isso! Essa é a voz que trouxe a luz pra mim quando eu tava sentado nas trevas. Eu não ia me enganar. Você é Jesus de Nazaré. Ó senhor...
JESUS: Não tão alto, Jacó.
JACÓ *(em um volume mais baixo)*: Isso mesmo. Você tá em perigo aqui em Jerusalém. Por que você veio?
JESUS: Para procurar você. Disseram que, por minha causa, você foi expulso da sinagoga.

Jacó: E da casa do meu pai. Mas não se preocupe com isso, senhor. Eu vou me virar de alguma forma...

Jesus: As raposas têm covis e os pássaros têm ninhos, mas o Filho do Homem não tem onde reclinar a cabeça. Diga-me, Jacó: você crê no Filho do Homem?

Jacó: Você tá falando do Messias? Claro, eu creio na vinda dele.

Jesus: Você está pronto para confiar nele?

Jacó: Sim, senhor, se eu soubesse quem ele é... Você fala como se ele estivesse aqui. Me diz onde posso encontrar ele e eu vou confiar nele totalmente.

Jesus: Você já o viu, e ele está falando com você agora.

Jacó: Você, senhor? Na verdade, eu já sabia disso. Se alguma vez um homem veio direto de Deus, senhor, foi você. Não diz mais nada, Rabi, eu confio em você. Eu vou te seguir até o fim do mundo. Você não vai me mandar embora?

Jesus: Se alguém vier até *mim*, eu nunca o expulsarei.

Primeiro fariseu: Caramba! Uma visão muito comovente. E uma conversa comovente.

Jacó: Quem é esse?

Segundo fariseu: Somos os líderes da sinagoga, Jacó ben-Issacar. A treliça desta casa tem uma vista muito conveniente para a rua. Você sabia que é um delito reconhecer este homem como o Messias?

Jacó: Você deixou isso bem claro hoje à tarde. Mas vocês me expulsaram, e não tem mais nada que vocês possam fazer comigo. Não tenho mais nada com vocês agora, e eu vou pra onde me queiram.

Primeiro fariseu: É verdade. O cego vai ter com Jesus de Nazaré à noite. Mais apropriado. Mas *nós* temos olhos e ouvidos.

Jesus: Como você diz, isso é apropriado. Pois, onde quer que eu vá, trago julgamento. E eu vim ao mundo para que os cegos vissem e para que os que veem ficassem cegos.

Segundo fariseu: Você está insinuando que *nós* somos cegos?

Jesus: A cegueira não é pecado. Se vocês fossem cegos e soubessem disso, não seriam culpados. Mas vocês são cegos e insistem que veem claramente. Esse é o pecado de vocês.

Primeiro fariseu: Não vamos trocar palavras com você. Mas uma coisa nós *temos* visto e notado. Você voluntariamente acolheu como seguidor este patife excomungado, esta ovelha negra que foi expulsa do rebanho de Israel.

Jesus: Expulso do rebanho? É melhor dizer que ele atendeu a meu chamado. De fato e de fato, eu lhes digo: o homem que não entra no aprisco das ovelhas pela porta, mas sobe de alguma outra forma, nada mais é do que um ladrão e um roubador. Mas quem entra pela porta é o próprio pastor. Ele chama suas próprias ovelhas pelo nome e as conduz para o pasto. E as ovelhas o seguem de boa vontade, porque conhecem sua voz. Mas elas não seguirão um estranho, pois a voz estranha as assusta.

Primeiro fariseu: O que você quer dizer com isso?

Jesus: Eu sou o pastor amado, a quem as ovelhas se alegram em seguir. Eu conheço as minhas, e elas me conhecem. Esta é a marca do verdadeiro pastor: ele dá a vida pelas ovelhas. O falso, o mercenário, não se importa com as ovelhas, porque elas não são suas. Quando vê o lobo à distância, ele foge e deixa o rebanho entregue ao destino. Mas eu sou o verdadeiro pastor e eu dou minha vida pelas ovelhas.

Segundo fariseu: Se você continuar provocando as autoridades, ouso dizer que eles *vão* tirar sua vida.

Jesus: Ninguém pode *tirar* minha vida. Eu a dou de minha própria vontade, e a tomo de volta quando chegar a hora. Essa é a ordem de meu Pai e a medida de seu amor por mim. E porque eu sou o pastor de Israel...

Primeiro fariseu *(interrompendo com raiva)*: O Senhor Deus é o pastor de Israel!

Jesus: Minha autoridade é de Deus. Assim como meu Pai me conhece, e eu o conheço, também conheço minhas ovelhas e sou conhecido por elas. Minha dádiva para elas é a vida eterna, e ninguém pode arrebatá-las de minhas mãos. Pois meu Pai as deu a mim, e ele é todo-poderoso. Ninguém pode arrebatar nada das mãos de Deus, e meu Pai e eu somos um.

CENA III (ALÉM DO JORDÃO)

O evangelista: Quando ele disse essas coisas, os judeus procuraram novamente apedrejá-lo. Mas ele escapou de suas mãos e partiu para além do Jordão, e ali morou; e muitos creram nele...

E então aconteceu que Marta e Maria mandaram lhe dizer: "Rabi, Lázaro, a quem você ama, está muito doente". Quando ouviu isso,

Jesus disse: "Esta doença não é para a morte, mas para a glória de Deus, para que o Filho de Deus seja glorificado por ela". E ele não foi para Betânia, mas permaneceu onde estava por mais dois dias.

PEDRO: O que você tem aí, João?

JOÃO: Rosas de Sarom. Elas estão florescendo em todo o vale.

PEDRO: É um prazer ver a primavera novamente. Mas eu gostei desses últimos meses. E você?

JOÃO: Eu também, Pedro. Têm sido ótimos. Tão pacíficos... e um grande alívio estar fora de Jerusalém. Eu sei que é a Cidade Santa e tudo mais, mas você podia sentir ódio e hipocrisia escorrendo até das pedras. E eu ficava pensando o tempo todo que o Mestre seria preso ou assassinado.

TOMÉ: Eu estava com medo, quando veio aquela mensagem sobre Lázaro, que ele quisesse ir até Betânia novamente e arriscar a própria cabeça.

PEDRO: Eu também, Tomé. É uma bênção que a doença tenha sido uma coisa leve.

JOÃO: S-sim. Eu me espantei com isso, na verdade. Claro, o Mestre sabe melhor. Mas Lázaro não tem muita saúde, e, se ele ficasse doente *mesmo*, não acho que conseguiria resistir muito.

PEDRO: Se ele aguentou até agora, provavelmente vai se recuperar. Talvez o Mestre tenha pensado que seu amigo deveria se esforçar.

JOÃO: Talvez seja isso. De qualquer forma, estou grato, egoisticamente grato, por continuarmos aqui. Sem tumultos, sem protestos, sem discussões; nada além do povo do campo que realmente o ama — é como se o Reino já estivesse aqui.

PEDRO: Sim. Como o Mestre disse. "Onde quer que haja amor, aí está o Reino". E talvez seja assim que ele virá, só trabalhando em silêncio, como o fermento na massa, assim como ele nos falou.

JOÃO: O Mestre está feliz aqui. Alegre e sereno como era quando a gente o conheceu.

TOMÉ: Receio que esteja bom demais pra durar... Você não estava aqui ontem à noite. Ele falou novamente sobre morrer.

JOÃO: Ah, Tomé! Eu meio que esperava... Quero dizer, fazia uns dias que ele não mencionava isso, e depois que saímos de Jerusalém... eu consegui esquecer... quase... Eu não consigo suportar isso... me dá uma espécie de sensação de enjoo no estômago... o que ele disse?

Pedro: Ele usou aquela expressão horrível de novo: "pendurado no madeiro"... Eu vi Judas com uma aparência muito, mas muito esquisita.

Tomé *(achando um grande alívio mudar de conversa)*: Olha aqui, João, qual é o *problema* com Judas? Ele tá sempre sugerindo coisas...

João: Que coisas?

Tomé: Sobre não achar muito que as coisas vão dar certo, e sobre os efeitos negativos da popularidade...

Pedro: Isso é o que o Mestre diz.

Tomé: Eu sei. Mas por que Judas o observa tão de perto, como se estivesse esperando pegá-lo em alguma coisa?... E outra noite eu o vi falando com um homem de aparência muito rude, como um bandido da montanha, e dando-lhe dinheiro, dum jeito bem furtivo.

João: Dando dinheiro a ele? Que dinheiro? Não o da caixa de esmolas?

Pedro: Olhe aqui, Tomé! O que você tá tentando dizer? Você tá acusando Judas?

Tomé: Não tô acusando ninguém. Mas achei engraçado, só isso.

João: Você não deve dizer essas coisas, Tomé, a menos que...

Mateus *(interrompendo inesperadamente)*: Já faz algum tempo que tenho minhas dúvidas sobre Judas.

Pedro: Pelos Céus, Mateus! Eu pensei que você estava dormindo.

Mateus: Não, eu *não estou* dormindo. Olha só. Eu queria dinheiro na semana passada para uma família pobre. Aparentemente, não havia nenhum. Bem, eu sabia que não poderíamos ter gasto tudo o que ganhamos com a última pescaria. "O que aconteceu?", eu perguntei. Judas me olhou diretamente nos olhos — direto demais — e disse que tinha gasto com um objetivo meritório. Eu sei que há objetivos meritórios que você não pode nomear... Mas... Bem, não pude provar nada, então, eu não disse nada... O Mestre está vindo. Não o preocupem com isso... não enquanto a gente não tiver certeza.

João: Claro que não... Oh, céus! Judas tá com ele...

Jesus: Bem, filhos, passamos um inverno feliz, mas chegou a hora de nos mudarmos de novo. Vamos voltar para a Judeia.

Discípulos: Para a Judeia?

Pedro: Mestre, você sabe o que aconteceu da última vez. Eles tentaram apedrejar você. Você quer mesmo voltar pra lá?

Jesus: Não há doze horas no dia, doze horas de luz do dia? De dia, um homem pode andar sem tropeçar, porque o Sol está lá. É só à noite que ele tropeça, quando o *Sol* já se pôs e o deixou no escuro... Tive notícias de nosso amigo Lázaro.

João: Ele está pior?

Jesus: Ele adormeceu, e devo ir acordá-lo.

Mateus: Mas, se ele está tirando uma boa soneca, está fazendo o que é bom para se recuperar.

Jesus: Filhos, Lázaro morreu.

João: Oh, sinto muito... Mestre, se apenas...

Jesus: Se eu apenas tivesse ido antes? Bem, João, para o benefício de vocês, estou feliz por não estar lá, porque vocês devem aprender a crer.

Tomé: Mas, se ele está morto, não adianta ir agora.

Jesus: Vamos até ele mesmo assim.

Pedro: Você quer mesmo ir?

Jesus: Eu vou. Mas não venha, se preferir.

Judas: Mestre, você não pode falar de modo mais claro?

Jesus: Sim, Judas? Sobre o quê?

Judas: Sobre essa jornada. *Por que* você quer ir para a Judeia? Chorar na sepultura e consolar os desolados? Isso é tudo? Ou você pretende sair corajosamente, sair desse remanso agradável e enfrentar a maré dos acontecimentos? *(de modo apaixonado)* Eu gostaria de saber o que fazer com você. Às vezes você fala como se quisesse arriscar tudo e assumir as consequências. Mas de que maneira... de que maneira? Você tornou o caminho do Reino bem claro aos meus olhos e ao meu coração. Mas existe outro caminho e outro tipo de reino, e há coisas acontecendo que eu não entendo. Ou talvez eu entenda muito bem... Pelo amor de Deus, Mestre, você é honesto? Ou suas palavras dizem uma coisa e suas ações, outra?

Jesus: Eu já lhe disse uma vez que alguns de vocês ainda não confiam em mim. E eu disse, e repito a vocês: Bem-aventurado o homem que não tem dúvidas sobre mim. Sem fé, vocês não podem fazer nada; e se vocês creem em Deus, vocês devem também crer em mim. Mas ou você confia em mim totalmente ou não confia nem um pouco.

(Pequena pausa.)

Quando o Filho do Homem vier, ele encontrará fé no mundo? *(Saindo.)*

Pedro: Pronto, agora ele se foi... Olha aqui, Judas, o que diabos te fez perder as estribeiras desse jeito? Você fala como se o Mestre estivesse metido em algum tipo de negócio esquisito.

Judas: Por que ele não respondeu minhas perguntas?

Pedro: Que perguntas? Não consegui entender aonde você estava querendo chegar.

Judas: *Ele* entendeu muito bem. E ele não deu uma resposta direta.

Mateus: Bem, não vejo que você tenha sido chamado para fazer muitas perguntas. Será que ele já não tem coisa suficiente para preocupá-lo: o pobre Lázaro morto, e seu desejo de ir para Betânia, e as pessoas apenas esperando para atirar pedras nele, e ainda nós contestando tudo, contradizendo e perdendo a coragem quanto a isso? Nem mesmo temos a gentileza de dizer se vamos com ele ou não. Que belo bando de discípulos nós somos, eu digo — vacilantes diante de tudo isso.

Pedro: Eu só disse que era perigoso para ele estar na Judeia.

Mateus: Isso não vai impedi-lo. Você já deveria saber disso. Ele já se decidiu, e vai mesmo que isso lhe custe a vida.

Pedro: Isso é fato. Precisamos confiar nele pra saber o que é certo. E, afinal, ele já escapou em segurança antes.

Tomé: Eu acho que a gente não deveria contar com isso. O que eu quero dizer é que ele é nosso Mestre e nosso amigo; e, se ele vai ser morto, nós vamos também, e vamos morrer com ele.

Pedro: É claro, não há mais nada que possamos fazer.

João: Não há mais nada que queiramos fazer.

Mateus: Não há mais nada *a* fazer. O que você acha, Judas?

Judas: Se ele for, eu vou também. Não é da morte que eu tenho medo.

CENA IV (BETÂNIA)
SEQUÊNCIA 1 (NA ESTRADA)

O evangelista: Quando Jesus foi para Betânia, soube que Lázaro já estava na sepultura há quatro dias. E muitos judeus tinham vindo de Jerusalém para consolar Marta e Maria a respeito de seu irmão. Então Marta, logo que soube que Jesus estava chegando, foi a seu encontro, mas Maria ficou em casa...

Marta: Ó Rabi, Rabi! Você ouviu em que dificuldade estamos?

Jesus: Sim, minha querida.

Marta: Lázaro está morto. Oh, se você tivesse vindo antes, você o teria curado, e ele não estaria deitado ali, frio, no túmulo. Mesmo agora, eu sei que Deus lhe dará tudo o que você pedir... No entanto, o que as orações podem fazer por alguém que está morto e enterrado?

Jesus: Conforte-se, Marta; seu irmão se levantará novamente.

Marta: Sim, Rabi. Eu sei que ele vai ressuscitar, na ressurreição no último dia.

Jesus: Eu sou a ressurreição e a vida. Aqueles que creem em mim viverão, mesmo que estejam mortos, e os vivos que creem em mim nunca morrerão... Você crê nisso?

Marta *(intrigada, mas salientando o que ela realmente acredita)*: Sim, Mestre, eu creio em você. Eu creio que você é o Cristo, o Filho de Deus, enviado ao mundo como os profetas predisseram.

Jesus: Você, pelo menos, crê nisso. Onde está Maria?

Marta: Em casa. Vou correr e buscá-la.

SEQUÊNCIA 2 (A CASA)

(Som dos JUDEUS se lamentando, como um velório antigo tradicional, com pessoas pranteando de modo exagerado.)

Marta *(em tom baixo e urgente)*: Maria, Maria!

Maria: O que é, Marta?

Marta: O Mestre está aqui e está perguntando por você. Venha rápido! Ele tá esperando na estrada.

Maria: Graças a Deus que ele finalmente chegou!

Marta: Aqui está sua capa.

Maria: Obrigada, querida... Ó Marta! Eu espero que não seja perigoso pra ele voltar.

Marta: Nós vamos escapulir discretamente.

(O lamento continua.)

Primeiro pranteador: O que aconteceu com Maria?

Segundo pranteador: Ela saiu de casa com Marta.

Terceiro pranteador: Elas foram chorar no túmulo do irmão.

Quarto pranteador: Vamos lá misturar nossas lágrimas com as delas.

Primeiro pranteador: Olhe! As duas irmãs estão correndo pela estrada.

Segundo pranteador: Elas passaram a curva que vai pro cemitério.
Terceiro pranteador: Devemos segui-las ou voltar para casa?
Quarto pranteador: Vamos seguir! Por causa da dor, elas podem fazer alguma coisa desesperada.
Marta: Ah, Maria! Nossos amigos nos viram e nos seguiram.
Maria: Não dá pra evitar agora. Devemos nos lançar aos pés do Mestre.
Primeiro pranteador: Vejam! Há alguém esperando por elas na curva da estrada.
Segundo pranteador: Quem é?
Terceiro pranteador: Maria se prostrou e beijou os pés dele.
Quarto pranteador: É Jesus de Nazaré.
Maria: Ó Rabi! Ó querido Mestre! Você é bem-vindo ao nosso coração triste. Ai de mim! Se você tivesse vindo antes, nosso irmão nunca teria morrido.
Jesus: Tem certeza disso, Maria?
Maria: Oh, sim, tenho certeza. Pois eu o ouvi dizer isso a você. E, de fato, eu creio que a própria morte jamais suportaria sua presença.
Jesus *(perturbado)*: Ó minhas irmãs! Ó meus filhos! Se o mundo tivesse fé suficiente, isso seria mesmo verdade... Onde vocês colocaram Lázaro?
Maria: Ele está em uma caverna um pouco longe daqui.
Jesus: Mostrem-me o lugar.
Primeiro pranteador: O profeta está perturbado.
Segundo pranteador: Ele está chorando.
Terceiro pranteador: Ele devia amar muito Lázaro.
Quarto pranteador: Ele abriu os olhos do cego; não poderia ter evitado que seu amigo morresse?
Primeiro pranteador: Ah! Nenhum homem é forte o suficiente para tirar a morte do mundo.

(Renova-se o lamento.)

SEQUÊNCIA 3 (A SEPULTURA)

Marta: Aqui é o lugar, querido Mestre. Ele jaz naquela tumba silenciosa, escavada na rocha, com a grande pedra colocada à frente.
Maria: Lázaro, nosso irmão, que não amava a vida, deixou o fardo escorregar dos ombros e agora não se preocupa mais.

Marta: Ele carregou a vida como um condenado carrega a cruz. Mas agora ele a deitou.

Jesus: Se alguém me ama, tome sua cruz e siga-me. Removam a pedra da tumba.

Pranteadores: Remover a pedra?

Marta *(horrorizada)*: Mestre... ele está morto há quatro dias! O fedor da decomposição está em sua carne.

Jesus: Eu não disse que se você cresse, veria a glória de Deus? Rolem a pedra.

Maria: Nenhum de vocês fará o que o Rabino diz?... Ó João, eles estão com medo.

João: Faremos isso por você, Maria. Pedro e Tiago, venham; coloquem as mãos na pedra.

Primeiro pranteador: Aqui está uma alavanca.

Pedro: Levantem todos juntos!

(A pedra é tirada com um estrondo.)

Primeiro pranteador: O túmulo está aberto.

Segundo pranteador: O que ele vai fazer?

Terceiro pranteador: Alguma coisa assustadora vai acontecer.

Quarto pranteador: Vejam! Ele está orando.

Jesus: Pai, eu te agradeço porque tu me ouviste. E eu sei que tu sempre me ouves. Mas eu te dou graças em voz alta, para que essas pessoas que estão por perto possam ouvir e crer que tu me enviaste... *(em voz alta)* Lázaro!

Primeiro pranteador: Ó meu Deus! Ele tá chamando o morto.

Jesus: Lázaro, venha para fora!

(Uma pausa nervosa.)

Judia *(em um suspiro agudo e sufocado)*: Ouçam!... Ouçam!... Aaaaaaah!

Segundo pranteador *(em um murmúrio intenso de terror)*: Oh, vejam! Oh, vejam!... saindo para a luz do dia... cego e enfaixado... *se movendo*... com os pés ainda presos pelas faixas do sepultamento!

Jesus: Soltem-no. Tirem o pano do rosto dele.

Terceiro pranteador: Não, não! Qual vai ser a aparência dele? O rosto de um morto de quatro dias?

Maria: Ó Marta, vem me ajudar... Lázaro, meu irmão querido, fale se puder!

Lázaro: Senhor Jesus!

Maria: Você tá sorrindo! Você tá rindo! Você tá vivo!
Lázaro *(com alegria)*: Sim, eu tô vivo!
Marta: Onde você esteve?
Lázaro: Com vida.
Maria: Você sabe quem chamou você de volta?
Lázaro: Vida. Ele está aqui e ele nunca me deixou.
Jesus: Soltem-no e levem-no para casa.

CENA V (JERUSALÉM: UMA REUNIÃO DO SINÉDRIO)

O evangelista: Muitos dos judeus que foram a Betânia e viram o que Jesus fez creram nele. Mas alguns deles foram até os Fariseus e contaram o ocorrido. E os Chefes dos Sacerdotes e os Fariseus convocaram uma reunião do conselho.

Primeiro ancião *(de modo apaixonado)*: ... e esse homem está por aí, vagando pelo país, pregando sedição, quebrando a Lei, praticando magia e necromancia e sabe Deus mais o quê. E o que estamos *fazendo* a respeito? Nada! Absolutamente nada!

Sadraque *(de modo ácido)*: Ora, ora. Realizamos várias reuniões de comitês e aprovamos várias resoluções.

Primeiro ancião: Sim! E que bons resultados isso trouxe? Ele vai e vem à vontade, e ninguém interfere. Tudo o que conseguimos é um registro no livro de atas dizendo que o Sinédrio recomenda que ele seja preso ou apedrejado.

Segundo ancião: Se a nação se unir a esse fazedor de milagres, Roma intervirá e tirará até mesmo os miseráveis resquícios de liberdade que nós temos. Pode nos dizer, meu senhor Caifás, se alguma medida prática está sendo tomada a respeito?

Caifás: Sim, ela está sendo tomada.

Primeiro ancião *(em tom venenoso)*: Fico feliz em ouvir isso.

Caifás: Mas temos de ter uma acusação clara e escolher o momento certo. Caso contrário, Roma poderia ficar ao lado de Jesus, e isso seria desastroso.

(Murmúrios de assentimento.)

Queremos que a coisa seja tão perfeita que nada, nada, possa intervir para salvar esse homem do madeiro.

Terceiro ancião: Concordo. Devemos agir com muita cautela.

Primeiro ancião: Não vejo necessidade de toda essa cautela. Qual é o problema com vocês todos? Vocês têm medo do homem?

(Gritos de "Não! Não!".)

Nicodemos: Sim, nós *estamos* com medo. E devemos ter medo. De quem é o poder nesse homem?... Eu lhes digo: há medo em meus ossos de que, ao lutar contra Jesus, estejamos lutando contra Deus.

(Gritos irados.)

José de Arimateia: Concordo com Nicodemos. Jesus é um profeta de Deus. Irão nossos nomes para a História junto com os nomes dos que perseguiram os profetas?... Imploro ao Sinédrio que pense bem antes de cometer o que é certamente injustiça e pode ser o sacrilégio mais terrível.

Caifás: Irmão José e irmão Nicodemos, eu entendo que vocês aceitam a afirmação de Jesus de Nazaré de ser o Messias. É isso? Porque é isso que ele afirma. Ele não diz que é um profeta; ele diz que é o Cristo. Se vocês se propõem a apoiar essa afirmação publicamente, vocês podem. Claro, há uma penalidade junto com ela. Uma pessoa foi excomungada outro dia pela mesma ofensa. Era apenas um pobre, certamente — mas Deus não permita que o Sinédrio faça acepção de pessoas, por mais ricas que sejam, José de Arimateia. Se alguém pensa que Jesus filho de José é o Messias prometido e o Rei de Israel, é melhor dizer isso imediatamente, e então saberemos onde estamos.

Nicodemos *(após uma pausa)*: Não desejo desafiar o Sinédrio.

José: Minha ansiedade é apenas que uma pessoa inocente não seja vitimada.

Caifás: A palavra "vítima" sempre desperta sentimentos. Mas eu disse antes, e repito, que é melhor sacrificar um homem do que toda a nação. Isso não é perseguição; é política. Acho melhor colocarmos o assunto à votação. A proposta é que acusemos Jesus de Nazaré de feitiçaria e blasfêmia. Os que estão a favor expressarão gentilmente seu assentimento da maneira habitual?... Obrigado... Contra... Obrigado.

Escriturário: A proposta é aceita, *nemine contradicente*. Dois membros se abstiveram de votar.

O evangelista: E, daquele dia em diante, eles se aconselhavam sobre como deveriam matar Jesus.

PERSONAGENS

O evangelista.
Baruque, o Zelote.
Lázaro.
Jesus.

Judas Iscariotes.
Tiago, filho de Zebedeu.
João, filho de Zebedeu.
Pedro (Simão, filho de Jonas).
André, filho de Jonas.   } Discípulos de Jesus.
Tomé Dídimo.
Mateus, o cobrador de impostos.
Filipe.
Natanael.

Proclo, um centurião romano.
Caio Pôncio Pilatos, governador da Judeia.
Cláudia Prócula, esposa de Pilatos.
Flávio, liberto de Pilatos.
Primeiro ancião.
Sadraque.
Caifás, sumo sacerdote de Israel.
Anás, sogro de Caifás.
Servo de Caifás.

Primeiro homem.
Segundo homem.
Terceiro homem.
Quarto homem.
Primeira mulher.   } Convidados em Betânia.
Segunda mulher.
Terceira mulher.
Quarta mulher.

Um mensageiro.
Sargento.

Pai.
Mãe.   } Viajantes para Jerusalém.
Filho.
Peregrino.

Um jovem, o Jovem Rico.

Saduceu.
Primeiro judeu.
Segundo judeu.   } Confrontadores.
Litigante.
Herodiano.
Escriba.

8
PROGRESSO DO REI

OBSERVAÇÕES
A PEÇA

Do ponto de vista da estrutura do enredo, esta é a peça de conexão que aproxima a história de Judas-Baruque com a relação próxima de Caifás-Pilatos. Também reúne algumas pessoas que aparecerão nas cenas da crucificação (Pilatos, Maria Madalena, Proclo) e as define. Do ponto de vista doutrinal, apresenta principalmente um contraste de valores entre este mundo e o outro (parábola do Rico e de Lázaro, ovelhas e cabras, "grande recusa", pedido dos Zebedeus).

[Há um grande enigma nesta história, a saber: a misteriosa prontidão do "jumentinho" para a Entrada em Jerusalém. Não acredito que Jesus estava fazendo uma espécie de desfile encenado para cumprir uma profecia. Quer dizer, não consigo vê-lo indo a alguém e dizendo em tom conspiratório: "Quero que você tenha um jumento pronto para mim amanhã, para que eu possa fazer uma entrada espetacular na cidade a fim de me conformar com o que Zacarias registrou". Isso não se parece com Ele — e o cumprimento de uma profecia não é um cumprimento se alguém o realiza de propósito. Acho que o arranjo foi feito, e a senha criada, por outra pessoa e por outro motivo; alguém pediu um sinal e recebeu um sinal — e a profecia foi cumprida de uma forma perfeitamente natural e, portanto, foi *de fato* cumprida. (Assim como, por exemplo, a profecia sobre onde Cristo nasceria foi cumprida, não por Maria ir deliberadamente para Belém a fim de alinhar as coisas com os profetas, mas por meio do mecanismo perfeitamente comum de um censo, que a *levou* até lá.) Na infância, sempre pensei que "para que se cumprisse o que foi dito etc.", queria dizer que Jesus e os outros deliberadamente fizeram coisas porque era isso que se esperava deles: "Ele mandou buscar um jumento". "Por que um jumento?" "Porque Zacarias disse que tinha de ser um jumento, para que, assim, todos pudessem ver que ele estava cumprindo uma profecia". Mas, na verdade, ninguém viu isso na época.

Há o mesmo tipo de dificuldade com as passagens em que Jesus prediz seus sofrimento e morte. Ele certamente não contou aos discípulos tudo sobre isso em detalhes: "Vai acontecer exatamente assim, e isso e depois isso", como se fosse uma peça que eles deveriam representar. Deve ter sido tudo muito mais vago e humano e disperso do que parece no texto; não tão preciso e categórico, mas mais parecido com João 12:23-26 do que com Mateus 15:21. Então, quando tudo aconteceu, e eles refletiram sobre o assunto, perceberam que *haviam sido* avisados e viram isso como algo predestinado, "cumprindo as profecias". "Os seus discípulos, porém, não entenderam isto no princípio; mas, quando Jesus foi glorificado, então se lembraram de que isto estava escrito dele" (Jo 12:16)...

[De cartas escritas ao Dr. Welch.]

OS PERSONAGENS

BARUQUE. Direto: o perfeito homem de ação deste mundo. Ele dita sua carta com o ar de um homem que lança um ultimato.

JESUS. Esta é uma peça cheia de mudanças de humor. Ele enfrentou a situação e sabe muito bem o que o espera em Jerusalém. Assim, ele tem momentos daquela curiosa alegria e tensão relaxada que muitas vezes acompanham a aceitação do inevitável. A parábola do Rico e de Lázaro deve ser contada, penso eu, de modo bem sossegado e íntimo — gravemente, é claro, no final, mas não ameaçadora; mais uma declaração clara de uma verdade melancólica, mas indiscutível... Na curta cena com Judas, há um último esforço para persuadi-lo a abrir a porta da desconfiança, um apelo final ao homem para salvar a própria alma. O desastre é inevitável, mas ainda há tempo para Judas se recusar a ser um agente nele. Mas Judas trancou a porta com uma mentira, e nem o alerta nem a oração o comoverão agora... A cena com o jumento tem a alternância de humor claramente marcada. A reclamação de Judas é respondida com um rápido desafio: "Por que eles não deveriam me receber?" Judas, nesse momento, poderia fazer sua acusação abertamente, mas ele não o fará... O lamento sobre Jerusalém é o lamento sobre o inevitável: "Se você soubesse... mas agora é tarde demais". Em seguida, vem a cena alegre e terna com o jumentinho, e a aceitação do triunfo fugido... Na cena com os Confrontadores, o clima é novamente relaxado, quase como se ele gostasse de jogar com esses adversários desajeitados. (Só pode haver um fim para a caçada, mas, enquanto isso, é estimulante observar os cães confusos em um contratempo.) A resposta sobre a criancinha: isso realmente os deixa absolutamente estarrecidos, e é reconfortante voltar-se deles para o deleite simples das mães orgulhosas e as inocentes carícias dos filhos. Em seguida, o Jovem Rico; seria bom ter a lealdade dele, mesmo neste último momento, mas ele não vai enfrentá-lo, e é uma pena, e não pode ser evitado. Deus não força ninguém — nem Judas, nem esse jovem: a vontade da criatura é livre... Agora os discípulos estão sendo ingenuamente pedantes e ridículos, juntando-se como crianças quando um de seus companheiros é repreendido e dizendo: *"Nós temos* sido bons, não temos? O que nós ganhamos?". É preciso rir deles: "Vocês terão tudo o que querem e com sobra — vão em frente! Fartem-se". Até que o pedido dos Zebedeus traga sobre a cena a grande sombra novamente. Eles *ainda* não conseguem entender e estão sendo tolos e briguentos — mas é preciso ser gentil com eles, porque o tempo é muito curto.

JUDAS. Nessa peça, toda a estrutura de seu idealismo intelectual se rompe e se desintegra, revelando as falhas fundamentais de caráter. É verdade que, dadas essas falhas, toda a situação pode enganá-lo. A vida é assim. Se alguém se mete em uma disposição mental em que desconfia das motivações de todos, as circunstâncias parecem conspirar para dar cor às suas piores suspeitas. No âmago de Judas estão os próprios pecados do diabo: orgulho e descrença; e, por trás de todo o seu idealismo, há, enraizado, o amor-próprio.

Observe que na peça 2, quando ele conheceu Jesus, foi-lhe perguntado: "Você pode ser fiel?". Sua resposta foi que ele poderia ser fiel a qualquer empreendimento próprio ("Se eu colocar minha mão no arado, nunca olharei para trás"). Mas isso não é a fé em Jesus, que significa confiança infantil *em uma Pessoa* — e é assim entendida por João, por Mateus, pelo Homem Cego da peça 7, e, com várias hesitações e indecisões, pelos outros discípulos, e por pessoas como o Nobre da peça 3, ou Proclo, e as outras pessoas que foram beneficiadas por milagres.

Na cena I, sequência 3, as suspeitas de Judas parecem confirmadas, e ele imediatamente aceita a pior interpretação que poderia ser feita sobre o assunto. Seu amor-próprio tem o efeito psicológico de fazê-lo transferir seus próprios defeitos para a pessoa de quem suspeita: "Jesus se vendeu". (Assim, o bêbado acusa o companheiro de estar bêbado, o homem lúbrico desconfia da virtude da esposa, o trapaceiro reclama que todos estão tentando passar a perna nele...) Nesse momento, quando a desconfiança o transforma em espião e ladrão, Jesus o confronta com a pergunta repentina: "Com quem você estava falando agora há pouco?", e a mentira salta para fora dele instantaneamente: "Com ninguém!". Tendo assumido essa posição, seu orgulho lhe torna impossível confessar, ou oferecer ou aceitar qualquer explicação.

Na cena com Caifás e Anás, suas primeiras palavras soam a nota do amor-próprio: "Eu enganei você... Eu me enganei... Eu fui feito de idiota". É isso que exaspera. Então, ele se justifica: "Eu não estava realmente errado; eu estava certo o tempo todo; Jesus é que se degenerou". Ele deixa claro que o que admirava em Jesus não era exatamente Jesus, mas apenas a projeção de suas próprias ideias em outra pessoa: "Meus sonhos... minhas orações... tudo o que *eu* sempre imaginei". O que Judas realmente queria era um Jesus que interpretasse Judas para o mundo, sob a orientação e a direção de Judas. (Ele tem, de fato, feito exatamente o que condenou em Baruque: tentar fazer de Jesus uma ferramenta para seus próprios fins, embora, é claro, de uma forma muito mais sutil e menos consciente.) Depois, surgiram todas as queixas pessoais mesquinhas que feriram seu orgulho; pessoas menos inteligentes foram preferidas a ele; Jesus não confiou nele (uma vez mais, ele transfere as próprias falhas para sua vítima)... Caifás, então, faz a sugestão que acalma, lisonjeia e restaura a autoestima: Jesus ainda pode ser forçado a fazer o que Judas pensa que ele deve fazer — e Judas agarra isso com avidez. Duvido que Judas tenha, de início, alguma ideia clara sobre a morte de Jesus; ele provavelmente só quer interromper as atividades de Jesus. Mas a ideia de matar é agora apresentada a ele sob sua forma mais atraente: sacrificial, idealista, lisonjeira para suas teorias um tanto mórbidas sobre o sofrimento, e contendo exatamente aquele grão de plausibilidade que torna uma meia verdade mais mortal do que qualquer mentira. Além disso, há no masoquismo de Judas algo que pode facilmente se inverter e se tornar uma espécie de sadismo: a adoração ao sofrimento em si mesmo não está muito longe do desejo de infligir sofrimento... Por fim, a infecção de sua desconfiança se espalha de Jesus para toda alma vivente. Viver *totalmente* sem estabilidade é impossível; deve-se ter algo a que se agarrar; então, num rompante, ele exige a segurança em sua forma mais básica e grosseira: coisas, dinheiro, um documento preto no branco. A autodestruição do idealista intelectual completou seu círculo.

OS OUTROS DISCÍPULOS. Observe que eles e Judas estão totalmente em conflito na cena do jumento. Quando Judas diz: "É isso que eu temo", eles pensam que ele está expressando o temor de que esse movimento ousado de Jesus o coloque em perigo. Na cena III, sequência 2, embora Judas não esteja fisicamente presente, ele deixou para trás uma influência de ciúme e brigas, que infectou os outros, especialmente Filipe (aquele que, na peça 5, acompanhou Judas na missão apostólica, e é mais facilmente influenciado por ele). A entrada triunfal em Jerusalém sobe um pouco à cabeça de todos; eis finalmente, pensam eles, uma coisa boa. Parece que a horrível sombra da Cruz se dissipou e, na empolgação, até mesmo João, Tiago e Mateus perderam o equilíbrio.

LÁZARO. Pareceu melhor não dar-lhe muito o que falar, por medo de banalizar a coisa toda. Lázaro deve se lembrar que tem um segredo maravilhoso, que é incomunicável. É um segredo de riso e terror, e só Jesus o compartilha com ele. Mas, quando ordenado, ele tentará — mesmo que para o benefício daquela mulher estúpida — explicar algo a respeito; afinal, ela também tem seu lugar no "padrão". O que Lázaro viu na morte é a identidade de Cristo, o Criador ("o Tecelão"), com Cristo em seu corpo místico ("o Tear" da Criação), e a identidade de ambos com Cristo Encarnado — mas ainda não há linguagem teológica para isso... O que se segue pode ajudar na interpretação: "Deuses são tão estranhos aos olhos mortais que deixam de ser estranhos. Ele não tinha a menor ideia de como era olhar para eles até aquele exato momento [da morte]... Mas, quando os viu, soube que já os conhecia desde sempre... aquela música essencial que dominava cada experiência pura, que sempre lhe fugia à memória, foi agora recuperada" (C. S. Lewis: *Cartas de um diabo a seu aprendiz*). "Senti quando o vi pela primeira vez (em uma visão) como se houvesse alguma conexão antiga e esquecida entre nós, como se ele tivesse dito, mas não em palavras: 'Eu sou ele, por meio de quem você foi criado'. Senti algo igual, só que com muito mais intensidade, ao que senti quando tornei a encontrar meu pai após um intervalo de muitos anos. Meu antigo amor voltou para mim; eu sabia que tinha sido dele antes" (Sadu Sundar Singh).

OS CONVIDADOS. Várias pessoas tolas. A Primeira mulher é o tipo de pessoa que deseja emoção a qualquer preço; a Segunda mulher é aquela que conhece todas as celebridades e tem informações privilegiadas sobre todo mundo. A Terceira mulher é uma daquelas senhoras entusiasmadas que fazem outras pessoas (incluindo seu infeliz marido, o Segundo homem) passarem maus bocados em público. A Quarta mulher é distinta e convencional. O Terceiro homem é o chato cujas experiências são sempre mais notáveis do que as de qualquer outra pessoa. O Quarto homem é um empreendedor comum. O primeiro homem é bastante amável e provavelmente dominado pela esposa.

MARIA MADALENA tem apenas algumas palavras a dizer e, se necessário, sua pequena participação pode ser omitida, se isso significar um trajeto especial para ela.

PROCLO. Sua pequena cena é inserida com o principal objetivo de termos sua presença em Jerusalém "plantada" para a peça da

Crucificação; o segundo motivo é dar um pano de fundo útil sobre a Festa e os Peregrinos, e a atitude romana em relação a tudo isso.

Os soldados são a milícia local que ele tem treinado (veja a peça 3); então, ele naturalmente espera que os soldados prestem honra a si mesmos e a ele. O "Caso da Páscoa" é, para ele, apenas uma dessas peculiares e animadas festas judaicas, notáveis sobretudo pela tendência a nelas eclodirem distúrbios, e como oportunidade de os soldados ostentarem o seu asseio.

PILATOS. Aqui está ele; e aqui está, finalmente, Roma em pessoa. Ele está entediado; ele é desdenhoso; sua mente está fixada em obter um bom relatório de seu superior, o Governador da Síria, e, com sorte, uma transferência para um cargo mais adequado. Quanto aos judeus, eles são um incômodo: "Diga aos lictores que os açoitem para tirá-los do caminho" — não de forma selvagem, mas como um homem espantaria mosquitos. Mas Pilatos é devotado à esposa e a agradaria de bom grado em qualquer coisa.

Nota: Parece que quando Pilatos foi designado para a Judeia, ele pediu, e obteve, o privilégio incomum de levar sua esposa consigo. É provável que não seja estritamente correto que ela viajasse na carruagem com ele, mas usei essa liberdade para evitar constrangimento... A carruagem é precedida por uma pequena tropa de Cavalaria, movendo-se bem devagar, para não se adiantar muito ao veículo desajeitado nem atropelar os Lictores. Quando Pilatos deseja passar sua escolta, o capitão move a Cavalaria para ambos os lados da estrada, e a carruagem segue entre as duas seções. Quando eles se movem novamente, os Lictores e a Cavalaria partem primeiro, e a carruagem fica atrás deles. O Produtor e as Avós têm minha cordial simpatia, mas eles não precisam se incomodar com os ruídos da Multidão também, porque a Multidão está ocupada em preservar um silêncio mal-humorado, e cuspindo de raiva na poeira da estrada tão ostensivamente quanto tem coragem.

CLÁUDIA. Nada de novo, exceto para estabelecer, sem sombra de dúvida, que suas relações com o marido são excelentes. (Nota: deduzo que "Pôncio" era o nome do cavalheiro e "Pilatos", seu cognome. Por isso, eu o presenteei com o prenome de "Caio" para uso doméstico. Se isso for confuso, a esposa poderia chamá-lo de "Pôncio", à maneira de uma senhora do século 18 que se dirige ao marido como "Sr. Albuquerque", mas prefiro que o relacionamento entre eles pareça mais próximo. Esforcei-me para deixar a coisa clara, permitindo que Cláudia se dirija a ele em primeiro lugar pelo nome duplo, "Caio Pôncio".)

PAI, MÃE, PEREGRINO etc. Judeus piedosos, ansiosos pelo Festival e expressando o ódio geral contra Roma. O FILHO tem cerca de sete anos.

CONFRONTADORES. O SADUCEU é um daqueles espertinhos, e tem o jeito impertinente de um aluno de graduação presunçoso. A ideia é que ele comece fazendo Jesus parecer um tolo e, assim, atrapalhá-lo ao lidar com os confrontadores sérios. Infelizmente, embora o SADUCEU seja ótimo em ridicularizar os outros, ele não gosta de ser ridicularizado. Além disso, seus modos irritam a Multidão desde o início, e, embora a Multidão esteja bastante disposta a rir com ele sobre a senhora casada várias vezes, ela está muito disposta a ter o riso voltado contra ele. Isso dá ao grupo uma péssima saída de cena... Os outros questionamentos giram em torno de *autoridade*: a pergunta do PRIMEIRO JUDEU é projetada para extrair uma reivindicação de Messiado; o LITIGANTE está tentando Jesus a se estabelecer como uma autoridade legal; o HERODIANO, é claro, deseja provocar uma negação da autoridade de César; o ESCRIBA, que é o único questionador honesto, ainda levanta toda a questão da autoridade de Moisés; o SEGUNDO JUDEU abre caminho para toda uma série de tópicos inflamados, como se observa no texto... Toda essa cena deve ser representada de forma muito viva.

O JOVEM. Este Jovem Rico é uma daquelas pessoas legais que sempre viveram de modo virtuoso e foram à igreja, mas têm um sentimento perfeitamente bem fundamentado de que não é isso que os verdadeiros santos e os místicos entendem por "religião". Ele tem um desejo ardente por algum tipo de coisa chamada "religião espiritual", que lhe dá sentimentos amáveis. Ele gostaria de se sentir em casa em ambos mundos ao mesmo tempo: desfrutar de emoções religiosas sublimes sem perturbar seu modo de vida comum. É um choque para ele saber que a verdadeira experiência mística é uma coisa catastrófica. (Há muitas pessoas desse tipo; elas escrevem cartas melancólicas aos jornais insistindo que a nação na verdade precisa é de uma atitude mais espiritual em relação às coisas, sem que nunca lhes ocorra revisar a própria atitude em relação a seus investimentos ou a algum conselho municipal.) Este Jovem precisará de muitos bons choques mais antes de compreender o Reino. Se viver o suficiente para ver a Pilhagem de Jerusalém, ele poderá entender algo.

CAIFÁS e **ANÁS**. Esses políticos experientes podem, é claro, ver tudo o que acontece por meio de Judas e ao redor dele. Eles tocam nele como um órgão, fazendo, quando querem, as pausas na melodia. Eles são profissionais nesse tipo de coisa. No entanto, o próprio Caifás é apenas uma ferramenta nas mãos de Deus, e todas as suas meias verdades são meias profecias. Sua mentira mais engenhosa — a de que a morte de Jesus será para o bem de Israel — é verdade em um sentido que ele não contempla. Por meio dele, embora não nele, as profecias são cumpridas.

CENA I (DA GALILEIA PARA BETÂNIA)

O EVANGELISTA: A Festa da Páscoa estava próxima. E Jesus mostrava no rosto a firme resolução de subir a Jerusalém.

SEQUÊNCIA 1 (UM ACAMPAMENTO NOS MONTES)

PRIMEIRO ZELOTE: Capitão Baruque! O mensageiro voltou.

BARUQUE: Traga-o aqui para a luz do fogo... Bem, que notícias? Jesus de Nazaré virá para a Páscoa ou não?

MENSAGEIRO: Ele está vindo. Ele vai dormir amanhã à noite na casa de Lázaro, em Betânia.

BARUQUE: Ótimo! Vá buscar alguma coisa para comer... Tem alguém aqui que saiba escrever?

SEGUNDO ZELOTE: Sim, capitão. Posso manusear bem uma pena.

BARUQUE: Escreva, então: "Baruque, o Zelote, a Jesus de Nazaré, o Filho de Davi, Rei de Israel, saudação. Eu tenho observado você e sei quem você é. Para cada homem, a oportunidade chega uma vez, e não se repete. Os Sacerdotes e Fariseus estão em conluio para entregar você a Roma, mas o povo está do seu lado, e eu tenho homens e armas. Dê-me um sinal, pois agora é o momento de atacar e apoderar-se do seu reino.

Quando um rei vem em paz, ele monta em um jumento; mas, quando ele vai para a guerra, monta em um cavalo. No estábulo de Zinri, na subida para a Cidade, está um cavalo de guerra selado e pronto. Monte sobre ele, e você entrará em Jerusalém com mil lanças atrás de você. Mas, se você recusar, tome, então, o jumentinho que está amarrado na porta da vinha, e Baruque esperará até que venha um Messias mais audaz.

Diga apenas: *O Mestre precisa dele*, e o animal está ao seu serviço". Você escreveu isso?

Segundo zelote: Sim, capitão.

Baruque: Faça com que seja entregue a Jesus em particular, amanhã à noite em Betânia... Espere. O homem Iscariotes tem mexido com nossos mensageiros. Encontre pra mim algum sujeito que não consiga ler o que carrega.

SEQUÊNCIA 2 (BETÂNIA: A CASA DE SIMÃO, O LEPROSO)

O evangelista: E quando Jesus veio a Betânia, fizeram-lhe uma ceia na casa de Simão, o Leproso. E Marta servia; Lázaro era um dos que se sentou à mesa com ele.

(Ao fundo, conversa em geral.)

Primeira mulher:... Sim, mas quem é Lázaro? Ele é aquele que viemos ver.

Segunda mulher: Sentado ao lado de nosso anfitrião: aquele homem de aparência quieta com olhos escuros.

Primeira mulher: Não sei como é que alguém aguenta sentar-se ao lado dele. Isso me daria arrepios.

Segunda mulher: Calma, querida! Essa é a irmã dele, Maria, logo atrás de você, a garota ruiva.

Primeiro homem: Lázaro e Jesus estão fazendo algum tipo de brincadeira.

Primeira mulher: Imagine rir e brincar depois de estar morto e enterrado! Não parece decente, de forma alguma.

Primeiro homem: Eu me pergunto: ele *estava* realmente morto?
Segunda mulher: Ó meu querido, sim! A tia da minha nora é a mulher que vestiu o corpo.
(Passar para o próximo grupo.)
Terceira mulher: Diga-me, Lázaro *(com uma risadinha nervosa)* — *espero* não estar sendo impertinente —, mas como é estar morto?
Segundo homem: Minha cara! Que pergunta para se fazer a um homem no meio do jantar!
Terceira mulher: Ah, mas é tão *importante! Por favor!*
Lázaro: Mestre, o que que eu digo?
Jesus *(rindo)*: Sinto muito, Lázaro. Responda como achar melhor. Mas nenhum segredo de Estado.
Lázaro *(enquanto fala, a conversa sossega e dá lugar a um silêncio inquisitivo)*: Esta vida é como tecer atrás do tear. Você só vê os fios se cruzando. *Naquela* vida você dá a volta, olha o tecido de frente e vê a maravilha do padrão.
Terceira mulher: Que tipo de padrão é esse?
Lázaro: Belo e terrível. E — como posso lhe dizer? — *familiar*. Algo que você já conhecia desde toda a eternidade. Pois aquele que o fez é a forma de todas as coisas. Ele próprio o tecelão e o tear.
Terceira mulher: Entendo. *(Ela não entende)* Mas o que eu quero saber...
Segundo homem: Isso basta, minha querida. Você está falando demais.
(A tensão diminui. Passar para o próximo grupo.)
Terceiro homem: Algumas pessoas têm os modos mais extraordinários.
Quarta mulher: Sim, é verdade. Eu decidi me comportar *exatamente* como se nada tivesse acontecido. Eu apenas disse: "Bem, meus queridos! Estou muito feliz em ver seu querido irmão parecendo tão em forma".
Terceiro homem: Atrevo-me a dizer que a coisa toda foi exagerada. Quando tive aquela doença na primavera passada, fiquei inconsciente por cinco horas e tive um sonho extraordinário. Lembro-me de dizer para minha esposa quando acordei...
(Passar para o próximo grupo.)
Quarto homem: Aqui, Judas, um pouco mais do cabrito assado. Sempre digo que Marta é a melhor cozinheira da Palestina... Você sabe, se apenas esse milagre fosse devidamente anunciado...

Judas: Meu Deus!

Quarto homem: Você poderia suscitar um avivamento religioso como nunca se viu desde quando Moisés levou Israel para fora do Egito... Você não concorda, Rabi Jesus? Se Lázaro viajasse pelo país e contasse suas experiências, o mundo inteiro se converteria e abraçaria a salvação.

Jesus: Você acha isso?... Era uma vez um homem rico que se vestia de púrpura e linho fino e jantava suntuosamente todos os dias. E havia também certo mendigo, doente e miserável, que se sentava no alpendre e vivia dos restos da mesa do rico. Ninguém se importava com ele, exceto os cães, que vinham e lambiam suas feridas. Mas, depois de um tempo, o mendigo morreu e foi carregado pelos anjos para festejar com nosso Pai Abraão. E o rico também morreu, e foi para o lugar de tormento.

Quarto homem: Por que, Rabi? Porque ele era tão rico?

Jesus: Porque ele não tinha coração... E ele olhou para cima, e lá — muito, muito longe — ele viu Abraão com o mendigo sentado ao lado dele. Então, ele gritou: "Pai Abraão! Estou queimando em agonia. Você não vai enviar esse homem para me trazer um copo d'água?"

Segundo homem: Por que ele deveria esperar que uma alma bem-aventurada no Céu servisse de menino de recados para ele?

Jesus: Ele era esse tipo de homem... Mas Pai Abraão disse: "Filho, lembre-se de que você passou um tempo muito bom na terra. Você era o maioral e este mendigo era o zé-ninguém. Mas *nesta* vida, as coisas são diferentes. Além disso, existe um grande abismo permanente entre você e nós, e você não pode passar para nós ou nós para você. Não é permitido". Então, o homem rico disse: "Bem, o mendigo não poderia ir até a casa do meu pai e avisar meus cinco irmãos, para que eles não venham para esse lugar horrível como eu?"

Terceira mulher: Olha só, ele estava ficando um pouco menos egoísta.

Jesus: Só um pouco. Mas ele ainda considerava a própria família como as pessoas mais importantes do planeta... Mas Pai Abraão disse: "Seus irmãos têm a Bíblia. Tudo o que eles precisam fazer é prestar atenção ao que Moisés e os Profetas dizem". "Sim, claro", disse o homem rico; "mas se alguém saísse dos mortos e fosse até eles, eles realmente ouviriam". Mas Abraão respondeu: "Se eles não derem ouvidos a Moisés e aos Profetas, nunca serão persuadidos, mesmo que um homem ressuscite dos mortos".

(Pausa. A conversa recomeça.)

PRIMEIRA MULHER: Acho que não gosto dessa história.

TERCEIRA MULHER: Suponho que o mendigo seja Lázaro. Mas quem é o homem rico? E o que essa história *significa*?

SEGUNDO HOMEM *(que já sofreu o suficiente)*: Leia a Bíblia e cumpra seu dever. É isso que significa.

TERCEIRA MULHER: Que grosseiro!

(Passar para o próximo grupo.)

PRIMEIRA MULHER: Oh! Que perfume maravilhoso apareceu de repente! De onde veio?

SEGUNDA MULHER: É Maria, irmã de Lázaro. Ela quebrou a tampa de um vaso de perfume.

PRIMEIRA MULHER: Pois é! Um lindo vaso de alabastro. Que pena destruí-lo!

SEGUNDA MULHER: Ela está derramando o perfume nos pés do Rabi!

PRIMEIRA MULHER: Que extravagância!

PRIMEIRO HOMEM: Atrevo-me a dizer que não é muito caro.

SEGUNDA MULHER: Típico de homem! Um perfume dessa qualidade, com certeza, custou muito dinheiro.

PRIMEIRA MULHER: Agora ela está ungindo a cabeça dele, como se ele fosse um rei.

JUDAS: Senhora, peço-lhe que não use uma expressão dessas.

PRIMEIRA MULHER: Desculpe-me, Judas Iscariotes. Não fiz por mal.

JUDAS: O Rabi não deseja ser tratado como um personagem da realeza. Maria é sempre muito intempestiva nas emoções que deseja demonstrar.

PRIMEIRO HOMEM: Bem, é natural que ela queira mostrar gratidão.

JUDAS *(friamente)*: Não vejo razão para esse desperdício. Esse perfume podia ter sido vendido por umas trezentas moedas, e o dinheiro podia ser dado aos pobres. Isso teria sido muito mais adequado.

SEGUNDA MULHER: Eu *disse* que era caro! Como ela conseguiu esse perfume?

JUDAS: Maria é uma ex-dançarina.

PRIMEIRA MULHER: Ah, é verdade! Isso explica tudo.

SEGUNDA MULHER: Eu achava que ela tinha desistido de tudo o que a lembrava *daquela* parte de sua vida.

Judas: Você pensou isso, *não é?*
Jesus: Judas!
Judas: Mestre?
Jesus: Por que você é tão inclemente? Deixe Maria em paz. O que ela fez por mim foi uma obra de caridade. Pois, se ela guardou este perfume, foi para me ungir para meu sepultamento.
Lázaro: Irmã, não deixe essa palavra assustar você. É uma palavra que você, eu e ele não temos motivos para temer.
Jesus: De fato e de fato, eu lhes digo: onde quer que o evangelho seja pregado, eles contarão essa história de Maria e se lembrarão do que ela fez.

SEQUÊNCIA 3 (BETÂNIA: A CASA DE LÁZARO)

Judas: Pssssiu!
Mensageiro: Quem está aí?
Judas: Você sabe muito bem que sou eu.
Mensageiro: Judas Iscariotes?
Judas: Sim. Qual é a sua missão na casa de Lázaro?
Mensageiro: O que você me dará para saber?
Judas: Uma peça de prata.
Mensageiro: Duas peças.
Judas: Duas, então. *(Um tilintar de moedas.)*
Mensageiro: Trouxe uma carta para Jesus.
Judas: De Baruque, o Zelote?
Mensageiro: Claro. De quem mais seria?
Judas: O que está escrito na carta?
Mensageiro: Não sei. Eu não sei ler.
                    (Judas solta uma exclamação de aborrecimento.)
... Mas, por mais duas peças, eu conto a resposta.
Judas: Bem... tá aqui o dinheiro. O que Jesus disse?
Mensageiro: Sua resposta foi: "Diga àquele que enviou você: 'Amanhã você terá o sinal que procura'".
Judas *(apavorado)*: Ó Deus!... *(para o mensageiro)* O que Baruque está fazendo?... Aqui! Essa é minha última moeda. Eu não tenho mais. Fale.
Mensageiro: Ele está se preparando para marchar com mil lanças.

Judas: Eu sabia! Eu sabia! Jesus se vendeu... Olhe! Alguém tá vindo... Vá embora rápido.
Jesus: É você, Judas?
Judas: Sim, Mestre.
Jesus: Estamos esperando por você para começar as orações noturnas... Com quem você estava falando bem agora?
Judas *(apressadamente)*: Ninguém. O que você quer dizer?... Não me olhe assim! É você quem deve explicar...
Jesus: O quê?
Judas *(carrancudo)*: Nada.
Jesus: Ninguém e nada... Meu filho, você perdeu totalmente a fé em mim?
Judas: Eu creio que você é o Messias. Nunca pensei o contrário. Mas eu quero avisar: você está rumando para o desastre.
Jesus: Em um mundo pecaminoso, os desastres são inevitáveis; mas o homem que os causa é culpado mesmo assim. Nada pode me desviar de meu fim designado. Em você ou sobre você as profecias devem ser cumpridas. Faça uma escolha, pois quem não é comigo é contra mim... Entre, e ore por fé.

CENA II (A ESTRADA PARA JERUSALÉM)
SEQUÊNCIA 1 (CAFARNAUM)

Proclo: 'Dia, Sargento. Passou os homens em revista?
Sargento: Sim, senhor.
Proclo: Ótimo... Todo o equipamento em ordem?
Sargento: Sim, senhor.
Proclo: Certo... Homens, vocês sabem o que têm de fazer. Vocês estão indo a Jerusalém para essa coisa de Páscoa judaica. O lugar estará lotado de peregrinos, e vocês vão ajudar a manter a ordem: não deixar haver tumultos, alinharem-se na estrada para deixar passar as procissões, e assim por diante. O governador estará lá: mostrem a ele que vocês podem ser tão inteligentes e disciplinados quanto os Guardas. Se alguém for acusado de qualquer crime, pagará por isso, ou meu nome não é Longino Proclo... Ei, você aí! Olhe para seus pés. Já viu um guarda com as sandálias desamarradas?... *E você*. Um pouco mais de cuidado com a aparência

nesse corselete, meu garoto... Eu quero que todos vocês se comportem como Guardas e tragam reconhecimento para si mesmos... Atenção! Está tudo pronto, Sargento?

SARGENTO: Sim, senhor.

PROCLO: Ótimo... Pelotão! Direita, volver! Marche!

(O destacamento se afasta ruidosamente.)

SEQUÊNCIA 2 (O MONTE DAS OLIVEIRAS)

TIAGO: Teremos um clima excelente para a Páscoa. Ó Mestre, Jerusalém não parece linda brilhando ali ao Sol?

JESUS: Sim, Tiago. "A cidade de Sião é um lugar belo e a alegria de toda a terra".

JOÃO: Se ao menos não estivesse tão cheia de pessoas detestáveis. Eu gosto mais dela à distância.

PEDRO: Eu sempre digo que não há nada que melhore esta vista do Monte das Oliveiras.

ANDRÉ: Vejam todos aqueles peregrinos vindo ao longo das estradas.

JUDAS: Mestre, um comerciante da Cidade passou aqui por casa esta manhã. Ele disse que o povo soube de sua chegada e estava vindo encontrar você.

JESUS: Bem, Judas... e por que não deveriam fazer isso?

JUDAS: Percebi que eles estavam planejando algum tipo de demonstração... Muitos de seus seguidores de várias regiões do país estão agora em Jerusalém, e parece que o entusiasmo deles subiu à cabeça... Se você seguir em frente, eles vão recebê-lo em triunfo como o Messias.

JESUS: "Digam à filha de Sião: Veja! O seu Salvador vem!"... Filhos, vocês esperaram muito tempo para ver o Messias entrar em Jerusalém.

PEDRO: Mestre, chegou o momento?

JESUS: André e Natanael.

ANDRÉ:
NATANAEL: Sim, Mestre?

JESUS: Vão à aldeia diante de vocês, à casa de um homem chamado Zinri. Na porta do vinhedo, vocês encontrarão um jumentinho amarrado. Soltem-no e o tragam aqui... Se alguém perguntar o que vocês querem com o animalzinho, digam apenas: "O Mestre precisa dele", e ele deixará vocês virem imediatamente.

Judas: Jesus, Jesus, o que você está fazendo?

Pedro: Mestre, isso é esplêndido... mas é sensato?

João: Querido Mestre, você está correndo um risco terrível.

Jesus: Não é um risco, João. É uma certeza, pois as profecias devem ser cumpridas... Vão agora, André e Natanael. Vou esperar aqui até vocês chegarem.

André:
Natanael: Sim, mestre.

Filipe *(para os outros discípulos)*: Puxa, isso é emocionante!

Judas: Era isso que eu temia. Isso tem assombrado meus sonhos.

Tiago: Talvez não haja perigo real. Ele tem muitos amigos entre o povo. Seus inimigos terão de ceder.

Pedro: Se colocarem as mãos nele durante o Festival, haverá um tumulto.

Mateus: Talvez seja por esse motivo que ele escolheu essa ocasião para fazer isso.

Judas *(em tom amargo)*: Oh, está tudo planejado. Você pode ter certeza disso.

Filipe: E o Reino será estabelecido, afinal, como sempre esperamos!

Tomé: Então, o que que era toda aquela conversa sobre perigo e morte?

Mateus: Ei, Tomé! Não seja um desmancha-prazeres. Estamos subindo para Jerusalém, o Reino dos Céus está vindo à terra, e tudo vai ficar bem. O Mestre não faria isso se a coisa não fosse funcionar direitinho... Não é, João?

João: O Mestre está chorando!

Mateus *(com assombro)*: Ó meu Deus!

Filipe: Talvez tenhamos feito alguma coisa que o entristeceu. João, pergunte a ele qual é o problema.

João: Mestre, por que você está chorando?

Jesus: Pelo meu povo e por meu país, e por Jerusalém... Querida Cidade de Deus, se você soubesse enquanto ainda era tempo as coisas que foram feitas para a sua paz! Mas o momento já passou. Agora, você não pode vê-las. E chegará o dia em que seus inimigos a cercarão e a sitiarão, e destruirão suas muralhas e atacarão você de todos os lados. Eles vão matar seus cidadãos e destruir suas construções até que não fique pedra sobre pedra — isso porque você não reconheceu sua salvação quando a viu...

Judas: Rabi, você ameaça a cidade com exércitos?
Jesus: Não, Judas. Mas eu profetizo... Ó Jerusalém, Jerusalém! Você que mata os profetas e apedreja os mensageiros de Deus, quantas vezes teria eu ajuntado seus filhos, como uma galinha ajunta seus pintinhos debaixo das asas! Mas você não me deixou fazer isso. E agora sua casa ficará desolada; e depois de me perder, você não mais me verá até que esteja prestes a clamar: "Bendito aquele que vem em nome do Senhor!"
João: Mestre, que esse dia chegue logo... Talvez eles o reconheçam hoje e escapem desses julgamentos terríveis.
Jesus: Saiamos em paz, em nome do Senhor. Olha, aí vêm André e Natanael, com o jumento.
André *(chegando com o jumento)*: Mestre, aqui está. Há uma grande multidão no sopé da colina, esperando para receber você.
Natanael: Eles estão arrancando ramos de palmeira da beira da estrada e espalhando suas capas no chão diante de você.
Filipe: As mães trouxeram os filhos...
Pedro: Venha, Mestre. Monte e cavalgue.
Tiago: Não tem sela? Coloque minha capa nas costas do jumento.
André: E a minha...
João: E a minha...
Filipe *(tentando manter o jumento quieto)*: Ei, calma, calma... Eu acho que ele nunca foi montado antes... Fica parado, por favor!
Jesus: Aqui, jumentinho... Você não me conhece? Você também é um filho da casa de meu Pai... Sim, claro... Pronto, pronto... Você tem um coração de ouro.
João: Seu toque expulsou o diabinho de medo dele.
Jesus: Você me empresta suas costas, irmãozinho... assim... Agora carregue seu fardo com bravura.
Pedro: Hoje você deve ser um jumento orgulhoso. Você está carregando o Messias.
(Som de multidão distante gritando "Hosana!" "Bem-vindo!" "Salve, Messias!" Etc.)
Tiago: As pessoas estão gritando e sacudindo os ramos!
Pedro: Continue cavalgando, Mestre. "Na tua majestade cavalga vitoriosamente pela verdade, pela misericórdia e pela justiça!"
André: Em frente, para Jerusalém!

(*Os cascos do burro avançam, e o alarido da* MULTIDÃO *aumenta à medida que a pequena procissão desce a encosta do Monte das Oliveiras. Ao se juntarem à* MULTIDÃO, *os* DISCÍPULOS *também passam a clamar: "Hosana! Bendito aquele que vem em nome do Senhor! Hosana nas alturas!".*)

SEQUÊNCIA 3 (O VALE DE CEDROM)

O EVANGELISTA: E havia muita gente que subia naquela época para a Páscoa...

(*Fundo de confusão de* MULTIDÃO.)

FILHO: Papai, papai, eu tô cansado. A gente tá chegando?

PAI: Sim, meu filho. Estamos subindo o Vale de Cedrom agora. Veja! Lá na frente, à esquerda, está o Monte das Oliveiras. E à direita estão os muros de Jerusalém.

UM PEREGRINO: Bom dia, vizinhos! Uma feliz Festa para vocês.

PAI: Pra você também, bom amigo.

PEREGRINO: É um dia abençoado pra mim. Faz cinco longos anos desde que coloquei os pés em Jerusalém a última vez.

PAI: Um dia abençoado de fato! Que Deus faça você encontrar toda sua família bem e feliz.

FILHO: Mamãe, me dá um pouco de água? Tô com muito calor.

MAMÃE: Sim, querido, claro... Pare um minuto, pra eu achar a garrafa d'água.

PEREGRINO: A estrada é longa e empoeirada para esses pés pequeninos... Epa! Que barulho é esse vindo lá de trás?

(*Gritos distantes.*)

PAI: É a cavalaria!

PEREGRINO: É o Governador subindo a Jerusalém.

MULTIDÃO: Cuidado! Cuidado! Os soldados!

PAI: Os malditos romanos!

PEREGRINO: Deus destrua a insolência deles! Deus quebre as rodas das carruagens!

PAI: Cavalgando sem nenhuma consideração por Israel, com seus emblemas pagãos e seu maldito orgulho imperial.

(*Gritos e barulho de carruagens e de cavalaria se aproximam.*)

MÃE: Saia da estrada, querido. Lá vêm os lictores.

Filho: O que é lictores?
Pai: Os homens com varas e machados, correndo à frente da carruagem do Governador.
Peregrino: O flagelo dos judeus.
Lictores *(em um ritmo monótono)*: Abram caminho, abram caminho, abram caminho para o Governador!
Peregrino: Cuspa no pó quando eles passarem, meu filho, como um verdadeiro israelita.
Lictores: Limpem a estrada, limpem a estrada! Abram caminho para sua Excelência, o Governador da Judeia!
(Uma tropa de cavaleiros passa tilintando seus arreios, seguida por uma carruagem.)
Filho: É o Governador, papai?
Pai: É ele. Esse é Pôncio Pilatos.
Peregrino: E essa é sua senhora, Cláudia Prócula.
Pai: Olhe pra mulher pagã! Sentada descaradamente ao lado do marido, em vez de vir atrás dele como uma senhora judia decente.
(Soldados e carruagens passam ruidosamente.)
Filho: Ah, eu fiquei cheio de poeira!
Peregrino: Que Roma e todo o seu Império lambam o pó! Até quando, Senhor, até quando?

SEQUÊNCIA 4 (NA CARRUAGEM DE PILATOS)

Cláudia: Um centavo pelos seus pensamentos, Caio Pôncio.
Pilatos: Eu estava pensando, minha querida Cláudia, que os judeus são um povo muito cansativo, que suas festas religiosas são uma chatice e que desejo por todos os deuses que a gente volte para Tiro.
Cláudia: Recebendo instruções do governador da Síria e ouvindo suas intermináveis reminiscências?
Pilatos: Ele não é um velho assim tão ruim. E, de qualquer forma, é um lugar civilizado e você pode tomar banho de mar... Ele me parabenizou pelo meu relatório e prometeu me recomendar para uma transferência.
Cláudia: Isso é esplêndido!
Pilatos *(melancólico)*: Desde que nada de lamentável aconteça nesta Festa. Há muita inquietação por aí, e eu acho que os Zelotes estão

se preparando para causar problemas. Nós calamos aquele cara, Barrabás, mas ele não é o único...

(*Ruído confuso. A carruagem e os cavalos param.*)
... Ei! Qual é o problema agora? Flávio, por que estamos parando?

FLÁVIO: Não sei, Pilatos. Parece haver alguma coisa impedindo o trânsito... Capitão! Capitão! Sua Excelência quer saber por que paramos.

CAPITÃO: Sinto muito, senhor. Multidão à frente. Uma espécie de procissão descendo do Monte das Oliveiras... Um sujeito em um jumento e uma turba de camponeses, agitando ramos e coisas assim... O que é isso?... Ah!... O homem aqui, senhor, diz que são o profeta Jesus de Nazaré e seus seguidores.

PILATOS: Diga aos lictores que usem os açoites pra tirá-los do caminho.

CLÁUDIA: Oh, não, Caio! Não, por favor, não! É o homem de quem eu falei a você. Eu gostaria que você o visse.

PILATOS: Se é essa a sua vontade, minha querida. Capitão, a senhora Cláudia gostaria de ver o espetáculo. Deixe a carruagem passar à frente.

CAPITÃO: Muito bem, senhor... Seção principal, inclinação à esquerda. Marche!... Alto!... Em frente!

(*Cavalos pateiam para aquela posição.*)

PILATOS: Embora você saiba, minha querida, que seu profeta é um pouco revolucionário.

CLÁUDIA: Com certeza ele não é.

CAPITÃO: Seção número dois, inclinação à direita. Marche!... Alto!... Em frente!

PILATOS: Continue dirigindo!

(*Novo barulho. A carruagem avança. Gritos de "Hosana!" tornam-se audíveis. A carruagem para.*)

MULTIDÃO: Hosana! Hosana! Salve, Jesus! Salve, Messias!

PILATOS: Parece bastante inofensivo... Não é um séquito muito distinto, devo dizer.

CLÁUDIA: Ó Caio, é lindo. Olhe para as criancinhas. Elas não são doces?

CRIANÇAS: Viva! Viva! Bem-vindo, bem-vindo, Jesus! Hosana!

DISCÍPULOS E MULTIDÃO: Ergam a voz pelo Messias! Messias! Hosana ao Filho de Davi!

VOZ PEREMPTÓRIA DE ALGUÉM NA MULTIDÃO: Ei, você, Jesus! Diga aos seus discípulos que parem com essa algazarra.

(A gritaria silencia por um instante.)
JESUS: Não serei eu a dizê-lo. Se esses homens ficassem calados, as próprias pedras clamariam.
MULTIDÃO *(com entusiasmo renovado)*: Hosana! Hosana! Hosana!
(Os gritos morrem à medida que a procissão passa.)
PILATOS: Parece que isso é tudo. Continue, capitão.
CAPITÃO: Seções, formar tropa! Marche!
(A carruagem segue com sua escolta e é seguida pela marcha da infantaria.)

CENA III (JERUSALÉM)
SEQUÊNCIA 1 (FORA DO TEMPLO)

O EVANGELISTA: Os fariseus e os herodianos enviaram espias para tentar pegar Jesus em alguma controvérsia, a fim de usarem suas palavras para colocá-lo em apuros com o Governador.
PRIMEIRO ANCIÃO: Bom dia, irmão Sadraque. Você vem comigo ao Templo?
SADRAQUE: O que está acontecendo?
PRIMEIRO ANCIÃO: Jesus de Nazaré está pregando. Plantamos um monte de gente na multidão para confrontá-lo. Vai ser divertido.
SADRAQUE *(ironicamente)*: Bem provável. Espero que seus confrontadores tenham bom senso.
PRIMEIRO ANCIÃO: Oh, sim; eles são companheiros inteligentes. Se conseguirmos fazer o homem parecer ridículo e perder a paciência, ele pode ser provocado a dizer alguma coisa que seja definitivamente sediciosa. Então, Roma pode lidar com ele.
SADRAQUE: Certo, certo. O ridículo é uma arma de dois gumes, você sabe. Mas... Ah! O sermão ainda está acontecendo. Vamos chegar a tempo para qualquer diversão que possa surgir.
(A voz de JESUS cresce à medida que eles se aproximam.)
JESUS:... Pois Deus não fará nenhum homem virtuoso pela força; o bem e o mal, portanto, devem crescer juntos até a colheita, como o joio no meio do trigo. Mas, no último dia, quando o Filho do Homem vier em glória para julgar o mundo, ele os separará, como um pastor separa as ovelhas dos cabritos. E aos que estiverem à sua direita, ele dirá: "Venham, almas felizes, herdem o reino de meu Pai. Pois

quando eu estava com fome e com sede, vocês me alimentaram; quando eu estava nu, vocês me vestiram; quando eu era um estrangeiro, vocês me acolheram; quando eu estava doente, vocês me visitaram; quando eu estava na prisão, vocês me trouxeram conforto". E eles dirão: "Mas quando, Senhor, fizemos essas coisas a você?" E ele vai responder: "Quando vocês mostraram bondade para com o mais humilde dos homens meus irmãos, vocês estavam mostrando bondade a mim". Mas, para os que estiverem à sua esquerda, ele dirá: "Vocês não me alimentaram, nem me vestiram, nem me abrigaram; vocês nunca me ajudaram nem me visitaram; pois, quando vocês negligenciaram a meus irmãos, vocês negligenciaram a mim"... Assim, os homens que não puderam reconhecer seu Senhor irão para a longa punição, mas os bons entrarão na vida eterna.

(Burburinho de apreciação.)

SADUCEU: Rabi! Posso fazer uma pergunta?

JESUS: Certamente.

SADUCEU: Você poderia nos obsequiar apresentando seus pontos de vista sobre a vida eterna? Eu sou saduceu.

VOZ RUDE: Então, você é um maldito herege!

(Vaias e risos.)

SADUCEU: Eu não acredito na ressurreição.

VOZ RUDE: E daí, seu convencido? Isso não vai impedir que ela aconteça.

SADUCEU: Só vou acreditar quando eu vir.

VOZ RUDE: Oh, que surpresa! *(Risada.)*

SADUCEU: Eu acho que ela seria cheia de surpresas... Rabi, Moisés estabeleceu que se um homem morresse sem descendência, o irmão dele deveria tomar a viúva e constituir família com ela, para manter vivo o nome do irmão. Bem... havia sete irmãos, e o mais velho morreu sem filhos. Portanto, a esposa dele se casou com o segundo irmão, e a mesma coisa aconteceu. E assim com o terceiro irmão e com o quarto...

VOZ RUDE: Vai tentando! *(Risada.)*

SADUCEU:... e assim até o sétimo. Nenhum deles teve filhos. Depois de todos eles, a mulher também morreu.

VOZ RUDE: Ufa! Finalmente ela teve sossego, né? *(Risada.)*

SADUCEU: Não vai ser um tanto estranho na ressurreição? *(Risos.)* Ela pertenceu a todos os sete. Quem fica com a garota no final?

Vozes: Essa é boa! Responda isso! *(Gargalhadas e assobios de vaia.)*
Jesus: Essa é uma pergunta muito boba. Você acha que a ressurreição será como este mundo novamente? Os espíritos bem-aventurados não se casam nem são dados em casamento; são como os anjos de Deus.
Vozes: Falou bonito! É isso mesmo! Tá bom, saduceu? Ria disso!
(Risadas.)
Jesus: Mas quanto à ressurreição, Deus não diz na Bíblia: "Eu sou o Deus de Abraão, de Isaque e de Jacó"? Como pode ser isso se eles estiverem mortos para sempre? Deus não é o Deus dos mortos, mas dos vivos.
Vozes: E aí, saduceu? Vai lá! Responde pra ele!
Saduceu *(desconcertado)*: Não consigo lidar com essas minúcias dos textos. Não sou um crítico da Bíblia.
Voz rude: Então senta e cala a boca. *(Risada.)*
Primeiro judeu: Rabi, de onde você tira autoridade para ensinar?
Jesus: Vou responder a essa pergunta se você responder a outra. *(Burburinho de empolgação)* A missão de João Batista era de Deus? Ou era falsa?
Primeiro judeu: Bem, eu... eu não sei... eu suponho...
Segundo judeu: Cuidado! Se você disser "de Deus", ele vai dizer: "Então por que você não o ouviu?"
Primeiro judeu *(irritado)*: Eu não ia dizer isso.
Camponês: Ô senhor! Nem se atreva a dizer que João era falso. Ele foi um grande profeta, foi sim.
Vozes: Isso mesmo. Um grande profeta.
Jesus: Decida-se. Estamos todos esperando.
Voz rude: Anda logo! Responda ao Rabino. Arrisca uma resposta.
Primeiro judeu *(mal-humorado)*: Eu não posso falar nada sobre João.
Jesus: Bem, então, tudo o que *eu* posso dizer a *você* é: quando você souber a respeito de João, saberá a respeito de mim... Próximo?
Sadraque: Não gosto muito dos seus confrontadores. Ele está fazendo picadinho deles.
Litigante: Rabi, já que você se tornou um Salomão *(risos)*, você pode decidir uma ação judicial entre meu irmão e eu? Ele não vai me dar minha parte na propriedade. Eu o processei em todos os tribunais...
Jesus: Meu bom homem, quem me nomeou juiz na corte de justiça? Fique longe da cobiça. Se você e seu irmão não fossem tão

gananciosos, vocês teriam resolvido fora do tribunal... Mais alguma pergunta?

HERODIANO *(em tom beligerante)*: Sim. Meus amigos e eu somos herodianos: judeus verdadeiros. *(Aplausos)* Nós sabemos que você diz o que pensa e não dá a mínima pra ninguém. Pois bem: é ou não lícito pagar tributo a César?

MULTIDÃO: Aaaaaah! *(Essa pergunta é muito importante, e todos sabem disso.)*

JESUS: Seus hipócritas! Vocês estão preparando uma armadilha para mim?... Mostrem-me o dinheiro do tributo...

HERODIANO: Aqui está uma moeda. E então?

JESUS: Olhem para ela. De quem é esta imagem e inscrição?

HERODIANO: De César, é claro.

JESUS: Então, paguem a César as coisas que são de César. Mas paguem a Deus as coisas que são de Deus. Vocês são homens, e a imagem estampada em *vocês* é a imagem de Deus. Então, o que vocês devem a Ele?

ESCRIBA: Rabino, todos nós sabemos disso. Devemos a Deus todo o nosso dever e a observância de seus mandamentos. Mas qual dos mandamentos é o mais importante de todos?

PRIMEIRO FARISEU: Ótimo! Ótimo! Responda o erudito escriba...

SEGUNDO FARISEU: Que tal honrar os pais?

PRIMEIRO FARISEU: Que tal guardar o sábado?

SEGUNDO FARISEU: Que tal a lei da blasfêmia? Responda! Responda!

JESUS: Ouve, Israel: Amarás o Senhor, teu Deus, com todo o teu coração e com toda a tua alma e com toda a tua mente e com todas as tuas forças. Esse é o primeiro e grande mandamento. E o segundo é muito semelhante a este: Amarás o teu próximo como a ti mesmo. Destes dois mandamentos dependem toda a Lei e os Profetas.

ESCRIBA: Muito bem, Rabi. Isso é muito verdade. Amar a Deus de coração, alma e entendimento, e ao próximo como a si mesmo, vale mais do que muitos holocaustos. Se um homem realmente guardasse esses mandamentos, os restantes seriam guardados por si mesmos.

JESUS: Se você entendeu isso, meu filho, você não está longe do Reino de Deus... Alguém mais quer me perguntar alguma coisa?

SEGUNDO JUDEU: Uma coisa só, Rabi. Você fala do Reino de Deus. Quando esse Reino vier, quem será a pessoa principal nele?

(Burburinho de empolgação.)

Primeiro ancião: Ótimo! Ótimo! Agora a gente pega ele.

Sadraque: Hm!... Ele desatou a rir.

Primeiro ancião: Ele vai ver que não há motivo para rir. Se ele se inclinar para o sacerdócio, vai ofender os herodianos; se ele proclamar uma monarquia secular, vai ofender os fariseus...

Sadraque: E se ele disser que é ele mesmo, vai ofender a todos e será acusado de sedição... Você realmente acha que ele vai cair num joguinho tão fácil?

Jesus: Meus discípulos sabem a resposta a essa pergunta, e vou dizê-la a *vocês* agora... Mãe, você pode me emprestar sua filhinha por um momento?... Venha, querida! Aqui, no meu ombro, onde todos possam ver você... De fato e de fato, eu digo a vocês: para o coração ávido e simples, as portas do Reino estão abertas. Aquele que se humilha para ser como esta criança é o maior no Reino de Deus *(comoção moderada)*... Sim, e tomem cuidado com o que vocês fazem. O homem que distorce a mente de uma criança, ou quebranta seu espírito, comete um crime terrível. Seria muito melhor que ele tivesse uma pedra de moinho pendurada no pescoço e se afogasse nas profundezas do mar... Obrigado, minha querida. Me dá um beijo, e Deus te abençoe.

Mulheres: Rabi, Rabi, querido Rabi, por favor, abençoe nossos filhos também... Vão lá até o bom Rabi, queridos... Não se esqueça do meu garotinho... Rabi, Rabi...

(Murmúrios e confusão.)

Mateus: Ê, pera um pouco! O Rabi tá ocupado. Ele não pode ser incomodado com esse montão de crianças.

Jesus: Tudo bem, Mateus. Deixe as criancinhas virem a mim, não as impeça. Elas são a matéria de que o Reino é feito. E os anjos da guarda delas olham perpetuamente para o rosto de meu Pai Celestial... Deus abençoe você, meu filho, e sua mãe também... Deus abençoe você e o leve ao seu Reino...

SEQUÊNCIA 2 (NA RUA)

O evangelista: E, enquanto ele caminhava pelas ruas, um jovem veio correndo até ele e se ajoelhou a seus pés.

Jovem: Santo Rabi! Santo Rabi! O que devo fazer para herdar a vida eterna?

Jesus: Por que você me chama de santo? Só existe um que é santo, e é Deus. Não use palavras como essa, a menos que queira dizer alguma coisa com elas... E você sabe o que tem de fazer. Eis os Mandamentos: não mate, não roube; não diga mentiras, não faça amor com a esposa do seu próximo, honre seu pai e sua mãe...

Jovem: Oh, sim! Guardei os mandamentos desde criança. Mas deve haver mais do que isso. Eu sinto que falta alguma coisa — há uma grande experiência espiritual que eu perdi. O que eu posso fazer?

Jesus: Se você realmente quer ser perfeito, há uma coisa que você pode fazer. E, de fato, espero que você faça, porque gosto muito de você.

Jovem: E o que é, Rabi?

Jesus: Vá logo, venda tudo o que você tem, dê todo o dinheiro aos pobres, e depois venha e me siga.

Jovem *(surpreendido)*: Vender tudo o que tenho?... Rabi, eu acho que você não percebeu. Eu sou um homem rico...

Jesus: Você terá um tesouro no Céu... Você vai fazer isso?... Esses meus discípulos fizeram.

Jovem: É diferente para eles... Não há outra maneira?

Jesus: Não há outra maneira para *você*.

Jovem: Eu sinto muito.

Jesus: Eu também.

João: Mestre... Ele está indo embora. Que pena! Você não vai chamá-lo e persuadi-lo?

Jesus: Não, João. Ele deve fazer sua escolha... Como é difícil para os ricos entrarem no Reino de Deus! Vocês devem ter pena deles, pois eles acham a vida muito difícil.

Pedro: Você me surpreende, Mestre. Nunca me ocorreu que os ricos fossem dignos de pena.

Jesus: E não são, Pedro?

Tiago: Eles têm tantas vantagens! É fácil para os ricos serem limpos e virtuosos e honestos e respeitáveis, e contribuir para instituições de caridade e cultivar a própria mente e encontrar tempo para ir à igreja.

Jesus: É o que você pensa, Tiago. Mas eu lhes digo que é mais fácil um camelo passar pelo fundo de uma agulha do que aqueles que acumulam riquezas entrarem no Reino de Deus.

Pedro: Bem... se eles não podem ser salvos, quem pode?

Jesus: Humanamente falando, é impossível. Mas tudo é possível para Deus.

Pedro: Mestre, a gente desistiu de tudo o que a gente tinha, de tudo, para seguir você. O que vai acontecer conosco?

Jesus *(alegremente)*: Bem, Pedro, posso assegurar que qualquer pessoa que, por minha causa, desistiu de pai ou mãe ou esposa, ou filhos ou bens materiais, terá tudo de volta cem vezes, mesmo neste mundo. Toda a humanidade será sua família, e os negócios dela serão seus, e ele encontrará uma bela, grande e problemática nova família. Ele terá uma vida repleta de incidentes, muitas preocupações e perseguições, e, no mundo por vir, a vida eterna.

João: Mestre querido, não nos importamos com os problemas, se a gente puder estar sempre perto de você.

Tiago: E quando você entrar em seu reino, estaremos com você, não é? É tudo o que queremos. Sentar à sua direita e à sua esquerda, como a gente sempre faz.

Jesus *(mudando de tom)*: Tiago e João, vocês não sabem o que estão pedindo. Podem vocês beber o cálice amargo que devo beber, ou ser batizados nas águas profundas do meu batismo?

João: Mestre, estamos prontos pra fazer qualquer coisa.

Tiago: Não há nada que a gente não possa enfrentar.

Jesus: De fato, vocês devem beber do meu cálice e ser batizados com meu batismo. Mas sentar-se à minha direita e à minha esquerda não cabe a mim conceder. Isso será dado àqueles para quem está preparado. Vocês não entendem agora, mas vão entender.

Tiago: Sim, Senhor... Talvez não devêssemos ter perguntado.

João: Deve haver pessoas mais merecedoras do que nós.

Tomé: Vocês dois, Zebedeus, se acham um pouco importantes demais.

André: O Reino não foi feito para seu benefício especial.

Filipe: Judas estava dizendo ainda ontem... Aliás, o que aconteceu com Judas?

André: Não sei. Não vejo ele desde que a gente entrou na cidade.

Filipe: Oh, bem... não importa... Ele estava dizendo que não gostava de favoritismo,

João *(com raiva)*: Esse é o tipo de coisa que Judas diria.

Tiago: Ele está com ciúme — e você também.

Mateus: Tudo bem, Zebedeus. Fiquem calmos. Todos nós sabemos que o Mestre gosta de vocês, mas vocês não deveriam ter sido presunçosos.
Jesus: Filhos, filhos, não é hora para brigas. Ouçam. Você entenderam tudo errado. Nos reinos terrenos, os governantes exercem autoridade e têm servos para servi-los. Mas não deve ser assim com vocês. Em nosso Reino, o maior homem é aquele que presta o maior serviço aos outros. Pois o próprio Filho do Homem veio, não como um príncipe, mas como um servo, e para dar a vida pelos homens.

SEQUÊNCIA 3 (CASA DO SUMO SACERDOTE)

O evangelista: Então Satanás entrou em Judas, de sobrenome Iscariotes, que era dos Doze.
Servo: Meu senhor Caifás, há um homem lá fora pedindo para falar com você.
Caifás: Estamos muito ocupados. Ele tem hora marcada?
Servo: Ele diz que você o verá. Seu nome é Judas Iscariotes.
Caifás: Oh!... Sim, sim. Vou ver Judas Iscariotes. Mande-o entrar... Bem, sacerdote Anás, acho que isso parece bastante promissor.
Anás: Sim. Parece que aquela demonstração tola com o jumento perturbou nosso jovem amigo de espírito nobre. Tanto melhor, já que deduzo que o grupo da contestação não se saiu muito bem esta tarde.
Caifás *(bruscamente)*: Foi mal administrado... Mas imagino que o inspirado Carpinteiro exagerou. O problema de pregar o desapego às coisas mundanas é que os seguidores podem interpretá-lo literalmente.
Anás: Você, meu querido genro, nunca cometerá esse erro.
Caifás: Até onde permite minha posição oficial, sou realista... Ah! aí vem nosso amigo Judas... Boa noite! Você parece cansado... Samuel, traga um banquinho para este digno homem... Obrigado... Feche a porta, por favor.

(Porta fechada.)

Agora, Judas, você pode falar com total liberdade. Não há ninguém aqui, exceto meu sogro e eu. Temo, pelo que vejo em seu rosto, que você esteja com algum problema.
Judas: Com problemas amargos. Meu senhor Sumo Sacerdote, eu enganei você.
Anás: Não intencionalmente, tenho certeza.

Judas: Meu senhor, estou humilhado. Eu respondi a você confiado na honestidade dele. E agora descubro que Jesus é corrupto até os ossos.

Caifás: É verdade? Você me horroriza.

Judas: Eu acreditei nas pretensões dele. Eu apoiei sua vindicação. Apesar de todas as aparências, e contra meu melhor julgamento, sufoquei minhas suspeitas crescentes. Sinceramente, pensei que ele tivesse caráter suficiente para resistir à tentação. Acho que fui um idiota por confiar nele.

Anás: "Não ponha a sua confiança em nenhum filho do homem" — como isso é tristemente verdade!

Caifás: Uma natureza de confiar nos outros é uma coisa muito bonita. Mas, neste mundo imperfeito, ela sofre tristes decepções... De que forma Jesus se mostrou indigno?

Judas: Sua hipocrisia é nauseante. Ele prega o Reino de Deus e o caminho da purificação, e o tempo todo ele trama destruir a alma de Israel.

Anás: Meu caro, meu caro! Talvez você esteja exagerando. A adulação subiu à cabeça dele, talvez, e os aplausos da multidão o desequilibraram um pouco... mas isso não será só um toque de vaidade inofensiva?

Judas: Eu tenho evidências. Baruque, o Zelote, está esperando nas colinas com mil lanceiros. Na noite passada, ele enviou um mensageiro a Jesus. A resposta foi: "Diga a Baruque que lhe darei o sinal". Hoje havia um jumento pronto e esperando — e uma senha combinada de antemão. No jumento de Baruque, Jesus entrou em Jerusalém, no meio de uma multidão que o aclamava abertamente como Messias.

Caifás: Isso parece ruim... Algo mais?

Judas: Sim. Jesus proclamou guerra contra Jerusalém.

Anás: Céus! Tem certeza?

Judas: Eu o ouvi. Ele disse: "Porque você não me aceitou quando eu vim em paz, você será cercada e destruída, e nenhuma pedra ficará de pé".

Caifás: Que imprudente!... Precisamos tratar disso... Somos gratos a você, Iscariotes, pelo aviso. Receio que isso deve ter sido um choque muito doloroso para você.

Judas: É horrível ter me enganado tanto com o homem... Mesmo assim, juro que *não* me enganei. Deus o destinou para ser o Messias. Ele *seria* o Messias, se ao menos tivesse sido verdadeiro consigo mesmo. Na verdade, meu senhor Caifás, houve um grande homem que se perdeu em Jesus de Nazaré. Os sonhos mais nobres que já tive, a oração mais sagrada que meu coração poderia proferir, todas as minhas esperanças, todos os meus ideais, pareciam encarnados nele. No entanto, ele se rebaixou à medida das mentes pequenas, se alimentando dos aplausos dos ignorantes e trocando seu direito de primogenitura celestial por um bocado da sopa que ele despreza, ao mesmo tempo que fica com água na boca só de pensar nisso... Por que ele não me ouviu? Eu o avisei várias vezes.

Caifás: Tenho certeza de que você foi o melhor anjo dele.

Judas (*todas as suas queixas pessoais de repente se derramam*): Eu o entendi. Eu poderia tê-lo mantido no caminho certo. Mas ele nunca confiou em mim. Ele se cerca de tolos e bajuladores — caras imaturos como Filipe, pescadores comuns como Tomé e André, que têm tanta imaginação como as carpas que eles pescam, Simão Pedro, cuja franqueza descontrolada e falta de educação passam por originalidade; e, claro, seu amigo do peito João, filho de Zebedeu, que só pode gaguejar sua admiração miserável, olhar para o Mestre com cara de cachorro doente e absorver suas palavras mais bobinhas como se fossem uma revelação do alto.

Anás: Ah! Quando um homem é um ídolo popular, ele gosta de ser o rei de sua turma. Ele acha que seus verdadeiros amigos não o bajulam o suficiente.

Caifás: E você nunca foi mais amigo dele do que agora, ao vir aqui esta noite. Você sabe qual é o melhor serviço que Jesus pode fazer a si mesmo e a Israel?

Judas: Qual?

Caifás: Morrer agora, enquanto sua imagem na mente dos homens ainda está imaculada. Vivo, ele é um demagogo comum com todas as falhas de sua classe; morto, ele é uma ideia, um símbolo, o espírito do judeu martirizado, purgado de toda escória e de toda fragilidade humanas. Ninguém se lembrará de que Jesus teve falhas; eles se lembrarão apenas de seus ensinamentos e de suas obras de poder.

Judas *(captando avidamente essa justificativa)*: Verdade, verdade! Você tá certo. Esse é o caminho. Você fala com a minha alma. O Filho do Homem deve morrer antes de poder salvar, disse ele. Em seus melhores momentos, ele sabia disso. Se ele perdeu a vontade de seguir seu verdadeiro destino, devemos tornar as palavras dele verdadeiras apesar dele mesmo. Em nós, ou apesar de nós, de uma forma ou de outra, as profecias devem ser cumpridas. Foi isso que você disse, são suas próprias palavras, Jesus de Nazaré. E assim a salvação de Israel vai ser realizada.

Caifás: Falou como um verdadeiro patriota. Estou tão feliz por ter conseguido conduzir sua mente ao descanso. Agora, se você me perdoa, devemos ser práticos. Jesus deve ser preso, antes que a insurreição de Baruque chegue ao auge. Você sabe quando é o momento certo para que ela irrompa?

Judas: Não exatamente. Mas imagino que ele aproveitará a oportunidade quando muitos seguidores de Jesus estiverem em Jerusalém para a festa.

Caifás: Isso é o que está acontecendo. Devemos agir rapidamente.

Anás: Mas com cuidado, Caifás, com cuidado. Não queremos um motim. Ainda mais agora que Pilatos está em Jerusalém.

Caifás: Não... deixe-me pensar... Iscariotes, há duas coisas que eu gostaria que você fizesse, pelo bem de Israel.

Judas: Diga.

Caifás: Primeiro: descubra, se puder, o momento em que Baruque pretende agir. E em segundo lugar: nos informe quando poderemos encontrar Jesus desprotegido do povo, para o prendermos sem perturbação. Você pode fazer isso? Confie que você terá nossa gratidão.

Judas: Eu vou fazer isso. Mas quanto a confiar em sua gratidão... deixei para trás isso de confiar em alguém. Desisti de tudo o que tinha para seguir Jesus, e agora ele me decepcionou. Que segurança eu tenho de que vocês não me farão de bobo e depois me deixarão de lado? Palavras bonitas sobre patriotismo são muito boas. Mas vocês acham que isso não me custou nada? Os mensageiros de Baruque me revelaram seus segredos motivados por amor desinteressado à verdade? Trabalhei e conspirei para obter essas informações; menti e roubei, sim! Roubei do fundo comum. E eles estão começando a suspeitar de mim. Aquele cobrador de impostos vulgar, Mateus, pode me denunciar a qualquer hora e me colocar na prisão. E o que eu vou dizer ao juiz? Falar dele ao Sumo Sacerdote? Pedir-lhe para recolher o dinheiro do Tesouro do Templo? Confiar no Sinédrio para vir correndo em minha ajuda? Eu garanto: eu não confio em ninguém. Não vou acreditar em nada que eu não possa ver e controlar. Todos os homens são mentirosos — apenas as *coisas* não podem mentir. Eu quero um pagamento — e podem registrar isso no seu livro-caixa, preto no branco, como testemunha de que aquilo que eu fiz, eu fiz por vocês e por Israel.

Caifás: Mas é claro; claro. Naturalmente você teve despesas com isso, e merece uma recompensa adequada por seus serviços. Isso é correto e adequado. Diga-me quanto você quer, e teremos o maior prazer em lhe pagar o que for justo...

O evangelista: E acertaram com ele trinta moedas de prata.

PERSONAGENS

O evangelista.
Jesus.
Simão Pedro.
André, filho de Jonas.
Tiago, filho de Zebedeu.
João, filho de Zebedeu.
Filipe.   **Discípulos de Jesus.**
Natanael.
Tomé Dídimo.
Mateus, o Cobrador de impostos.
Tiago, filho de Alfeu (o Menor).
Judas (não o Iscariotes).
Simão, de Canaã.
Judas Iscariotes.
Caifás, Sumo Sacerdote de Israel.
Secretário de Caifás (Ezequias).
Anás, sogro de Caifás.
Sadraque, um Ancião.
Caio Pôncio Pilatos, governador da Judeia.
Cláudia Prócula, esposa de Pilatos.
Capitão da guarda do templo (capitão Eliú).
Malco.

9
A CEIA DO REI

OBSERVAÇÕES
A PEÇA

A nota que percorre toda esta peça é *crise*. Do início ao fim, há um sentimento de urgência e de expectativa, claramente exemplificado pelo grande e estático momento da Instituição, e então apressando-se com crescente ímpeto, e uma sensação cada vez mais forte de ruína iminente, para o confronto rápido no final. Em nenhum momento as associações eclesiásticas devem obscurecer o fato de que esta é a maior de todas as tragédias *humanas* (não me refiro à minha peça, mas à história representada).

Este é o ponto focal de toda a série de peças. Consequentemente, a peça é repleta de ecos e reminiscências. As palavras iniciais de PEDRO e JOÃO lembram a peça 7 (lá estavam "rosas de Sarom"; que agora são "ervas amargas"). Na mesma cena, JESUS nos lembra da peça 2, quando João veio correndo para encontrá-lo; os discípulos se lembram de seu chamamento, da primeira missão Apostólica, da ressurreição de Lázaro, da Festa dos Tabernáculos e da pregação de Jesus. A disputa sobre "quem é o maior" traz de volta a promessa a Pedro (peça 5); ela também nos lembra do argumento anterior sobre o mesmo assunto e do pedido de Tiago e João (peça 8). O Lavar os Pés remete ao Batismo de João (peça 2), e JUDAS nos lembra de sua resposta a Jesus sobre colocar a mão no arado (peça 4). Na Instituição, JOÃO se refere ao discurso sobre o Pão do Céu (peça 5). Finalmente, a cena no Jardim alude à Transfiguração (peça 6).

A *Páscoa*: por razões técnicas, desconsiderei a cronologia de João e considerei que a Última Ceia foi, na verdade, a Páscoa. Suponho que o cozimento propriamente dito fosse feito no pátio pelas mulheres e que os Discípulos, ao passarem por ali, levaram os pratos quando estes ficaram prontos.

A ordem da Páscoa era: o primeiro cálice de vinho, as ervas amargas (comidas com molho), o pão ázimo, o segundo cálice — momento em que o filho mais velho tinha de fazer ao chefe da família a pergunta ritual: "Qual é o significado desse serviço?" Comumente, o pai respondia: "Este é o sacrifício da Páscoa do Senhor..".., após o quê o Cordeiro pascal era comido. Depois, seguiam-se o terceiro e o quarto cálices, após os quais o Hallel era cantado. A Instituição se encaixa muito bem neste quadro com a explicação "Este é o meu sangue da Nova Aliança" tomando o lugar da resposta ritual costumeira, e sugerindo, por associação com essa resposta, a natureza "sacrificial" da Eucaristia, sem o presente uso dessa palavra controversa.

O pão ázimo era um biscoito fino e achatado, aparentemente bastante parecido com o *matzot* judeu de hoje, e podia ser quebrado como um biscoito quando partido.

Para conveniência do Produtor, anexei aqui um esquema da distribuição dos assentos. Não era muito prático no que diz respeito a servir a refeição, mas, como o grupo presumivelmente cuidava de si mesmo, isso não importaria, e é muito mais prático para conversas do que o arranjo que se costuma ver em pinturas, com todas as pessoas importantes agrupadas ao longo da lateral da mesa. Aceitei a sugestão do Arcebispo Temple de que Judas, como Tesoureiro, se sentasse ao lado de Jesus; ele deveria, de alguma forma, estar ao alcance da mão para receber o pedaço de pão molhado. Pode-se ver que Pedro, João e Jesus estão todos à distância de um sussurro um do outro, e Judas, à distância de um sussurro de Jesus, como o texto exige; e que Mateus, apoiado no cotovelo esquerdo e olhando para os pés de Natanael e de Filipe, pode facilmente ver Judas saindo. Tomé é a única pessoa que precisa levantar a voz para falar com Jesus... Não que tudo isso importe muito quando se usa microfone, mas é uma satisfação saber que tudo é bastante razoável, e pode ajudar a manter uma compreensão do que ocorreu.

OS PERSONAGENS

OS DISCÍPULOS. No início da peça, eles ainda estão no clima tenso da Entrada em Jerusalém. Eles esperam ver o Reino estabelecido a qualquer minuto; e, embora fiquem perplexos e desnorteados por um choque após o outro, eles nunca, até o último momento, perdem a noção arraigada sobre um *coup d'état* repentino de algum tipo. Uma nota de inquietação e perigo surge logo na abertura, com o nervosismo do dono da casa e os cuidados tomados quanto à chegada dele; e o "sentimento de festa de aniversário" de João reforça o senso de expectativa de todos. Estando empolgados, como crianças, eles facilmente se tornam briguentos; há uma leve altercação no início entre Tomé e os Zebedeus; e embora, na presença de Jesus, eles comecem cheios de sentimentos de companheirismo e de reminiscências amigáveis, a observação infeliz, e bastante inocente, de Mateus induz um ataque de tolice, que a rudeza de Judas pode muito em breve transformar em verdadeira mesquinharia. Mas essa parte deve ser encenada de modo bastante leve — não "improvisando" e de forma alguma interpretando para assim gerar gargalhadas. Era só uma provocação boba, mas com um pouco de rispidez, e eles perderam a cabeça por uma ninharia. Pedro e João, que são os únicos que estão sendo "criticados", não gostam; mas isso não é tanto por eles mesmos, mas porque percebem que, de fato, Jesus também não está gostando.

O Lavar dos Pés é o primeiro choque deles e os deixa completamente sóbrios. Daquele momento em diante, eles recebem golpe após golpe, cada um mais destruidor do que o anterior:

1. *Um de vocês vai me trair.* Isso é bastante desagradável, justamente quando o Reino está prestes a se materializar. Mesmo as pessoas que não gostam de Judas, ou se sentem incomodadas com ele, nunca suspeitaram de algo desse tipo sobre ele. Certamente ele tem sido mal-humorado e esquisito, e com certeza dois ou três deles sabem que há algo estranho nas finanças. Mas isso não é a mesma coisa, e pessoas inteligentes como Judas *dizem* coisas enigmáticas; no entanto, ninguém espera que elas façam coisas realmente terríveis como, digamos, em 1939 alguém esperar que o governo francês vendesse seu país. Essas coisas simplesmente não acontecem. De qualquer forma, o Mestre acabou de entregar

o pedaço de pão molhado a Judas — isso é um sinal de favor — e sussurrou-lhe algo; Judas sai — muitas explicações para isso — e, quando os demais estão tentando exaurir esse problema extraordinário, ele lhes é tirado da mente pelo choque n.º 2.

2. *Eu estou partindo*. O mestre parece que vai fazer um anúncio... Ele o faz — e o anúncio é totalmente inacreditável. Ele vai *deixá*-los. Nada sobre o Reino. Ele está apenas indo. Quase imediatamente. E, nessa ocasião, para um lugar onde não podem segui-lo. E diz algo incompreensível sobre vê-lo e não vê-lo. E isso soa definitivo. Ele está estabelecendo uma nova lei para eles como uma instrução de despedida — tudo isso está além de todo entendimento... De alguma forma, a consternação dos discípulos deve ter sido acalmada no intervalo, mas é um grupo muito pacato que se recompõe para prosseguir com o restante da Páscoa.

3. *Isto é meu corpo*. Pedro, Tiago e João receberam o segundo golpe com menos perplexidade do que aqueles que estavam na outra extremidade da mesa, mas com muito mais temor. Eles sabem mais do que os demais. João, especialmente, está se tornando sensível a algo muito incomum. A angústia humana e um tipo diferente de terror sobrenatural estão vindo sobre ele em ondas. As palavras sacramentais são aterrorizantes e incompreensíveis — (*nós* as associamos com "Oração Matutina", e "a bela simplicidade do rito Romano [Anglicano, Igreja Livre]" e a "ter um bom número de comungantes", a estar no Rol de Membros da Igreja Paroquial, e todo esse tipo de coisa —, mas o *que* elas devem ter soado contra o pano de fundo dos sacrifícios do Templo judaico com suas matanças diárias, semanais, mensais, e os ritos da Páscoa, e o sangue aspergido nas ombreiras das portas; e com o homem vivo com quem você comeu, bebeu, conversou, riu e conviveu durante os últimos dois ou três anos sentado a seu lado?)... JESUS tenta acalmá-los um pouco, mas TOMÉ fica impaciente com essa alegoria sobre estradas e hospedarias. Ele quer uma explicação. A explicação apenas leva à observação surpreendente de que eles não só conhecem a Deus, mas que o têm visto. Está firmemente estabelecido na mente judaica que nenhum homem pode ver Deus e viver, e se a observação de Jesus deve ser levada a sério, então FILIPE (por ser jovem e impetuoso) quer ver se é isso mesmo. Jesus

sempre insinuou coisas — se ele pode realmente mostrar-lhes o Pai, faça isso, e eles ficarão satisfeitos.

4. *Quem me viu, viu a Deus*. Isso, para um monoteísta judeu estrito, é uma blasfêmia espantosa ou um fato espantoso. Não está registrado como os Discípulos reagiram à declaração. Talvez eles estivessem atordoados demais para assimilá-la. De seu comportamento posterior, conclui-se que eles não a tomaram por blasfêmia. Mas João deixa por isso mesmo — e nós também.

De qualquer forma, nas cenas finais, encontramos os Discípulos ouvindo, com a serenidade que podem manter, as instruções finais de seu Mestre e sua última oração por eles. A partir desse ponto, temos de lidar em detalhes apenas com PEDRO, TIAGO e JOÃO, exceto para notar que FILIPE está longe de suspeitar de seu amigo Judas, e saúda sua aparição no Jardim como a de um amigo.

PEDRO. Na cena de abertura, ele assumiu a liderança quanto aos preparativos para a Ceia: colocar a mesa, distribuir os assentos etc. Durante toda a peça, ele é seu eu habitual: precipitado, impulsivo, autoconfiante, errando desajeitadamente e, então, rapidamente humilde e arrependido, e depois fazendo a mesmíssima coisa de novo. Todos os seus instintos são generosos, e ele é de fato humilde e instantaneamente arrependido e rápido em confessar quando está errado. Só que, ao que parece, nada consegue ensiná-lo a se lembrar de antemão de que ele é propenso a fazer bobagem. Ele está confiante com respeito ao Lavar, mas logo após vê o erro que cometeu, corre para o outro extremo e precisa ser corrigido novamente. Ele fala alto e afirma que morreria, que nunca negaria a Jesus; quando espadas são mencionadas, ele conclui que o Reino será (afinal) conquistado pela força; no Jardim, ele está preparado para fazê-lo sozinho, se necessário. Nenhuma advertência abala sua confiança em si mesmo; orações são derramadas sobre ele, mas ele não dá atenção. Somente quando aquele horrível cantar do galo chegar é que ele realmente terá o choque que o trará de volta a si mesmo... Mas ele ainda tem a visão. Pedro sempre pode ver os anjos. E quando ele, por fim, conhecer a extensão da própria fraqueza, sua generosidade e humildade reais o salvarão do desespero que se apodera de Judas, o qual não tem nenhuma humildade e nenhuma generosidade reais.

JOÃO. A única coisa nova importante a notar sobre João é a maneira que seus sentimentos pessoais gradualmente o dominam. Quando chega o momento de provação no Jardim, o Discípulo Amado é tão útil quanto os outros. Ainda mais do que pela crescente compreensão da cruel perda pessoal, ele se torna impotente ao observar a agonia humana do homem ao qual ama. É mais do que ele pode suportar, e ele nada pode fazer a respeito. Ele entende melhor do que Tiago ou Pedro exatamente o que Jesus está passando, e isso o mergulha em um abrupto colapso de infelicidade — ele é como uma criança no escuro. Na Transfiguração, ele pôde tranquilizar Tiago — ele realmente não tem medo do esplendor de Deus; mas ele *está* com medo nas severas profundezas da miséria humana, e agora é sua vez de se apegar a Tiago... Na cena final, o aparecimento de Judas desperta o velho "Filho do Trovão" que há nele a soltar um grito furioso de raiva e nojo.

TIAGO. Observe o que é dito sobre JOÃO. Tiago está menos distraído pessoalmente do que João: ele suporta falar com Pedro sobre as coisas que estão testemunhando; e, quando João desaba, Tiago está lá para confortar seu irmãozinho — os filhos estão juntos novamente, como na Transfiguração.

JESUS. Ele tem, ainda mais do que de costume, de carregar essa peça nos ombros. Aqui temos o Jesus "manso" do começo ao fim, exceto por um breve momento no final.

Na primeira cena há, correndo sob todas as outras preocupações, sua insistente consciência de Judas. Ele sabe (usando a palavra em seu sentido puramente humano) que Judas pretende traí-lo, e *logo*. Ele deve fazer duas coisas esta noite: (a) descobrir quanto tempo realmente tem e (b) fazer um esforço final para salvar Judas de si mesmo. (Não precisamos lutar com a teologia do fato; é assim que funciona no lado humano e dramático.) Ele e Jesus estão jogando uma espécie de jogo implacável de movimentos e contramovimentos para descobrir a posição um do outro.

Jesus dá início com um gesto gracioso: ele convida Judas para se sentar a seu lado. Judas responde com uma pergunta sobre onde eles passarão a noite, de uma forma que deixa claras suas próprias suspeitas. A resposta ambígua visa lembrar Judas da "hora do Filho do Homem" e deixar que *ele* a interprete de acordo com suas próprias intenções.

No Lavar dos Pés, Jesus faz uma advertência grave e terna, que é recebida com uma rejeição evidente. Judas pretende cumprir seu propósito a todo custo. (Os outros discípulos, é claro, não ouvem essa troca.) Depois desse tapa na cara, Jesus põe as cartas na mesa: "Um de vocês me trairá". Judas agora tem certeza de que Jesus sabe tudo o que há para ser conhecido. Na entrega do pedaço de pão molhado, ele faz o desafio direto. Jesus responde: "Sim, é você; faça isso rapidamente", e Judas aceita o desafio. Sua resposta equivale a: "Eu sei tudo sobre suas intrigas políticas e vou denunciá-lo". Ele sai imediatamente.

Isso faz com que a resposta a (a) ultrapasse todas as dúvidas. Jesus tem apenas poucas horas, quando muito. "É *agora*". E, desse ponto em diante, ele é dominado por um desesperado senso de *urgência*. Os Discípulos ainda estão a quilômetros de compreender de verdade, embora ele tenha se esforçado tanto para prepará-los. Agora tudo *deve* ser contado a eles de modo claro, e eles ficarão terrivelmente desapontados e perplexos. E ele deve tentar não alarmá-los muito. Conduzi-los pela crise noturna é como tirar cavalos assustados de um prédio em chamas. Ele, então, os acalma sobre as grandes e surpreendentes declarações — a Nova Aliança, a declaração de sua Divindade, o anúncio de sua morte, a promessa do Espírito Santo — com advertência, reafirmação, oração. Mas eles estão agitados demais para absorver tudo, e é bastante claro que não vão resistir ao teste. E, tal como são, têm de seguir em frente e ficar sozinhos; a cortina está subindo para eles, e eles têm de ser deixados para tropeçar sozinhos em sua parte na cena. Pobre pequeno rebanho! Mas eles guardam a essência do assunto em seu íntimo; o Espírito virá e deixará tudo claro — mas, enquanto isso, vai ser desesperadamente difícil para eles.

E, pairando por trás de tudo, está a agonia pessoal. Na Sala no andar superior, a consciência de Deus e a consciência do Homem estão intimamente fundidas, com a consciência de Deus com frequência manifestando-se ao máximo. No Jardim, parece que a consciência do Homem tornou-se permanentemente superior, e acho que deve ser interpretada com uma sensação muito forte e real do horror humano à morte física, do fracasso da companhia humana e da aparente nulidade da oração; até que chegue o momento em que ele olha além do corpo dos discípulos adormecidos e vê lanternas e tochas, e o insuportável tem de ser enfrentado, e é enfrentado com dignidade. Em seguida, vêm os três momentos de autoridade afirmada: o mestre humano, com a grande voz ressoando: "Guarde sua espada!", o eco da afirmação Divina anterior: "Eu sou", e a repentina consciência de poder: "Eu poderia ter anjos a meu chamado", seguido por aceitação voluntária e rendição.

(*Os últimos discursos e as últimas orações*: reduzi quatro capítulos de João a seiscentas palavras, tentando manter bastante as passagens mais queridas e familiares. Isso mais ou menos se mantém unido agora como uma linha de pensamento conectada, e espero que seu peso seja suficiente para carregá-la sem mais cortes. Eu deixei uma ou duas das repetições que sobejam no original, para assim manter um pouco da sensação de estresse; o reiterado esforço para deixar mais claros os pontos de destaque. Também glosei um pouco a difícil, mas importante, passagem sobre a bolsa e a espada, conectando-a com as linhas: "Não peço que os tires do mundo".)

JUDAS. Para a cena de abertura, veja o que foi dito acima sobre Jesus. Judas tem certeza de que *algo* vai acontecer esta noite — as palavras inocentes de João confirmam sua suspeita sobre o que é, e a resposta ambígua dada por Jesus é interpretada por ele como significando que o golpe para tomar o Reino deve ser realizado no Jardim. O conhecimento seguro de que Jesus vê através dele o endurece a uma fúria de orgulho e ódio; gentileza e graciosidade apenas aumentam seu ressentimento (aqui está o nítido contraste entre ele e Pedro), e ele agora está quase conscientemente pronto para ferir e destruir por puro desejo de destruição. Ele vai a Caifás, e seu relato do que Jesus disse é uma distorção sutil dos fatos (como um jornalista cheio de truques, ele relata as palavras corretamente, mas com uma falsa sugestão de contexto). Mas ele ficou impressionado — afinal, ele é muito inteligente —, e uma terrível dúvida começa a surgir: estaria ele errado sobre Jesus o tempo todo? É possível que Jesus esteja realmente sendo verdadeiro consigo mesmo, realmente seguindo o caminho do sofrimento por vontade própria? E será que ele, Judas, figura apenas como o detestável engenheiro de um mal totalmente desnecessário, construído a partir de uma fantasmagoria de autoengano? Essa dúvida com dificuldade surge, mas ele rapidamente a apaga. Seu orgulho não pode suportar: Judas não pode estar errado — Jesus *tem* de ser culpado, para justificar Judas. Qualquer outra coisa seria insuportavelmente humilhante. Isso significaria que Jesus era incomparavelmente, detestavelmente, o superior de Judas, e no próprio terreno de Judas — e isso não é admissível. Mas a luxúria oculta da crueldade, que se escondeu sob o disfarce de um amor masoquista pelo sofrimento, está surgindo em sua própria forma. Judas está começando a gostar da ideia de segurar Jesus indefeso em seus braços enquanto os guardas o agarram... Na próxima peça, Judas aprenderá a verdade, verá a si mesmo, por um horrível momento, como realmente é e saberá que em seu coração sempre odiou Jesus como o egocêntrico odeia a Deus.

CAIFÁS. Nesta peça, ele se mostra um organizador ágil e inteligente, com pronto domínio da situação essencial e cabeça para detalhes e para rápida improvisação. Do ponto de vista da "trama", suas cenas são importantes, pois deixam claro: (a) o caráter apressado do julgamento, o que ocasionou uma grande irregularidade jurídica, a saber: que o Prisioneiro acabou sendo condenado, não com base nas provas de testemunhas, mas por seu próprio juramento; (b) a necessidade urgente de que o julgamento deveria, se possível, estar em estrita conformidade com a lei judaica, se Pilatos fosse ratificar a sentença; (c) a necessidade de concluir a execução antes do sábado; (d) as relações formais entre a Judeia e Roma, que tornaram necessário que o julgamento perante o Sinédrio fosse por ofensas eclesiásticas, não por sedição; (e) as razões pelas quais Judas não apresentou nenhuma evidência no julgamento.

PILATOS. O que é dito sobre CAIFÁS ajuda a explicar Pilatos. Não há nada de notável em sua ratificação de uma sentença judaica. Ele está na posição de um magistrado britânico, digamos, no Quênia, uma antiga colônia. Os nativos são encorajados a administrar as próprias leis, e o governo estrangeiro manterá os veredictos, se o julgamento tiver sido conduzido adequadamente de acordo com o código nativo e se o código governamental predominante não for infringido. (Assim, um nativo pode ser julgado por roubo de acordo com suas próprias leis, e a sentença será mantida, mas não se se tratar da punição a um escravo fugitivo, já que a lei britânica não reconhece a escravidão.) Consequentemente, se qualquer coisa no julgamento parecesse irregular, Pilatos poderia reabrir o caso. Portanto (considerando-se as circunstâncias peculiares), ele deve ser informado de que também há um argumento para a acusação de sedição.

Pilatos não tem preconceito contra o Prisioneiro — na verdade, ele ficaria muito feliz em ver a acusação fracassar, por causa de sua aversão e desprezo generalizados às contendas judaicas, e por saber que Cláudia ficará angustiada. Sugerirem sedição, entretanto, o convence de que é provavelmente melhor que o homem esteja fora do caminho. Ele já teve problemas antes por afrontar os judeus, e não quer ofender César mais uma vez. *Mas* ele já está suficientemente interessado para não ser provável que assine o mandado de forma automática. Ele pode se dar ao trabalho de perguntar se a justiça está sendo de fato cumprida.

CLÁUDIA. Suas reações são do tipo chamado "tipicamente feminino": (1) O sofrimento natural pela execução de alguém que ela viu e admirou; (2) o esforço implacável de passar por leis e regulamentos para o essencial: homens bons não devem ser levados ao madeiro; (3) impaciência com estrangeiros e bárbaros e burocracia; (4) a reação instantânea quando se torna assunto de interesse do marido. Ela se submete, sob o som sinistro do nome "César". (Mas à noite acontecerá algo que a fará enviar a Pilatos aquele bilhete desesperado: *"Não se envolva nesse caso — não participe disso!"* —, e no dia da Crucificação, ela contará seu sonho.)

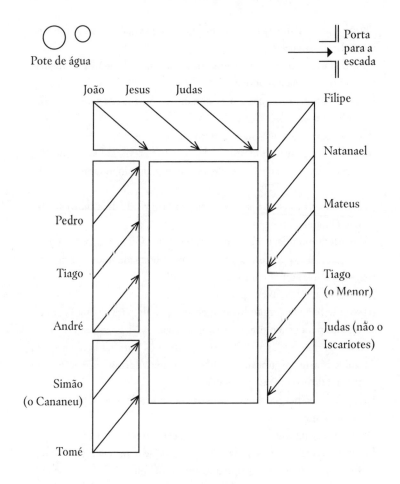

CENA I (JERUSALÉM: A SALA SUPERIOR)

O EVANGELISTA: No primeiro dia dos pães sem fermento, quando se costumava sacrificar o cordeiro pascal, Jesus mandou Pedro e João, dizendo-lhes: "Vão à cidade, e vocês encontrarão um homem carregando um cântaro de água. Sigam-no até que entre em uma casa, e digam ao dono: O Rabi pergunta: 'Onde é o salão de hóspedes em que eu vou comer a Páscoa com os meus discípulos?' Ele lhes mostrará uma ampla sala no andar superior, mobiliada. Façam ali os preparativos". E eles foram, e encontraram tudo como Jesus havia dito. E prepararam a Páscoa.

Pedro: Eu acho que tá tudo em ordem. O que você tem aí, João?
João: Ervas amargas.
Pedro: Ponha aqui, com o molho, ao alcance da mão do Mestre. Como estão as mulheres?
João: O cordeiro está assado. Assim que os outros chegarem, a gente pode sentar.
Pedro: Espero que eles não se atrasem.
João: Judas e Filipe estão na escada... Ah, Judas! Mais alguém chegou?
Judas: André e Tiago e Tomé deveriam ter saído logo depois de nós, não era, Filipe?
Filipe: Sim. O Mestre disse para vir em grupos de dois ou três, para não chamar a atenção.
João: Melhor ainda. O dono da casa está ficando nervoso. Ele é bem amigável, mas parece imaginar que somos hóspedes muito perigosos.
Pedro: Ele tem ouvido fofocas de mercado.
Judas: Talvez ele não esteja muito errado.
João: Ele fica perguntando se queremos a sala para toda a Festa ou apenas para esta noite. *Você* sabe, Judas?
Judas: Eu não fui favorecido com instruções para nada além desta noite. Marta perguntou se voltaríamos para dormir em Betânia. Eu tive de dizer a ela que não sabia.
João: Vamos perguntar ao Mestre quando ele vier... Tá chegando alguém.
Judas: Seu irmão, eu espero... Não, não é; é o outro Tiago.
Pedro: E o outro Judas. Judas, o que será que aconteceu com Tiago, filho de Zebedeu, e o grupo que vinha com ele?
Judas: Nós passamos por eles no caminho; estavam vindo devagar. Tomé está com uma bolha no calcanhar.
João: Pobre Tomé! Sempre alguma coisa errada! Quando ele se sentar em seu trono no Reino, com certeza vai encontrar calombos na almofada... Oh, céus! Eu tô me sentindo terrivelmente sonolento e empolgado ao mesmo tempo. Como se alguma coisa tremenda fosse acontecer, e eu não soubesse como ficar acordado pra ver. Uma espécie de sensação de... festa de aniversário.
Pedro (*sendo prático*): Você teve um dia agitado.
Judas: O que você imagina que vai acontecer hoje à noite? É muito importante?

João: Não sei bem. Mas, pelo jeito que o Mestre fala, eu não me espantaria se fosse a vinda do Reino.
Judas: Isso é muito interessante!
Pedro: Ah! Estão chegando todos... Como tá o calcanhar, Tomé?... Tiago, filho de Zebedeu, deixa eu pegar isso.
Tiago: Marta achou que você precisaria de mais pão sem fermento... Olhe! É muito frágil. Acabou de sair da grelha.
Pedro: Você tá certo... Oh, olha o que tá aqui! Vem, André, vem.
André: Sim, eu trouxe o assado. Devo colocá-lo na assadeira?
Tiago: Natanael e Simão, o Cananeu, estão passando pelo portão.
João: Chegaram todos, menos Mateus.
Tomé: Ele está vindo com o Mestre... Acho que vou sentar. Meu pé tá doendo bastante.
Tiago: Você pode sentar aí. Esse é o lugar do João.
Tomé *(ofendido)*: Peço perdão, Tiago, filho de Zebedeu. Tudo bem. Vou ficar no assento mais baixo. Espero que ninguém se oponha a isso.
João: Ó Tomé, *por favor*! Eu não me importo onde eu sento.
Pedro: Não vamos repetir essa discussão toda.
Mateus *(chegando)*: Discussão! Que discussão! Nunca conheci nada parecido com vocês, meus caros. Aqui estamos nós, prontos para celebrar a Páscoa como uma família feliz, e eu e o Mestre fazendo uma caminhada na mais agradável paz, vendo a Lua nascer, e ele me contando uma bela história, sobre um samaritano que foi gentil com um pobre judeu ferido — e logo que a gente entra, ouve o quê? Vocês discutindo!... Vocês não podem parar com isso?... Olha ele chegando.
Jesus: A paz esteja com vocês, meus filhos.
Discípulos: E com você.
Pedro: Está tudo pronto, Mestre. A gente colocou este sofá para você na cabeceira da mesa... Essa almofada é adequada pro seu cotovelo?
Jesus: Obrigado, Pedro. Ela vai servir bem.
Pedro: Quem você vai colocar ao seu lado?
Jesus: Eu gostaria de poder ter todos vocês, pois esta noite vocês todos são especialmente próximos e queridos para mim. Mas tenho apenas uma mão direita, e penso que devo chamar João. Ele foi o primeiro de vocês que veio a mim; então, ele deve ser meu filho mais velho, para realizar o rito da Páscoa.

João: Sim, Mestre.
Jesus: E à minha esquerda... Bem, nossa pequena comunidade tem pelo menos um oficial. Judas, você é nosso tesoureiro. Você vai se sentar perto de mim no jantar?
Judas (*um pouco surpreso*): Eu?... Com prazer... Aproveitando: vamos voltar para dormir em Betânia?
Jesus: Não. Vamos passar a noite no Jardim do Getsêmani.
Judas (*procurando achar significado naquilo*): E esperar ali a vinda do Reino?
Jesus: Esperar pela hora marcada, Judas... Já falei a Marta e Maria.
Filipe: Mestre, Natanael e eu podemos ficar ao lado de Judas?
Jesus: Com certeza, Filipe. Pedro, você vai assumir a cabeceira do sofá à direita de João?
Pedro: Sim, sim!... Aqui, Tiago; você senta entre mim e André... Simão... Tomé... Judas e o outro Tiago... Mateus já tem lugar?
Mateus: Eu estou aqui, perto de Natanael. Eu estou bem, obrigado.
Pedro: João, você está cuidando do vinho?
João: Eu servi o primeiro cálice. Mestre, ore pronunciando a bênção.
Jesus: Bendito sejas Tu, ó Senhor Deus, que criaste estas carnes para nosso uso. Amém.
Discípulos: Amém.
João: Aqui estão as ervas, Mestre... e o molho...
   (*Um burburinho suave de conversa geral como pano de fundo para as próximas falas.*)
André: Bem, esta é a terceira Páscoa que comemos juntos. Vimos coisas maravilhosas desde que conhecemos o Mestre. Irmão, lembra quando eu levei você a ele?
Pedro: Lembro, André. É verdade, tivemos altos e baixos. Tempos difíceis e tempos de paz, uma ou duas ocasiões assustadoras e alguns momentos grandiosos e edificantes. Houve coisas que a gente não vai esquecer rapidamente, não é, João?
João: Nada disso pode ser esquecido.
Filipe (*interrompendo o outro lado da mesa*): Não vou esquecer aqueles primeiros dias, quando o poder veio pela primeira vez a nós pra curar os pobres e os enfermos. Nem a maravilha de ver Lázaro se levantar do túmulo e chorar de alegria.
Natanael: Eu fiquei com medo naquela época. E fiquei com medo quando tentaram apedrejar o Mestre — embora tenha sido

corajoso pra ouvi-lo desafiá-los e furar o coração duro deles com suas palavras maravilhosas.

MATEUS: Ah! Mas são as palavras gentis e amorosas dele que dão coragem a um homem. Mestre, eu não posso lhe dizer o que essas palavras fizeram por mim. Tem sido um tempo muito bom, cada partezinha dele. E *esta* Páscoa vai ser a melhor de todas — por quê? Porque ela vai ver o Reino chegar para todos nós, não é?

JESUS: O Reino está muito próximo.

MATEUS: E estamos aqui sentados, tendo uma degustação dele, por assim dizer, de antemão. Ali está o Mestre, como deveria estar em seu palácio real, com seus conselheiros ao redor — João de um lado e Judas do outro —, entre a cabeça e o cérebro da obra, por assim dizer.

JUDAS *(com desagrado)*: Fico feliz em saber qual é a posição oficial de João.

ANDRÉ: Meu irmão também recebeu uma posição. Você não recebeu, e um título?

PEDRO: Chega, André.

TIAGO: Guardião das Chaves, não é?

ANDRÉ: E você, Juiz do Supremo Tribunal?

JUDAS: Parece mais com o Carcereiro-Chefe.

ANDRÉ: Judas, não seja grosso... Não, Pedro é a pedra fundamental da Igreja.

NATANAEL: Sumo Sacerdote, então.

TIAGO *(ligeiramente chocado)*: Oh, mas ele não é de uma casa sacerdotal. Já nosso pai Zebedeu...

FILIPE: Claro, Tiago, claro. Tudo bem. João será o Sumo Sacerdote e Judas, o Senhor Tesoureiro.

MATEUS: Eu não recebo nada? *Eu fui* oficial do governo. Um péssimo emprego e um péssimo governo — ainda assim, a experiência conta para alguma coisa.

TOMÉ: *Todas* as nomeações vão pra vocês que estão na cabeceira da mesa?

JUDAS: Isso mesmo, Tomé. Que tal você e eu e Simão aqui?...

(Burburinho na extremidade inferior da mesa, de onde palavras como "Capitão do Cavalo", "Senhores do Conselho", "Secretário de Estado" surgem em intervalos.)

João: O que é, Mestre? Toda essa loucura aborrece você?

Jesus: Isso me aflige, João. Eles entendem tão pouco, e o tempo está ficando cada vez mais curto... Há água no grande pote ali?

João: Sim, Mestre. Quer que eu pegue um pouco pra você?

Jesus: Não; fique sentado... Me ajude a tirar minha roupa de cima.

Mateus *(sua voz se destacando da tagarelice)*: Ei! Fiquem quietos, meus caros! O Mestre se levantou da mesa. Temos falado bobagens, e ele não gosta. Foi culpa minha. Eu comecei.

André: Não, fui eu. Eu estava me gabando de Pedro.

Tomé: Eu estava murmurando. É um mau hábito. Não se deve murmurar, especialmente na época da Páscoa.

André: O que o Mestre tá fazendo?... Despido até a cintura e cingido com uma toalha, como um escravo!

Pedro: Ele pegou um jarro e uma bacia! Não é adequado. O que que tá acontecendo, João?

Jesus: João, filho de Zebedeu, estenda seus pés, para que eu os lave.

João: Mestre? *(ele estaca seu protesto instintivo)* O que você quiser, Amado.

(O chapinhar de água na bacia.)

Pedro *(em um sussurro escandalizado)*: João! Como você pode deixar ele fazer isso?

João: Não, Pedro.

Jesus: Simão Pedro, filho de Jonas...

Pedro *(energicamente)*: Não, Senhor, não! Nunca! Nunca! Eu nem sonharia em deixar você lavar meus pés.

Jesus: Não, Pedro? De fato e de fato, eu digo a você: a menos que eu lave você, você não tem nada em comum comigo.

Pedro: Oh!... Ah, eu não tinha entendido. Então, me lave, Senhor, me lave! Não apenas meus pés, mas também minhas mãos e minha cabeça.

(Água.)

Jesus: Aqueles que já se lavaram não precisam ser lavados de novo. Apenas seus pés ficam manchados pela viagem. Quando eles são lavados, a pessoa está completamente limpa. Estenda seus pés, Tiago, filho de Zebedeu...

(Água.)

Tiago: Mestre, todos nós fomos batizados para que se lavasse nosso pecado. Estamos limpos, então?

Jesus: Você está limpo... André, filho de Jonas, deixe-me lavar seus pés...
(Água.)
Sim, você está limpo. Mas nem todos vocês — nem todos vocês. Simão de Canaã...
(Água.)
Pedro (sussurrando para João): João, por que ele diz que nem todos nós estamos limpos?
João (sussurrando de volta): Não sei, Pedro. Mas, quando eu olho pro meu coração, vejo que ele tá cheio de cantos empoeirados e não varridos.
Jesus: Tomé Dídimo, estenda seus pés para eu lavá-los... Você está com os pés doloridos?
Tomé: Não é nada, Mestre, absolutamente nada.
Jesus: Vou lavar a dor com a sujeira...
(Sons diminuem, até haver apenas o som da água e o murmúrio dos nomes.)
Judas... Tiago... Mateus... Natanael... Filipe (então sobe o volume novamente)
Judas Iscariotes, estenda seus pés para que eu os lave.
(Água.)
Eles estão sujos de lama, meu filho... Ore para que eles não levem você à tentação.
Judas (em tom severo): Coloquei a mão no arado. Seja por lama ou sangue, os pés precisam seguir.
João: Mestre querido, me deixa guardar o jarro... Aqui está sua capa... Venha e tome seu lugar conosco novamente.
Jesus: Obrigado, João... Ouçam agora, meus filhos. Vocês entendem o que eu fiz? Vocês me chamam de Mestre e Senhor, e com razão, pois eu sou. Se eu, seu Senhor e Mestre, lavei seus pés, como um servo, vocês também devem lavar os pés uns dos outros. Eu lhes dei um exemplo, e vocês devem agir uns com os outros como eu agi com vocês. O servo não deve ser mais orgulhoso do que seu mestre, nem o mensageiro enviado ser mais grandioso do que o Senhor que o enviou... Penso que vocês entendem o que quero dizer...
(Murmúrios de assentimento.)
Então, vocês serão felizes se fizerem o que eu digo... Eu não digo isso com respeito a todos vocês. Eu sei quem são meus escolhidos,

e quem vai me rejeitar, como as Escrituras predisseram. Lembrem-se: aceitar-me é aceitar Aquele que me enviou; e me rejeitar é rejeitar também a ele.

João: Mestre, você está falando com tanta tristeza!

Jesus: De fato e de fato, eu digo a vocês que um de vocês vai me trair.

Pedro: Trair você?

Tiago: Impossível!

Mateus: Quem seria vil a esse ponto pra fazer uma coisa dessas?

Filipe: Trair o Mestre! Mas isso é um absurdo.

Natanael: Mestre, você não quer dizer que alguém faria isso de propósito...?

Tomé: Não, não, ele não pode estar falando sério.

Mateus: A gente pode fazer alguma coisa estúpida sem querer.

Pedro: Sim... eu tô sempre deixando as coisas escaparem. Mestre, é isso que você quis dizer? Sou eu?

Discípulos: Ou eu? Ou eu?

André: Talvez seja algum outro discípulo — não um de nós?

Jesus: É um dos Doze, aquele que enfiou a mão no prato e comeu pão comigo... O Filho do Homem se vai, de fato, como está escrito a seu respeito; mas ai daquele por quem o Filho do Homem é traído! Seria melhor para ele se não tivesse nascido.

Discípulos: Um de nós doze?... Quem pode ser?... Traição voluntária?... Isso é horrível... O que ele quer dizer?

(Mantenha este murmúrio na conversa seguinte.)

Pedro *(em voz baixa)*: João, pelo amor de Deus, pergunte a ele quem é.

João *(no mesmo tom)*: Amado Senhor, quem é?

Jesus *(no mesmo tom)*: Vou entregar a ele um pedaço de pão no prato. Mas não diga nada...

(em voz alta) Judas Iscariotes!

Judas: Mestre?

Jesus: Pegue o bocado da minha mão, meu filho.

Judas: Obrigado. *(em voz baixa)* Mestre, sou eu o homem?

Jesus *(no mesmo tom)*: Sim. O que você tem de fazer, faça rapidamente.

Judas: Você parece estar bem informado... Rei de Israel.

Mateus *(sua voz se destacando no fundo)*: Bem, isso tudo é um mistério pra mim... Ei!... Pra onde foi Judas?

Natanael: Foi comprar alguma coisa para a festa, eu acho; ou distribuir esmolas aos pobres... O que eu quero saber é...

Mateus: Shhh! O Mestre está falando.
Jesus *(quase para si mesmo)*: É agora, Filho do Homem, é agora... *(em voz alta e com urgência)* Ó meus filhos, ouçam-me. Não estarei com vocês por muito mais tempo. Em breve, muito em breve vocês me procurarão em vão, pois, como uma vez eu disse ao povo, agora eu digo a vocês: estou indo para onde vocês não podem ir. Em pouco tempo, vocês não me verão mais, e, novamente em pouco tempo, vocês me verão de fato, porque estou indo para o Pai.
Mateus: Mestre, você não quer dizer que está nos *deixando*, né?
Natanael: Quando? Como?
André: Por quê?
Filipe: Mas e o Reino?
Judas: Do que ele tá falando? Daqui a pouco não o veremos...
Tiago, o Menor: E então daqui a pouco o veremos...
Simão, o Cananeu: Por que ele está indo para o Pai?
Tomé: O que é tudo isso? "Em pouco tempo"... não consigo entender uma palavra.
Pedro: Mestre, nós não entendemos. Por que você fala em nos deixar? Pra onde você tá indo?
Jesus: Para um lugar onde vocês ainda não podem me seguir, embora algum dia vocês o façam. Então, antes de ir, quero dar a vocês uma nova lei pela qual viverem. Amem uns aos outros. Amem uns aos outros como eu amei vocês. É assim que o mundo vai reconhecer vocês como meus discípulos, porque vocês se amam.

CENA II (JERUSALÉM)
SEQUÊNCIA 1 (CASA DO SUMO SACERDOTE)

O evangelista: Mas Judas, depois de receber o pedaço de pão molhado, saiu imediatamente. E já era noite.
Judas: Meu senhor Caifás, você deve agir imediatamente. Ele já suspeita de mim. E ele marcou alguma coisa para esta noite, no Getsêmani.
Caifás: Para que horas, Iscariotes?
Judas: Não sei. Mas ele disse: "Vamos esperar lá esta noite pela chegada da hora marcada".
Caifás: Ele mencionou Baruque?
Judas: Não; mas o que mais ele poderia querer dizer? *(Um pensamento perturbador o atinge)* A menos... a menos que... Não, isso é

impossível. Ele não pode estar se referindo a tomar o caminho do sofrimento. Ele é culpado... eu sei que ele é culpado. Ele deve ser... Ouça, mui Venerável. Quando saí, a ceia ainda não tinha acabado. Você pode pegá-lo no Jardim antes que seus confederados se juntem a ele.

Caifás: Sim... Eu gostaria que tivéssemos mais notícias. Amanhã à noite é o Sábado. Não podemos mantê-lo na prisão até a semana que vem — haveria um tumulto. Precisamos fazer a coisa antes que alguém perceba o que está acontecendo... É possível fazer com que ele seja preso, julgado, condenado e que a sentença seja ratificada e executada antes das seis horas da noite de amanhã?... É um trabalho difícil, mas acho que podemos fazer exatamente isso... Ezequias!

Secretário: Mui Venerável?

Caifás: Envie logo mensageiros a todos os membros do Sinédrio, convocando uma reunião de emergência, aqui, nesta casa!

Secretário: Eles podem não ter terminado a ceia.

Caifás *(em tom severo)*: Então, que comam às pressas, como Moisés ordenou... Digamos, em uma hora... O que mais? Testemunhas. Você anotou, eu acho, pessoas com queixas contra Jesus.

Secretário: Eu tenho isso aqui.

Caifás: Escolha os nomes mais prováveis e certifique-se de que estejam aqui antes da meia-noite... Leve esta ordem ao capitão da guarda do Templo. Peça-lhe que traga... Iscariotes, quantos estão com Jesus?

Judas: Onze homens.

Caifás: Diga ao capitão: força suficiente para dominar doze homens fisicamente fortes... ou melhor, mais, caso encontremos mais de doze. Eles devem esperar aqui até receberem suas ordens... Depressa, depressa, Ezequias!

SEQUÊNCIA 2 (A SALA SUPERIOR)

O evangelista: Enquanto eles estavam jantando, Jesus tomou o pão e o vinho, de acordo com o rito da Páscoa...

João: Mestre, você vai abençoar o pão agora?

Jesus: Bendito és Tu, ó Senhor, Deus do universo, que fazes brotar o pão da terra. Amém.

Discípulos: Amém.

JESUS: Peguem e comam. Isto é o meu corpo que está partido por vocês... Façam isso em memória de mim.

(Ele parte a hóstia.)

PEDRO *(sussurrando)*: João, o que é isso? O corpo dele?

JOÃO *(sussurrando)*: Ele disse uma vez: "A menos que vocês comam a carne do Filho do Homem"... você se lembra?

PEDRO: Sim, mas não entendo. Pergunta pra ele o que isso significa.

JOÃO: Eu *vou* perguntar, quando eu der o cálice pra ele. Faz parte do ritual da Páscoa... Mas, Pedro, eu tô com medo.

PEDRO: Sirva o vinho e pergunte.

JOÃO *(um tanto trêmulo)*: Mestre... você vai abençoar o vinho para o segundo cálice?

JESUS: Bendito és Tu, ó Senhor, Deus do universo, que criaste o fruto da videira. Amém.

DISCÍPULOS: Amém.

JOÃO *(retomando sua resolução com palavras familiares)*: O que você quer dizer com esta cerimônia?

JESUS: Bebam, todos vocês, disto. Pois isto é o meu sangue da nova Aliança, que é derramado por muitos, para libertá-los do pecado... Tenho ansiado com grande anseio comer esta Páscoa com vocês; pois eu lhes digo que nunca mais a comerei, até que ela se cumpra no Reino de Deus. Peguem-na, portanto, e compartilhem entre vocês, e também o cálice, pois eu nunca mais beberei do fruto da videira até que venha o Reino de Deus.

JOÃO: Mestre, essas palavras são muito estranhas e perturbadoras.

JESUS: Não deixem o coração de vocês se perturbar. Vocês creem em Deus — creiam também em mim. Existem muitas pousadas no caminho para a casa de meu Pai. Estou indo à frente a fim de preparar os alojamentos para vocês. Vocês sempre me encontrarão lá para recebê-los, para que a cada etapa estejamos juntos. Não se preocupem. Vocês sabem para onde estou indo e conhecem o caminho muito bem.

TOMÉ: Mas *não* sabemos para onde você está indo, Mestre. Então, como podemos saber o caminho?

JESUS: Eu sou o caminho, a verdade e a vida. Ninguém pode vir a Deus, nosso Pai, a não ser por mim. Se vocês realmente me conhecessem, conheceriam meu Pai também. Na verdade, vocês O conhecem agora, porque vocês o viram.

Filipe: Alguém pode ver Deus e viver? Mestre, se, de fato, você puder nos mostrar o Pai, ficaremos satisfeitos.

Jesus: Estive com vocês esse tempo todo, Filipe, e vocês ainda não me reconhecem? O homem que me viu, viu a Deus.

SEQUÊNCIA 3 (CASA DO SUMO SACERDOTE)

O evangelista: Então o Sumo Sacerdote convocou o Conselho...

Caifás: Isso está resolvido, então... Sacerdote Anás, você vai assumir o comando? Reúna as testemunhas, receba o Prisioneiro, mandem-nos para a sala do Sinédrio, a Antiga Gazite, e mande reunir-se o Tribunal. Eu vou me juntar a você lá... Oh! E lembre-se de enviar alguém com minhas vestes... Preciso ir ver Pilatos e persuadi-lo a ratificar logo a sentença, sem mais julgamento. Se ele colocar na cabeça de reabrir o caso, podemos ficar retidos o dia todo. Mas essa história de conspiração vai resolver o problema, imagino.

Sadraque *(maldosamente)*: Jesus deve ser julgado pelo Sinédrio como ofensor contra Roma?

Caifás: Não, irmão Sadraque. Isso não vai funcionar. As acusações são bruxaria, desprezo de nossa Lei e blasfêmia.

Anás: Você está chamando esse homem, o tal Iscariotes?

Caifás: Acho que não. Ele é uma testemunha corrompida, e causaria uma má impressão. Além disso, nossa Lei exige a concordância de duas testemunhas, e não há ninguém para confirmar as declarações dele. Ele serviu ao seu propósito — é melhor mantê-lo fora disso... Bem, não devemos perder um minuto sequer... Ezequias, meu manto!... Eu deixo todos os arranjos com você.

SEQUÊNCIA 4 (A SALA SUPERIOR)

Jesus: Se vocês me amam, guardem meus mandamentos. E orarei ao Pai, e Ele enviará a vocês um poderoso ajudador: o Espírito da Verdade, o Consolador, para ser sua força permanente. O mundo não pode aceitá-lo, porque não o conhece; mas vocês o conhecem, e ele ficará com vocês para sempre... Confiem em mim. Não vou deixá-los sem conforto — eu virei a vocês. O mundo não me verá, mas vocês me verão e saberão que estou vivo; e na minha vida vocês viverão também.

PEDRO: Mestre, como você vai se mostrar para nós e não para os outros homens?

JESUS: Se alguém me ama e guarda as minhas palavras, meu Pai e eu iremos a ele e faremos nosso lar em seu coração. Digo-lhes essas coisas agora, enquanto ainda estou com vocês; quando o Espírito, o Santo, vier, ele fará vocês lembrarem e compreenderem... Há muito que quero dizer a vocês, mas vocês não podem suportar agora; e não há tempo, pois o poder hostil do príncipe deste mundo está se levantando com o propósito de se opor a mim... Não temam. Minha paz eu a deixo com vocês; minha paz eu a dou a vocês; não a paz como o mundo a entende, mas a paz que é minha. Pois, não se esqueçam, vocês e eu pertencemos um ao outro. Eu sou a videira, vocês são os ramos. A menos que a vida da videira flua por eles, os ramos não podem dar fruto. Assim, sem mim vocês não podem fazer nada; mas, se a vida de vocês está enraizada na minha, vocês poderão pedir o que quiserem, e o poder vivo lhes será dado. Quero que fiquem felizes com isto; quero que a alegria da minha presença os encha de regozijo perpétuo... E digo mais uma vez: amem uns aos outros, como eu amei vocês. O maior amor que um homem pode demonstrar é dar a vida por seu amigo. E vocês são meus amigos — não os chamarei de meus servos, pois um senhor não faz confidências aos servos —, vocês são meus amigos, com quem compartilhei todos os segredos de Deus.

JOÃO: Querido Senhor, nós o amamos como um amigo... e como nosso mestre também.

JESUS: Mas lembrem-se do que eu lhes disse: o servo não é maior do que seu senhor. Se o mundo odeia vocês, lembrem-se de que ele me odiou primeiro. Vocês serão expulsos das sinagogas e perseguidos; sim, e chegará o tempo em que as pessoas imaginarão que estão prestando um culto a Deus ao matar vocês. No mundo, vocês terão angústia e tristeza, mas tenham coragem: eu venci o mundo.

PEDRO: Mestre, aconteça o que acontecer, suas palavras vão nos dar força e confiança.

JESUS: Ajoelhem-se perto de mim agora, e orarei por vocês, meus queridos amigos, meus filhinhos.

Pai, é chegada a hora. Eu te glorifiquei na terra; eu concluí a obra que tu me deste para fazer. Agora, glorifica-me contigo mesmo, com a glória que eu tinha contigo antes que o mundo fosse feito. Mostrei-te a estes homens que tu me deste; teus eles eram, e tu os deste a mim, e eles guardaram a tua palavra. Enquanto eu estava com eles, eu os mantive — não perdi nenhum deles, exceto apenas um que a si mesmo afastou-se, pois assim tinha de ser. E, agora que devo deixar o mundo, eu os trago de volta para ti. Abençoa-os e guarda-os, Pai, para que sejam um, como tu e eu somos um. Eu não peço que tu os mantenhas separados do mundo, apenas que os protejas do mal deste mundo. Pois eu os estou enviando ao mundo, como tu me enviaste. E eu oro, não apenas por eles, mas por todos os que eles trouxerem a ti por seus ensinamentos; para que todos sejam um: eu neles e tu em mim — todos um e todos perfeitamente juntos. Amém.

DISCÍPULOS: Amém.

(Hino: do Grande Hallel. Desvanece-se nisto.)

SEQUÊNCIA 5 (CASA DO GOVERNADOR)

PILATOS *(um pouco irritado)*: Sim, sim, meu caro Caifás. É claro que ratificarei qualquer sentença de um tribunal local, desde que não entre em conflito com a ordem Imperial e que o julgamento tenha sido conduzido adequadamente de acordo com a lei do país. Mas por que eu deveria acordar de madrugada para fazer isso?

CAIFÁS: Excelência, quanto mais rápido melhor. O homem tem seguidores. Se eles tiverem tempo para se organizar, pode haver muitas coisas desagradáveis. E, além disso — isso, apenas para seu conhecimento, porque, claro, em nada diz respeito à ofensa eclesiástica —, tenho evidências de que Jesus está envolvido em um movimento nacionalista, liderado por um tal de Baruque, um Zelote, e que algum tipo de levante está previsto para acontecer hoje à noite.

PILATOS: Sério?

CAIFÁS: Aqui estão os papéis que o comprovam.

PILATOS: Obrigado. *(ironicamente)* César ficará tocado por sua preocupação com a segurança do Estado romano. Vou analisar o assunto.

CAIFÁS: E a sentença?

Pilatos: Envie-me o Prisioneiro e o relatório do processo judicial, e eu assinarei o mandado na primeira hora.
Caifás: Fico muito grato a Vossa Excelência.
Pilatos: Não há de quê. Boa noite... *(Para si mesmo)* Cláudia não vai ficar contente com isso... *(Em voz alta)* Flávio! Pegue os relatórios da polícia sobre Jesus de Nazaré e descubra o que se sabe sobre esse homem, Baruque... Eu não confio nos judeus.

SEQUÊNCIA 6 (A SALA SUPERIOR)

(Aumento no som dos versos finais do Hino da Sequência 4.)
João: Acabou... esta estranha noite de Páscoa... Mestre, ainda não está nos deixando? Você disse que íamos para o Getsêmani... Vamos juntos, não vamos? Você não vai nos abandonar?
Jesus: Não, João, não vou abandonar vocês. Mas, esta noite, todos vocês me abandonarão; será como o que o Profeta disse: "Ferirei o pastor, e as ovelhas serão dispersas". Mas tudo ficará bem no final, porque, quando eu ressuscitar, chamarei minhas ovelhas novamente e andarei adiante de vocês, como fazia antigamente, na Galileia.
Pedro: Mestre, eu não posso aceitar isso. Mesmo que todo mundo abandone você, eu nunca vou fazer isso.
Jesus: Simão Pedro, Simão Pedro... Satanás está tentando se apoderar de todos vocês, para sacudi-los como um homem peneira o trigo. Mas orei por você, para que suas forças não falhem. E, quando você realmente encontrar a própria alma, fortaleça seus irmãos.
Pedro: Mas, Senhor, eu não tô com medo. Eu vou a qualquer lugar. Eu enfrento qualquer coisa, não interessa quem sejam os espiões e os traidores. Eu alegremente vou pra prisão com você. Eu morreria por você, de verdade!
Discípulos: Todos nós morreríamos.
Jesus: Você morreria por minha causa, Pedro? De fato e de fato, eu lhe digo: antes que o galo cante, você me negará três vezes.
Pedro: Negar você? Mestre, eu preferia morrer antes de fazer isso.
Discípulos: Certamente, Mestre, certamente... Nós nunca vamos desertar ou negar você... A gente daria a vida por você e pelo Reino.
Jesus: Meu pobre pequeno rebanho! Mais uma vez, estou enviando vocês como ovelhas entre os lobos. Vocês se lembram daquela

primeira missão, quando eu lhes disse para não levarem nem bolsa, nem carteira, nem sapatos, nada além do que vocês estavam usando? Faltou alguma coisa naquela ocasião?

Tiago: Não, Mestre; sempre tivemos o suficiente.

Jesus: Mas desta vez as coisas são diferentes. Desta vez eu digo: se vocês têm uma bolsa, peguem-na, e a carteira também. E, se algum de vocês não tem espada, venda a capa e compre uma. Devo ir, como os profetas predisseram, ao fim que espera todos os criminosos, pois tudo o que tem relação comigo está chegando ao seu cumprimento. Mas vocês permanecerão no mundo e devem aprender a controlar os poderes deste mundo: o dinheiro e a espada.

Pedro: Você quer dizer que teremos de lutar pelo Reino? Temos apenas duas espadas conosco.

Jesus: É o suficiente. Vamos indo, está na hora... Digam adeus a esta Sala Superior... Fiquem perto de mim.

SEQUÊNCIA 7 (CASA DO GOVERNADOR)

Pilatos: Cláudia, sinto muito. Eu sabia que isso ia aborrecer você.

Cláudia: Mas Caio, você *tem de* ratificar a sentença? Tenho certeza de que Jesus de Nazaré é um bom homem.

Pilatos: Ele pode ser. Mas ele é o foco de uma agitação. A primeira vez que você o viu, você se lembra?, houve um tumulto.

Cláudia: Ele tem inimigos, sem dúvida. A maioria dos homens bons tem. A acusação bem pode ser falsa... Você não vai deixar que ele morra se for inocente?

Pilatos: Que pergunta para minha esposa fazer a Pôncio Pilatos! Roma distribui justiça. Mas ela respeita os códigos locais, e se esse homem ofendeu a lei judaica...

Cláudia: Oh, o que esses bárbaros importam, com suas superstições malucas e suas eternas rixas?

Pilatos: Minha querida, me escute. Eu não posso nem pensar em ter mais problemas com os judeus. Já lidei sumariamente com eles antes, como você sabe; e, da última vez, César interferiu. Se eu o deixar com raiva de novo, será o meu fim.

Cláudia: Oh, não! Não. Caio... claro que você não deve ofender César! Ele é... César.

CENA III
SEQUÊNCIA 1 (O JARDIM DO GETSÊMANI)

O EVANGELISTA: Então Jesus passou com seus discípulos pelo ribeiro de Cedrom, até um lugar chamado Getsêmani...
JESUS: Pedro, Tiago e João, os outros estão dormindo?
TIAGO: Acho que sim, Mestre.
JESUS: Venham comigo. Eu preciso de vocês.
PEDRO: Sim, Senhor.
JESUS: Deixem-me sentir vocês a meu lado... Eu os tenho amado... Ó filhos, este momento é amargo — como a carne pode suportar isso?... Das profundezas, ó Senhor, das profundezas... as águas profundas... todas as tuas ondas passaram sobre mim... É a espera que é tão difícil...
JOÃO: Ó meu querido, meu amado.
JESUS: Minha alma está cheia de tristeza — é como o horror da morte. Fiquem aqui um pouco e velem comigo, enquanto eu vou e oro...
PEDRO: Nós três juntos de novo, como foi antes, na montanha.
TIAGO: O que a gente vai ver esta noite?
JOÃO: Eu tenho chorado tanto que meus olhos não conseguem ver nada.
JESUS *(um pouco afastado)*: Aba, Pai... todas as coisas são possíveis contigo. Se for possível, deixe este cálice passar de mim... Se for possível; no entanto, não como eu quero, mas como tu queres.
TIAGO: Com que fervor ele ora.
PEDRO: Como se estivesse em um tormento que o oprime, alma e corpo.
TIAGO: O suor brilha na testa dele. Eu vi isso no rosto de homens que estavam sendo torturados.
PEDRO: O suor na terra seca como gotas de sangue.
TIAGO: Essa oração não pode ficar sem resposta.
PEDRO: Não há resposta, não há luz, não há visão: apenas a agonia negra da carne mortal.
JOÃO: Ai, eu não aguento. *(Como uma criança)* Tiago, me abraça; eu tenho medo do escuro...
TIAGO: Fique calmo, irmãozinho; fique calmo...
(Desvanece nas últimas palavras e pausa.)
JESUS: Filhos!... Eles já estão dormindo... Acordem, meus filhos.
JOÃO *(ainda meio adormecido)*: Sim, amor, sim...

Tiago *(meio adormecido)*: Quem chama?

Pedro *(lutando para acordar)*: Querido Senhor, nos perdoe... Acho que choramos até dormir.

Jesus: Vocês não podem vigiar comigo uma hora?

Tiago: Ah, puxa, que vergonha...

João: Como a gente pôde deixar você assim?

Pedro: A gente queria ficar acordado.

Jesus: O espírito, de fato, está pronto, mas a carne é fraca. Acaso não sei disso? Mas vigiem e orem, para que não tropecem no momento da provação... *(afastando-se)*

João: Por quanto tempo a gente dormiu?

Tiago: É quase meia-noite. A sombra diminui sob as oliveiras.

Jesus *(um pouco afastado)*: Ó Aba Pai, se for possível...

Pedro: As mesmas palavras de novo...

Tiago: Cada vez com mais urgência.

João: Como se elas fossem romper as barreiras do tempo e do espaço... Pedro! A terra tá se afastando? A visão está aqui?

Pedro: Eu vejo alguém ao lado dele... um dos brilhantes... segurando a mão dele, fortalecendo ele...

Tiago: Mas a luz é como trevas brilhantes, e seu rosto é severo e compassivo...

João: É Azrael, o anjo da morte! Oh, meu coração, meu coração!

Tiago: Vamos orar também.

Pedro: Não consigo pensar em nada pra dizer.

Jesus: Pai, se este cálice não passar de mim sem que eu o beba, tua vontade seja feita.

João: Vamos orar como ele ora. Vamos orar como ele nos ensinou: "Pai Nosso"...

Pedro:
Tiago: Pai nosso, que estás nos céus...

SEQUÊNCIA 2 (CASA DO SUMO SACERDOTE)

Anás: Bem, acho que podemos prosseguir. Capitão Eliú!

Capitão: Venerável senhor?

Anás: Faça a prisão agora. Iscariotes, aqui, o guiará até o local... Esse Jardim é escuro por causa das árvores... Certifique-se de prender o homem certo.

Judas: Confie em mim. *Capitão*, observe o que eu fizer. Haverá doze homens lá. Irei até um deles, dizendo: "Salve, Mestre". Então, eu vou segurar os braços dele... e vou... e vou beijá-lo. Esse é o seu homem. Segure-o rapidamente.
Capitão: Muito bom... Atenção, homens. Em marcha!
(O grupo vai embora, não com a marcha constante da guarda romana, pois estes são apenas policiais judeus, mas de uma maneira mais irregular.)

SEQUÊNCIA 3 (O JARDIM)

O evangelista: E pela terceira vez, Jesus foi aos discípulos e os encontrou dormindo, pois os olhos deles estavam pesados de tristeza...
Jesus: Eles estão exaustos. Deus os ajude, meus pobres amigos. O que adianta acordar vocês de novo?
João *(mexendo-se durante o sono e meio acordando)*: Jesus, Jesus...
Jesus: Durmam agora e descansem; pois a hora está próxima, e o Filho do Homem está sendo entregue nas mãos dos ímpios... *(Com uma mudança de tom)* Levantem, rápido! Eles estão chegando! Aí vem o traidor. Vejam!
Tiago: Luzes no jardim!
João: Um bando de homens com lanternas e tochas...
Pedro: E armas! Ei, pessoal! André! Tomé! Levanta!
Discípulos *(correndo para frente)*: Quem está aí? O que tá acontecendo? Onde tá o Mestre?
Jesus: Calma, filhos.
(Barulho de homens se aproximando.)
Pedro: Fique em volta do Mestre... Não deixe que eles o vejam!
Tiago: Quem tá à frente deles?
Filipe: Tá tudo bem, tá tudo bem, é Judas!
João: Judas! Seu traidor imundo!
Jesus: Amigo, o que você está fazendo aqui?
Judas: Salve, Mestre!
Jesus: Judas, você vai trair o Filho do Homem com um beijo?
Capitão: Você é Jesus de Nazaré?
Jesus: eu sou.
(Confusão e um grito de terror supersticioso dos soldados.)

Capitão: Quem é você que ousa responder com o nome de Deus?
Jesus: Quem você está procurando?
Capitão: Jesus de Nazaré.
Jesus: Eu já disse, sou eu. Se você quer a mim, deixe esses homens seguirem o seu caminho.
Pedro: Você acha que a gente vai aceitar isso? Vamos, pessoal! Peguem as espadas e lutem!
(Choque de armas e um grito.)
Jesus *(dominando o alvoroço)*: Pedro! Guarde sua espada! Aqueles que pegam a espada perecem pela espada. Eu não quero vocês mortos. Eu que poderia ter, a meu chamado, mais de doze legiões de anjos... mas o cálice que meu Pai me dá para beber, não devo eu bebê-lo?... Alguém está ferido? Capitão, sinto muito por isso.
Voz: Malco tá ferido.
Malco *(grunhindo)*: Ele decepou metade da minha orelha!
Jesus: Venha aqui, amigo... Solte minhas mãos por um momento... Pronto, não foi nada. Está curado... Por que vocês saíram com espadas e lanças para me prender como se eu fosse um ladrão? Todos os dias eu me assentava ensinando no Templo, e vocês não colocaram as mãos em mim... Mas esta é a sua hora e o poder dos senhores das trevas...
O evangelista: Então, todos os discípulos o abandonaram e fugiram.

PERSONAGENS

O evangelista.
Jesus.
Simão Pedro. ⎫
João, filho de Zebedeu ⎬ Discípulos de Jesus.
Judas Iscariotes. ⎭
A porteira da Casa do Sumo Sacerdote.
Caifás, Sumo Sacerdote de Israel.
Anás, sogro de Caifás.
Ezequias, secretário de Caifás.
Primeiro ancião. ⎫
Segundo ancião. ⎪
Terceiro ancião. ⎬ Membros do Sinédrio.
Quarto ancião. ⎪
Nicodemos. ⎪
José de Arimateia. ⎭
Capitão. ⎫
Primeiro guarda. ⎪ Levitas, membros da
Segundo guarda. Terceiro guarda. ⎬ Guarda do Templo.
Quarto guarda. ⎭
Baruque, o Zelote.
Primeira testemunha.
Segunda testemunha.
Terceira testemunha.
Caio Pôncio Pilatos, Governador da Judeia.
Flávio, liberto de Pilatos.
Marcos, secretário de Pilatos.
Um escravo na casa de Pilatos.
Um centurião (Marcelo). ⎫
Um sargento. ⎪
Primeiro soldado. ⎬ Soldados romanos.
Segundo soldado. ⎪
Terceiro soldado. ⎪
Quarto soldado. ⎭
Herodes Antipas, Tetrarca da Galileia.
Tequeles, um escravo grego, secretário de Herodes.
Um agitador, porta-voz dos Sacerdotes e Anciãos.
Multidão.

10
OS PRÍNCIPES DESTE MUNDO

OBSERVAÇÕES
A PEÇA

O movimento geral da peça é bastante direto. Apresenta duas dificuldades peculiares que não podem ser eliminadas.

(1) O texto exige que o Personagem central, a fim de obter os efeitos esperados, "mantenha-se não dizendo nada". Isso pode funcionar muito bem em uma peça de teatro, onde um ator com boa presença de palco pode prender as atenções, mas não tão bem no rádio, onde é impensável estar sem som. Tentei superar isso (a) fazendo referências de tempos em tempos ao porte e à aparência do Prisioneiro; (b) dando o máximo de avisos possíveis quando ele *estiver* prestes a quebrar o silêncio; (c) mantendo-o totalmente fora do palco na cena com Herodes.

(2) As cenas diante de Pilatos têm de continuar aparecendo dentro e fora do Pretório. Deve-se imaginar um pedestal ou um balcão elevado, no qual Pilatos fique com os Sacerdotes e os anciãos, acima do nível das pessoas na rua; daí ele passa a interrogar Jesus dentro do palácio — sem dúvida, através da costumeira cortina pesada que, por uma ficção teatral conveniente, é considerada mais ou menos impenetrável pelos ruídos externos.

OS PERSONAGENS

JESUS. Ao longo da peça, ele nunca cede um centímetro. O interrogatório de Anás é totalmente irregular; ele sabe disso e diz isso. As evidências das testemunhas não se sustentam, e ele não ajudará o Tribunal se envolvendo em qualquer disputa. Mas a lei exige que ele, como um judeu piedoso, responda ao Juramento de Testemunho; o silêncio aqui seria uma admissão de heterodoxia; sua resposta é definitiva e inflexível — naturalmente, pois sob esse juramento ele é obrigado a falar a verdade... Sua primeira resposta a Pilatos ("Você pergunta isso por sua própria conta, ou é isso que lhe disseram sobre mim?") chama a atenção para o fato de que esta é uma nova acusação; é ele o prisioneiro de Roma por outra acusação ou comprometeram as autoridades religiosas a própria posição política? Tendo assim tornado clara a irregularidade do processo, ele tranquiliza Pilatos sobre o ponto que preocupa o romano: "Se eu pretendesse me rebelar, teria vindo armado". Isso parece satisfazer Pilatos; com respeito às outras acusações apresentadas pelos Sacerdotes contra Jesus, Pilatos as considera o que elas merecem... Açoitar (e açoite romano não era brincadeira) pode exaurir a voz e o corpo do Prisioneiro, mas não quebra seu espírito; o tom de sua resposta ("Você não teria nenhum poder contra mim") é exatamente o de sua repreensão ao capitão diante de Anás: a afirmação silenciosa do que é, e não é, autoridade adequada.

Observe que tudo isso está o mais longe possível daquela insistência ostensiva no martírio que Judas gostaria de ver nele.

PEDRO. Na primeira breve cena com João, Pedro mostra a fraqueza que o levará a negar Jesus. Ele está angustiado com o próprio comportamento, mas ainda se preocupa em se justificar: "Eu estaria bem se, pelo menos, tivesse permissão pra lutar, e, de qualquer maneira, ele nos disse pra não sermos mortos". Além disso, ele está nervoso quanto a entrar na casa do Sumo Sacerdote e, portanto, começa em desvantagem. Eis, então, que o apoio de João lhe é retirado; e a pergunta da porteira (do tipo que "espera Não como resposta") traz à tona a negação rápida e nervosa, e assim facilita o caminho para a segunda e a terceira. A seguir, ele se vê arrastado para uma proeminência indesejável, na presença dos homens que atacou no Jardim, e, diante de um desafio direto, perde a coragem e o equilíbrio emocional.

JOÃO. Ele tinha (eu suspeito) uma desculpa bastante boa para fugir: provavelmente o Irmão Tiago o puxou para longe dali. Mas, tendo verdadeira humildade, ele não se preocupa em desculpar-se. Consequentemente, está pronto para combinar franqueza com prudência ao discretamente fazer com que a Porteira confie nele. Ele também não busca o martírio, pois lhe foi dito que não o fizesse, mas também não conta mentiras para escapar dele.

PORTEIRA. Uma garota decente e de bom coração, pronta para bater papo com os guardas ou fazer um favor para um amigo, sem pensar muito no assunto.

CAPITÃO DA GUARDA. Ele está realmente chocado com a maneira que o Prisioneiro tratou Anás, mas não é mal intencionado. Nem o são seus homens. Eles não oferecem nenhum perigo real para Pedro.

ANÁS. Esse velho senhor foi deposto do Sumo Sacerdócio pelo predecessor de Pilatos, Valério Grato, e é bem provável que ainda se considere o único Sumo Sacerdote devidamente constituído. Em todo caso, tendo oportunidade de se afirmar, vai fazê-lo, conduzindo por conta própria um interrogatório irregular. Seu temperamento não melhora com a atitude do Prisioneiro.

TESTEMUNHAS. A PRIMEIRA TESTEMUNHA é um homem bastante confuso, sem muita habilidade para a narrativa. A SEGUNDA E A TERCEIRA TESTEMUNHAS, por serem membros da Guarda do Templo (ou seja, a polícia eclesiástica), ENTREGAM as provas de que dispunham com a loquacidade rotineira do policial no banco das testemunhas.
NOTA: Para tornar a cena do Sinédrio inteligível, é necessário lembrar que, para um "testemunho válido", a lei judaica exigia a *concordância verbal exata* de, pelo menos, duas testemunhas.

NICODEMOS e **JOSÉ.** Esses dois estão se aproveitando do fato acima para obstruir o processo ao máximo.

SADRAQUE. Como sempre, ele exibe muito mais sagacidade do que o resto do Sinédrio. É sua convicção arraigada de que ninguém, a não ser ele mesmo, pode fazer algo de maneira adequada. Ele é tão maligno quanto qualquer um dos demais, mas não pode resistir a mostrar que eles estão se fazendo de idiotas. Ele está mais atento até do que Caifás: ele vê o obstáculo a respeito do Prisioneiro da Páscoa se aproximando e tem a inteligência para tomar medidas a respeito com antecedência. Isso lhe dá uma satisfação indescritível.

CAIFÁS *está determinado* a fazer a coisa acontecer. Tudo parece uma conspiração contra ele, mas ele vai conseguir ou morrer por isso. Ele sabe a importância de deixar o caso à prova de falhas; no entanto, quando se trata do embaraço, ele arriscará o expediente duvidoso do Juramento de Testemunho; ele conhece a impopularidade do governo romano, mas, como último recurso, reconhecerá abertamente a autoridade de César se isso for necessário para seu objetivo (ver também PILATOS)... Com Judas, ele é incompreensivo e impaciente. Não há neste político nada de sacerdote, como a palavra é entendida. A visão de uma alma em tormento é para ele apenas mais uma interrupção irritante, desperdiçando minutos preciosos quando quer correr para Pilatos. Nada do que Judas está dizendo significa alguma coisa para ele — por que deveria? —, uma vez que ele é totalmente destituído de qualquer percepção de pecado.

BARUQUE. Ele também é um político inescrupuloso, mas há muita decência nele. Ele não gosta de fracassos, mas pode comparecer para assistir à execução de alguns subordinados sem importância que foram "azarados", e ele é o tipo de homem a quem esses subordinados são leais. E, embora impaciente com a falta de praticidade de Jesus, ele pode admirar verdadeiramente essa qualidade. Por Judas ele tem todo tipo de desprezo — o desprezo do homem de ação pelo intelectual, do realista pelo romântico, do leal pelo traidor, do homem sem ilusões pelo autoenganador, do homem resoluto pelo covarde moral —, e ele é brutal, de uma brutalidade sem remorso.

JUDAS. Na abertura de sua cena com Baruque, Judas talvez já esteja bastante inquieto, e essa mesma inquietação o torna agressivo.

A visão de Baruque esgueirando-se por Jerusalém disfarçado é um alívio — convence-o de que ele estava, de que ele realmente *estava*, muito certo sobre a conspiração, e ele pretende ser triunfante com respeito a ela e sentir-se justificado. Baruque fura essa bolha de triunfo. Daqui até o fim, todos os seus autoenganos são descascados sucessivamente, como as camadas de uma cebola. Seus medonhos escrúpulos de algumas horas antes provam-se muito bem fundamentados: ele estava completamente errado sobre Jesus — estúpida, grosseira e absurdamente errado. Além do mais, Baruque sabe tudo sobre sua "espionagem amadora", e a acha ridícula. Além disso, Judas agora vê que foi enganado por Baruque; este, que primeiramente minou sua fé, agora o despreza pela falta dela... Nesse ponto, ele tenta se refugiar na ideia de que Jesus pode ser absolvido. Baruque trabalha sem muito esforço esse pensamento positivo e passa a mostrar-lhe que toda aquela conversa sobre a purgação pelo sofrimento tem sido mero romantismo; ele nunca imaginou isso como realidade ou concebeu que isso acontecesse com *ele*. Com mão áspera, Baruque desnuda o romance e mostra a realidade — e aqui ele provavelmente é mais brutal do que pensa, porque Judas tem inteligência e imaginação. Ele acabou de *ver* Jesus; e aquela visão, e os detalhes que Baruque está esfregando na cara dele, produzem juntos uma imagem de pesadelo que ele não consegue enfrentar. Por fim, por alguma intuição, Baruque se lança sobre o ato de traição, que, visto por seus olhos, não parece mais o cumprimento de um dever público, mas, sim, um trabalho muito sujo e covarde... Judas foge de Baruque, e, durante o julgamento perante o Sinédrio, tem tempo para se conhecer melhor.

A avaliação que Baruque faz da situação, embora perspicaz, é superficial. Até agora, Judas só chegou ao ponto alcançado por de Stogumber em *St. Joan*[1]: ele vê a feiura da coisa que fez, e percebe que nenhum fim ou motivo pode justificar uma coisa assim. A próxima cena o leva mais longe.

Nos primeiros minutos com Caifás, ele ainda se anima com a noção de que pode se livrar do pecado esclarecendo o assunto.

---

[1] John de Stogumber é o nome de um capelão na peça *Saint Joan* [Santa Joana], de George Bernard Shaw (1856-1950), dramaturgo irlandês. [N.T.]

Mas ele depara com um beco sem saída. Calma e suavemente, Judas é informado de que mais uma vez ele foi apenas o ingênuo e o instrumento de outros. Jesus foi condenado, não por sedição, mas por blasfêmia, e os escrúpulos de Judas são absurdos e irrelevantes... E agora, ao descer, degrau após degrau, ao inferno, ele é perseguido por sua vítima, de modo que ecoam suas palavras: "Escribas e Fariseus, hipócritas"; "sepulcros caiados"; "o homem que odeia seu irmão é um assassino". Ele vê a verdade sobre si mesmo: a ânsia pelo sofrimento que era apenas uma crueldade invertida; a recusa em acreditar na inocência que estava enraizada na inveja e no ódio da inocência; quanto mais longe ele vai, mais ele encontra o ódio: ele odeia Caifás e Jesus e Deus e a si mesmo. Ele vê a verdade, não apenas sobre si mesmo, mas sobre o pecado: ele vê a necessidade do sacerdote imaculado e do sacrifício imaculado; ele obscuramente até sabe quem é o Sacerdote imaculado e a Vítima imaculada que poderia fazer por ele o que Caifás não pode fazer — mas ele não pode ser salvo porque ele não *quer* ser salvo. Ele vai descendo e descendo até o abismo mais baixo de todos, onde se senta o demônio do orgulho que torna o pecado imperdoável porque o pecador se ressente e odeia e recusa o perdão. No fundo desse poço está apenas ele mesmo e seu ódio de si mesmo, e aqui não há lugar para arrependimento. Ele vai, portanto, para o seu lugar.

E não tenhamos, meus queridos, nenhuma reserva ou inibição, mas, sim, uma boa, grande e estrondosa peça de teatro em grande estilo — não muito alto, todavia, antes da explosão final —, mas com ritmo, ritmo, ritmo e paixão.

HERODES (A raposa). Não há nada neste degenerado filho de Herodes, o Grande, apenas uma voz arrastada, lânguida, um tanto efeminada e uma mente vazia, ociosa, viciosa, superficial, luxuriosa, mesquinha, desprezível e cruel.

"Que Jesus seja o pacificador entre nós" — há alguma visão por trás desse comentário? Absolutamente nenhuma; o grande vento passou por ele, e ele balança a cabeça e dança diante dele, mas não tem ideia do motivo. Ele é perfeitamente frívolo, com astúcia suficiente apenas para evitar até mesmo a sombra de qualquer responsabilidade por qualquer coisa.

PILATOS, por outro lado, é interessante. Ele não é patife nem tolo; seu problema é ser um funcionário publico ambicioso, que apagou seus próprios registros do passado ao lidar sem tato com as pessoas que governa e despreza. A princípio, nada toma sua mente, exceto o incômodo irritante de ter de se levantar de madrugada para cumprir uma parte da rotina oficial. Pilatos está ciente de que sua esposa se angustia com o assunto, mas isso o influencia apenas a ponto de gerar nele um vago antagonismo em relação à coisa toda. Ele não está inclinado a levar muito a sério os relatos das atividades sediciosas do Prisioneiro — ele sabe, é claro, que Jesus despertou "sentimentos" na província, mas, até onde os relatórios policiais informam, tudo gira em torno de religião ou algo do tipo. Ainda assim — aí está —, o homem é um foco de problemas, e se o Sinédrio quer que ele seja posto fora do caminho, e se a coisa está de acordo com a lei, provavelmente é melhor que seja feito desse modo. Mas, lá dentro, algo nele está em alerta, e a mensagem de Cláudia, com uma ênfase e um toque de terror supersticioso, é o reagente que cristaliza sua vaga desconfiança e antagonismo. Além disso, ele gosta da aparência do Prisioneiro. E ele não gosta, quando chega a vê-los, da aparência dos depoimentos. Ele é romano, e a lei e a justiça significam algo para ele. Ele é também obstinado por natureza e mais do que disposto a obstruir os judeus. A partir do momento em que decide julgar novamente o caso, o Sinédrio se depara com a tarefa de forçar a tramitação contra a determinação do Governador.

Primeira fase do conflito: Pilatos toma medidas evasivas e retardadoras. Ele começa deixando de lado a convicção de blasfêmia por ter sido (a) obtida irregularmente e por ser (b) irrelevante para os interesses romanos. Isso provoca uma declaração aberta sobre a acusação de traição e sedição. O aspecto político da reivindicação Messiânica é apresentado a ele. Ele interroga o Prisioneiro a respeito de sua reivindicação de realeza e decide que ele é, provavelmente, um excêntrico inofensivo. Ele diz a Caifás, portanto, que não pode tomar nenhuma ação quanto ao assunto, a menos que receba uma acusação adequada na forma de nova acusação. (Aliás, se conseguir isso, será uma arma valiosa contra os judeus, já que equivale a um reconhecimento *de jure*[2] da suserania imperial.) Caifás, por sua vez, quer se esquivar de fazer tal coisa. Ele oferece várias outras acusações (que Pilatos se recusa a receber dessa maneira irregular) e desaprova qualquer demora em se livrar de Jesus. Aqui, uma declaração feita ao acaso dá a Pilatos uma brecha legal. Ele pode empurrar todo o caso para Herodes. Se Herodes quiser decretar a sentença de morte, ela não voltará para ser ratificada por Pilatos. (Presume-se que iria diretamente para Roma, ou talvez Herodes pudesse executá-la ele mesmo, como fez com João Batista.) Até esse ponto, Pilatos se sentia capaz de tratar a coisa toda de maneira cavalheiresca.

Segunda fase do conflito: Herodes decepciona Pilatos ao mandar-lhe o Prisioneiro de volta (por meio de outra brecha legal), com a implicação de que nenhuma acusação é feita contra ele no que diz respeito à Galileia. Pilatos percebe que agora deve levar o assunto a sério e, ao que parece, conduz um exame mais detalhado (pouco antes da abertura da cena 5). Enquanto isso, ele pensava em outra saída. Sem realmente se recusar a fazer o que o Sinédrio exige, ele satisfará a justiça, o povo e a si mesmo ao libertar aquele prisioneiro popular de acordo com o costume. Essa tentativa de tirar o melhor proveito dos dois mundos é desastrosa; a estratégia foi prevista e combatida. Pilatos agora está começando a encarar a coisa como um assunto pessoal e está violentamente decidido a fazer o que quer, e está pronto até mesmo a correr riscos ao fazê-lo. Essa fase leva a uma acusação que parece muito nova para Pilatos: o Prisioneiro afirma ser o Filho de Deus. Esse é o lado sobrenatural da reivindicação messiânica, ao qual, embora parecesse ter apenas alguma relação com a definição eclesiástica de blasfêmia, ele não havia prestado muita atenção. Mas "um filho dos deuses" é uma possibilidade real para um romano, e ele se lembra do sonho da esposa. Ele manda buscar o Prisioneiro às pressas, e está apreensivo.

Terceira fase do conflito: A luta em Pilatos agora é entre seu medo de César e sua admiração pelo sobrenatural. Além disso, ele está furioso com Caifás & Cia. E, se puder, usará a arma da

---

[2] Latim: "de direito". Opõe-se a "de fato". [N.T.]

"traição" contra eles. O grito "Não temos rei!" dá a ele uma oportunidade. Ele se volta para eles instantaneamente e, com prazer selvagem, arranca deles a admissão do império de César. Mas a coisa volta para ele como um bumerangue: "Se você deixar esse homem ir, você é desleal a César". A acusação é transmitida a seus próprios soldados e aos cidadãos romanos na multidão; e ele não pode enfrentá-la. Eles o espancaram. Ele é humilhado e tem medo — diante de Deus e dos homens ele lava as mãos dessa coisa, na esperança de que, dessa forma, consiga "não ter nada que ver" com esse homem inocente.

Mas, embora derrotado, ele ainda tem uma bala na agulha. Ele cai disparando suas armas, e seu último ato é lançar um insulto mortal aos homens que o afrontaram e venceram: ele escreve a insolente inscrição: "Este é o Rei dos Judeus". (Mas, pelo amor de Deus, leve o Prisioneiro embora, porque Pilatos não pode suportar olhar para ele, e Pilatos deve enfrentar a ira dos deuses e os terrores de Cláudia.)

Rude, autoritário, obstinado, supersticioso, decente a seu modo, mas não grande o suficiente a fim de abrir caminho para sair de uma situação comprometedora, Pilatos está em desvantagem desde o início por causa de seu passado. (Ele já teve problemas três vezes por passar por cima dos judeus com muita brutalidade.) Mas ele é amigável com o Prisioneiro, e lhe faz o maior elogio que sabe fazer: "Ele deveria ter sido romano". O que se deve ter em mente é que todas essas cenas parecerem-se com um duelo entre Pilatos e Caifás.

Nota: Por várias razões, fiz Pilatos fingir ser uma pessoa grandiosa demais para falar hebraico. Ele fala latim com Flávio e Marcos, e alguma forma popular de grego com todos os outros. Não quero essa diferença transmitida por um inglês artificial, mas o ator pode tentar indicá-la aumentando um pouco o ritmo e a fluência nos momentos em que o personagem estiver falando latim.

SOLDADOS ROMANOS. Esses homens não têm nenhuma animosidade contra Jesus. O costume os tornou insensíveis, e prisioneiros açoitados e abatidos são parte do trabalho de todo dia. Se um criminoso desmaia sob a punição, alguém lhe dá um soco ou o chuta a fim de despertá-lo, não porque goste particularmente de infligir dor, mas porque esse é o tipo de tratamento apropriado aos criminosos. O Centurião, que é um juiz do material humano, está pronto para administrar uma reprovação quando esse tipo de coisa mostra sinais de se tornar bárbaro e não romano. Claro, qualquer oportunidade de dizer grosserias e zombar dos judeus é sempre bem-vinda; até o Centurião se curvará a ponto de participar da piada — piadas não quebram ossos... A canção do soldado pretende representar a popular balada sentimental da época; os outros soldados podem juntar-se aos poucos — e, se puder ser cantada "ao vivo" pelos atores em questão, tanto melhor. Que seja o mais bruta e fácil possível; não queremos algo como um concerto, nem precisamos que seja cuidadosamente finalizada.

A MULTIDÃO é tão importante nesta peça que deve ficar bem claro em sua mente coletiva o que está fazendo. O antagonismo das pessoas a uma pessoa tão popular como Jesus parece bastante inexplicável e pouco convincente até que realmente compreendamos qual é a situação.

Observe que, do ponto de vista do Sinédrio, a presença da Multidão é uma contingência incômoda. O grande objetivo do julgamento precipitado era *evitar* toda publicidade. A Multidão só tem tempo para se reunir por causa de uma série de atrasos imprevistos: (1) o tempo gasto para reunir o Sinédrio e as testemunhas e para comunicar-se com Pilatos de antemão; (2) o atraso do julgamento pela falta de acordo entre as testemunhas não ensaiadas e as táticas obstrutivas de José e Nicodemos; (3) a inesperada decisão de Pilatos de reabrir o caso; (4) sua súbita ideia de entregar o problema a Herodes. Mas, uma vez que a Multidão está lá, ela se torna o pivô estratégico da campanha, e ambos os lados envidam todos os esforços para capturá-la.

A primeira coisa a lembrar é que quando a Multidão chega pela primeira vez, *ela não sabe nada sobre a prisão de Jesus*. As pessoas estavam dormindo enquanto o destino de Deus estava sendo debatido. Alguns poucos transeuntes podem ter notado que algo estava acontecendo do lado de fora do palácio e, em certo ponto, terão visto Jesus ali, evidentemente passando por algum interrogatório.

Essas pessoas começarão a fofocar, e vários rumores serão divulgados. Mas há uma grande parte da Multidão que veio para lá com o propósito expresso de exigir a libertação do Prisioneiro da Páscoa, e *a maioria delas já está preparada para pedir por Barrabás*. A mente delas está cheia de Barrabás; Jesus é lançado sobre eles sem a menor preparação — e por quem? *Pelo Governador romano*, de cujo cargo e pessoa eles se ressentem e dos quais não gostam.

Mesmo assim, algumas delas estão prontas para pensar sobre o assunto e clamar por Jesus; mas o AGITADOR é hábil e rápido em explorar o sentimento nacionalista delas e fazer com que a questão seja *exigir seus direitos contra Roma*. Barrabás foi preso porque se juntou a outros para incitar a sedição, e cometeu assassinato ao fazê-lo. Não adianta pensar nele apenas como "um ladrão" ou "um assassino" — devemos pensar nele como um terrorista de uma facção criminosa, preso durante "os distúrbios", e Jesus como o candidato rival apresentado pelo prefeito antiterrorista para a consideração amável da comunidade dominada por aquela facção. A exigência da crucificação é, a princípio, relativamente branda e indiferente. Mas, durante a cena de açoitamento, o AGITADOR teve tempo para levar a Multidão a um frenesi de entusiasmo; e, quando, por fim, Jesus é apresentado a ela, o uivo de execração deve atingir a pessoa como um golpe na cara. (A expressão "Aarrh!" indica aquele barulho assustador de fera feito pelos nazistas e pelos fãs de boxe, uma espécie de grito rítmico clamando por sangue.)

NOTA: O fato de o hebraico de Pilatos não ser considerado muito bom torna possível ao AGITADOR fazer apelos nacionalistas mais ousados do que faria Pilatos, e se aproveitar ao máximo das palavras e ações de Jesus que mais parecem, às pessoas, definitivamente não judias.

CENA I (O JULGAMENTO DIANTE DE ANÁS)
SEQUÊNCIA 1 (A RUA: E O PÁTIO DA CASA DO SUMO SACERDOTE)

O EVANGELISTA: Então o pelotão, o capitão e os oficiais dos judeus pegaram Jesus, amarraram-no e levaram-no primeiro a Anás, que era sogro de Caifás, o Sumo Sacerdote. Mas Pedro o seguiu de longe; e outro discípulo também.

(Som do pelotão de guardas passando; desaparece à frente.)
PEDRO: Fica de olho neles, João. Nós *precisamos* ver o fim disso.
JOÃO: Eu sei qual vai ser o fim... Ele também. "Pendurado no madeiro"... Ó Pedro! A gente disse que morreria com ele. Que direito nós temos de estar vivos?
PEDRO: Ele não queria que a gente morresse. Ele disse pros guardas nos deixarem ir.
JOÃO: Isso não faz eu me sentir melhor. Nós fugimos.
PEDRO: Eu poderia ter morrido lutando.
JOÃO: Ele não lutou nem correu. Ele enfrentou o medo de mãos vazias... Veja! Eles estão indo para a casa do Sumo Sacerdote.
PEDRO: Bem... a gente não pode entrar lá.
JOÃO *(repentinamente estimulado por encontrar uma situação que pode resolver)*: Oh, sim, nós podemos. Eu já estive lá antes. Os servos me conhecem.
PEDRO: Ora, é claro! Você é um Zebedeu, da linhagem sacerdotal. Você acha que eles vão deixar nós dois entrarmos?
JOÃO: Vamos tentar. Vou correr e avisar os outros... *(voz mais fraca)* Espere por mim lá fora.
(O som de passos vai diminuindo enquanto ele alcança os demais.)
CAPITÃO: Alto!
(Soldados param, de maneira bastante irregular. O CAPITÃO *bate ao portão, que se abre.)*
PORTEIRA: Quem está aí?... Ah, capitão Eliú. Tudo bem. O senhor Anás diz para levar o Prisioneiro direto pra cima. A escada à esquerda.
CAPITÃO: Ótimo!... Aqui, homens! Meia dúzia de vocês o tragam. O resto espera no pátio. Tudo bem, senhorita?
PORTEIRA: Eles são bem-vindos. Há um bom fogo aceso.
(Barulho de confusão quando eles passam. PORTEIRA *e* GUARDAS *trocam saudações:* "Boa noite, Joel... O mesmo pra você, moça... Noite, Tabita... Noite, Malco; frio demais, né?... Oi, olhos brilhantes... Vou com você! *etc*".)
E aí, João, filho de Zebedeu! Não te vejo há anos. Desde quando *você* faz parte da Polícia do Templo?
JOÃO: Eu não faço. Mas gostaria de entrar.
PORTEIRA: Claro! Por que não? Você é um amigo da casa.
JOÃO *(em voz baixa)*: Sou amigo do Prisioneiro.

PORTEIRA: Oh!... Bem, eu *não* recebi ordens sobre isso... Olhe aqui. Se você subir aquela escada e ficar atrás da cortina no final da galeria, verá e ouvirá o que está acontecendo.

JOÃO: Você é uma garota gentil, Tabita. A propósito, um amigo meu tá aqui.

PORTEIRA: Pode trazê-lo também.

JOÃO: Posso? Obrigado... *(Chamando baixinho)* Pedro, cadê você? A porteira disse que você pode entrar.

PEDRO: Isso é muito gentil da sua parte.

PORTEIRA: Eu não posso deixar alguém que eu não conheça subir. Mas você pode ficar aqui, sentado perto do fogo no pátio.

PEDRO *(nervoso)*: Há muita gente ali...

PORTEIRA: Ali, é só a polícia... Vai logo, João, filho de Zebedeu. Vamos cuidar do seu amigo... Suba as escadas e siga a galeria. Você não vai se perder... *(para PEDRO)* Pobre garoto — ele parece muito nervoso. Como ele se meteu nisso? *Você não é um seguidor deste homem Jesus, é?*

PEDRO *(apressadamente)*: Não, não, não — sou só um amigo de João.

PORTEIRA: Bem, você deve manter seu amigo longe de problemas... Eu queria saber o que tá acontecendo lá...

(Som desvanece enquanto emerge o som da próxima sequência.)

SEQUÊNCIA 2 (UMA SALA NO PISO SUPERIOR)

ANÁS: Esse é o Prisioneiro? Traga-o para cá... Hum... Acho que, irmão Sadraque, podemos fazer algumas perguntas preliminares, apenas para preparar o terreno... Então vejamos, meu homem... A propósito, suponho que ele sabe onde está e quem eu sou? Certo, Ezequias?

EZEQUIAS: É esperado que todos o conheçam, Vossa Reverência... Prisioneiro, você entende que está na presença do senhor Anás, chefe da família sumo sacerdotal, ele próprio ex-Sumo Sacerdote e Sumo Sacerdote Emérito de Israel?

JESUS: Eu sei onde estou.

ANÁS: Muito bem. Jesus filho de José, você está sendo acusado de violar a Lei de Moisés, de praticar feitiçaria e de ajudar e estimular outros a fazer o mesmo. Agora, me responda: qual é exatamente a doutrina que você prega? E por que você se cercou dessa laia de seguidores? O que está por trás de tudo isso?

Jesus: *Eu* não faço segredo do que faço. Sempre preguei e ensinei abertamente no templo e na sinagoga, onde todo mundo poderia me ouvir. Por que questionar a *mim*? Você sabe muito bem que isso é ilegal. Há muitas pessoas que sabem o que eu disse. Seu procedimento correto seria chamar testemunhas e interrogar a *elas*.

Capitão: Isso é jeito de falar com Sua Reverência? Toma essa, meu chapa *(dando-lhe um tapão no rosto)*, e porte-se direito.

Jesus *(baixinho)*: Se o que eu disse estava errado, vá ao tribunal e dê testemunho sobre isso. Mas se eu estava certo, por que você me bate?

Anás: Você vê o que o homem é: obstinado e insolente.

Sadraque: Exato. Infelizmente, ele parece saber alguma coisa sobre os procedimentos judiciais. *Não* é lícito convidar um homem a se incriminar. As provas *não* são legais, a menos que tenhamos a concordância de duas testemunhas. E *não* é, estritamente falando, correto que a polícia bata no rosto do acusado.

Anás: Irmão Sadraque, você está defendendo o homem?

Sadraque: Meu caro, não! Só sugiro que estamos perdendo um tempo valioso.

Anás: Prisioneiro, eu esperava que você visse a razão e se explicasse informalmente a esses cavalheiros e a mim. Mas, como você é recalcitrante e insiste em um julgamento formal, você o terá. Seguiremos para o Sinédrio, onde você descobrirá que temos testemunhas suficientes e de sobra... Capitão, leve o acusado ao Gazite...

(Som desvanece e volta na próxima sequência.)

SEQUÊNCIA 3 (O PÁTIO)

Primeiro guarda: Brrr! Coloque mais lenha, Malco. Essas noites de primavera são frias. Que horas são?

Malco: Chegando a hora do canto do galo.

Segundo guarda: Sempre faz mais frio pouco antes do amanhecer. Ei, estranho, você tá tremendo. Vem pra mais perto do fogo.

Pedro: Obrigado; tô bem aqui.

Primeiro guarda: E aí, Malco, como tá sua orelha?

Malco: Eu tinha até esquecido disso. Aquele sujeito, Jesus, me curou perfeitamente.

Primeiro guarda: Bruxaria, primo, é isso que é. Eu deixava os sacerdotes darem uma olhada nessa orelha se eu fosse você. Pode ser

ruim pra você... E aí, estranho? Pelo sotaque, você é galileu. O que você sabe sobre esse tal Jesus? Você não é do povo dele, é?
Pedro: Claro que não. Eu não sei do que você tá falando.
Segundo guarda: Besteira! Você deve ter visto alguma coisa dele na Galileia...
Terceiro guarda: Vamos lá, conta tudinho pra gente!
Quarto guarda: Desembucha, meu rapaz!... Ele é tímido!
Segundo guarda: Vem cá! A gente quer dar uma olhada em você... Acho que você *é* um dos homens do Prisioneiro!
Primeiro guarda: Eu não vi você no Jardim com ele?... Malco, olha aqui...
Pedro: Maldição! Me deixa em paz! Tô falando que eu não conheço o homem. Eu nunca botei os olhos nele. Eu nunca...
(*Um galo distante começa a cantar; o som é seguido por outro, mais próximo; e um a um todos os galos da vizinhança se unem ao coro.*)
Primeiro guarda: Bem, você pode vê-lo agora. Vamos lá, pessoal; eles estão trazendo o Prisioneiro para baixo.
O evangelista: E o Senhor voltou-se e olhou para Pedro. E Pedro se lembrou da palavra do Senhor: "Antes que o galo cante, três vezes me negarás". E ele saiu e chorou amargamente.

CENA II (O JULGAMENTO DIANTE DO SINÉDRIO)
SEQUÊNCIA 1 (NA RUA)

O evangelista: E ao amanhecer, os anciãos do povo e os principais sacerdotes e os escribas estavam reunidos, e Jesus foi levado perante o conselho.
Baruque: Ei, Judas Iscariotes!
Judas: Quem é esse?... Baruque! Não te reconheci com aquele disfarce... É melhor você fugir. Sua conspiração acabou. Eles prenderam Jesus. Ele está sendo levado para julgamento agora, perante o Sinédrio.
Baruque: Ele mesmo?
Judas: Pilatos prometeu ratificar os veredictos.
Baruque: Então acho que ele concorda. Bem, você estava certo. Jesus era incorruptível. Sempre tive medo de que ele fosse... Ele fez por merecer. Eu sabia o que ia acontecer se ele recusasse minha oferta.

Judas: O que você tá me dizendo? Jesus recusou?

Baruque: Claro que recusou. *(desdenhosamente)* Você não conseguiu descobrir isso, com toda a sua espionagem amadora?... Eu disse a ele: "Se você vier em guerra, pegue o cavalo; se vier em paz, pegue o jumentinho". Ele pegou o jumento. Mais jumento foi ele.

Judas: Você tá mentindo pra mim? *(Com rápida suspeita)* Então o que você tá fazendo aqui?

Baruque: Dois pobres rapazes meus vão ser executados hoje. Eles tiveram azar. Eles foram pegos. Mas vão morrer sem me delatar. E eles vão saber que eu tô em algum lugar pra me despedir deles... Bem, é uma pena. Ah, se Jesus tivesse me ouvido...

Judas: Quer dizer que... afinal de contas, ele era inocente!

Baruque: Claro! Por quê, o que você achava?

Judas: Eu pensei...

Baruque: Você achou que ele tinha caído no engodo? Então a sua fé nele não ia além disso, depois de todas as suas belas palavras?... Olha! Eles estão saindo da casa do Sumo Sacerdote. Lá vai o Messias, com as mãos amarradas, para responder por suas tolices... Bem, deixe-o morrer. Não temos espaço para fracassados.

Judas: Talvez o absolvam.

Baruque *(sarcasticamente)*: Talvez o gato absolva o rato!... *(com brutalidade)* O que há com você? Você queria que ele sofresse, não é? Agora ele vai sofrer. Espero que você esteja satisfeito. Se você tivesse coragem, estaria sofrendo com ele. Por que você não tá lá no tribunal, fazendo um nobre discurso e clamando para ser martirizado pela causa?... Mas falar é uma coisa, sofrer é outra... Ele vai pra Pilatos, não é? Isso significa a cruz. Já viu um homem crucificado? Não há nada de poético na coisa, e dói, Judas, dói... Agora é a sua hora de praticar o que você prega. Você vai apoiar o seu Messias? Você vai testificar na cruz? Vai discorrer com eloquência *naquele* púlpito sobre o valor e a bem-aventurança da dor? Espetado ali sob o sol escaldante, como uma coruja na porta de um celeiro, com as juntas estalando, a cabeça pegando fogo e a língua seca como couro? Você dirá ali o que disse a mim...?

Judas: Maldito, fica quieto!

Baruque: Não consegue encarar, é? Ele tá encarando. Eu conheço esse tipo de sujeito quieto. Ele vai caminhar até a morte com os

olhos abertos e a boca fechada. Tudo o que *você* pode fazer é se encolher e guinchar... Sim! E como Jesus foi levado? Alguém deve ter dedurado, eu imagino. Quem será que dedurou? *Quem será que dedurou*, Judas Iscariotes?
JUDAS *(com voz abafada)*: Me deixa!
BARUQUE: Bah! Que imundície!... Corre, rato, corre! *(Voz mais distante)* Você não pode fugir de si mesmo...

SEQUÊNCIA 2 (O TRIBUNAL DO SINÉDRIO)

O EVANGELISTA: E trouxeram muitas testemunhas contra ele, mas elas não concordavam entre si...
CAIFÁS: Repita ao tribunal exatamente o que ele disse.
PRIMEIRA TESTEMUNHA: Ele disse: "O que é mais fácil? Dizer: 'Seus pecados estão perdoados' ou dizer: 'Levante-se e ande'? Mas, para mostrar a vocês que o Filho do Homem tem poder na terra para perdoar pecados", ele então disse ao paralítico...
SADRAQUE: Estou ficando confuso. Quem disse o quê a quem?
PRIMEIRA TESTEMUNHA: *Jesus* disse para *nós*: "Só para mostrar a vocês que o Filho do Homem tem poder".
NICODEMOS: Ele disse que *ele* era o Filho do Homem?
PRIMEIRA TESTEMUNHA: Eu acho que ele não disse exatamente isso.
PRIMEIRO ANCIÃO: Temos uma testemunha aqui que diz que sim.
PRIMEIRA TESTEMUNHA: Bem, não vou jurar que são essas as palavras exatas. Mas ele mencionou o Filho do Homem.
JOSÉ: Não é crime *mencionar* o Filho do Homem.
CAIFÁS: Testemunha, pode sair do banco das testemunhas... Precisamos de concordância quanto às palavras.
SADRAQUE: Você deveria ter um repórter na cena.
CAIFÁS: Irmão Sadraque, poupe a Corte desses sarcasmos. Chame a próxima testemunha, por favor... Irmão José e Irmão Nicodemos, não quero sugerir que vocês estejam sendo voluntariamente obstrutivos...
NICODEMOS: E não quero sugerir que o Tribunal esteja tentando arrancar as provas.
CAIFÁS: Espero que não.
JOSÉ: Mas a concordância é essencial para que um caso seja estabelecido.

Sadraque: Exatamente. Não adianta dar a Pilatos um caso tão cheio de buracos quanto uma peneira. Para usar suas próprias palavras, Venerável, queremos a coisa à prova d'água.

Caifás: Concordo plenamente com *isso*... Bem, quem é essa testemunha e que acusação ela traz?

Segunda testemunha *(de modo vívido)*: Meu nome é Abraão ben-Levi. Eu sou um membro da Guarda do Templo. Eu acuso o prisioneiro de bruxaria e sacrilégio. Há três anos, na época da Páscoa, eu estava no Templo quando esse homem causou um tumulto ao interferir no mercado. Eu o ouvi dizer: "Destruirei este templo feito por mãos, e em três dias edificarei outro, feito sem mãos".

Sadraque: Você ouviu, é?

Segunda testemunha: Sim, e você também, reverendo senhor. Você estava lá na ocasião.

Sadraque: Eu não sou testemunha — felizmente.

Caifás: Você tem mais alguém para confirmar sua palavra, ben-Levi?

Segunda testemunha: Sim, um dos meus camaradas está aqui. Ele vai confirmar.

Caifás: Muito bem... Chame-o... É este o homem? Qual é a sua acusação?

Terceira testemunha *(com loquacidade)*: Eu acuso o homem Jesus de bruxaria. Há três anos, na época da Páscoa, eu estava no Templo e o ouvi dizer: "Posso destruir esta casa de Deus e reedificá-la em três dias".

Nicodemos: Ele disse que a *destruiria* ou apenas que *poderia*?

Terceira testemunha: Disse que podia. Se isso não é bruxaria, o que é?

Primeiro ancião: Ele disse alguma coisa sobre reconstruir sem usar as mãos?

Terceira testemunha: Não. Meu amigo, Abraão ben-Levi, disse isso. "Ele teria de construir sem mãos", ele disse. Mas eu disse: "Ele vai construir pelas mãos de demônios".

Caifás: Não importa o que você e seu amigo disseram. Vocês não se harmonizam com respeito ao que o prisioneiro disse.

Sadraque: Na verdade, vocês dois estão errados. O que ele disse não foi nem "vou" nem "posso", mas: "Destruam este Templo e em três dias eu o reconstruirei". Lembro-me claramente.

Terceira testemunha: Bem, senhor, você pode estar certo. Mas não é assim que eu me lembro.

Caifás: Há concordância pelo menos sobre a pretensão de reconstruir o Templo em três dias. Prisioneiro, você ouviu essas testemunhas. Você tem alguma defesa a fazer contra a acusação de bruxaria?... Ainda calado?... Essa obstinação não lhe fará bem.

Primeiro ancião: Existe muito mais desse tipo de evidência?

Anás: Umas vinte ou trinta testemunhas esperando.

Primeiro ancião: Porque nesse ritmo, entre testemunhas que dizem coisas diferentes e um prisioneiro que não diz nada, vamos ficar aqui até amanhã.

Caifás: Eu mesmo vou interrogar o homem.

Nicodemos: Meu senhor, isso é quase ilegal.

Caifás: Algo *quase* ilegal, irmão Nicodemos, continua sendo legal. Ele deve responder sob o Juramento de Testemunho. Se ele ainda se recusar a falar, ele estará se condenando.

José: E se ele se exculpar?

Caifás: Nesse caso, Irmão José, vamos chamar as outras trinta testemunhas... Tragam o Prisioneiro para frente... Jesus filho de José, como você é um verdadeiro israelita, ouça e responda-me sob juramento. Conjuro você, pelo Deus vivo, que nos diga se você é o Messias, o Cristo de Israel.

Jesus: Eu sou. E vocês verão o Filho do Homem assentado à direita do Poder de Deus e vindo sobre as nuvens do céu.

(Surpresa.)

Caifás: Você então diz que é o Filho de Deus?

(Gemido de terror.)

Jesus: Eu sou.

Escrivão do tribunal *(em uma espécie de recitativo formal)*: Ai, ai! Isso é blasfêmia! O Sumo Sacerdote rasgou as vestes.

Caifás: Que mais necessidade temos de testemunhas? Vocês ouviram a blasfêmia dele. O que vocês pensam disso?

Todos: Ele é culpado de morte.

Caifás: Jesus filho de José, por causa daquilo que você mesmo disse, você está condenado por blasfêmia no mais alto grau, e está condenado à morte, por sentença do Tribunal.

(Som se desvanece nesse ponto.)

SEQUÊNCIA 3 (O TRIBUNAL DO SINÉDRIO)

O EVANGELISTA: Então Judas, ao ver que Jesus fora condenado, voltou a falar com os Principais Sacerdotes e Anciãos...

CAIFÁS: Bem, reverendos irmãos, considerando que tudo foi feito com muita pressa, até que não nos saímos tão mal. Tive minhas dúvidas em certo ponto, mas no fim deu tudo certo. Agora só precisamos garantir que Pilatos tome as devidas providências, e então podemos prosseguir...

JUDAS *(ao longe)*: Deixa eu passar!

ANÁS: O que está acontecendo?

JUDAS: Preciso ver o Sumo Sacerdote!

CAIFÁS: É o Iscariotes... Muito bem, levitas, deixem-no entrar... *(Para os ANCIÃOS)* Veio buscar mais dinheiro, ouso dizer.

ANÁS: Não dê a ele.

CAIFÁS: Claro que não... Bem, meu bom homem, o que é?

JUDAS: Eu pequei. Eu traí o sangue do inocente.

CAIFÁS: Calma, calma. Você parece estar muito angustiado...

JUDAS *(atropelando-o)*: Jesus não tem culpa. Ele nunca foi falso consigo mesmo. Ele nunca foi falso com Israel. Roma não tem nada contra ele. Ele não consentiu em nenhuma conspiração.

CAIFÁS *(bruscamente)*: Ele não foi julgado por conspiração. Ele foi julgado por blasfêmia.

PRIMEIRO ANCIÃO: E devidamente condenado pela autoridade competente.

SADRAQUE: Não estamos oficialmente interessados na atitude dele com respeito à questão romana.

JUDAS: Vocês agiram com base nas minhas informações.

ANÁS: Tudo o que precisávamos de você era a oportunidade de prendê-lo.

CAIFÁS: E nós lhe agradecemos imensamente por sua ajuda.

JUDAS: Escribas e Fariseus, hipócritas! Como ele conhecia vocês bem!... Ouçam-me, seus sepulcros caiados! Eu fiz uma coisa tão horrível que o próprio inferno está com vergonha. Os ladrões mais vis têm alguma lealdade, e o cachorro de um canalha pode ser fiel a ele. Mas meu Mestre era inocente, e eu o caluniei; era inocente, e eu o acusei; era inocente, e eu o traí.

CAIFÁS: Você veio até nós por vontade própria — e pelos mais elevados motivos, tenho certeza.

Judas: Eu vim porque eu o odiava. "O homem que odeia a seu irmão é um assassino" — eu matei o Cristo de Deus por ódio... Foi escrito que ele deve sofrer. Sim! E por quê? Porque há muitos homens no mundo como eu... Eu estava apaixonado pelo sofrimento, porque eu queria vê-lo sofrer. Eu queria acreditar que ele era culpado, porque eu não suportava a inocência dele. Ele era maior do que eu, e eu o odiava. E agora eu me odeio... Vocês sabem como é o fogo do inferno? É a luz insuportável da inocência de Deus que queima e seca você como uma chama. Mostra o que você é... Sacerdote, é uma coisa terrível se enxergar por um instante como você realmente é.

Caifás: O que isso importa pra nós? Sua consciência é problema seu.

Judas: O que isso importa pra você? Você é o Sumo Sacerdote. Dia após dia, semana após semana, mês após mês, você faz o sacrifício pelo pecado: o holocausto, a oferta pacífica e a oferta pela culpa. Ano após ano, no Dia da Expiação, você entra no Santo dos Santos e derrama sangue sobre o Propiciatório para a redenção de Israel. O que o seu sacerdócio pode fazer por mim? O sangue de touros e de cabras vai lavar minha mancha? Você que está mergulhado até a cabeça no mesmo crime que eu, você pode erguer aí as mãos ensanguentadas e oferecer por nós dois um sacrifício imaculado e aceitável? Não há sacerdote, não há vítima em todo o mundo que seja limpa o suficiente para purificar essa culpa... Deus é misericordioso? Ele pode perdoar?... Que socorro é esse? *Jesus* perdoaria. Se eu rastejasse até o pé da cruz e pedisse perdão, ele me perdoaria — e minha alma se contorceria para sempre debaixo do tormento desse perdão... Pode alguma coisa me purificar aos meus próprios olhos? Ou me libertar desse horror de mim mesmo? Eu lhes digo: não há como escapar da inocência de Deus. Se eu subir ao céu, Ele estará lá; se eu descer ao inferno, Ele também estará lá. O que devo fazer? Caifás, Sumo Sacerdote de Israel, o que devo fazer?

Caifás: Não podemos ouvir esse delírio. Você fez seu serviço, e nós lhe pagamos bem.

Judas *(baixinho)*: Essa é sua última palavra, colega de assassinato? *(em voz alta)* Pegue de volta seu dinheiro, com a maldição de Caim sobre ele. *(Ele atira as moedas de prata)* Vou pro meu lugar.

Caifás: Segurem ele! Ele está louco.

Levitas: Alto lá!

(*Eles barram seu caminho com as lanças.*)

Judas (*passando por eles*): Tirem as mãos! Eu sou impuro!... Imundo e maldito... Imundo... Maldito... Maldito... Maldito...

(*Sua voz morre com seus gemidos ao longe.*)

O evangelista: E ele partiu, e foi, e se enforcou.

CENA III (O PRIMEIRO JULGAMENTO DIANTE DE PILATOS)

O evangelista: Em seguida, levaram Jesus para a sala do julgamento e o entregaram a Pôncio Pilatos, o Governador. E eram cerca de três horas da manhã.

Flávio: Excelência, o senhor está vestido? Esses judeus estão aqui querendo que a sentença dada por eles seja ratificada.

Pilatos (*bocejando*): Ah, sim, malditos sejam... Entre, Flávio, e me dê uma ajudinha com minha capa... Fiquei acordado metade da noite e agora com traje militar completo ao raiar do dia: quem quer meu emprego?... Suponho que eles trouxeram todos os papéis.

Flávio: Sim. Eles devem entrar no Pretório?

Pilatos: Ah, não! Eu tenho de ir até eles. Se eles entrarem aqui, vão ficar contaminados e não vão poder realizar suas confusas cerimônias... Você arrancou meu funcionário da cama?

Flávio: Sim, ele está aqui.

Pilatos: Ah! Bom dia, Marcos. Você parece ser um cabeça-dura. Você bebe demais.

Marcos (*com um risinho fraco*): Ó senhor...

Pilatos: Tudo bem. Diga a eles para trazerem o Prisioneiro e me passarem o relatório do julgamento... A propósito, Flávio, você conseguiu alguma coisa da polícia sobre aquele Zelote? Baruque, ou qualquer que seja o nome dele...

Flávio: Ah, sim. Ele é um sedicioso bem conhecido. Ele reuniu um monte de descontentes nas montanhas durante o mês passado. Mas eles parecem ter-se dispersado no mesmo dia em que Jesus entrou em Jerusalém.

Pilatos: Parece, então, que isso não teve muita relação com esse assunto... (*Folheando o relatório*) Ó deuses! O que é tudo isso? Blasfêmia, quebra do sábado, bruxaria, lei de Moisés... páginas cheias disso. Acho que eles sabem do que se trata.

(*Passos de dois soldados.*)

Sim, entre, sargento.

SARGENTO: O Prisioneiro, senhor.

PILATOS: Ótimo. Traga-o. Vamos dar uma olhada nele... Hmmm. Um sujeito bem preparado. Olha você bem na cara. Gosto da aparência dele. Pena que tenha de ser executado. Seria bom ter um homem assim no exército... Ah, bem! Já fez a justificação?

MARCOS: Sim, Excelência.

PILATOS: Acho que está em ordem. Vejamos... "Jesus filho de José, de Nazaré... carpinteiro... 33 anos... condenado perante o Sinédrio... quatorze de nisã... blasfêmia e tudo o mais... sentença de morte... entregue a mim... tomar e executar..". Tudo certo. Dê-me uma pena *(Batida na porta)* Oh, entre!

ESCRAVO: Perdão, Excelência. Um bilhete de Sua Excelência, a senhora Cláudia. Ela pediu que fosse entregue *imediatamente*, onde quer que o senhor estivesse.

PILATOS: Oh, obrigado... Agora, o que... *(em um tom alterado)* Flávio, por favor. O que você acha disso?

FLÁVIO: "Não se meta com aquele bom homem. Eu tive um sonho terrível com ele"... É breve e enfático, Pilatos.

PILATOS: Foi selado com muita urgência, o estilete foi limpo na cera. "Não se meta com ele". O que eu faço com isso?

FLÁVIO: Bem, Pilatos, Sua Excelência é uma mulher. Algumas senhoras têm coração mole para pregadores bonitos.

PILATOS: Flávio, você nasceu escravo e tem a mente vulgar de um escravo. Aprenda a se comportar como esse camponês e fique de boca fechada, e algum dia você poderá ser confundido com um cavalheiro. De outra forma, não... Onde está esse relatório? Acabou de me ocorrer que... Sim, penso que sim. O Prisioneiro foi condenado, não por concordância entre as testemunhas, mas por aquilo que ele mesmo disse, sob juramento, sob questionamento do tribunal. Marcos, você é o especialista nesse tipo de coisa. Temos aqui uma boa aplicação da lei judaica?

MARCOS: Não digo que não haja precedente para isso. Mas certamente é bastante irregular.

PILATOS: E a história deles sobre Baruque parece duvidosa. Por que toda essa pressa e confusão? Eu não gosto disso. Acho que eles estão preparando algum jogo. Marcos!

Marcos: Excelência?
Pilatos: Não vou assinar a justificação. Vou reabrir esse caso... Caifás está aí?
Marcos: Sim, senhor. Ele está lá fora com um grupo de Anciãos.
Pilatos: Muito bem, vamos até eles... O Prisioneiro pode esperar aqui...

(Transição para o pátio externo.)

Primeiro Ancião: O Governador está demorando demais! Ele só precisa assinar. Espero sinceramente que nada tenha dado errado.
Caifás: Eu também.
Primeiro Ancião: Ah! Ele está saindo agora.
Sadraque: Não vejo o documento. Receio que o pior tenha acontecido.
Todos: Bom dia, Excelência.
Pilatos *(abruptamente)*: Bom dia. Qual é a sua acusação contra este homem?
Sadraque *(suavemente)*: O pior *aconteceu*.
Caifás: Se ele não fosse um bandido, não o teríamos entregado a você.
Pilatos: Pelo que posso ver, essa é uma questão inteiramente judaica. Peguem-no e tratem-no de acordo com sua própria lei. Não é assunto de Roma.
Caifás: Pela nossa lei ele já foi condenado e condenado à morte. Mas, pela lei romana, não temos autoridade para executar a sentença.
Pilatos: Em que ofensa ele incorreu para receber a pena de morte?
Caifás: Ele alega ser o Messias.
Pilatos: O que isso significa?
Caifás: Isso equivale a afirmar ser rei de todo o Israel.
Pilatos: Não há nada sobre isso nos procedimentos judiciais de vocês. Eu entendi que ele foi condenado por blasfêmia.
Caifás *(controlando-se)*: Para *nós*, essa afirmação é blasfêmia, mas, aos olhos dos romanos, é uma provável traição.
Pilatos: Entendo. Esta é uma nova acusação: traição a Roma. Eu vou interrogar o Prisioneiro e ver o que ele diz... Marcos!
Marcos: Sim, Excelência... Seria melhor eu chamar um intérprete?
Pilatos *(com um grunhido)*: Ah, sim, acho que sim... *(Enquanto eles entram)* Esperem um minuto. Eu vou descobrir... Ei, você, camarada; latim você não fala, não é?... Você fala grego?
Jesus: O suficiente.

Pilatos: Ótimo! Isso evita problemas... Então... do que você se chama? Você é o Rei dos Judeus?

Jesus: Você está me perguntando por conta própria? Ou é isso que lhe disseram sobre mim?

Pilatos *(com desprezo)*: Eu por acaso sou judeu? Sua própria nação e seus próprios sacerdotes entregaram você a mim. O que você fez? Que negócio é esse de ser rei?

Jesus: Meu reino não é um reino terreno. Se fosse, eu teria vindo com homens e armas para me proteger de meus compatriotas. Mas meu reino não se baseia na força ou em qualquer autoridade humana. Não é deste mundo de forma alguma.

Pilatos: Mas você *é* algum tipo de rei?

Jesus: Como você diz, sou rei. Essa é sua palavra e não minha; mas é a palavra certa — em certo sentido.

Pilatos: Qual é a *sua* palavra sobre você?

Jesus: O fim para o qual eu nasci e vim ao mundo era para dar testemunho da verdade. Todo aquele que tem a verdade dentro de si reconhece minha voz como a voz da verdade.

Pilatos: Verdade? O que é a verdade?... Sabe, Flávio, não acredito que haja qualquer mal no sujeito. Acho que ele é só um excêntrico. Ele me lembra meu antigo tutor grego. Ele e seus camaradas estavam sempre discutindo sobre a verdade e o mundo das ideias, e coisas desse tipo.

Flávio: Sim: metafísica e filosofia e assim por diante.

Pilatos: Filosofia me entedia demais... Tudo bem, Marcos. Você não precisa registrar isso. Tudo o que eu disser em latim fica fora do registro... Vou dizer a Caifás que não há nada nele... Sargento, traga o Prisioneiro... Vamos nos livrar desse negócio e tomar o café da manhã... *(Do lado de fora)* Bem, digno Caifás, aqui está o seu homem. Eu o examinei, e não encontro nenhuma falta nele. Não há nada sobre o que eu possa agir.

Caifás: Há toda uma lista de acusações subsidiárias contra ele. Leia, sua excelência, a folha de acusações.

Primeiro ancião *(rapidamente)*: Além da blasfêmia pela qual foi condenado, ele violou os direitos de propriedade, tendo, em certa ocasião, destruído uma valiosa vara de porcos e uma figueira, e interferido no comércio do Templo, e causou um motim com isso.

Segundo ancião: Ele ofendeu a moral pública e a lei judaica, violando o sábado, negando a validade de juramentos feitos no altar, instigando jovens a contestar o controle dos pais, associando-se a pessoas dissolutas e tentando minar a autoridade do Sinédrio.

Terceiro ancião: Ele é um charlatão ou um feiticeiro, professando que pode realizar curas milagrosas, ressuscitar os mortos e destruir e reconstruir o Templo com magia.

Quarto ancião: Ele fomenta a dissensão política, clamando pelo estabelecimento de um reino judaico independente, e, quando questionado sobre o pagamento do tributo imperial, ele deu uma resposta ambígua.

Pilatos *(bem-humorado)*: Prisioneiro, você parece ter cometido todos os crimes da lista. Você quer dar alguma resposta?

Jesus: Não.

Pilatos: Pelos deuses, Flávio, esse homem é uma maravilha. Ele consegue segurar a língua e manter a dignidade. Ele deveria ser romano... Meu senhor Sumo Sacerdote, não posso aceitar um caso apresentado dessa maneira precipitada e irregular. Vou dispensar o Prisioneiro com uma advertência, e enquanto isso...

Caifás: Não é seguro deixá-lo solto. Ele tem pregado sedições por todo o país, começando na Galileia e terminando na própria Jerusalém.

Pilatos: Galileia? Sim, por Pólux! Ele é galileu, não é? Ele vem de Nazaré. Ora, ele não está absolutamente sob minha jurisdição... Aqui, Sargento. Leve Jesus de Nazaré ao Tetrarca, com meus cumprimentos e minhas mais humildes desculpas por ter usurpado involuntariamente sua prerrogativa... Desculpe, bom Caifás, mas não posso ratificar sua sentença. É *ultra vires*, se você conhece um pouco de latim. Bom dia para vocês... *(indo embora)* Bem, Flávio, se eu tivesse tido o bom senso de pensar nisso ontem à noite...

(Eles saem, rindo.)

Caifás *(furioso)*: Pois é! De todos os...

Sargento: Então, Prisioneiro. Cê deve ir pra Herodes, ouviu? Quero ver um passo animado, meu rapaz... Façam com que ele saia, homens...

(Eles marcham com o Prisioneiro para fora.)

CENA IV (O JULGAMENTO DIANTE DE HERODES)

O EVANGELISTA: Quando Herodes viu Jesus, ele o questionou com muitas palavras, mas Jesus nada respondeu. E Herodes, com seus homens de guerra, o desprezou e zombou dele...

HERODES: Escravo, traga-me uma taça de vinho... Tequeles, você endereçou aquela carta a Pilatos?

TEQUELES: Sim, Ilustre.

HERODES: Espero que você tenha enchido o texto com muitos floreios. Ele é um homem vaidoso. Continue, agora: "Estou profundamente grato a Vossa Excelência por me enviar Jesus filho de José. Há muito tempo que eu estava ansioso para vê-lo, por ter ouvido muitas histórias sensacionais. Mas, que pena! Ele foi uma decepção. Eu fiz a ele todas as perguntas em que pude pensar — meu pobre cérebro nunca funciona muito bem antes do café da manhã —, mas ele estava taciturno e se recusou a falar. Ele não foi um entretenimento tão bom quanto o primo dele, João Batista, a quem lamentavelmente decapitei no ano passado, e com quem sempre poderia contar para um sermão empolgante sobre o fogo do inferno..".. Estou indo rápido demais?

TEQUELES: De modo algum, Ilustre.

HERODES: Ótimo... "Sabendo que Jesus era um realizador de milagres, eu o convidei a realizar alguns prodígios para nossa diversão. Mas não! Ele apenas balançava a cabeça e olhava para mim com aqueles seus olhos grandes, até que eu ficasse completamente constrangido. Quanto à realeza de Israel..". Tequeles, por que você está fazendo tanta careta?

TEQUELES: Peço perdão, Ilustre. Aaai! O macaco de estimação de Vossa Alteza está arrancando meu cabelo!

HERODES: Bichinho de estimação inteligente! Deixe o pobre animal se divertir, Tequeles... Onde eu estava?

TEQUELES (*em uma voz de agonia reprimida*): "Quanto à realeza de Israel..".

HERODES: Ah, sim... "no que me diz respeito, ele tem toda a liberdade para isso. Mas imagino que o César Imperial pode considerá-lo não cooperativo. Portanto, rogo-lhe que o receba de volta com meus melhores votos, pois parece-me que, ao cabo, ele pertence a você. Embora criado em Nazaré, ele é natural de Belém, na Judeia — que é tido, aliás, como o lugar onde o Cristo deve nascer. Na verdade, acredito que essa circunstância incidental, operando em um cérebro volúvel, engendrou nele toda essa fantasia messiânica. O manto púrpura que coloquei sobre ele, eu imploro que você o mantenha, pelo bem de Herodes. Nós dois temos discutido por muito tempo por causa de uma ninharia tola. Que Jesus seja o pacificador entre nós". Isso basta, Tequeles. Escreva direitinho e embeleze com os elogios que achar adequados... Você pode me dar o macaco... Vem cá, meu bonequinho, venha até seu mestre, e você vai ganhar um pedaço de açúcar... Que coisa!... Por que nunca acontece nada de importante nesta vida tediosa e insuportável?

CENA V (O SEGUNDO JULGAMENTO DIANTE DE PILATOS)
SEQUÊNCIA 1 (FORA DO PRETÓRIO)

(Agora há o barulho de fundo de uma considerável multidão.)

PRIMEIRO ANCIÃO: Há quanto tempo isso está acontecendo? Acho que Pilatos não está satisfeito com as evidências. Ele foi consultar o escrivão.

CAIFÁS: Não sei o que deu nele. Ele estava perfeitamente bem ontem.

SADRAQUE: Ele está com um humor perigoso agora.

SEGUNDO ANCIÃO: E há uma multidão desagradável se reunindo — a única coisa que queríamos evitar. A história está se espalhando.

SADRAQUE: Provavelmente está se espalhando. Mas imagino que muitos deles vieram exigir a libertação do Prisioneiro da Páscoa.

CAIFÁS: O quê? Céus, eu tinha esquecido disso!

SADRAQUE: Sim. Mas Pilatos se lembrará. Ou aquele astuto advogado, o escriturário, vai lembrá-lo.

PRIMEIRO ANCIÃO: Se as pessoas pedirem por Jesus, estamos acabados! Alguém deve se misturar com a multidão e levantar um bom clamor por... por... quem é mais provável?... Dimas... Gestas... Não, eles são peixes pequenos... alguém mais importante...

SADRAQUE: O bandido Barrabás é o favorito do povo.

CAIFÁS: Esse mesmo! Violentamente nacionalista e um patife atraente e desonesto. Agora, quem vai nos ajudar a...?

SADRAQUE: Não se preocupe, mui Venerável. Já contratei um bom agitador. Estou vendo ele lá embaixo.

Caifás: Sadraque, você é um *gênio*! Você pensa em tudo.
Primeiro Ancião: Pssssh! Aí vem o Governador.
Pilatos *(de modo formal)*: Meu senhor Sumo Sacerdote e membros do Sinédrio. Vocês me trouxeram este homem, Jesus de Nazaré, acusado de fomentar sedição entre o povo. Eu o examinei tanto em sua presença quanto em particular, e não consigo encontrar nenhum fundamento para essas acusações. Além disso, eu o enviei a Herodes, o Tetrarca da Galileia, que relata que nada do que Jesus fez naquela província o torna passível de pena de morte. O máximo que posso assentar é que o comportamento de Jesus foi um tanto imprudente. Portanto, vou mandar açoitá-lo, para ensinar-lhe um pouco de cautela e dispensá-lo... Oficial! Leve o Prisioneiro para fora e aplique-lhe o açoite de nove tiras.
Sargento: Muito bem, senhor.
Caifás: Isso não nos satisfaz.
Pilatos: Vai satisfazer a justiça. E vai satisfazer o costume da Páscoa... Marcos, fale com o povo, está bem? Você consegue falar o idioma confuso deles.
Marcos: Atenção, judeus! Este é o seu Festival e, como sabem, é seu privilégio exigir a libertação de um prisioneiro.
Multidão: Ouçam! Ouçam! Isso mesmo! É o nosso direito! É pra isso que a gente veio etc.
Marcos: O Governador está aqui pessoalmente para lhes assegurar seus direitos.
Multidão: Viva! Viva o Governador!
Marcos: Ele mesmo falará com vocês. Silêncio para o Governador!
Pilatos: Homens judeus! Estou aqui, de acordo com o costume, para libertar um prisioneiro para vocês. A escolha, é claro, cabe a vocês; mas há um homem que foi trazido aqui hoje...
Agitador: Barrabás! Ele é o homem que queremos! Dê-nos Barrabás!
Multidão: Isso mesmo! Barrabás! Barrabás!
Pilatos: Esperem um pouco!
    (Quando ele levanta a mão, a multidão *fica em silêncio.)*
Talvez vocês não saibam, mas tenho aqui outro prisioneiro, que o Sinédrio condenou à morte. O homem chamado Jesus de Nazaré.
Multidão: O que é isso? O que ele disse? Jesus de Nazaré? Absurdo! Isso mesmo, ele foi preso ontem à noite. Por quê? Sedição... Feitiçaria... Blasfêmia... Não estou entendendo...

Pilatos: Eles não entenderam direito, Marcos. Explique para eles em hebraico.

Marcos: Jesus de Nazaré foi condenado à morte pelo Sinédrio.

Multidão: Jesus de Nazaré? Que vergonha! O que ele fez? Queremos Jesus! Que tal Barrabás? Jesus... Barrabás... Jesus... Barrabás... *(A multidão mostra sinais de divisão em duas facções, uma gritando: "Queremos Jesus!", e a outra: "Queremos Barrabás!".)*

Agitador: Barrabás! Barrabás! Vamos, pessoal; vocês não vão deixar fazerem isso com Barrabás, vão? Ele é um verdadeiro judeu! Um cara sem balelas!

Multidão: O bom e velho Barrabás!

Voz: Barrabás é um assassino!

Agitador: Barrabás é um patriota! *(Vivas)* Ele lutou por Israel *(Vivas)* e lutará de novo! *(Vivas)* Barrabás não tenta agradar todo mundo! *(exaltadamente)* Ele nunca diria pra vocês pagarem tributos a César! *(Vivas)* Ele não é amigo de coletores de impostos! *(Tumulto.)*

Marcos: Calma aí!

Pilatos: Qual dos dois vocês querem liberar? Barrabás, o ladrão? Ou Jesus, a quem vocês chamam de Cristo?

Multidão: Barrabás! Barrabás!

Pilatos: E o que faço com Jesus, chamado Cristo?

Multidão: O que você quiser! Leve-o embora! Não queremos Jesus, queremos Barrabás! Dê Barrabás pra nós!

Pilatos: Mas Jesus é inocente. Ele não fez mal a ninguém.

Agitador: Quem se importa! Nos dê o que é nosso direito! *(Vivas.)* Não vamos aceitar ordens! *(Aplausos frenéticos)* Não queremos Jesus! Não queremos! Mande ele pra cruz! Crucifique-o!

Pilatos *(zangado)*: Essas pessoas foram manipuladas.

Multidão: Crucifique! Crucifique!

Flávio: Pilatos, Pilatos, você não vai conseguir! Vai haver um tumulto.

Pilatos *(de modo veemente)*: Não me importo. Eu vou fazer justiça... Silêncio, judeus!

(Calmaria momentânea.)

Por que Jesus deve ser crucificado? Que crime ele cometeu?

(Clamor confuso.)

Agitador: Pergunte ao Sumo Sacerdote!

(Silêncio.)

Caifás: Temos uma lei e, por essa lei, ele deve morrer, porque afirma ser o Filho de Deus.

Pilatos: O filho de um deus?

Agitador: Vocês querem esse blasfemador que se chama de Filho de Deus?

Multidão: Não! Não! Crucifique! Crucifique!

Pilatos: O que é tudo isso?... Um filho dos deuses? Minha esposa tem visões... e as pessoas dizem que ele ressuscita os mortos! Policial! Traga-me o Prisioneiro. Eu preciso saber o que isso significa...

SEQUÊNCIA 2 (NO PRETÓRIO)

(O zunido e o golpe de um chicote pesado.)

Centurião: Dezoito... *(Zunido)...* Dezenove... *(Zunido)...* Vinte... Já chega...

(Pausa, interrompida apenas pela respiração ofegante do Prisioneiro.)
Ele desmaiou?

Primeiro soldado: Não, senhor... Mas ele está tremendo muito...

Centurião: Jogue uma capa nele, um de vocês. Não queremos que ele desmaie.

Segundo soldado: Aqui está o manto que Herodes mandou com ele...

Terceiro soldado: Que vestimenta! Uau! Veja o bordado de ouro!

Primeiro soldado *(zombeteiro)*: Vamos, Rei dos Judeus... Aqui está o manto real de vossa majestade. Permita-me a honra. Ei, levante-se aí! Não consegue? Públio, dê um soco nas costas dele...

Centurião: Deu, já chega. Ele tem esportiva. Já vi alguns de vocês darem mais chilique por causa de um açoitamento. Deixa ele sentar.

Terceiro soldado: Um trono para o Rei dos Judeus! Joga aquele banquinho pra nós, Lúcio! Ei, Públio, o que você tá fazendo aí?

Quarto soldado: Fazendo uma coroa pro Rei dos Judeus... Malditos espinhos... Eu furei o dedo.

Segundo soldado: Dá aqui! Pronto, pronto, meu patife. Rei dos Judeus — taí o rei que aquele povo nojento merece.

(Risada.)

Centurião *(entrando na brincadeira)*: Você esqueceu de dar um cetro pra ele. Pegue meu bastão.

Primeiro soldado: Obrigado, Centurião!... Salve, Rei dos Judeus!
Segundo soldado: O que deseja vossa majestade?
Terceiro soldado: Vossa majestade faria o favor de declarar guerra a César?

(Risadas altas.)

Quarto soldado: Ou de receber uma embaixada da Rainha de Sabá?
Primeiro soldado: Vamos, pessoal! Música para sua majestade...
(Cantam) Me traga guirlandas, me traga vinho,
 minha querida, meu amorzinho,
 uma coroa pra você e uma coroa pra mim,
 eu prefiro a rosa ao jasmim.
Sargento: Centurião!
Centurião: Silêncio, pessoal!... O que é, Sargento?
Sargento: Pilatos quer o Prisioneiro. Já!
Centurião: Muito bem. Bom, senhores, acabou a brincadeira. Carreguem o cara, se ele não puder andar.
Segundo soldado *(com alguma gentileza)*: O que você acha, companheiro?
Jesus: Eu consigo andar.
Centurião: Certo... Prossigam.

SEQUÊNCIA 3 (DENTRO E FORA DO PRETÓRIO)

(Barulhos da multidão *lá fora.)*

Pilatos: Sabe, Flávio, nunca gostei muito de religião. Mas aquelas histórias antigas... Elas dizem que os deuses já andaram na terra antes...
Flávio: Controle-se, Pilatos. Eles estão trazendo o homem... Você acha que os deuses são como ele?
Pilatos: Que os deuses me ajudem, não sei. O rosto dele me assusta...
Flávio: Aquilo é sangue humano nele. Não o icor celestial que corre nas veias dos imortais. Use o bom senso. *(À parte, para* Marcos.*)* Eu nunca vi o governador perder a cabeça antes.
Pilatos: Vem cá, Jesus Messias... Eu te ordeno, eu rogo, que você me diga o que você é e de onde você vem... Você não fala?... Homem, você não compreende que eu tenho poder para crucificar você ou libertar você?

Jesus: Você não teria *nenhum* poder contra mim, se não lhe fosse dado de cima. Deus colocou você em autoridade. Mas o homem que me entregou a você para abusar da injustiça — o pecado dele é maior.
Pilatos: Nada vai mexer com você? Você sabe no que tá se metendo?... Venha aqui...

(Quando eles saem para a área externa, há um grito de execração.)

Multidão: Ele tá ali! Ele tá ali Aaaaarrh!
Marcos: Quietos! Olhem para o Prisioneiro!
Pilatos: Eis o homem.
Multidão: Crucifique! Crucifique! Crucifique!
Pilatos: Devo crucificar o rei de vocês?
Agitador: Nós não temos rei!
Multidão: Aaaaaarrh! Crucifique!
Pilatos: Silêncio!

(O barulho diminui.)

Você ouviu isso, Caifás: "Nós não temos rei". Vocês vão concordar com isso, senhores Sacerdotes?... Anote a resposta deles, Marcos — César vai se interessar... Fale, Caifás...

Caifás *(lentamente)*: Nós não temos rei...
Pilatos *(em tom provocativo)*: Como?
Caifás *(furioso)*: Não temos rei — a não ser César.
Pilatos *(com feroz satisfação)*: Ah! César ficará satisfeito em saber disso.
Caifás: César ficará satisfeito em saber outras coisas. Este sujeito chama a si mesmo de rei. *Nós* rejeitamos isso. *Você* admite isso?
Sadraque: Reivindicar a coroa é traição a César.
Primeiro ancião: Se você deixar esse sujeito ir, você também é um traidor... Observem, soldados!... Vocês aí na multidão! Quantos de vocês são cidadãos romanos?

(Alvoroço e gritos de "Traição!" e de "Salve, César!".)

Flávio: Pilatos, é uma loucura. Você não tem pra onde escapar. Eles vão denunciar você a Roma.
Pilatos: Judeus, ouçam a razão. Eu examinei este homem, Jesus...
Multidão *(tomada de empolgação)*: Crucifique! Crucifique! Crucifique! Aaaaaaarrh!
Pilatos *(para Marcos)*: Tragam água... *(Gritando por causa do tumulto)* Escutem-me, seus idiotas! Roma não tem nada contra

este homem. Se vocês o mandarem para a cruz, é responsabilidade de vocês. Olhem bem!

(Água é derramada.)

Testemunhem, todos vocês! *Eu lavo minhas mãos deste caso.* Eu sou inocente do sangue deste homem sem culpa. Que ele seja jogado sobre a cabeça de vocês.

AGITADOR: Deixa com a gente, Pilatos! Você não pode nos assustar! Que o sangue dele esteja sobre nós e sobre nossos filhos!

MULTIDÃO: Éééééé! Crucifique! Crucifique! Crucifique!

(Som se desvanece, enquanto PILATOS entra.)

PILATOS: Eles nos derrotaram, Flávio... Me dá aqui o mandado... Pelo amor de Deus, leva esse homem daqui e entrega pro povo aquele animal, Barrabás... Anda, Centurião, anda! O que tá esperando?

CENTURIÃO *(de modo rígido)*: A placa, senhor, para a cruz.

PILATOS: Ah, sim — o título e a acusação... *(escrevendo)* Sim. Pegue isso e faça com que todos vejam... Vou mostrar a esses porcos o que penso deles.

O EVANGELISTA: Eles, então, pegaram Jesus e o levaram para ser crucificado. E sobre sua cabeça, esta inscrição escrita, em hebraico, grego e latim: "Jesus de Nazaré, o Rei dos Judeus". Pelo que, disseram os principais Sacerdotes a Pilatos: "Não escreva *'O Rei dos Judeus'*, mas que ele disse: *'Eu sou o Rei dos Judeus'*". Pilatos respondeu: "O que escrevi, escrevi".

PERSONAGENS

O evangelista.
Caifás, Sumo Sacerdote de Israel.
Sadraque. ⎫
Nicodemos. ⎬ Membros do Sinédrio.
José de Arimateia. ⎪
Ancião. ⎭
Jesus.
João, filho de Zebedeu, discípulo de Jesus.
Maria Virgem.
Maria Cleopas.
Maria Madalena.
Baruque, o Zelote.
Gestas. ⎫ Ladrões.
Dimas. ⎭
Simão de Cirene.
Centurião (Marcelo). ⎫
Quiliarca. ⎬ Soldados romanos.
Ajudante (Basso). ⎪
Proclo. ⎭
Caio Pôncio Pilatos, Governador da Judeia.
Cláudia Prócula, esposa de Pilatos.
Febe. ⎫
Calpúrnia. ⎬ Romanos da casa de Pilatos.
Flávio. ⎪
Glauco. ⎭
Baltazar, Rei da Etiópia.
Primeiro soldado. ⎫
Segundo soldado. ⎬ do Primeiro Quaternário.
Terceiro soldado. ⎪
Quarto soldado. ⎭
Primeiro soldado. ⎫
Segundo soldado. ⎬ do Segundo Quaternário.
Terceiro soldado. ⎪
Quarto soldado. ⎭
Primeiro homem.
Segundo homem.
Uma voz cruel.
Primeira mulher.
Segunda mulher.
Primeiro menino.
Segundo menino.
Multidão.

11
REI DE DORES

OBSERVAÇÕES
A PEÇA

A dificuldade técnica ao longo da peça foi a organização da perspectiva. Observe que começamos com a multidão fluindo ao longo da estrada; em seguida, juntamo-nos à procissão, à qual seguimos posteriormente, chegando aos amigos de Jesus onde os deixamos em uma posição vantajosa à beira da estrada e os levamos conosco. Certa quantidade de ruídos de multidão ao fundo deve, eu acho, nos acompanhar por todo o percurso da estrada.

Nas cenas no Calvário, a ação se move vez após vez da circunferência para o centro: primeiro a multidão, depois os soldados, depois o grupo ao pé da cruz e depois até as próprias cruzes. Na cena II, sequência 3, as duas Marias e João carregam consigo esse movimento, à medida que vão da multidão, passando pelos soldados, até a cruz; e a mesma ordem é repetida nas sequências 5 e 8.

Os trechos com as Marias e João foram ligeiramente estilizados, para manter o foco de constrangimento e dignidade entre as crueldades realistas dos soldados e da multidão, e culminar na nota lírica e fantástica introduzida no final, em que Baltazar reaparece para ligar esta peça à primeira da série. Na cena II, sequência 3, os protestos de Maria Madalena para a multidão são adaptados das Repreensões cantadas na Missa da Sexta-feira Santa do Pré-santificado.[1]

---

[1] Rito antigamente celebrado na Sexta-feira Santa, em que os elementos da Eucaristia consagrados em uma missa anterior eram distribuídos. [N.T.]

OS PERSONAGENS

JESUS. Achei melhor não acrescentar nada às Sete Palavras da Cruz. Isso é difícil para o ator, que tem de causar uma impressão cada vez vindo "do nada", em cerca de uma dúzia de palavras. Fiz o melhor para preparar-lhe uma espécie de "entrada" em cada caso; e os dois grandes clamores — o "*Eloí*" e o "*tetelestai*" — são solenemente anunciados pelo Evangelista.

JOÃO tem um momento extremamente importante na cena II, sequência 5, onde ele tem meras três linhas para expressar as implicações medonhas do "*Eloí, lamá sabactâni*". Por outro lado, ele é direto. As palavras-chave para seu estado de espírito são as da cena I: "Meu coração está morto. Morreu ontem à noite no Jardim".

MARIA VIRGEM. Moderação, dignidade, força, e a quietude e lucidez inatas que às vezes acompanham a angústia extrema da mente. Seus dois grandes discursos na cena I são ditos sem nenhuma ênfase ou emoção violenta: o primeiro, com uma espécie de plácida aceitação do intolerável; o segundo, com a clarividência da profecia. Ela e João, em seu autocontrole de granito, são como pilares emoldurando e sustentando a exuberância descontrolada da dor de Maria Madalena. (O efeito pretende sugerir aquelas imagens em que Nossa Senhora e João estão em pé, um de cada lado do crucifixo, enquanto a desgrenhada Madalena se prostra aos pés da cruz. Da mesma forma, na cena final do Calvário, há a sugestão de uma *Pietà*.[2] Aqui, as palavras de Maria, "Coloque meu filho em meus braços", são um eco a *Reis na Judeia*.)

MARIA MADALENA. Passional, emocional, puramente humana, desesperada. Em seu "pranto" à beira da estrada, e nas "reprovações", ela tem um toque da nota de "lamento" que usamos para o "lamento" estilizado dos Pranteadores em *A luz e a vida*. Sem lhe faltar sinceridade, Maria tende naturalmente a dramatizar um pouco a própria dor — ela vê toda a vida de maneira dramática. Em sua

---

[2] Tema comum a muitas obras de arte de temática cristã que mostram Maria com o corpo morto de Jesus nos braços. [N.T.]

cena com o Centurião (de cujas relações anteriores com ela não precisamos nos aproximar muito) e os Soldados, vemos novamente a antiga Maria, que "dançava e deliciava a todos com guirlandas de lírios nas tranças ruivas dos cabelos", deliberadamente recapturar o passado para ganhar o presente. Em sua última cena, ela está completamente prostrada, soluçando louca e histericamente até ser acalmada por Nossa Senhora.

CAIFÁS. Essa peça é a apologia de Caifás. Pela primeira vez, ele é totalmente sincero e fala como um verdadeiro profeta. Ele aponta a fraqueza central do judaísmo, e sua fala é a de um homem que claramente prevê o fracasso da obra da própria vida. À sua maneira, ele faz eco a Herodes, o Grande, no final de *Reis na Judeia*. Neste ponto, e somente neste ponto, devemos sentir simpatia por Caifás.

NICODEMOS. Como sempre, ele vacila. Ele tem a capacidade de vislumbrar uma tremenda verdade teológica, mas sua reação, como sempre, é gritar: "Não ouso!", "Impossível!" e "Como pode ser isso?"

JOSÉ DE ARIMATEIA. Ele não está, eu acho, alerta para a verdade teológica. Mas ele consegue, num lampejo de imaginação, ver a verdade "espiritual" sobre o Reino, com todas as suas enormes implicações sociais e políticas. Ele quase vê que, enquanto o caminho de Caifás está fadado ao fracasso por suas limitações inerentes, o caminho de Jesus pode ter sido bem-sucedido... Ironicamente, ele leva ao pé da letra a palavra de Caifás sobre se adaptar a Roma, educadamente se aproxima de Pilatos para pedir o corpo de Jesus, e assim se torna o instrumento de Pilatos para se dissociar da responsabilidade de guardar o sepulcro... É, sem dúvida, José quem relata a Caifás as palavras de João sobre a ressurreição dos mortos (superando assim uma dificuldade exegética que tem sido muito usada pelos críticos de Mateus).

OS ROMANOS. FLÁVIO, como sabemos, é o liberto de Pilatos; FEBE e CALPÚRNIA são provavelmente escravas, mas do tipo mimado e refinado que vivia na familiaridade e quase igualdade com seus donos. Eles representam, na verdade, as *soubrettes*[3] da comédia clássica francesa, e são polidas, imitando os modos dos que estão na moda. Glauco, imagino, também é um liberto; de qualquer forma, ele não se incomoda de estar associado às servas domésticas de Cláudia. Ele é educado, vaidoso, sem coração e cheio de presunção e afetações. Um jovem muito insuportável.

BARUQUE está lá, como prometeu em *Os príncipes deste mundo*, para se despedir de Dimas e Gestas, mas, como está incógnito, suas saudações são entregues sob o disfarce da brincadeira grosseira. Ele faz seu velho jogo de fomentar o mal-estar contra Roma; mas, em meio à feroz amargura de seu humor, surge um grande lampejo de entusiasmo generoso: a admiração do homem de ação pela coragem física pura, mesmo em um Messias que o decepcionou.

OS LADRÕES, camponeses grosseiros; Gestas, um ignorante, desbocado (até onde se pode registrar), vingativo, com um desprezo natural por todas as virtudes mais gentis.

DIMAS tem as qualidades mais envolventes do valentão do passado. Ele adornaria uma gravura de Hogarth de um enforcamento de Tyburn[4]... Eu afrontei todos os pregadores e comentaristas ao fazer de seu "Senhor, lembra-te de mim" um ato, não de fé, mas de caridade. Parece incrível que este ladrão, que, até onde sabemos, não teve oportunidade de contato próximo com Jesus ou com seus ensinamentos, e certamente não se emocionou com o que sabia sobre Ele a ponto de mudar de vida, tivesse ficado tão impressionado com o "porte do Prisioneiro" a ponto de conceber repentinamente a ideia, não do reino Messiânico, mas daquele reino espiritual que era um mistério para os próprios discípulos até

---

[3]Personagem feminina cômica que teve origem na comédia francesa. Normalmente, uma criada ou empregada doméstica que exibe atrevimento, independência e tendência para intrigas. [N.T.]

[4]William Hogarth (1697-1764), pintor e gravador inglês, produziu tanto obras realistas quanto satíricas. Tyburn era um vilarejo perto da atual Londres. Foi o principal local de enforcamento de criminosos e mártires de Londres. Uma das obras de Hogarth chama-se *The idle prentice executed at Tyburn* [O aprendiz preguiçoso executado em Tyburn], na qual há uma multidão de espectadores. [N.T.]

depois da Ressurreição. A formulação de sua frase quase sugere uma pessoa pedindo um lugar na corte — parece exatamente o que se diria para agradar alguém, e concordar com essa pessoa, que se imaginasse Napoleão. Se olharmos dessa forma, o pedido se torna uma expressão de pura bondade humana, gratuitamente oferecido das profundezas do sofrimento físico agudo e instantaneamente reconhecido e aceito como tal — "sua caridade para com o lunático inofensivo era literalmente e, de fato, caridade a Mim".[5]

Então, fica mais fácil imaginar que a resposta e o olhar que a acompanha fornecem um "trampolim" para um verdadeiro ato de fé e conversão. Há a vaga apreensão de algo inimaginável, trazendo uma convicção instantânea do pecado e daquilo que redime o pecado, enquanto a mente não treinada tateia de volta à infância e à inocência. Ele está confuso entre o homem crucificado, de cuja fraqueza seria egoísmo exigir uma agonia adicional, e o Cristo eterno, de cuja força ele está meio consciente, e com cujos sofrimentos ele parece estar misteriosamente identificado, de modo que, de alguma estranha forma, cada um está suportando a dor do outro... mas tudo isso é muito difícil para Dimas — a única coisa certa é a união e a promessa que é como o conforto de um gole de água fresca...

SIMÃO DE CIRENE. Não adotei a sugestão de que ele era um africano, por mais atraente que seja, pois não quero antecipar o efeito da voz africana de Baltazar no final da peça. Portanto, fiz dele apenas um judeu estrangeiro, que voltou para casa a fim de participar da Páscoa — talvez o mesmo homem que ouvimos falar na estrada em *Progresso do Rei*.

O QUILIARCA. Esse jovem é um oficial comissionado, um jovem patrício que cumpre seu período habitual de serviço militar como "capitão de mil". (Eu mantive o título clássico, uma vez que "coronel", ao qual ele corresponde aproximadamente, sugere-nos um homem muito mais velho, e esse rapaz está na casa dos vinte anos.) Ele é um tipo agradável de "escola pública", bem e apropriadamente envergonhado por ter de dar ordens a Proclo, de sessenta anos,

---

[5] Não foi possível identificar o autor da citação, que parece ser inspirada em Mateus 25:31-46. [N.T.]

e muito inexperiente para lidar com a angústia do veterano, exceto por retroceder na disciplina e trocar de lugar com o chefe — após o que ele gratamente retorna para se refugiar no programa de esportes regimentais.

O CENTURIÃO (Marcelo), o mesmo que presidiu o açoitamento em *Os príncipes deste mundo*. É muito mais jovem do que Proclo — um homem de trinta anos ou pouco mais. Decente, sensato, militar, preocupado em fazer seu trabalho só com a crueldade necessária e nada mais, e em não se meter em encrencas. Ele pode ficar sentimentalmente comovido com o apelo de Maria Madalena (em ambos os sentidos) — e, fora de serviço, ouso dizer que ele é um homem mulherengo. Mas ele não é insensível: a escuridão do meio-dia lhe dá nos nervos e ele fica feliz quando Proclo vem para substituí-lo.

SOLDADOS. Dois Quaternários separados devem ser distinguidos. Todos os homens são muito peculiares, mas seria melhor ter dois conjuntos de vozes diferentes. Eles estão realizando um trabalho rotineiro de maneira rotineira, e não são particularmente violentos com relação a isso, exceto, talvez, o PRIMEIRO SOLDADO do Primeiro Quaternário, que se incomoda com o olho roxo causado por Gestas e está disposto a descontar sua raiva em Jesus.

PROCLO. Bastante direto e de acordo com sua função na maior parte do tempo. No final, porém, o terremoto e o encontro com Baltazar, somando-se ao que ele sabia sobre Jesus, deixam claro para ele que há algo sobrenaturalmente estranho em tudo aquilo. Lá está ele — a pessoa mais decente, simples e prática que se possa imaginar, no entanto envolvida em alguma enorme teia do destino, estendendo-se por mais de trinta anos e tocando a eternidade, por assim dizer, em ambas as extremidades. Ele está no centro dos fatos, mas apenas na circunferência do significado deles; é ainda apenas um estranho e espectador. E, a partir dessa posição, esse espectador registra sua opinião sobre o que se passa: "Filho de Deus ele se chamava — e eu creio que ele assim era"... Tendo feito isso, ele deve apenas se voltar e continuar e lidar com pessoas e acontecimentos visíveis, com todo tato, decência e delicadeza naturais característicos do homem.

CLÁUDIA. Ela conta seu sonho de maneira bem direta, não o "encenando", mas apenas relatando. O que é assustador sobre o sonho é que nada nele é obviamente raivoso ou ameaçador. Cláudia relata que o "capitão" falava de maneira bastante simples e doce, como alguém relembrando uma criança de uma lição esquecida: "Você não se lembra? Eles o crucificaram. Ele sofreu sob Pôncio Pilatos" (como se dissesse: "Oh, mas você sabe disso. Todo mundo sabe disso. Ele veio em 1066".)[6] As vozes dos "Passageiros" estão apenas repetindo um fato estabelecido de cor; a "Voz" sobrenatural é totalmente incorpórea e impessoal; "ventos e ondas" não são enfatizados e apenas fornecem um pano de fundo para que as vozes cresçam; a coisa toda mal se eleva acima de um tom baixo. É tudo *dado como certo*, e isso é o que é tão assustador.

Para Cláudia, o que mais a aterroriza no sonho é que ele, de alguma forma misteriosa, parece ameaçar seu marido, a quem ela se apega com devoção. Seu foco emocional agora não é Jesus, mas Pilatos. É *ele* quem está sendo suave e implacavelmente condenado por deuses e homens.

MULTIDÃO. Os personagens da multidão não pedem nenhuma observação especial, exceto que a Segunda mulher é outra do tipo encontrado nas gravuras de Hogarth e, ao que parece, provavelmente um pouco bêbada... As mulheres (Filhas de Jerusalém) são sentimentais e descuidadas — o tipo de pessoa que "sente as coisas terrivelmente" e chafurda nelas — a ponto de, com um egoísmo bastante sublime, exigir que Jesus as "console" por causa dos sofrimentos dele.

CENA I (A ESTRADA PARA O CALVÁRIO)

O evangelista: E quando Pilatos entregou Jesus aos soldados, eles lhe tiraram a púrpura, e o vestiram com suas próprias roupas e o levaram para fora, a fim de crucificá-lo.
(*Ruído de fundo de pessoas passando.*)

---

[6] É a "data mais conhecida da história", ano em que ocorreu a última invasão bem-sucedida da Inglaterra, pelos normandos. [N.T.]

Primeiro menino: Ben! Samu! Vamos! Uns caras vão ser crucificados.
Segundo menino: Legal! Tão vindo por aqui?
Primeiro menino: *Sim*. Eu tenho uns ovos podres pra atirar neles!
Segundo menino *(gritando)*: Uau! Depressa, pessoal!
Sadraque: Saiam da frente, seus moleques nojentos!
Ancião: 'Dia, digno Sadraque! Veio ver esses homens serem executados? Eles escolheram um dia muito bonito pra isso.
Sadraque: Muito quente. Logo vamos ter trovões.
Ancião: Não, está uma brisa adorável. Clima glorioso. É bom estar vivo.
Sadraque: Ah, sim! *(sarcasticamente)* Quando se está velho e doente, é uma satisfação ver jovens fortes sendo mortos antes do tempo. A pessoa gosta de se sentir superior a alguém.
Ancião: Principalmente se esse "alguém" esteve se gabando de ser superior à morte.
Sadraque: Sem dúvida! Todos nós temos medo da morte. É muita arrogância fingir que a morte não existe ou não importa.
Ancião *(de modo ácido)*: Se Jesus pensa assim, agora é a chance de ele provar isso.
Sadraque: E você não ficaria aborrecido se ele o fizesse? Suponha que ele descesse tranquilamente da cruz e dissesse: "Vocês não podem me matar. Eu quebrei a maldição de Adão e bani a morte do mundo" — você, com certeza, ficaria furioso.
Ancião *(alarmado)*: Você acha que há algum perigo disso?
Sadraque: Perigo? Não, eu só estava brincando. Jesus vai morrer, e você também — o que é um consolo, com certeza!... Puxa! Olhe essa multidão! Romanos e judeus juntos — um acontecimento bastante popular. É melhor a gente ir andando...
Febe: Ah, olhe, querida. Lá está o Glauco!
Glauco: Oi, Febe! E a bela Calpúrnia também! Que Vênus e todas as suas pombas as acompanhem! Oi, Flávio! Pra onde vocês estão indo?
Flávio: Para ver a execução. Você vem conosco?
Glauco: Estou farto de execuções. Quando você viu uma, já viu todas. Se fossem feras ou gladiadores, sim! Cláudia deu férias às suas damas?
Calpúrnia: Cláudia está doente; teve pesadelos.

Febe: Ela está preocupada com o profeta judeu. Ela nos enviou para vê-lo e relatar como ele morreu. Pilatos disse que Flávio pode nos acompanhar.

Flávio: Pilatos está de mau humor.

Febe: Ele ficou de cara fechada durante todo o café da manhã e deu um tapão na orelha de um escravo porque tinha achado uma mosca no mel. Minha senhora, então, desatou a chorar e foi pro quarto, onde está deitada invocando Apolo.

Glauco: Ela buscou por Pã ao luar. Você deve manter as cortinas do quarto dela fechadas. A lua cheia não é saudável quando brilha no rosto de alguém que esteja sonhando.

Flávio: O terror do Pânico está em Pilatos também. Eles disseram que Jesus afirmou ser Filho de Deus! Então, Pilatos estremeceu e perguntou a ele de onde ele vinha. Mas ele ficou em silêncio.

Febe: Filho de Deus?

Glauco: Eu mudei de ideia. Eu vou com vocês. Deve haver alguma novidade quando se crucifica um deus...

João: Maria, Mãe de Jesus, você vai mesmo continuar?

Maria Virgem: Ao pé da cruz, João, filho de Zebedeu.

João: Fala com ela, Maria, irmã de Lázaro. Diga pra ela que ela não deve vir.

Maria Madalena: Querida Mãe Maria, poupe-se. João é homem e eu... eu vivi no mundo e vi muitas coisas ruins. Mas pra você é muito diferente.

Maria Virgem: Sim, Maria, é diferente. Todos vocês são amigos dele, mas eu sou a mãe que o deu à luz.

Maria Madalena: Ela não vai me dar ouvidos. Maria Cleopas, veja se consegue persuadi-la.

Maria Cleopas: Maria, minha irmã! Se você vir aquilo... vai partir seu coração.

Maria Virgem: Maria Cleopas, você esqueceu as palavras do Profeta Simeão? Há 33 anos, ele me disse: "Esta criança dividirá todo o Israel e seu nome será um escândalo e uma ofensa. Sim — e uma espada atravessará sua própria alma também". E tudo se tornou realidade... Veja! Lá longe, na estrada, há uma pequena nuvem de poeira. Quem vai subir por este caminho pedregoso até o madeiro?

Maria Madalena: Nosso Mestre.

João: Nosso amigo.
Maria Cleopas: O Santo de Israel.
Maria Virgem: Meu filho. Quando ele era pequeno, eu dei banho nele e o alimentei; eu o vesti com suas roupas pequenas e penteei os cachos de seu cabelo. Quando ele chorava, eu o consolava; quando ele se machucava, eu o beijava pra afastar a dor; e, quando a escuridão caía, eu cantava pra ele dormir. Agora ele desfalece e arrasta-se na poeira, e seu cabelo está emaranhado em espinhos. Eles vão deixá-lo nu ao sol e pregar os cravos em sua carne viva, e a grande escuridão vai cobri-lo. E não há nada que eu possa fazer. Nada mesmo. Isto é o pior: conceber a beleza no coração e trazê-la ao mundo, e então ficar indefesa e vê-la sofrer...
Maria Madalena: Como você consegue falar tão calmamente?
Maria Virgem: Enquanto aguardamos o golpe, nossa mente está confusa, imaginando como ele virá. Mas, depois de sermos atingidos, ficamos quietos, porque não há mais nada pelo que esperar. Então, de repente, tudo se torna muito claro, cada fato distinto e lúcido com sua verdade... Agora eu sei o que ele é, e o que eu sou... Eu, Maria, sou o fato; Deus é a verdade; mas Jesus é fato e verdade: ele é a realidade. Você não pode ver a verdade imortal enquanto não nascer na carne do fato. E, porque todo nascimento é uma divisão da carne, fato e realidade parecem seguir caminhos separados. Mas não é bem assim: os pés que vão caminhar nesta estrada foram feitos de mim. Só um Jesus deve morrer hoje, uma pessoa que você conhece: a verdade de Deus e o fato de Maria. Isso é realidade. Desde o início dos tempos até agora, essa é a única coisa que realmente aconteceu. Quando você entender isso, você vai entender todas as profecias e toda a História...
Primeiro homem: Quem são os dois homens que vão morrer com ele?
Baruque: Os ladrões Dimas e Gestas.
Segundo homem: Você vê em que mundo vivemos, onde roubo e retidão vão juntos para a cruz.
Primeira mulher: É verdade. Jesus era um bom homem.
Primeiro homem: Ele era um blasfemador. O Sinédrio fez bem em condená-lo. Ele era mais perigoso do que qualquer ladrão.
Baruque: Dimas e Gestas não foram condenados por roubo, mas por sedição contra Roma. Jesus não é condenado por blasfêmia, mas

por sedição contra Roma. Os sábios tolos do Sinédrio se transformaram em massa de manobra de César.

SEGUNDO HOMEM: Estranho, quem é você que fala de forma tão temerária?... *(Em voz baixa)* Eu acho que você é Baruque, o Zelote.

BARUQUE *(em voz baixa)*: Guarde esse pensamento em seu coração e jogue a chave fora.

(O ruído da MULTIDÃO se aproxima.)

(em voz alta) Olha! Lá vêm eles, cada homem cambaleando sob o peso da sangrenta cruz romana — um belo fardo para costas judias! Cada homem tem uma placa com seu nome e a sua ofensa...

(Barulho mais alto.)

Leia as placas: "Gestas: Ladrão e Rebelde" — se rebelou contra quem? Contra Caifás?

PRIMEIRO HOMEM: Contra a ordem e a nação.

PRIMEIRA MULHER: Que animal horrível ele parece!

SEGUNDA MULHER: Um bandido brutamontes! Eu amo um valentão corajoso!

MULTIDÃO: Animal!... ladrão!... assassino!... Pedras!... Pedras!... Toma isso, seu ladrão sujo... Viva! Acertei ele na boca!... Boa pontaria!...

(Gritos e risos.)

GESTAS: Vão pro inferno! O diabo queime os ossos docês, seus ratos nojentos! Se eu pudesse colocar as mãos nocês!

PRIMEIRO SOLDADO *(impassível)*: Anda, cara!

GESTAS: Eles arrancaram a droga dos meus dentes!

PRIMEIRO SOLDADO: Você não vai precisar de dentes pra onde vai...

(Risada.)

Anda!

BARUQUE: Continua, Gestas! Dá o troco! Use a boca pra cuspir!...

(Risada.)

Olhe a outra. "Dimas: Ladrão e Rebelde" — ladrão para vocês, meus amigos, mas rebelde para Roma... Ei, Dimas, seu velho ladrão de gado! Roubando de novo!? O que você tá carregando aí?

DIMAS: Um cavalo de madeira com uma perna só.

(Risada.)

VOZ DA MULTIDÃO: Ora, seu grande idiota! O cavalo é que deveria tá carregando você, não você carregando o cavalo.

(Risada.)

Dimas: Vou montar nele no final da estrada, seu trouxa! E fica aí no seu canto!

(Risos de novo.)

Segundo homem: Esse cara é um gaiato.

Segunda mulher: Ele é muito corajoso. Eu gosto desses corajosos. Ó uma flor pra você, vilão!

Dimas: 'Brigado, moça. Prefiro um copo de cerveja.

(Risada.)

Segundo soldado: Ei! Mexa as pernas aí!

Dimas: Com licença, senhoritas, eu tenho um encontro. Em frente, cocheiro, e que César vá pro inferno!

Segundo soldado: Cala a boca, cara!

Dimas: Eu digo: pro inferno! Eu sou um homem morto, não é? Eu posso dizer o que eu quiser! Abaixo o velho sujo Tibério e seu império podre!

(A multidão murmura inquieta, não se importando em se associar a essa manifestação.)

Centurião: Chicote neles! Chicote!

(Eles empurram Dimas para a frente.)

Baruque: Deus salve a Judeia, onde apenas os mortos podem falar livremente!... Aí vem o mestre criminoso, com todos os seus pecados sobre a cabeça: "Jesus de Nazaré, Rei dos Judeus". Vocês gostaram da piada, pessoal?

Primeiro homem: É um maldito insulto.

Baruque: O que se espera dos judeus? Só insultos!

Multidão *(zombeteiramente)*: Salve, Jesus!... Salve o Messias louco!... Idiota!... Louco!... Carpinteiro!... Buuuuuu!

Primeira mulher: Pobre alma! Como ele tá branco. Ele mal consegue andar.

Segunda mulher: Ele não tem coragem. Eu queria um sujeito alegre que fosse rindo pela estrada pra cruz.

Multidão: Anda, Rei de Israel! Faz a gente acreditar! *(Risada)*... Faz um discurso pra nós!... Profetiza! Profetiza!... Um grito pra ele, pessoal!... *(Vaias e gritos de zombaria)*... Hosana!... Hosana!... Palmas pro Messias louco!... Ei, rapaz! Você se esqueceu do seu jumento! *(Risos altos e assobios de vaia.)*

Primeira mulher: Uma pena acontecer isso.

Segundo homem: Há apenas uma semana, tava tudo bem pra ele.
Primeira mulher: Ele tá tropeçando! Ele vai cair!
Primeiro homem: Não! Ele cerrou os dentes e continuou!
Centurião *(gritando um pouco à frente)*: Ei, aí! Você não pode fazer esse homem andar mais rápido?
Terceiro soldado *(gritando)*: Vou tentar, se o senhor quiser, Centurião. Mas ele já caiu uma vez. *(Para Jesus)* Vamos lá, coloque isso nas costas.
Primeira mulher: Ele tá balançando a cabeça, coitadinho.
Baruque *(explicativo)*: Para tirar o suor dos olhos.
Segunda mulher *(cruelmente)*: Eu odeio um fraco... Vai logo!... Seja homem...
Baruque: Segure sua língua, sua megera esganiçada! Você não reconhece um homem quando vê um... Suportar o insuportável, prosseguir quando a coisa é impossível: isso é coragem... *(Com grande grito e com extrema sinceridade)* Hosana, Filho do Homem! Hosana!
João: Maria, Mãe de Jesus, seja corajosa; eles estão vindo.
Maria Virgem: Eu não vou ceder, João, filho de Zebedeu.
João: Prepare-se. Olhe primeiro pros dois ladrões, pra você ver como ficam os homens quando estão indo pra cruz.
Maria Virgem: Deus os ajude, coitadinhos!
Maria Madalena: Três homens, mas onde está nosso Mestre? Ó Deus! João... é ele?
Maria Virgem: Jesus, meu filho!
Maria Cleopas: Ele não respondeu. Ele não olhou pra você.
João: Ele não pode, Maria Cleopas. Ele tá andando cego. Se ele virasse a cabeça, ia cair.
Maria Virgem: Fique calma, irmã, fique calma. Nós não precisamos de palavras, meu filho e eu.
Maria Madalena: Nunca pensei que ele pudesse ficar assim. *(Lamentando)* Ó pés velozes! Ó mãos fortes! Ó rosto que era a beleza de Israel! Onde estão os lábios que riram de nossa tristeza? Onde está a voz que chamou Lázaro de volta do túmulo? Ajoelhem-se, ajoelhem-se comigo! Joguem pó sobre a cabeça! Pois a luz do mundo se apagou.
João: Venha, Maria.

Maria Madalena: Você não tem vergonha de ficar de pé quando o senhor do amor está tão abatido? Onde está seu coração, João, filho de Zebedeu?

João: Meu coração tá morto. Morreu ontem à noite no Jardim. Não consigo sentir nada.

Maria Virgem: Levante-se, Maria, minha filha. Devemos ser fortes por causa dele.

Multidão: Veja pra onde ele vai, o profeta louco!... o salvador de Israel!... o filho de Davi!... o Homem que nasceu pra ser Rei!

(Vaias e risos.)

Maria Madalena: Ó cruéis! Cruéis! Não há graça em Israel? Não há mão para ajudar? Não há coração para ter compaixão?

João: Sim, existe um. Veja! Uma pobre mulher deu um passo à frente com um lenço e enxugou o suor da testa dele.

Maria Virgem: Oh, ela fez isso tão gentilmente. Preciso falar com ela... Senhora, eu sou a mãe dele. Muito obrigada! Isso será lembrado no Reino.

Multidão: Ouviram isso?... Que reino?... A mulher é tão louca quanto ele!

(Um barulho forte à frente.)

Ei! O que aconteceu?... Ele tá caído... Sai da frente... Vamos ver...

Centurião *(gritando)*: Vamos! Vamos! Qual é o problema agora?

Terceiro soldado: Prisioneiro caído de novo, Centurião.

Centurião: Bem, não fique parado olhando. Coloque ele de pé de novo.

Multidão *(para ajudar)*: Joga um balde de água nele... Deixa ele recuperar o fôlego... Dê um trago pra ele... Ele tá só fingindo... Senta o chicote nele...

Centurião: Pra trás, vocês!

Voz cruel: Vai lá, mágico! Faz uns truques! Pegue sua cruz e ande!

(Risada.)

Quarto soldado: Nada a fazer, Centurião. Ele tá totalmente exausto.

Centurião: Sério? Vamos dar uma olhada nele... Bem, meu caro, não custa tentar... Não, Públio, você tá certo... Deixa ele descansar um pouquinho.

Terceiro soldado: Acho que o açoitamos com muita força.

Centurião: Hummm. Esse é o pior daqueles bem corajosos. Eles aguentam, e você acha que eles podem aguentar — e então eles desabam em cima de você depois.

Quarto soldado: Ele está voltando a si.

Centurião: Isso é uma misericórdia. Se ele morresse nas nossas mãos, estaríamos bem arranjados. A lei diz que eles devem ser crucificados vivos *(em voz baixa)* — pobres diabos!

Simão de Cirene *(gritando da multidão)*: E que lei perversa é! Lei romana. Sangrenta e cruel. Não havia lei assim em Israel antes da chegada dos romanos.

(Reação simpática da multidão.)

Centurião: Quieto, você!

Simão: Eu vi o suficiente da sua lei na África. Volto pra casa pra celebrar a Páscoa, e ela tá aqui, contaminando a própria Festa.

Centurião: Chega, meu rapaz! Vocês, judeus! Vocês apedrejam e queimam e estrangulam, mas, como isso não derrama sangue, vocês chamam de civilizado. Um bando de hipócritas!... Ele pode andar agora?... Espera... calma... dá a mão pra ele, ele não pode ver pra onde tá indo.

Terceiro soldado: O que ele tá procurando?

Quarto soldado: Ele tá estendendo as mãos pra... pegar a cruz.

Terceiro soldado: Puxa, eu vou...

(Os soldados riem, sem grosseria.)

Centurião: Este é o prisioneiro mais disposto que eu já vi. Vai como um cordeiro para o matadouro.

Simão: Matadouro é a palavra pra isso!

Terceiro soldado: Tudo bem, Prisioneiro. Qual é a pressa? Você vai chegar a tempo.

(Eles riem de novo.)

Centurião: Bobagem. Ele não consegue mais carregar. Precisamos encontrar alguém, alguém com ombros robustos. Aqui! Cadê aquele sujeito que estava berrando muito alto? É, sim, você mesmo! Qual o seu nome?

Simão: Simão. Eu venho de Cirene.

Centurião: Bem, segure isso e carregue. Tá vendo? Quando você tiver arrastado isso morro acima, não vai ter mais fôlego pra berrar. Anda logo. Sem resposta malcriada.

Simão: Eu vou te ver condenado primeiro! *(Com uma mudança repentina de tom)* Tudo bem, eu carrego pra ele.
Centurião: Isso vai te ensinar a ser mais simpático... Vamos, Prisioneiro! Tiramos o peso de você... Você pode se levantar agora?... Tudo bem, então... Continue!

(Desvanecer o som da multidão *e trazê-lo novamente.)*

João: Maria, Mãe de Jesus, me dê a mão. Estamos chegando ao fim da estrada, e o caminho é íngreme e pedregoso.
Maria: Eu tenho sua força, João, pra me apoiar... mas ele deve ir sem ajuda.
Maria Cleopas: Ele está caminhando com firmeza agora, irmã. A cabeça dele está erguida em direção às colinas.
João: E as pessoas ficaram mais quietas. Talvez elas estejam sentindo pena. Veja! Há um grupo de mulheres chorando e lamentando.
Mulheres: Ai de mim! Ai de mim!... Pobre homem!... Ele pregou tão *lindamente*... Ele falou tão docemente... Ele curou os enfermos... Ele alimentou os famintos... Ele sempre foi tão bom com as crianças... Como é triste, como é triste morrer tão jovem!... Mal tinha trinta anos, e era bonito como o jovem Rei Davi!... Cortado na flor da idade... Oh, céus! Oh, céus! Como tudo isso é triste; não consigo parar de chorar... Jesus! Jesus de Nazaré! Estamos muito tristes!... Fale conosco!... Queremos ouvir sua voz novamente... Conforte a gente, nos conforte, filho da consolação!...
Jesus: Filhas de Jerusalém, não derramem lágrimas por mim. Chorem por vocês mesmas e por seus filhos. Pois está chegando a hora em que dirão: "Feliz a mulher que nunca deu à luz, e os braços vazios que não têm quem amar ou cuidar". E as pessoas vão fugir para as colinas, vão rastejar para buracos na terra para se esconder e vão clamar para as montanhas: "Caiam sobre nós! Caiam e cubram nossa miséria!"
Mulheres: Ué! Que tipo de conforto é esse?
Jesus: Vocês choram pelo que estão vendo agora? Os dias maus estão apenas começando. Se eles fazem essas coisas enquanto a árvore está verde, o que farão quando a árvore crescer e amadurecer?
Mulheres *(cedendo ao encanto da voz)*: Tem piedade, Jesus, tem piedade! Senhor, tem misericórdia de nós!
Centurião *(afirmando sua autoridade)*: Já chega, cara, já chega. Se você pode falar, você pode andar. Vá em frente.

(A procissão segue em frente.)

CENA II (COLINA DO CALVÁRIO)
SEQUÊNCIA 1 (AO PÉ DA CRUZ)

O EVANGELISTA: E quando chegaram ao lugar que se chama Calvário, ali o crucificaram, e também aos ladrões, um à direita e outro à esquerda.

PRIMEIRO SOLDADO: Uau!... bem, temos dois deles.

SEGUNDO SOLDADO: Esse Gestas é um vagabundo musculoso. A gente teve de quebrar os dedos dele pra fazer o cara abrir os punhos.

TERCEIRO SOLDADO: Sim, ele lutou muito. Você vai ficar com um olho roxo, Corvo.

(Risadas.)

PRIMEIRO SOLDADO *(de modo vingativo)*: Ele vai sofrer por causa disso. A gente amarrou o desgraçado com força, como uma corda de arco.

SEGUNDO SOLDADO: Vamos lá, vamos pro próximo... tirou a roupa dele?

TERCEIRO SOLDADO: Sim. Tá aqui.

QUARTO SOLDADO: Este não vai dar problema.

TERCEIRO SOLDADO: Num sei não. Ele não quis beber a mirra com vinagre.

PRIMEIRO SOLDADO: Por que não?

TERCEIRO SOLDADO: Disse que queria manter a mente clara.

PRIMEIRO SOLDADO: Se ele acha que pode fugir...

QUARTO SOLDADO: Ah! Ele é só louco. *(De modo persuasivo)* Ó aqui, meu rapaz, não seja obstinado. Beba. Isso vai te anestesiar um pouco. Você não vai sentir tanto... Não?... Bem, se você não quer, não quer... Você é esquisito, sabe?... 'Bora, então, mãos à obra.

PRIMEIRO SOLDADO *(cujo humor foi afetado pelo olho roxo)*: Dá uma rasteira nele.

SEGUNDO SOLDADO: Não precisa. Ele já tá bem abatido... Pegue os pés, Corvo.

PRIMEIRO SOLDADO: Estique as pernas. Vou te dar o rei dos judeus.

SEGUNDO SOLDADO: Me dá a marreta.

JESUS: Pai, perdoa-lhes. Eles não sabem o que estão fazendo.

(Sua voz se interrompe em um suspiro agudo quando a marreta desce. O som desvanece com o baque surdo das marteladas.)

SEQUÊNCIA 2 (CASA DO SUMO SACERDOTE)

Nicodemos: Você está tranquilo quanto a esse assunto, meu senhor Caifás?

Caifás: Por que não estaria, Nicodemos?

Nicodemos: Não vou discutir com você sobre a pessoa de Jesus. A atitude dele no julgamento me abalou. Eu estava pronto para acreditar que ele era um grande mestre, um grande profeta, talvez o Messias. Não posso mais pensar assim. Ele afirmou ser o Filho de Deus, não em uma figura, mas literalmente: o braço direito do poder e igual participante na glória. Ou isso é uma blasfêmia terrível, ou então uma verdade tão terrível que não dá para pensar nela.

Caifás: Você está dizendo que pode ser verdade?

Nicodemos: Não me atrevo. Pois, nesse caso, o que fizemos? Conspiramos de uma maneira inimaginável para julgar e assassinar Deus.

Caifás: Isso mesmo. Você só precisa contar o caso para expor seu absurdo. Deus é um e Deus é espírito. Você acha que há uma multidão de deuses e semideuses andando pela terra e sujeitos à fragilidade humana, como nas fábulas nojentas dos pagãos?

Nicodemos: Não.

Caifás: Então, a que você tem objeções? Ou você, José de Arimateia?

José: Não tanto ao ato, mas quanto à maneira que foi feito. Era necessário, Venerável, lamber os pés de Roma em público? Admitir a soberania de César?

Nicodemos: Foi sensato ameaçar Pilatos com o Imperador? O poder que você invocou contra Roma ainda era Roma.

José: Só há uma maneira de agir com Roma: bater a porta na cara dela; pois, se você dá um dedo, ela quer a mão; se der a mão, ela quer o braço todo, até que os judeus não sejam mais judeus.

Caifás: José e Nicodemos, deixem-me lhes dizer uma coisa. O povo judeu, como unidade, foi embora para sempre. O dia das pequenas nações já passou. Esta é a era do império. Considerem. Em toda a nossa história, tentamos bater a porta. Nossa nação seria um jardim fechado — uma raça escolhida, um povo peculiar. Mas a porta foi aberta. Por quem?

Nicodemos: Na contenda entre os filhos de Alexandre, quando Hircano apelou para Roma.

Caifás: Verdade. Essa contenda nos trouxe Herodes, o Grande, a criatura de Roma que, por trinta anos, manteve os judeus unidos em sua luva de ferro. E quando ele morreu, o que aconteceu? Nova contenda, e a divisão de Israel, com Pilatos, o Romano, nomeado governador da Judeia. Sob Herodes, uma nação tributária; depois de Herodes, três províncias tributárias. A cada disputa judaica, Roma dá outro passo. Um passo... dois passos... o terceiro será o último... Eu matei esse Jesus, que teria feito mais uma facção; mas, para um pretendente crucificado, outros cinquenta surgirão... Um dia, os Zelotes vão se revoltar e a espada será desembainhada contra César. Então, o anel de fogo e de aço se fechará em torno de Jerusalém; os mortos jazerão nas ruas e o barulho das Legiões será ouvido no interior do Santuário do Templo. Eu, Caifás, profetizo.

José *(impressionado)*: O que você acha que devemos fazer?

Caifás: Aceitem o inevitável. Adaptem-se a Roma. É a maldição de nosso povo não podermos aprender a viver como cidadãos de uma unidade maior. Não podemos governar nem ser governados; por tal motivo, a nova ordem não tem lugar. Façam um acordo com o futuro enquanto podem, ou não haverá em todo o mundo lugar onde um judeu possa colocar os pés.

José: Estranho. Você ecoa as profecias de Jesus. Mas ele, eu acho, teria ampliado as fronteiras de Israel para abranger todo o mundo. "Eles virão", disse ele, "do leste e do oeste e se assentarão no Reino de Deus". Samaritanos, romanos, gregos... ele recebeu a todos... É possível que ele tenha visto o que você vê, e tenha escolhido escancarar a porta? Não para excluir, mas para incluir? Não para dissolver Israel em Roma, mas para trazer Roma ao redil de Israel?

Nicodemos *(chocado)*: Impossível! Israel não pode ter relações com os gentios. Ele deve ter ficado louco pra imaginar...

Caifás *(secamente)*: Muito louco. É dever dos estadistas destruir a loucura que chamamos de imaginação. Ela é perigosa. Ela gera dissensão. Paz, ordem, segurança: essa é a oferta de Roma, ao preço de Roma.

José *(tristemente)*: Rejeitamos o caminho de Jesus. Suponho que agora devemos tomar o seu.

Caifás: Você também vai me rejeitar, eu acho... Esteja contente, Jesus, meu inimigo. Caifás também terá vivido em vão.

SEQUÊNCIA 3 (AO PÉ DA CRUZ)

(Barulho de MULTIDÃO *agitada, do qual surgem* VOZES.*)*

VOZES: Quem ia destruir o Templo e construir em três dias?... Parece que foi o Templo que viu você cair!... Vem cá, por que você não destrói a cruz?... Quebre a madeira, derreta o ferro... isso não é nada pra um cara que pode destruir o Templo... Vá em frente, ó milagreiro!... Mostra o teu poder pra gente, Jesus de Nazaré...

MARIA MADALENA: Vocês todos que passam, isso não significa nada pra vocês? O que ele fez pra vocês para que vocês o tratem assim?

VOZES: Ele disse que era o Messias... Rei de Israel... Filho de Davi... maior do que Salomão... Desde quando Israel tira seus reis da carpintaria?... ou da prisão comum?... Você vai reinar do madeiro, Rei dos Judeus?

MARIA MADALENA: Ele teria tornado vocês cidadãos do Reino de Deus, e vocês deram a ele uma coroa de espinhos.

VOZES: Onde estão todas as suas obras poderosas agora?... Ele salvou outros, mas não pode salvar a si mesmo... Vai lá, charlatão, cura as tuas próprias feridas... Se você é o Filho de Deus, desce da cruz.

MARIA MADALENA: Ele deu poder às mãos e aos pés de vocês, e vocês pregaram as mãos e os pés dele na cruz.

VOZES: Tá com fome, tá com sede, Jesus de Nazaré?... Cadê a água de que você falou?... Cadê o pão que nunca termina?... Nada na manga agora, feiticeiro? *(Risos)* Pães e peixes! Pães e peixes!

MARIA MADALENA: Ele alimentou vocês gratuitamente com o pão do Céu e com a água da vida, e vocês lhe dão vinagre para beber.

VOZES: Charlatão!... feiticeiro!... enganador!... fanfarrão!...

MARIA MADALENA: João, será que a gente não consegue chegar mais perto? Vai trazer algum conforto pra ele nos ter por perto.

JOÃO: Não sei se os soldados vão nos deixar passar. Mas podemos perguntar pra eles.

*(*MULTIDÃO *ao fundo.)*

CENTURIÃO: Adiante, aí! Adiante, por favor!... Meu rapaz, afaste-se; você não pode chegar mais perto.

JOÃO: Por favor, bom Centurião, deixe-nos passar. Somos amigos de Jesus de Nazaré.

CENTURIÃO: Então, é melhor você ficar longe de problemas. Leve essas mulheres embora. Não é lugar pra elas.

Maria Virgem: Senhor, eu sou a mãe dele. Eu te imploro: me deixa ir até ele.
Centurião: Desculpe, senhora. Não posso deixar... Corvo! Mantenha essas pessoas andando!... Apenas voltem pra casa em silêncio.
Maria Madalena: Marcelo, você se lembra de mim?
Centurião: Não, mocinha. Nunca te vi na minha vida.
Maria Madalena: A dor mudou tanto meu rosto?... Marias, rápido, por favor, tirem meu véu, soltem meu cabelo!... Olhe de novo, Marcelo! Existe outra mulher em Jerusalém com cabelo ruivo como o meu?
Centurião: Maria de Magdala!
Soldados: Maria!... Maria Madalena!... Por onde você andou todo esse tempo, Madalena?
Maria Madalena: Pelos pés que dançaram pra ti, pela voz que cantou pra ti, pela beleza que te encantou, Marcelo, me deixa passar!
Marcelo: Beleza! Isso é pra homens vivos. O que esse vagabundo que tá morrendo é pra você?
Maria Madalena: Ele é minha vida, e você o matou...

(Os soldados riem.)

Pensem o que quiserem, riam se quiserem, mas, pelos velhos tempos, deixem Maria de Magdala passar.
Primeiro soldado: Oh, não, não vai, minha lindinha!
Segundo soldado: Não sem pagar.
Terceiro soldado: Cante pra nós uma das velhas canções, Maria!
Soldados: Isso mesmo!... Uma música... Cante, garota, cante!... Faz a gente rir, faz a gente chorar, Maria Madalena!
Maria Madalena *(distraída)*: Minhas canções?... Eu esqueci todas elas... Espera... Espera... Eu vou tentar... Qual vocês querem, meninos? "Rosas de Sarom"? "Diná querida"? "De volta pra casa"?
Soldados *(aplaudindo)*: "De volta pra casa"! "De volta pra casa"!... Pssssh!

(*Enquanto* Maria *canta*, soldados *e* multidão *ouvem em silêncio.*)

Maria Madalena *(canta)*:
Soldado, soldado, por que tu foste vagar?
Onde o pequeno riacho desce até o mar,
Nas colinas de casa, cresce, branco, o jasmim.
Volta pra casa, volta, meu amor, pra mim.

(Aqui os soldados *juntam-se ao coro.)*
Recupera as forças de tanto caminhares,
Chega de fadigas, chega de exercícios militares,
Chega de chamada, de toque de clarim,
De companhia, alto!, de fiquem à vontade, assim.
Luz do sol, luz das estrelas, e toda a madrugada,
E o trinco aberto da porta destrancada,
Esperando pelo rapaz que eu...

(Ela desmorona.)
Eu não posso continuar.

Centurião: Tudo bem, Maria... Deixem a moça passar, rapazes... e a mãe e a amiga... Só esses... Ninguém mais... Pra trás, vocês aí... Em frente, agora, em frente... Sim, Públio?

Quarto soldado: As roupas dos Prisioneiros, Centurião.

Centurião: Ah, sim. Elas são privilégio de vocês. Peguem tudo e compartilhem em partes iguais.

Soldados: Três pares de sandálias... Três pra quatro caras não dá... Que pena que Barrabás não tá aqui pra gente ter quatro... Quem quer uma capa?... Eu!... Eu!... Cada um de vocês pode ter um tanto... Então, não agarra... meio a meio... Rasguem na costura... Esta túnica tá cheia de furos... Gestas, você é um ladrão muito ruim! Por que você não pegou alguma roupa decente?

Gestas: Que ela faça tua carne apodrecer, cachorro romano. Eu queria que estivesse ensopada de ácido... E essas malditas moscas imundas!

Primeiro soldado: Educação, educação!...

Soldados: Epa! Essa aqui é uma roupa muito boa — o Nazareno veio de uma boa casa... Partes iguais! Partes iguais!

Quarto soldado: Ei, 'pera um pouco! Não vale a pena rasgar. É um lindo pedaço de lã e tecido sem nenhuma costura.

Segundo soldado: Vamos decidir na sorte, então.

Terceiro soldado: Quem tá com os dados?

Primeiro soldado: Aqui.

Segundo soldado: Sorte, Senhora Vênus... *(joga os dados: risos)* Hades! Eu tirei o cachorro. Sua vez, Públio...

(Os dados batem novamente.)

Terceiro soldado *(cantarolando para si mesmo)*: "Recupera as forças de tanto caminhares..".

Maria Virgem: Jesus, meu filho, eu tô aqui: Maria, a Mãe que te ama. A dor é forte, meu querido, mas vai passar.

Maria Madalena: Jesus, Raboni, eu tô aqui: Maria, a pecadora que te ama. Ajoelhada aos pés que uma vez lavei com minhas lágrimas. Vou beijá-los de leve, com medo de que o toque machuque você.

João: Jesus, meu senhor, eu tô aqui: João, filho de Zebedeu, o amigo que te ama. Nós fugimos de ti, Mestre. Recusamos o cálice e o batismo, sem saber o que a gente pedia, e os lugares à tua direita e à tua esquerda foram dados a esses dois ladrões.

Maria Madalena: Oh, olhem e vejam se existe alguma tristeza assim! O Mestre, Rei e Cristo de Israel, crucificado como um criminoso comum!

Gestas: Ah, cala a boca, morra! As dores do inferno já não chegam sem toda essa choradeira? Diga pra elas calarem a boca — 'tão ouvindo?

Dimas: Aaaah, Gestas, deixa ele em paz. Ele não tem culpa nenhuma. Você e eu, a gente estava pedindo por isso. A gente quebrou a lei e recebeu o que merecia. Mas esse pobre coitado não fez nada. *(Choramingando)* Credo! Me dói por dentro ver essa crueldade!

Gestas: Cristo e rei, baaaah! Você se meteu numa bela enrascada, né?, com toda essa sua hipocrisia e conversa religiosa? Essa coisa melosa de perdoar os inimigos: eu queria cortar a garganta de toda a matilha deles, e começaria por você, seu filho da mãe!

Dimas: Ele é maluco, só isso. Deixa ele pensar que é o Deus poderosão, se isso faz ele se sentir melhor... 'Cê tá bem, né, cara? Claro que 'cê tá. Isso é só um sonho ruim. Qualquer dia, você vai chegar numa nuvem de glória e deixar todo mundo de boca aberta...

Gestas: Pffffff!

Dimas: Olha só! Ele tá sorrindo. Ele gosta que falem dele assim... *(Em um tom profundamente respeitoso, abraçando essa loucura inofensiva)* Senhor, você vai se lembrar de mim, não vai?, quando entrar em seu reino?

Jesus: De fato e de fato, eu digo a você: hoje você estará comigo no Paraíso.

Dimas *(após uma pausa de espanto e em tom alterado)*: 'Cê não tá louco!... Você é... Eu não sei o que 'cê é!... Não me olha assim... Eu fui mau — mau o tempo todo... você não sabe o tanto... Sim, você sabe; você sabe tudo... Perto do Jordão, eu nasci, perto do

Jordão, e a água fria nos pés... É um caminho longo, mas 'cê não vai me deixar... Fica conosco, Jesus, fica conosco na cruz... continua olhando pra mim... Desculpa... isso é egoísta... manter sua cabeça erguida, como se tivesse pinças em brasa no pescoço... Me dá essa dor — é isso que eu mereço, mas acho que é você que tá suportando a minha... de algum jeito. Eu tô todo confuso... e a água é fria pros pés.

(Sua voz desvanece em uma espécie de murmúrio que soa como delírio.)

SEQUÊNCIA 4 (NO ACAMPAMENTO ROMANO)

Quiliarca: Bem, Basso, o que é? Outro bilhete?

Ajudante: Programa dos esportes regimentais, senhor.

Quiliarca: Oh, sim. Eu quero ver isso.

Ajudante: E, a propósito, senhor: não é hora de substituirmos aqueles caras na Colina da Cruz?

Quiliarca: É? Ah, sim. Há quanto tempo eles estão de serviço?

Ajudante: Desde as 6h, senhor.

Quiliarca: Hmmmm. Temos um centurião que possamos enviar? Quem está aí?

Ajudante: Bem, senhor... ali está o velho Proclo.

Quiliarca: Proclo?

Ajudante: De Cafarnaum, senhor. Enviado para tarefas especiais durante a festa. Homem muito confiável, senhor.

Quiliarca: Certo. Mande-o entrar.

Ajudante: Sim, senhor. *(Na porta)* Ordenança! Diga ao Centurião Proclo que o Quiliarca quer vê-lo. *(Voltando)* A luta de boxe parece que vai ser muito boa, senhor. Eu colocaria alguns sestércios em Tigre Balbo.

Quiliarca: Muito soco, mas pouco estilo. Pompílio vai vencê-lo por pontos se ele passar seis *rounds*... Vejo que você classificou Favônio como peso-pesado. Eu deveria ter pensado... ah, sim!... este é Proclo, não é?... Centurião, quero que leve quatro homens para a Colina da Cruz a fim de aliviar Marcelo e seu grupo. Mantenha a multidão em movimento, e cuide para que os seguidores deste tal Jesus não perturbem.

Proclo *(assustado com a tarefa que lhe é dada)*: Colina da Cruz, senhor... Eu... eu... eu... *(recuperando-se, com voz abafada)* Muito bem, senhor.

Quiliarca: Qual é o problema, Centurião? Parece que você não gostou da tarefa.

Proclo: Perdão, senhor. Veja, senhor... eu conheço o homem.

Quiliarca: Que homem? Jesus de Nazaré?

Proclo: Sim, senhor. Ele foi muito bondoso comigo, senhor. Curou meu ordenança.

Quiliarca *(bastante surpreso)*: Entendo... Receio que não haja mais ninguém disponível...

Proclo: Eu compreendo perfeitamente, senhor.

Quiliarca: Legionário antigo, não é?

Proclo: Sim, senhor. Quarenta anos de serviço, senhor. Recrutado para a sexta legião. Destacado para a Guarda do Rei Herodes, senhor, por sete anos. Quinze anos de serviço ativo na Alemanha. Permaneci como veterano. Dez anos na região da Galileia, senhor.

Quiliarca: Bom histórico... Bem, Centurião, é um azar, mas... dever é dever, não é?

Proclo: Sim, senhor. Desculpe-me pela reação, senhor.

Quiliarca: A propósito, os corpos devem ser retirados da cruz antes do pôr do sol, por causa do sábado dos judeus. Se eles não estiverem mortos até lá, pode arrancá-los... Tudo bem, Centurião, prossiga... Droga, Basso, odeio irritar esses veteranos. Quarenta anos de serviço. Tem idade pra ser meu avô.

Ajudante: Sim, senhor... Coisa esquisita aquele profeta judeu conseguir causar uma impressão tão forte em um velho durão como esse.

Quiliarca: Extraordinário... Bem, bem! Do que estávamos falando? Ah, sim: o torneio de pesos-pesados...

SEQUÊNCIA 5 (AO PÉ DA CRUZ)

Calpúrnia: Que horas são, Flávio?

Flávio: Deve ser quase meio-dia.

Calpúrnia *(bocejando)*: Esse é um entretenimento muito arrastado.

Glauco: Não é pra ser rápido.

Febe: Esses camponeses grosseiros não sentem as coisas como nós. Quanto tempo leva normalmente?
Glauco: Às vezes, eles duram três dias.
Calpúrnia: Isso é um absurdo! Não podemos esperar todo esse tempo.
Glauco: Seu homem não vai durar tanto. Três horas, mais provavelmente.
Flávio: O deus vai morrer, então?
Glauco: O deus está morrendo. Ele já tem as marcas nele: as narinas comprimidas e o rosto escavado, afundado nas têmporas, e a pele seca e empoeirada como um pergaminho. O semblante da morte, como ensinava o velho Hipócrates.
Febe: Não consigo ver direito. Está ficando muito escuro.
Calpúrnia: A cor sumiu de tudo. Lembra o dia do grande eclipse.
Flávio: É uma espécie de praga, eu acho.
Glauco: Talvez os deuses estejam com raiva disso tudo.
Flávio: Não é melhor a gente ir pra casa? Já vimos tudo o que tinha pra ver. Os soldados estão olhando para o céu e resmungando...
(Chocalhar de dados.)
Primeiro soldado: Públio, você me deve cinco moedas... O que tá acontecendo com o clima? Mal consigo ver os pontos nos dados.
Segundo soldado: Melhor largar o jogo... Por quanto tempo mais vamos ficar aqui? Eu tô ficando com uma fome danada.
Quarto soldado: O que vai acontecer? Chuva?
Primeiro soldado: Tomara que sim. Um calor sufocante, e nenhum sopro de vento... Eu odeio esse clima desagradável.
Segundo soldado: Melhor aqui embaixo do que lá em cima. Até as reclamações do Gestas pararam... O Nazareno tá morto?
Terceiro soldado: Tá indo pra casa rápido, eu imagino... Eu gostaria que o revezamento chegasse...
Maria Madalena *(sussurrando)*: João, João, são as trevas? Ou há uma mudança na face dele?
João: Sim, Maria, há uma mudança.
Maria Virgem: Meu filho tá morrendo.
Maria Madalena: O mundo inteiro está morrendo. Ele está entrando na noite, e leva a luz do Sol com ele. Ele está tão longe, tão longe que nossas vozes não podem alcançá-lo. Ó amor, ó amor: tu não virás de novo?...

Maria Virgem: Shhh, ele está tentando falar.
Jesus: Mãe!
Maria Virgem: Sim, querido?
Jesus: Deixe João ser um filho para você agora... João, ela é sua mãe.
João: Sim, Mestre. Eu vou cuidar dela. Eu prometo.
Maria Virgem: E eu vou amá-lo como se fosse meu filho.
Maria Madalena: Ele está morrendo... Eu não posso acreditar. Mas ele está morrendo.

(Pausa.)

João: Fica cada vez mais escuro... Todas as pessoas estão se afastando... Em breve ficarão apenas os soldados e nós... Quando tudo o mais perece, o amor e o dever ainda vigiam...

(Silêncio. Então, de uma grande distância, o som de uma pequena tropa marchando. Aproxima-se cada vez mais até chegar ao pé da cruz.)

Proclo: Esquadrão, alto!

(Marcelo dá um passo à frente para encontrá-lo e os dois centuriões realizam os movimentos usuais para a troca da guarda.)

Marcelo: Proclo?
Proclo: Sim.
Marcelo: Estou feliz por você ter vindo... Esquadrão, atenção... Pela esquerda, marche!

(O primeiro quaternário se afasta. Sua marcha vai se afastando até uma distância infinita.)

O evangelista: E houve trevas em toda a terra até a hora nona. E, por volta da hora nona, Jesus clamou em alta voz:
Jesus: *Eloí, eloí, lama sabactâni!*
Primeiro soldado: Deuses; o que foi isso?
Segundo soldado: Isso me assustou.
Terceiro soldado: Era o Nazareno.
Quarto soldado: Achei que ele 'tava morto.
Proclo: O que ele disse?
Primeiro soldado: Não sei, Centurião; ele falou hebraico.
Segundo soldado: Ele pediu ajuda a Elias.
Proclo: Elias?
Segundo soldado: Ele é um herói nacional, ou algum tipo de semideus, eu acho. Pergunte ao jovem ali; ele é judeu.

Proclo: Jovem, o que seu mestre disse?

João: Ele disse: "Meu Deus, meu Deus, por que me abandonaste?" Que horror poderia arrancar aquele clamor dele? Ele sempre foi um com Deus.

Proclo *(preocupado)*: Se houvesse algo que eu pudesse fazer... coerente com meu dever, isto é...

Jesus: Estou com sede.

Proclo: Temos água?

Segundo soldado: Ah! Deixa assim. Talvez Elias venha ajudá-lo.

Primeiro soldado: Tem um pouco de vinagre aqui na jarra, Centurião.

Proclo: Melhor ainda... Molhe um pano nisso e coloque na boca dele.

Primeiro soldado: Não consigo alcançar.

Proclo: Coloque na ponta do meu bastão... Está tão escuro que mal consigo ver o rosto dele... Ele está bebendo?

Primeiro soldado: Não sei dizer... Eu acho que ele vai...

SEQUÊNCIA 6 (PALÁCIO DO GOVERNADOR)

Pilatos: Cláudia, Cláudia, me diga: como foi esse seu sonho?

Cláudia: Eu estava em um navio no mar, viajando entre as ilhas do Egeu. No início, o tempo parecia calmo e ensolarado, mas, de repente, o céu escureceu e o mar começou a se agitar com o vento...

(Vento e ondas.)

Então, vindo do leste, veio um brado, estranho e agudo...

(Voz, em um leve lamento:

"*Pan ho megas tethnéke...*

Pan ho megas tethnéke...".)

e eu disse ao capitão: "O que eles estão bradando?" E ele respondeu: "Grande Pã está morto". E eu perguntei a ele: "Como Deus pode morrer?" E ele respondeu: "Você não se lembra? Eles o crucificaram. Ele sofreu sob Pôncio Pilatos"...

(Murmúrio de vozes, começando quase em um sussurro.)

Então, todas as pessoas no navio voltaram o rosto para mim e disseram: "Pôncio Pilatos"...

(Vozes, algumas falando, algumas cantando, algumas murmurando, misturadas com fragmentos cantados de liturgias grega e latina,

entrelaçando-se e cruzando-se: "Pôncio Pilatos... Pôncio Pilatos... ele sofreu sob Pôncio Pilatos... crucificado, morto e sepultado... sub Pontio Pilato... Pilato... ele sofreu... sofreu... sob Pôncio Pilatos... sob Pôncio Pilatos..".)
... em todas as línguas, e todas as vozes... até mesmo as crianças pequenas com as mães...
(Vozes infantis: "Sofreu sob Pôncio Pilatos... Sub Pontio Pilato... crucifié sous Ponce Pilate... Gekreuzigt unter Pontius Pilatus... e outros idiomas, misturando-se com as vozes adultas; então se desvanece.)
... o seu nome, marido, o seu nome continuamente: "ele sofreu sob Pôncio Pilatos".
PILATOS: Os deuses afastem o presságio.
CLÁUDIA: Este dia é como o meu sonho, Caio: esta escuridão ao meio-dia... Ouça! O que foi isso?
PILATOS: Nada, Cláudia... não há nada para ouvir... Afaste-se da janela.

SEQUÊNCIA 7 (AO PÉ DA CRUZ)

O EVANGELISTA: E, quando recebeu o vinagre, Jesus clamou em alta voz:
JESUS *(em alta voz)*: Está consumado! *(suavemente)* Pai, em Tuas mãos entrego meu espírito.
O EVANGELISTA: Ele inclinou a cabeça e entregou o espírito.
(Terremoto.)
E a terra tremeu, e o véu do Templo se rasgou em dois, de alto a baixo. E quando o Centurião e os que estavam com ele viram isso, ficaram com medo.
(O terremoto se repete; seu som vai diminuindo. Pausa.)

SEQUÊNCIA 8 (AO PÉ DA CRUZ)

BALTAZAR: Centurião!
PROCLO: Senhor?
BALTAZAR: Para quem foram erguidas essas cruzes?
PROCLO: Você não sabe?... Vejo por sua compleição que você é um estrangeiro... Dois dos homens são ladrões. E o terceiro é Jesus de Nazaré, a quem chamavam de Rei dos Judeus.
BALTAZAR: Jesus, Rei dos Judeus. Então, as estrelas me conduziram corretamente, e eu o encontrei como meu sonho predisse, perto

da árvore alta na colina... Acho que reconheço você, Centurião, embora já se tenham passado trinta anos ou mais desde que nos conhecemos.

Proclo: De fato, senhor? Onde foi isso?

Baltazar: Na corte do Rei Herodes.

Proclo: Eu me lembro. Você é Baltazar, rei da Etiópia.

Baltazar: Eu sou. E ali está a criança que nasceu Rei dos Judeus, a cuja vinda a grande estrela brilhou.

Proclo *(surpreso)*: Esse é ele?... Herodes me disse para matá-lo, e eu recusei. Mas você vê que, por fim, eles o mataram, e aqui estou eu... Ele chamou a si mesmo de Filho de Deus, e eu creio que ele era.

Baltazar: Rei dos Judeus; rei do mundo; rei do Céu. Como foi escrito, assim será.

Proclo: Quando ele morreu, a escuridão se dissipou. É muito estranho...

Primeiro soldado: Com licença, Centurião.

Proclo: Sim?

Primeiro soldado: Um judeu chamado José de Arimateia está aqui com uma ordem do Governador. Ele deve receber o corpo do Nazareno para o sepultamento. E, como você disse que todos os homens deveriam ser tirados da cruz esta noite, nós quebramos as pernas dos dois ladrões pra acabar com eles, mas, como Jesus já estava morto, nós o deixamos como estava.

Proclo: Certo.

Primeiro soldado: Sim, Centurião. Mas aquela jovem está histérica e agarrada aos joelhos dele.

Proclo: Eu vou ver isso... Boa noite, senhor. Você é José de Arimateia, suponho. Muito bem... Agora, minha jovem, me desculpe... você não quer que ele fique pendurado aí, quer? Nós vamos tirá-lo, e este gentil cavalheiro vai cuidar dele adequadamente.

Maria Madalena: Vai embora! Não toque nele! Ele não está morto! Jesus! Senhor! Mestre! Fale de novo! Diga a eles que você está vivo!

João: Maria, Maria!

Proclo: Homens, vocês têm certeza de que ele está morto?

Segundo soldado: Ele tá bem morto, Centurião. Mas um golpe de lança vai garantir. Pronto!

Proclo *(com raiva)*: Por que você fez isso?

Maria Madalena: Oh! O que é que você fez? Ele está vivo! Veja como o sangue escorre.

Proclo: Não, minha pobre moça! Se ele estivesse vivo, o sangue jorraria, mas esse escorre escuro e lento, coagulando enquanto cai. Acho que ele rompeu o coração naquele último brado... Com licença, senhora, mas temos de fazer nosso trabalho. Você pode fazer alguma coisa por ela?

Maria Virgem: Maria, minha querida, venha comigo. Pronto, pronto!... Você vai ser gentil com meu filho, Centurião?

Proclo: Vamos, senhora. Você é uma mulher corajosa.

João: Maria, vou contar uma coisa que ele uma vez nos disse... Você está ouvindo?... Ele disse: "O Filho do Homem é apenas um hóspede de fim de semana na casa da morte. No terceiro dia, ele se levantará e partirá".

José: Ele disse isso mesmo?

João: Sim, senhor. Eu não sei o que ele quis dizer com isso.

Proclo: Com cuidado, homens, com cuidado... segurem pelos joelhos e pelos ombros... Você está com a mortalha pronta?

Maria Virgem: Coloque meu filho em meus braços... Eu conheço você, Rei Baltazar. Estas são as mãos do bebê que se fecharam sobre o seu presente de mirra. Esta é a bela cabeça jovem, coroada uma vez com ouro por Melquior, mas agora com espinhos para ser um rei de dores. O terceiro presente ainda está por vir.

João: Qual foi o terceiro presente, Mãe?

Maria Virgem: Incenso.

O evangelista: No lugar onde ele foi crucificado, havia um jardim; e no jardim, um sepulcro novo, onde homem algum havia sido posto. Lá colocaram Jesus; e rolaram uma grande pedra até a entrada do sepulcro. E o sábado começou. E os Principais Sacerdotes e Fariseus reuniram-se com Pilatos.

CENA III (PALÁCIO DO GOVERNADOR)

Pilatos (*abruptamente*): Sim, Caifás. O que é agora?

Caifás: Excelência, aquele charlatão mentiroso, Jesus de Nazaré...

Pilatos: Não quero ouvir mais nada sobre Jesus de Nazaré.

Caifás: Uma coisa acaba de chegar ao nosso conhecimento. Durante sua vida, ao que parece, ele se gabou de que, se morresse, ressuscitaria no terceiro dia. É com certeza aconselhável que a tumba seja cuidadosamente guardada. Caso contrário, alguns de seus seguidores podem roubar o corpo e dizer que ele ressuscitou dos mortos, dando início a uma nova superstição, infinitamente mais prejudicial do que a primeira.

PILATOS: E?

CAIFÁS: Sugiro que você ordene o envio de sentinelas.

PILATOS: Isso não tem nenhuma relação comigo.

CAIFÁS: O corpo dos criminosos é propriedade romana.

PILATOS: Um membro do seu Sinédrio solicitou a custódia deste corpo em particular. Fiquei feliz em atendê-lo. A coisa agora se tornou um assunto judeu. Roma não está preocupada com isso.

CAIFÁS: Excelência...

PILATOS: Você tem seus próprios guardas. Tome todas as precauções que achar adequadas... Escravo! Mostre a saída a esses cavalheiros.

(Um grupo de SOLDADOS passa ao longe, cantando.)

... "Chega de fadigas, chega de exercícios militares,

Chega de chamada, de toque de clarim..".

O EVANGELISTA: Então, eles foram, e tornaram o sepulcro seguro, selando a pedra e colocando uma sentinela.

PERSONAGENS

O evangelista.
Jesus.

Tiago, filho de Zebedeu.
João, filho de Zebedeu.
Simão Pedro.
André, filho de Jonas. — Discípulos e
Filipe. apóstolos de Jesus.
Natanael.
Mateus, o Cobrador de impostos.
Tomé Dídimo.

Salomé, mãe de Tiago e João.
Cleopas.
Maria Cleopas, sua esposa. — Discípulos de Jesus.
Maria Madalena.

Caifás, Sumo Sacerdote de Israel.
Sadraque.
Nicodemos.
José de Arimateia.
Primeiro ancião. — Membros do Sinédrio.
Segundo ancião.
Terceiro ancião.
Quarto ancião.

Eliú, capitão da guarda do Templo.
Joel, um Levita.
Uma vendedora de flores.
Eunice, uma mulher siro-fenícia.
Caio Pôncio Pilatos, Governador da Judeia.
Cláudia Prócula, esposa de Pilatos.
Flávio, liberto de Pilatos.
Um guarda romano.
Gabriel.
Rafael. Arcanjos.
Um escravo.
Lictores.

12

O REI VEM PARA OS SEUS

OBSERVAÇÕES
A PEÇA

O problema aqui foi apresentar, de uma forma ou de outra, nada menos do que nove aparições sobrenaturais, sem repetições tediosas e sem sugerir o melodrama de Surrey[1] ou o tipo mais fraquinho de cartão de Páscoa. O tratamento dado às cenas foi variado tão frequentemente quanto possível entre narrativa e apresentação direta; e foi feita uma tentativa de distinguir entre dois elementos que aparecem mesclados nas narrativas sobre o Corpo Ressuscitado: estranheza de um lado e um indefinido tipo de simplicidade do outro. Embora tenha aparecido e desaparecido de maneira surpreendente, e embora sua identidade nunca fosse imediatamente reconhecível, o Corpo não parece ter se cercado de qualquer atmosfera de horror numinoso e, de fato, se esforçou para demonstrar sua humanidade essencial, comendo e permitindo-se ser tocado. Somente no aparecimento do Corpo no Mar da Galileia (presumivelmente no final dos quarenta dias, quando estava se preparando para deixar a terra), a estranheza se tornou dominante sobre a familiaridade.

---

[1]Referência ao Teatro Surrey, de Londres, que foi criado em 1762, inicialmente com o nome de Royal Circus and Equestrian Philharmonic Academy [Circo Real e Academia Filarmônica Equestre], um circo em que eram apresentados espetáculos de montaria. Foi transformado em teatro em 1806, após um incêndio, e especializou-se em melodramas. Foi demolido em 1934. [N.T.]

Em oposição a isso, os Anjos parecem, em pelo menos duas ocasiões, ter estabelecido um genuíno temor sobrenatural: as mulheres no túmulo "estavam com medo e abaixaram o rosto" e os "guardas tremeram e eram como mortos".

Tentei definir a chave para isso na observação feita pelo levita Joel: "Aquilo (o Corpo Ressuscitado) que passou por nós no jardim era humano, mas este (o Anjo) não era".

Mecânica da Ressurreição: Embora seja desnecessário, tanto para a fé quanto para a moral, ter qualquer visão fixa sobre o mecanismo físico da Ressurreição, é melhor para o artista ter alguma imagem coerente na mente. Os elementos envolvidos no problema são (1) o sepulcro aberto e (2) as roupas do sepultamento intactas. Por que essa conjunção?

(1) Parece claro que o Anjo não rolou a pedra com o propósito de deixar o Corpo sair. Uma forma que podia passar por portas trancadas ou desaparecer no ar diante da mesa de jantar não seria impedida por uma pedra de algumas centenas de quilos. A porta foi aberta para chamar a atenção dos guardas e dos discípulos para o fato de que o Corpo havia sumido.

(2) Mas, uma vez que a remoção da pedra destruía a evidência dos selos intactos e se prestaria a uma explicação naturalista do milagre, as faixas mortuárias foram deixadas dobradas para inspeção.

Consequentemente, podemos presumir que, quando o Anjo rolou a pedra, ele o fez para revelar o túmulo *já vazio*.

Podemos, portanto, supor que o corpo físico foi, por assim dizer, dissolvido em seus elementos moleculares, retirado através das roupas do sepultamento e através da pedra, e reagregado do lado de fora — e esse fenômeno sendo (não surpreendentemente) acompanhado por uma violenta perturbação "elétrica", perceptível como uma espécie de terremoto.

De qualquer forma, esse é o quadro que procurei pintar. Os guardas sentem os tremores e, ao tocar a pedra, percebem algum tipo de perturbação molecular; e, no momento seguinte, essa "tempestade elétrica" passa pela pedra, derrubando-os com o choque. A uns três metros, o Corpo é materializado o suficiente para inclinar a chama da tocha quando passa sobre ela. A trinta passos, Ele já está agregado em forma e solidez.

Não há razão para imaginar que o Corpo sempre foi obrigado a carregar consigo seus componentes físicos originais. Podemos presumir que Ele poderia se formar a partir de qualquer material atômico que fosse útil. Mas o desaparecimento do corpo terreno original foi obviamente necessário *como evidência*.

Também é claro que as materializações sempre foram rápidas. Jamais há rodopios lentos e espessamento de matéria gasosa, como nas manifestações ectoplasmáticas de sessão espírita. Nem as aparições posteriores parecem ter produzido qualquer um dos fenômenos "elétricos" que acompanharam a primeira.

Pareceu desejável estabelecer um pano de fundo terrenal e comum para essa história sobrenatural, inserindo algumas cenas humanas comuns — a cena do Sinédrio e a pequena cena diante da casa do Governador —, mostrando as reações de judeus e romanos à Ressurreição.

Fora isso, o único ponto a ser observado é que se fala bastante nesta peça sobre portas e batidas à porta. É, na verdade, uma peça sobre a porta entre dois mundos.

Eu supus que os Zebedeus tinham algum tipo de alojamento em Jerusalém e que este foi o lugar para onde S. João conduziu Nossa Senhora quando, "desde aquela hora", ele "a levou para sua própria casa". Esse lugar, portanto, fornece um ponto focal de onde Salomé, Pedro e João podem correr para o sepulcro, depois de se juntarem a Maria Madalena, que veio de Betânia. Também supus que, quando "todos os discípulos" (exceto Pedro e João) "O abandonaram e fugiram" na noite de Quinta-feira Santa, eles fugiram para Betânia. Esse seria o curso natural deles, visto que obviamente não ousariam entrar em Jerusalém, e ainda assim estavam bastante perto para se reunir *em* Jerusalém na noite do Domingo de Páscoa. Eles não saberiam, é claro, até que Maria voltasse após a Crucificação, o que havia acontecido com Pedro e João e o resto do grupo e ficariam sob viva apreensão. (Não sabemos como Maria esteve presente na Crucificação, mas podemos supor que ela correu para Jerusalém na noite de quinta-feira, quando os nove discípulos restantes tropeçaram de volta para Betânia com a notícia da prisão de seu Mestre.) Tudo isso se encaixa muito bem com as várias histórias da Ressurreição, e parece bastante razoável.

OS PERSONAGENS

JESUS. O que foi dito acima sobre os dois elementos de estranheza e familiaridade nas aparições da Ressurreição praticamente cobre essa parte. Eu usei as palavras "Minha jovem, por que você está chorando?", em vez do formal "Mulher, por que você chora?", em seu discurso a Maria Madalena, para estabelecer a "humanidade", distingui-lo dos Anjos e dar cor à confusão que Maria faz entre Ele e o jardineiro. O aspecto da familiaridade é ressaltado novamente quando ele pede comida na cena II, sequência 2. À medida que a Ascensão se aproxima, a linguagem se torna mais definitivamente formal, remota e bíblica, para produzir uma sensação de retirada gradual.

Eu mantive a gradação, que é clara em grego, das três perguntas dirigidas a Pedro, com a diferença de redação entre as duas primeiras questões e a última, e tendo assim abandonado a simetria da American Version, alterei as respostas de Pedro consequentemente, para frisar o significado e a crescente aflição de Pedro. "Você é mais meu amigo *do que qualquer um desses?*" (ou seja, você que disse que, se todos os outros me abandonassem, você não o faria). "Na verdade, Senhor, você sabe que eu te amo" (ou seja, nunca mais poderei fazer essa afirmação e nem me atrevo a me chamar de teu amigo, mas você sabe que eu amo você). "Você é mesmo meu amigo?" "Eu te amo, de verdade" (isto é, mas essa outra palavra não é para mim). "Então, você me ama um pouco?" (ou seja, eu aceito sua palavra, se isso é tudo o que você ousa dizer de si mesmo, mas posso ter certeza disso, pelo menos?) "Senhor, você sabe tudo; olhe no meu coração e veja". (Temple traduz *agapas* por "você ama?" e *phileis* por "você é meu amigo?" Mas me aventurei a inverter isso: "amizade" me parece sugerir, neste contexto, algo mais com respeito à igualdade do que "amor". "Você é devotado a mim?" pode ser ainda mais próximo de *agapas*, mas tem algo de presunçoso.)

DISCÍPULOS e **SEGUIDORES**. Tentei distinguir cuidadosamente os vários graus de fé, tristeza, desespero etc. nos personagens mais importantes. Parece ter sido regra que, quanto *mais* fé alguém tinha, *menos* precisava ser convencido por aparições sobrenaturais. Foi em momentos de dúvida que as evidências tranquilizadoras foram oferecidas, e eu dei um destaque especial a isso na cena II, sequência 2

OS HOMENS

JOÃO. A crucificação o deixou em um estado de depressão quase tão profundo quanto qualquer um dos outros. Ele e Maria Madalena é que têm de suportar a sensação mais aguda de perda humana, e ele perdeu de vista, por algum tempo, a esperança que pairava em sua mente no final da peça 11. Mas ela ainda está lá, não muito longe da superfície. E sua mente e seu coração estão abertos: ele está pronto para "fazer a próxima coisa", para pensar um pouco no problema de Judas e para fazer o que puder por Pedro. Ele não é egoísta ou egocêntrico. Por essa razão, no momento em que ouve que o corpo sumiu, ele está pronto para crer. A visão das roupas de sepultamento o convence instantaneamente. "João não precisa de anjo". Na primeira aparição em Jerusalém (cena I, seq. 2), ele fica surpreso — não tanto pela visitação em si, mas pela maneira que ocorre — e se recupera quase de imediato, a fim de assumir a liderança em tratar o Senhor Ressurreto quase exatamente como teria tratado o Jesus humano. Suas primeiras palavras são um pedido de desculpas pela falta de educação, e ele é quase brincalhão; sua hesitação em pegar a mão estendida não surge do medo do sobrenatural, mas do conhecimento de que ela traz a marca dos cravos; seu protesto sobre o pedido por comida é uma aceitação perfeitamente simples e quase infantil das novas condições: desaparecer é algo bastante natural e esperado, mas ele espera que não aconteça. (Sugeri que o desaparecimento em Emaús está relacionado com o fracasso de Cleopas e sua companheira[2] em reconhecer Jesus, e, onde é prontamente reconhecido e crido, o Senhor está preparado para ficar.) Na segunda aparição em Jerusalém (cena II, seq. 4),

---

[2] A autora assume que Cleopas, citado em Lucas 24:18, é o marido da Maria citada em João 19:25. A maioria das traduções em inglês e em português registra diferença entre os dois nomes (Cléopas ou Cleopas para o primeiro caso, Clopas para o segundo). A autora uniformizou a grafia e fez dos dois personagens no caminho de Emaús um casal. Veja a explicação dada em Maria Cleopas. [N.T.]

João está preparado e sente a presença de Jesus antes de realmente vê-lo. Assim, também no Lago da Galileia (cena III), ele tem uma boa ideia de quem é o Estranho antes mesmo da grande pesca torná-lo uma certeza e de ser exortado a "acordar" e a cuidar do barco.

PEDRO. Pelo que os outros falam dele, fica claro que sua negação do Mestre e a catástrofe da Sexta-Feira Santa o mergulharam em um estado de forte melancolia, de modo que seus amigos estão realmente alarmados e o observam de perto para que não cometa suicídio. Desse torpor, ele é despertado pelo chamado à ação e corre para o sepulcro, onde pode observar a disposição das vestes do sepultamento, mas está completamente despedaçado para chegar à devida conclusão. Além disso, absorvido em seu próprio remorso e tendo abandonado totalmente a esperança, ele não é capaz (como João não precisa) de ver os Anjos. Nada menos do que uma visita privada e pessoal é necessária para convencê-lo. E deve-se supor que tudo o que Nosso Senhor disse a ele foi de um tipo "cortante, severo e contundente", pois, embora nas duas aparições seguintes ele tenha recuperado sua antiga fé e seu entusiasmo, ele ainda não foi totalmente trazido ao antigo relacionamento. Somente no final, quando suas três negações foram expiadas por sua tríplice declaração, ele é confortado com a promessa do martírio. Mesmo a última palavra para ele é uma repreensão gentil: que ele não se preocupe com o que João ou qualquer outra pessoa está fazendo, que ele ainda olhe para si mesmo. (Quanto à "tríplice declaração", por favor, veja o que foi dito acima, em JESUS.)

TOMÉ. É inesperado, mas extraordinariamente convincente, que a única declaração sem dúvida alguma inequívoca, em todo o Evangelho, da Divindade de Jesus venha de Tomé Duvidador. É o único lugar onde a palavra "Deus" é usada a respeito de Cristo sem qualificação de qualquer tipo, e na forma mais inequívoca das palavras (não apenas *theos*, mas *ho theos mou*, com o artigo definido). E isso deve ser dito, não em êxtase, ou com um grito de espanto, mas com firme convicção, como de quem reconhece a irrefutável evidência: "$2 + 2 = 4$", "Aquele é o Sol no céu", "Tu és meu Senhor e meu Deus".

TIAGO está, eu acho, pronto para crer, mas ele também exige evidências e trai um leve preconceito antifeminino, não incomum no jovem. Talvez seja por ter vivido tempo demais com Salomé, ou talvez esteja ansioso para que seu irmão mais novo, João, não se anime com esperanças infundadas e sofra decepções.

MATEUS é, como sempre, bastante humano em suas reações; mas ele também tem dificuldades, desta vez, de caráter psicológico. O aspecto humano da coisa o perturba: ele é astuto o suficiente para apontar uma dificuldade que incomodou outros críticos desde então. Mas, uma vez que é convencido, ele está pronto para aceitar o Senhor Ressuscitado de modo tão simples como o aceitou nos dias de sua carne.

CLEOPAS só precisa contar sua história de maneira direta, sem pintá-la muito, exceto no momento em que mostra como reconheceram as mãos feridas.

AS MULHERES

Note que, para as MULHERES, há, em uma ocasião como esta, o consolo de poderem *agir*. Os discípulos homens estão letárgicos porque chegaram a um beco sem saída; as mulheres podem se ocupar com os detalhes do funeral e obter disso certa satisfação pesarosa. O alvoroço do preparo das especiarias, do recolher de toalhas e bacias, da excursão cedo pela manhã; a contemplação das belas roupas do sepultamento, um rico porta-joias, um belo túmulo; tudo as acalma e fortalece. Em nascimentos e mortes, as mulheres assumem o controle e podem *fazer* alguma coisa, enquanto os homens ficam apenas sentados, desamparados. Por mais melancolia que haja, as mulheres estão por cima — é a aventura *delas*.

SALOMÉ. É uma mulher simpática, perspicaz, sensata, com um cabedal de sabedoria humana que pertence às mães de família, que cuidaram de bebês, cuidaram de pessoas enlutadas e lidaram com cadáveres por toda a vida. Ela é um tipo de pessoa determinada e inclinada a assumir o controle de qualquer situação.

MARIA CLEOPAS. Ela é bem mais quieta e tímida do que Salomé, mas resolveu seguir em frente de modo plácido e fazer o que é preciso. A sugestão de que ela era o "outro discípulo" na história de Emaús vem do Bispo de Ripon[3], e além de ser encantadora e natural em si mesma, tem a vantagem, do ponto de vista do drama, de evitar o aparecimento repentino de dois personagens totalmente desconhecidos em um estágio final na história. Alguns comentaristas supõem que ela era, na verdade, irmã de Nossa Senhora, o que torna natural que ela ficasse na casa dos Zebedeus, embora ela e Cleopas aparentemente vivessem em Emaús. Podemos, se quisermos, supor que Cleopas veio a Jerusalém na manhã de Páscoa para buscar sua esposa e estava indo com ela para casa quando ocorreu o encontro com Jesus.

Essas duas mulheres têm uma fé simples e rápida. Elas aceitam a mensagem dos Anjos, e a aparição do Senhor não é necessária para convencê-las. Maria Cleopas, entretanto, não está suficientemente sintonizada com Cristo para reconhecê-lo de imediato na aparição posterior. Essas duas representam um tipo de fé um tanto prosaica, exterior, sem experiência religiosa íntima: o tipo que lê a Bíblia e prossegue com seu trabalho, mas é, apenas por vezes, "visitada".

MARIA MADALENA. Ela ainda está muito nervosa. Ela se recuperou da violenta histeria do final da peça 11 e, com seu costumeiro amor apaixonado por pessoas e coisas, consegue rir um pouco de Marta, ter um simpático interesse pelos outros discípulos, dar a João sábio e experiente conselho sobre Pedro e encontrar uma satisfação dramática na ideia de cuidar do corpo do Senhor. Mas é tudo muito volúvel com ela. Seu amor, como diz o Anjo, ainda está na "carne mortal que ela conheceu"; ela está vivendo para o momento, para "a próxima coisa", agarrando-se ao conforto de realizar aqueles últimos serviços; e o desaparecimento do corpo a joga em um estado de agitação em que ela não pode ver anjos — ela mal pode *esperar* para vê-los —; ela tem de correr para algum lugar, buscar alguém, *fazer* alguma coisa. Tendo feito isso, ela se

---

[3]Veja Introdução. [N.T.]

abandona ao luto e não consegue nem prestar atenção aos anjos quando os vê. Ela perdeu o contato com o outro mundo; ela só pode ser alcançada pelo Jesus que é também deste mundo.

CAIFÁS. Acho que ele, pelo que chama de seu coração, sabe contra o que está lutando. Ele está envolvido em um combate na retaguarda com uma frieza soberba e a mais inescrupulosa habilidade. Sarcasmo cortante, ameaça mal disfarçada, chantagem, suborno: ele sabe como usar tudo isso para evitar que o Sinédrio exploda. "Um piloto ousado em situação extrema", ele está aqui em seu pior aspecto; e, com descaramento cínico, ele nem mesmo se dá ao trabalho de fingir que a história que propõe fazer circular não tem relação alguma com os fatos... E ele é derrotado, pois em poucas horas alguém já terá falado, e os rumores estarão circulando pela Cidade.

ELIÚ e JOEL. Eles já contaram sua história uma vez; eles agora se controlaram e estão fazendo um relatório coerente. Eles devem fazer isso com precisão e sem entusiasmo, pois estão dizendo algo difícil de acreditar e estão bastante na defensiva. Eles oferecem fatos, detalhes — tantos passos, tais e tais disposições, tanta luz —, uma narrativa ordenada, apenas com os comentários que podem ser extraídos por meio de questionamentos. Até chegarem ao Anjo, e então a esquisitice do jardim com sua luz do luar, tochas e sombras se insinuam na voz deles; o tom permanece calmo e a narrativa, firme, mas "Alguém riu", "não era humano", "o túmulo estava vazio"; *numen est.*[4]

NICODEMOS. Na peça 11, Nicodemos vislumbrou a verdade teológica sobre Cristo, apenas para repudiá-la, porque é uma coisa que sua razão não pode admitir e viver. Agora, o nêmesis de um intelecto tímido o dominou. Ele é confrontado com o que é inimaginável, e sua razão se fende sob a tensão. Não há necessidade de supor que ele fica permanentemente louco, mas nesse momento ele está louco, ou inspirado, ou ambos... As palavras "Filho de

---
[4]Latim: "é ser divino". [N.T.]

Deus" puxam, por assim dizer, um gatilho em sua mente, e seu grito agudo corta como uma faca a disputa que está acontecendo. Ele mantém esta nota até "'Amaldiçoem Meroz', diz o Senhor!",[5] então afunda em um balbucio desconexo. Depois, profeticamente e quase em êxtase: "Levanta-te, ó Senhor, e vem para o Teu lugar de descanso..".[6] e, por fim, ao Sinédrio, com ameaça e terror, ele repete as palavras de Cristo no julgamento: "E vocês verão o Filho do Homem..", no meio do qual ele desmaia e é levado embora.

JOSÉ DE ARIMATEIA é de material mais resistente. Na última peça, ele se recusou a dizer qualquer coisa sobre a Divindade de Cristo, e pode dizer com toda a verdade que nunca afirmou isso. Ele é, claro, o objeto imediato das suspeitas de todos e reage energicamente a esse estímulo. Mas ele vê muito bem qual será o provável efeito de tudo isso; suas últimas palavras são um desafio a Caifás, e as últimas palavras de Caifás são, à sua maneira, uma admissão de derrota.

OS ANCIÃOS. O Primeiro ancião é beligerante como sempre. Sadraque, sarcástico como sempre, se diverte fazendo sua própria comédia com Caifás. O Segundo ancião nasceu fora de sua época; ele obviamente tem uma inclinação para explicações científicas e para a ficção de mistério. "Exalações vaporosas" é uma boa sugestão, e Caifás a adota (pena que o bom senhor não tivesse a vantagem de poder falar de "gases" e "eletricidade"; ele teria feito um grande espetáculo com essas coisas). Mas a ideia engenhosa de substituir o cadáver anterior por um novo é descartada como impraticável para (estou certa) seu grande desapontamento.

Toda a cena do Sinédrio deve ser encenada com vivacidade e bastante comédia (exceto, é claro, as falas de Nicodemos).

OS ROMANOS e **EUNICE.** Essa pequena cena dispensa comentários, a não ser observar a sugestão lírica do grito de rua da Vendedora de flores, e que o "Misericordioso Apolo!" de Cláudia não é uma mera

---
[5] Juízes 5:23.
[6] 2Crônicas 6:41.

exclamação, mas uma oração de verdade por misericórdia ao deus que era ao mesmo tempo o destruidor e o curador dos homens.

OS ANJOS. Devem ser fortemente estilizados. Procurei manter seu discurso o mais próximo possível da Bíblia, pensando que o estilo formal é adequado à sua natureza angelical. Em sua conversa, eles executam uma pequena antífona reverente cada vez que seu Senhor é mencionado, e saúdam sua aparição com o murmúrio do Santo Nome. Tudo isso deve ser bastante sereno e feito, por assim dizer, como uma questão de rotina celestial.

CENA I (O TÚMULO)

O EVANGELISTA. No primeiro dia da semana, muito cedo pela manhã, Maria Madalena vai ao sepulcro, com Maria Cleopas e Salomé, a mãe de Tiago e João, levando as especiarias que haviam preparado.

SEQUÊNCIA 1 (O ALOJAMENTO DOS ZEBEDEUS EM JERUSALÉM)

(Uma batida suave na porta.)

JOÃO: É você, Maria?
MARIA MADALENA: Sim, João.
JOÃO: Entre. Minha mãe já vai descer... Como estão todos em Betânia?
MARIA MADALENA: Com o coração e o espírito quebrantados. Mas um pouco consolados por saber que todos nós estamos seguros. Eles estavam ansiosos demais; achavam que você e Pedro haviam sido presos, e imaginando o que aconteceu com sua mãe, e com Maria Cleopas e com a mãe de nosso querido Senhor, que ficou desprotegida em Jerusalém. Marta me repreendeu muito seriamente por eu ter corrido para o perigo, chorando e me beijando o tempo todo, e parando de vez em quando e correndo para a cozinha e cozinhando algum prato maravilhoso para nos consolar.
JOÃO: Nossa amada e divertida Marta!
MARIA MADALENA: E, quando a gente não conseguiu comer, e disse que ela era uma mulher pecaminosa que tinha quebrado o sábado por nós, foi tudo em vão! E Mateus disse sem pensar: "Não se preocupe: o sábado foi feito para o homem", e isso quase acabou com a gente.

João: Eu sei. Uma palavra familiar, o eco de uma risada... é como uma punhalada no coração. Ontem, encontrei um par de sandálias velhas, moldadas pelos pés que as calçavam. Nós as escondemos de Pedro.

Maria Madalena: Pedro está aqui com você?

João: Como um animal doente que rastejou até sua casa para morrer. Ele não consegue comer. Ele não consegue dormir. Ele não consegue se perdoar. *(Com uma autocensura vibrante)* Foi minha culpa. Eu sabia que ele estava assustado, mas deixei ele sozinho na casa de Anás. Querido Senhor! Não houve nenhum de nós em quem você pudesse confiar por cinco minutos?

Maria Madalena: Pobre Pedro! Ele leva seus fracassos a sério.

João: Ele se considera um traidor pior do que... eu não posso falar o nome. É como veneno em mim. Não posso dizer a oração do nosso Mestre. "Perdoe nossas ofensas, como nós perdoamos..."... não, é impossível... Você ouviu o que aconteceu com ele?

Maria Madalena: Sim. João, você não pode odiá-lo mais do que ele odiou a si mesmo. O ódio dele contra si mesmo o matou.

João *(lentamente)*: Se eu o odeio, também sou o assassino dele... Ó Deus! Não há fim para nossos pecados! Todos nós matamos Jesus e uns aos outros?

Maria Madalena: João, querido, você não odeia Judas — na verdade, não. Você não pode suportar a ideia de machucá-lo. Você não entende o pecado ou o desespero dele, mas isso é porque você nunca foi realmente mau. O Mestre é o único homem bom que conheci que sabia o quão miserável era ser mau. Era como se ele tivesse entrado em você e *sentido* todas as coisas horríveis que você estava fazendo a si mesmo... Mas acho que Judas nunca o deixou entrar. Ele era muito orgulhoso. Acho que foi mais difícil para ele do que para pessoas como Mateus e eu e aquele pobre ladrão na cruz. De alguma maneira, sabemos que somos tão terríveis que não adianta fingir que não somos, nem para nós mesmos. Portanto, não importa se outras pessoas entram e veem como somos por dentro.

João: Bem-aventurados os humildes, e os miseráveis e os pobres...

Maria Madalena: E as ovelhas perdidas e os pecadores. Você sabe: quando o Rabi disse isso, ele realmente quis dizer isso... Não se preocupe muito com Pedro. Ele não é orgulhoso. Ele nunca vai seguir o caminho de Judas... Apenas, não seja brando com ele. O Rabi não era brando: ele era cortante, severo e contundente, e nunca deixava você ter pena de si mesmo. Pedro deve enfrentar o que fez e aprender a deixar isso de lado e fazer melhor da próxima vez.

João: Que próxima vez? Nosso Mestre está morto. Quando você o ungiu na casa de Simão, o Leproso, foi para o enterro dele, como ele disse. E aí vêm Maria Cleopas e minha mãe, trazendo as especiarias que elas prepararam... Mãe, Maria Madalena está aqui.

Salomé: Bom dia, Maria querida.

Maria Madalena: Querida Salomé. Querida Maria Cleopas.

Maria Cleopas: Deus te abençoe, Madalena. Maria, a mãe de Jesus, te envia um abraço cheio de amor.

Maria Madalena: Como ela está, pobre senhora?

Maria Cleopas: Desgastada de tristeza, mas maravilhosamente corajosa e calma. Ela disse muito docemente que encomendou o corpo do filho ao nosso amor. E ela nos deu isso para levarmos conosco.

Maria Madalena: Oh, mas o que é? Nunca vi um porta-joias tão bonito! O ouro e as joias são dignos do tesouro de um rei.

Maria Cleopas: Isso veio do tesouro de um rei. Foi o presente de mirra dado pelo rei Baltazar, que ele trouxe a Jesus em Belém. Isso esperou por ele 33 anos.

Maria Madalena: Isso vai ficar acima do coração dele, onde a lança do soldado o feriu... Eu trouxe aloés e cássia...

Salomé: Vinho de palma para a lavagem; cravos e bálsamo de Gileade...

Maria Cleopas: Ládano, hena, nardo e óleo de sândalo e cedro.

Maria Madalena: Precisamos de uma bacia.

Salomé: Aqui está. E um pente e uma tesoura... Temos toalhas suficientes?

Maria Cleopas: Acho que sim. E uma vestimenta limpa de linho. E faixas mortuárias novas.

Maria Madalena: Vamos encontrar isso lá no sepulcro. José de Arimateia vai levar; uma vestimenta nova, branca como a neve; aí nós vestimos nosso Mestre com ela e enfaixamos as vestes longas em volta dele e amarramos sua cabeça com um lenço fino. O nobre mais rico não teria nada melhor.

Salomé: Pegue essas coisas mesmo assim. É bom a gente estar preparada... Os portões da cidade estão abertos? Maria, como você entrou?

Maria Madalena: Fiz um presentinho para o vigia. Ele está nos esperando e vai nos deixar sair pela portinhola.
Salomé: Então, é melhor a gente ir logo...
João: Não gosto de vocês irem sozinhas. Não é melhor eu ir também?
Salomé: Não, querido. Estaremos mais seguras sem você. Ninguém vai mexer com três mulheres comprometidas com uma missão de misericórdia. Além disso, isso é assunto de mulher.
João: Eu gostaria que houvesse alguma coisa pra eu fazer. Eu me sinto tão impotente e sem esperança.
Salomé: É sempre assim, meu filho. Os homens fazem muito barulho na vida, mas são as mulheres que enrolam todos eles em faixas: faixas pro bebê e faixas pro sepultamento... Venha se despedir de nós e, depois, tranque a porta.
João *(humildemente)*: Sim, Mãe... A Lua ainda está alta. Vocês vão conseguir encontrar o caminho.
Maria Cleopas: E o Sol vai nascer logo. E tá perto da hora do galo cantar.
João: É um momento ruim pra Pedro. Eu vou até ele.
Maria Madalena: Isso mesmo, João. Pedro é sua tarefa. Ajude como puder.
João: Sim, Maria... *(Ele abre a porta)*... Esperem um pouquinho... Está tudo quieto. Nenhuma alma na rua... Vão rápido, e que Deus esteja com vocês!

(Ele tranca a porta novamente.)

SEQUÊNCIA 2 (DO JARDIM A JERUSALÉM)

(Os galos começam a cantar. Em seguida, o som de três fortes terremotos. Em seguida, à distância, pés de homens correndo em desordem. Eles se aproximam e desaparecem à distância. Em seguida, uma batida forte, repetida com pressa e urgência; e uma voz assustada chamando: "Meu senhor Caifás! Meu senhor Caifás!".)

SEQUÊNCIA 3 (O JARDIM)

Maria Madalena: Salomé! Você acha que podemos continuar agora?
Salomé: Sim, querida. Os tremores de terra parecem ter passado.

Maria Cleopas: Não tenho medo de terremotos. O que eu não gostei foi daqueles Guardas do Templo passando correndo. Pareciam vir do jardim.

Salomé: Deixa pra lá. Eles já foram embora.

Maria Cleopas: Pode haver mais alguns... Vamos dar a volta pelo outro lado. Há uma entrada pelos fundos, perto da cabana do jardineiro.

Maria Madalena: Ah, sim! Então não teremos de passar pelas... cruzes.

Maria Cleopas: E assim é bem mais rápido. A gente contorna por aqui e segue o muro... Deve haver um portão por aqui...

Salomé: Eu encontrei... desprotegido... e aberto.

Maria Cleopas: Graças a Deus por isso... Silêncio! ... Não deixe a tranca fazer barulho.

Salomé: Qual caminho agora?

Maria Madalena: Continue até chegar ao poço no meio do jardim... Está escuro por causa dessas oliveiras.

Salomé: A gente logo passa por elas... Acho que não tem ninguém por perto.

Maria Madalena: Se não tivéssemos conseguido entrar, eu preferia ter morrido. Enquanto a gente pode *fazer* alguma coisa, isso impede a gente de pensar... Pelo menos vamos ver o rosto de nosso Mestre novamente e beijar seus pés pela última vez, e vamos lembrar, quando estivermos desoladas, que nosso amor esteve com ele até o fim.

Salomé *(vendo que Maria Madalena está perdendo o autocontrole)*: Sim, querida. Mas, mais tarde, você vai achar mais fácil pensar nele como ele era antes. Essa é a maneira misericordiosa de Deus. Esquecemos o corpo imóvel e o rosto frio como cera, e nossos mortos são devolvidos à nossa lembrança vivos e felizes... Chegamos ao poço.

Maria Madalena: Agora, a gente segue por esse caminho sinuoso para o leste. O túmulo foi escavado na rocha, com um cipreste alto em cada lado. E se entrelaçando acima da porta... Ó Salomé!

Salomé: O que foi?

Maria Madalena: Eu tinha esquecido! A porta está fechada com uma grande pedra. Quem vai rolar pra nós?

Maria Cleopas *(consternada)*: Ó meu Deus! Acho que, no fim das contas, a gente devia ter trazido João.

Maria Madalena: Foram necessários quatro homens para colocá-la no lugar.

Salomé *(com firmeza)*: Eu não vou voltar agora. Podemos pedir ajuda ao jardineiro. Ele com certeza está aqui por perto, e se...

Maria Madalena *(interrompendo-a)*: Oh, olhe! Lá está o túmulo... Mas a pedra foi removida!

Maria Cleopas: Alguém esteve aqui antes de nós.

Salomé: Tem certeza de que é o túmulo certo?

Maria Madalena: Como eu ia esquecer?... Lá estão os ciprestes e a videira selvagem sobre a porta...

Salomé: Talvez José de Arimateia...

Maria Cleopas: Claro, é isso.

Maria Madalena *(correndo)*: Vou correr na frente pra ver.

Salomé: Com certeza, foi José. Ele deve ter achado que a gente não viria e queria que as coisas fossem feitas corretamente. Um bom homem. Eu acredito que este era o sepulcro que ele preparou para si mesmo, e certamente é o mais lindo...

Maria Madalena *(chamando enquanto corre de volta para elas)*: Maria! Salomé! Ele não tá lá!

Salomé: Não tá?

Maria Cleopas: Quem não tá?

Maria Madalena: O Mestre! Não há ninguém lá, e o corpo sumiu! Ele foi roubado! Eles o levaram embora! Onde ele está? Precisamos encontrá-lo. Ó Raboni, Raboni, o que eles fizeram com você?

Salomé *(que, com Maria Cleopas, solta gritinhos de consternação)*: Maria!

Maria Madalena: Me solta! Eu vou buscar João e Pedro!

Maria Cleopas: Espere um momento, Maria!

Maria Madalena *(chorando enquanto corre)*: Raboni! Raboni! Onde está você?

Maria Cleopas: Não adianta. Não dá pra alcançá-la... Isso é muito estranho, Salomé.

Salomé: Ela deve ter se confundido. Vai ver ela não olhou direito.

Maria Cleopas: Vamos nós duas ver... Bem...!

Salomé: O túmulo foi aberto, sem dúvida.

Maria Cleopas: E o corpo sumiu... também não há dúvida.
Salomé *(com um suspiro horrorizado)*: Ladrões de túmulo?
Maria Cleopas: Oh não! Isso é horrível.
Salomé: O corpo do Mestre roubado! O que a mãe dele vai dizer? E João! *(Em súbito alarme)* Ó Maria! Aqueles dois homens ali, de branco.
Maria Cleopas: Eles não parecem ladrões.
Salomé: Eles parecem mais com... eu tô com medo deles.
Gabriel: Não há nada a temer.
Maria Cleopas: Senhores, sejam vocês anjos ou homens...
Rafael: Por que procurar os vivos entre os mortos?
Salomé: Ai, senhor, estávamos procurando...
Gabriel: Eu sei. Vocês procuram por Jesus de Nazaré, a quem crucificaram. Ele ressuscitou, ele não está aqui. Eis o lugar onde o puseram.
Salomé: Ele ressuscitou?
Rafael: Como havia dito. Vão agora e digam aos discípulos dele, e a Pedro, que ele está indo adiante deles, para conduzi-los como antigamente à Galileia.
Gabriel: Lá vocês o verão. Essa é a mensagem que fomos encarregados de transmitir.

SEQUÊNCIA 4 (O ALOJAMENTO DOS ZEBEDEUS)

(Uma batida violenta.)
Maria Madalena: João! João! Abra a porta! *(Ela bate de novo.)*
João: Estou indo! *(Ele abre a porta)* Maria!... Onde estão as outras? Pelo amor de Deus, o que aconteceu?
Maria Madalena: Eles tiraram o Senhor do sepulcro, e nós não sabemos onde o puseram!
João: Tiraram?
Maria Madalena: Ah, vem logo!
João: Claro. Já vou... *(chamando)* Pedro!... Corra e encontre-o, Maria!
Maria Madalena: Corra, João, corra!... *(Sai chamando)* Pedro!... Pedro!

SEQUÊNCIA 5 (O SINÉDRIO)

Caifás: Anciãos do Sinédrio. Eu os convoquei a esta hora da manhã, porque há algo que vocês precisam ouvir. O capitão Eliú e esses três Levitas estavam de serviço ontem à noite no túmulo do Nazareno... Capitão, por gentileza, repita a estes senhores o relatório que você me fez.

Eliú: Nós estávamos vigiando, dois a dois. E, perto do primeiro canto do galo, Joel e Saul estavam deitados a cerca de três metros do sepulcro, com uma pequena fogueira, porque a noite estava fria. Abner e eu estávamos apoiados, cada um em sua lança, de cada lado da porta.

Caifás: Vocês conseguiam ver claramente?

Eliú: A Lua poente estava se inclinando, e também tínhamos uma tocha colocada em um apoio no chão a cerca de três passos de distância.

Caifás: Estão ouvindo, senhores? ... Sim?

Eliú: Eu tinha acabado de dizer a Abner que era hora de mudar a guarda quando sentimos a terra se mover sob nós, e um dos homens adormecidos acordou e gritou. Veio outro tremor, e outro, ainda mais violento. Coloquei a mão na pedra da porta para me equilibrar, e meu braço formigou no ombro, como acontece às vezes quando você toca o ferro durante uma tempestade. Então, de repente...

Primeiro ancião: Prossiga, homem, prossiga!

Eliú: Um grande tremor nos jogou no chão, cada um para um lado, no chão. E a chama da tocha se inclinou, quase na horizontal, como se um vento tivesse soprado sobre ela do sepulcro.

Segundo ancião: Algum vapor da terra, expelido por uma abertura na rocha.

Eliú: Joel pode lhes contar o que aconteceu a seguir. Fale, Joel.

Joel: Eu ouvi uma pedra se mexer na estradinha que há ali, como se um pé tivesse pisado nela; e alguma coisa passou entre mim e o braseiro, apagando a luz do fogo.

Terceiro ancião: Isso tinha forma e substância?

Joel: Foi muito rápido. Mas a sombra que se seguiu era a sombra de um homem.

Segundo ancião: Você pegou essa... coisa?

Joel: Não, senhor.

Primeiro ancião: Isso que é soldado bom: tem medo de uma sombra!

Joel: Fiquei assustado, senhor, mas não com medo... Então, ouvi um grito, e vi Abner e o capitão caídos no chão, e Saul correndo na direção deles. Eu também corri, e levantamos os dois. Eles não estavam feridos, mas o corpo deles estava dormente no lugar em que o choque os atingiu.

TERCEIRO ANCIÃO: E depois?

ELIÚ: Pegamos a tocha e examinamos a pedra e os selos, e estava tudo certinho. E, enquanto a gente olhava e se espantava... alguém riu atrás de nós!

PRIMEIRO ANCIÃO: Esses homens estavam bêbados ou sonhando!

JOEL: Viramos rapidamente e vimos um jovem.

SADRAQUE: A mesma pessoa ou outra?

JOEL: Outra.

SEGUNDO ANCIÃO: Vocês o viram bem?

JOEL: Sim. Ele era alto e claro, vestia uma túnica curta e um cinto; com sandálias nos pés, e o cabelo enrolado e preso com uma faixa. Sua pele e suas vestes eram mais brancas do que a luz da lua, e seu rosto sem barba, muito agradável e sorridente. Em toda a minha vida nunca vi nada tão terrível como aquele rosto sorridente.

PRIMEIRO ANCIÃO: Por que era terrível?

JOEL: Não sei dizer, mas estávamos como mortos por medo daquilo. Não era igual àquele outro.

SADRAQUE: O que você quer dizer?

JOEL: Senhor, aquilo que passou por nós no jardim era humano, mas este não era.

SEGUNDO ANCIÃO: A... aparição falou?

ELIÚ: Não, senhor. Ela avançou e parou diante do sepulcro. A Lua estava por trás dela, mas não projetava nenhuma sombra sobre a rocha. Então, como se a grande pedra não pesasse nada, a aparição rolou a pedra com uma das mãos e se sentou sobre ela, ainda sorrindo. E o luar e a luz das tochas brilhavam pela porta aberta. E o túmulo estava vazio...

SEQUÊNCIA 6 (O JARDIM)

JOÃO *(sem fôlego)*: Pedro! Pedro! É verdade... Eu cheguei lá e olhei dentro... Não há ninguém lá... Nada... Apenas as roupas de linho caídas na laje da sepultura.

PEDRO: Onde estão as mulheres?

João: Deus sabe! Saíram pelo outro portão, talvez... Venha e olhe, Pedro... Olhe ali! ... O corpo do Senhor foi tirado.
Pedro: Quem pode ter feito isso?
João: *Alguém pegou?*
Pedro: O que você disse?
João: Não sei o que estou dizendo.
Pedro: Vou entrar pra ver.
João (*sussurrando para si mesmo*): Ó Mestre, Mestre... é possível?... Este é o terceiro dia... Não! Eu não ouso dizer isso... Não ouso pensar nisso...
Pedro: João!... Tem alguma coisa estranha aqui... As roupas de sepultamento estão aqui. *As roupas de sepultamento...* Que tipo de ladrão rouba o corpo e deixa as roupas de sepultamento pra trás?
João: Deixa eu ver.
Pedro: Veja lá, onde estava o corpo... As faixas mortuárias se cruzavam e se enrolavam do peito aos pés... e o lenço não está jogado com o resto, mas embrulhado sozinho... exatamente onde a cabeça dele devia estar... Quem arrumou essas coisas assim... e, em nome dos Céus, por quê?
João: Ninguém! Ninguém!... Você não vê? Eles nunca foram desenrolados... Veja! Aqui está um feixe de mirra ainda entre as dobras.
Pedro: Nunca se desenrolaram? Você tá louco! Como o corpo poderia ter passado...?
João: Ressuscitou e se foi! Ressuscitou e se foi! Ó Jesus! Meu amigo e meu vivo Senhor!

SEQUÊNCIA 7 (A MESMA)

O evangelista: Então os discípulos voltaram para casa. Mas Maria Madalena voltou ao sepulcro e ficou do lado de fora, chorando. E, enquanto chorava, ela se abaixou e viu dois anjos vestidos de branco sentados, um à cabeça e outro aos pés, onde o corpo de Jesus havia sido colocado.
Rafael: Gabriel, mensageiro do Altíssimo, nossa alegre tarefa terminou?
Gabriel: Está quase concluída, Rafael, filho da consolação.
Rafael: Aquelas mulheres nos entenderam? Elas estavam com muito medo.

Gabriel: Elas entenderam mais do que os soldados. E, com o tempo, elas entenderão tudo.
Rafael: Esses discípulos não nos viram de modo algum.
Gabriel: João, filho de Zebedeu, não precisa de anjo. Pois seu coração está perto da vida do Bem-aventurado...
Rafael: A quem seja a glória...
Gabriel: E o domínio para sempre...
Rafael: Amém.
Gabriel: E os olhos de Pedro estão obscurecidos pelo pecado e pela vergonha. Mas, com ele, o Todo-Belo falará...
Rafael: Cujo deleite está na misericórdia...
Gabriel: Amém.
Rafael: Mas e essa mulher, que permanece do lado de fora e ali chora?
Gabriel: Vamos nos mostrar a ela. Mesmo assim, ela não nos atenderá. Pois seu amor ainda se apega à carne mortal que ela conhecia... Mulher, por que você chora?
Maria Madalena: Porque eles levaram meu Senhor, e eu não sei onde o puseram.

(Ela se afasta soluçando.)

Gabriel: Ela se afastou.
Rafael: Não diga nada. Ele está vindo, diante de cujos pés o deserto desabrocha...
Os anjos *(juntos, suavemente)*: Eloí, Eloí, Eloí...

(Maria Madalena continua a chorar.)

Jesus: Minha jovem, por que você está chorando?
Maria Madalena: Ó senhor! O que aconteceu com ele? ... Você é o jardineiro? Eu imploro: se você o escondeu, diga-me onde você o colocou, e eu vou pegá-lo e levá-lo embora... Por favor, por favor, eu imploro...
Jesus: Maria!
Maria Madalena *(com um grito descontrolado)*: Raboni!
Jesus: Não me detenha, não me segure agora. Ainda não. Eu ainda não fui para o Pai. Só depois disso você poderá me possuir totalmente... Vá agora, corra para os meus irmãos e lhes diga que: "Eu vou para o meu Pai e para o Pai de vocês, e para o meu Deus e o Deus de vocês".
O evangelista: Maria Madalena veio e disse aos discípulos que ela tinha visto o Senhor. Mas as palavras lhes pareceram fantasia, e eles não acreditaram.

CENA II (JERUSALÉM)
SEQUÊNCIA 1 (O SINÉDRIO)

O EVANGELISTA: E os principais sacerdotes, reunidos com os anciãos, aconselharam-se...

PRIMEIRO ANCIÃO: José de Arimateia! Você pretende ficar e nos dizer...?

JOSÉ: Deus é minha testemunha de que não participei disso. Estou tão surpreso quanto vocês.

SEGUNDO ANCIÃO: É uma história impressionante!

TERCEIRO ANCIÃO: Você chegou ao corpo...

QUARTO ANCIÃO: O sepulcro era seu...

JOSÉ: Vocês mesmos selaram a pedra e montaram a guarda!

PRIMEIRO ANCIÃO: Sim, e você os subornou...

JOSÉ: Como você ousa?

TERCEIRO ANCIÃO: Você era um seguidor de Jesus. Você pode negar isso?

SEGUNDO ANCIÃO: Você tomou parte disso durante todo...

PRIMEIRO ANCIÃO: Apoiou as tentativas sediciosas e traidoras dele...

JOSÉ: Isso é mentira! Eu disse que ele era um profeta...

QUARTO ANCIÃO: E o Messias! Que tal?

JOSÉ: Como o roubo do corpo provaria que ele é o Messias?

TERCEIRO ANCIÃO: Você aprovou as blasfêmias dele...

JOSÉ: Não!

SEGUNDO ANCIÃO: E agora você encena esse milagre fictício, para trazer desprezo à Lei...

JOSÉ: Eu nego...

PRIMEIRO ANCIÃO: E insulta o Todo-Santo com a pretensão imunda e abominável...

JOSÉ: De quê? De quê? Profetas não ressuscitam dos mortos! Messias não saem caminhando do túmulo! Do que vocês estão me acusando? Quando foi que eu disse que Jesus era o Filho de Deus?

NICODEMOS *(estridente e histérico)*: Nós matamos o ungido do Senhor! Ele ressuscitou em vingança, com mão poderosa e com braço estendido!

CAIFÁS: Irmão Nicodemos!

(Tumulto.)

Nicodemos: "Maldito seja Meroz", diz o Senhor!... *(Sua voz se reduz a um murmúrio rápido)* Não se vingará o Senhor de uma nação como esta?... Coisa maravilhosa e horrível está acontecendo na terra... maravilhosa e horrível... horrível...

Segundo ancião: Isso é chocante!

Terceiro ancião: Precisamos parar isso de alguma forma.

Quarto ancião: Em nome de Deus, Nicodemos...

Nicodemos *(em voz alta)*: Levanta-te, ó Senhor, e vem para o Teu lugar de descanso, Tu e a arca do teu poder!... E vocês verão o Filho do Homem sentado à destra do poder, e vindo... e vindo...

(Ele desmaia com um gemido.)

Sadraque: Tudo isso é extremamente desagradável.

Terceiro ancião: Ele teve algum tipo de ataque.

Caifás: Tirem ele daqui. Levem ele para casa, sob supervisão médica. Digam à família que ele está mentalmente abalado. Transmitam nossa simpatia...

(Nicodemos é removido.)

Reverendos irmãos, apressemo-nos a esquecer esta cena angustiante... Acho que nada se ganha com escândalos abertos ou acusações que não podem ser comprovadas... José de Arimateia, se você for sábio, aceitará nossa política.

Sadraque: E qual é a sua política, mui Venerável?

Caifás: Você pergunta?... Nós vamos negar a história, é claro... A fraqueza de nossa posição, sem dúvida, é que não podemos apresentar o corpo.

Primeiro ancião: Não deixaremos pedra sobre pedra!

Caifás: Certamente. Mas caso ele não possa ser encontrado...

Segundo ancião: Como assim? Ele tem de estar em algum lugar.

Caifás: Eu disse, *caso*...

Terceiro ancião: Não podemos apenas selar novamente o túmulo e fingir que nada aconteceu?

Caifás: Num jardim público? Em plena luz do dia?... E suponha que Pilatos ouça rumores e ordene que o túmulo seja examinado?

Segundo ancião *(com ar de ideia brilhante)*: Por que não substituir o cadáver?

Caifás: Tendo crucificado primeiro o corpo, eu suponho, para lhe dar mais verossimilhança... Não seria mais simples nos atermos à verdade?

Sadraque: A verdade é...?

Caifás: Ora, irmão Sadraque!... O corpo foi roubado, é claro... A menos que alguém concorde com o pobre e aflito Nicodemos... Não?... Então, devemos lidar imediatamente com esses Levitas... Secretário, peça ao capitão Eliú para vir aqui... A propósito, senhores, observem que essa discussão não aconteceu. Nenhum registro disso aparecerá nas minutas. Haverá um desembolso insignificante dos recursos do Templo a serem contabilizados. Seria melhor, talvez, ser debitado para... hummm... propósitos educacionais... Ah! Capitão Eliú!

Eliú: Mui Venerável?

Caifás: Estamos inclinados a crer que sua denúncia foi feita de boa fé. É, portanto, desnecessário dizer que não podemos aceitar a interpretação sobrenatural que você parece disposto a dar a ela. Você perceberá que, se a história circular na forma que foi apresentada aqui, dúvidas muito sérias poderiam ser lançadas sobre sua sanidade, sobre sua lealdade, ou sobre ambas. Sugerimos que o terremoto e o... hummmm... clima carregado produziram algum tipo de... hummm... exalação vaporosa que entorpeceu todos vocês, e que os discípulos do Nazareno se aproveitaram dessa circunstância para abrir o túmulo e remover o corpo. As... hummm... aparições que você relata eram, sem dúvida, membros do bando, os quais você, em seu estado de confusão, confundiu com... hummmm... demônios.

Eliú: Meu Senhor, só posso dizer que...

Caifás: Melhor não dizer nada. Adotemos uma visão complacente... Para evitar mal-entendidos por parte de ignorantes e supersticiosos, será aconselhável admitir, se questionado, que vocês adormeceram em seus postos.

Eliú: Meu Senhor! Isso seria uma admissão das mais desonrosas!

Caifás: Ela impedirá que se tirem outras conclusões ainda mais danosas. Em vista do choque... e... hummmm... do extremo desgaste nervoso sofrido no desempenho de seu dever, estamos dispostos a pagar-lhe algo extra...

Eliú: Obrigado, meu Senhor.

Caifás: Com a condição, é claro, de que você se abstenha de... hummm... fofocar.

Eliú: Perdoe-me, meu Senhor. Corpos crucificados são propriedade romana. Se isso chegar aos ouvidos do Governador...

Caifás: Você nada sofrerá. Acertaremos as coisas com ele... Bem, você entendeu?

Eliú: Sim, mui Venerável.

Caifás: Muito bom. Você pode ir... Reverendos Irmãos, o Sinédrio está suspenso... Irmão José, um momento... Não mencionei nenhum nome para aqueles Levitas. Eu disse "seus discípulos". Espero que não seja necessário sugerir nomes. Mas darei uma ordem geral para que qualquer pessoa que espalhe boatos maliciosos seja preso. Está claro?

José: Perfeitamente... Caifás, de homem para homem, o que você acha que fez?

Caifás: O melhor que eu pude para Israel.

SEQUÊNCIA 2 (O ALOJAMENTO DOS ZEBEDEUS)

O evangelista: No mesmo dia, sendo o primeiro dia da semana, os discípulos estavam reunidos em Jerusalém, com as portas trancadas por medo dos judeus...

João: Então, você ainda não acredita no que dizemos?

Tiago: Eu gostaria de evidências melhores, João. Maria Madalena é uma menina querida, mas muito agitada, e ela ficou num estado tal que...

João: E nossa mãe, Tiago? A pessoa mais prática e direta que já existiu? E Maria Cleopas?

Tiago: O que elas viram? Duas pessoas de branco, que poderiam ser qualquer um. E, afinal, são mulheres... Agora, se você e Pedro... Mas nenhum *homem* viu nada.

André: Pedro viu alguma coisa.

Tiago: O que foi, André?

André: Há pouquinho eu fui até ele, e o encontrei estendido no chão. Ele disse: "O Senhor está vivo; eu o vi". Eu disse: "Como?" Ele respondeu: "Sim". "Bem", eu disse, "o que ele disse a você?" Pedro respondeu: "Não me pergunte"... Eu o deitei na cama, e ele caiu instantaneamente em um sono profundo, como uma criança. Ele está dormindo agora. Tomé está lá com ele.

Filipe: Foi uma visão, talvez, ou um sonho. Nosso Senhor está morto.

João: Sim, Filipe, eu disse isso também, Deus me perdoe... No entanto, não vimos o filho da viúva ressuscitar e Lázaro ser chamado do túmulo? E o que nosso Senhor disse a você na última ceia da Páscoa?

Filipe: No entanto, Ele morreu.

Mateus: Bem, não sei. Eu gostaria de acreditar em você, João. Se eu achasse que ele estava vivo, ficaria tão feliz que eu não saberia o que fazer comigo mesmo. Mas, mesmo assim... aqui estão duas pessoas que viram anjos, e Maria e Pedro dizem que viram o Mestre, mas você não viu nada.

João: Eu vi as roupas do sepultamento.

Mateus: Certo, certo. Não é isso que eu quero dizer. Se fosse mesmo o nosso Mestre, o mesmo que a gente conheceu, a quem ele iria primeiro? A você, é claro. Era você a quem ele amava.

João: Ele amava a todos nós, Mateus.

Mateus: Eu sei que sim. Mas não exatamente da mesma maneira. Você era o melhor amigo dele. E Deus sabe que, quando o mataram, isso deve ter atingido você mais forte do que qualquer um de nós. E, se ele estivesse aqui vivo, a primeira coisa que ele ia dizer seria: "Onde está João?"

João: Ele sabe que estou sempre à disposição dele.

Mateus: Sim, mas isso não é amável. Não é típico dele. Por que Maria e Pedro antes de você?

João: Talvez eles precisassem mais dele... Precisassem *ver* ele, quero dizer. *Eu sei* que ele está vivo. Eu soube no minuto em que cheguei lá... Eu tinha *certeza*... E além disso...

Mateus: Sim?

João: Pedro é mais importante. A igreja deve ser fundada sobre Pedro.

Tiago: De novo... Sem ofensa, André, mas isso sempre me intrigou. Por que sobre Pedro e não sobre você, João, que era seu amigo especial?

João: Talvez por causa disso. Acho que não se pode fundar uma igreja sobre amigos pessoais e casos especiais. Tem de ser uma coisa menos exclusiva... mais... como é a palavra grega? Mais católica.

Natanael: O que é a igreja? A única coisa que buscávamos era o Reino. Isso vai acontecer agora? Ou não? Você diz que ele está vivo, João...

João: Eu sei que ele está vivo, Natanael.
Natanael: Bem, o que ele está fazendo? E o que nós temos de fazer? Você sabe que há uma ordem para aprisionar qualquer pessoa que repita essa história de ressurreição...

(Batida na porta.)

O que é isso?
André: Eles vieram atrás de nós.

(A batida se repete.)

Tiago: Vou ver quem é.
Filipe: Cuidado, Tiago!
Tiago *(à porta)*: Quem tá aí?
Cleopas *(do lado de fora)*: Cleopas e Maria.
Tiago: Ah! 'Pera um pouco... *(Ele abre a porta)*... Achamos que fosse a polícia.
Cleopas: Tiago, João, todos! Nós vimos o Mestre!
Discípulos: O quê?... Vocês...?... Como?... Quando?
André: Tiago, fecha a porta. *(Porta trancada)* Agora, contem pra gente!
Cleopas: Estávamos voltando para casa, em Emaús — vocês sabem, nossa aldeia, cerca de uns dez quilômetros daqui —, e discutindo todos esses acontecimentos estranhos, quando um homem apareceu ao nosso lado...
Tiago: De onde?
Cleopas: Esposa, de *onde* ele veio?
Maria Cleopas: De trás, eu acho, ou de um lado da estrada. Ele parecia simplesmente estar lá.
Cleopas: Ele perguntou do que estávamos falando e por que parecíamos tão tristes com isso. Então, eu disse: "Você é um estrangeiro em Jerusalém, que não sabe as coisas que têm acontecido por lá?" Ele perguntou: "Que coisas?" "Sobre Jesus de Nazaré", eu respondi, "que foi um grande profeta e fez muitas obras maravilhosas diante de Deus e do povo. Mas os principais sacerdotes e os oficiais romanos o condenaram à morte e o crucificaram. E estamos tristes, porque a gente acreditava que ele seria o salvador de Israel. Mas eles o mataram há três dias. E agora", eu disse, "algumas das mulheres que estavam conosco — minha esposa aqui era uma delas — nos surpreenderam esta manhã, dizendo que visitaram o sepulcro

e descobriram que o corpo havia sumido, e que tinham visto uma visão de anjos que lhes disseram que ele estava vivo".

André: Cleopas! Isso foi muuuuuito arriscado. O cara podia ser um espião.

Cleopas: Nem pensei nisso. Mas eu disse que alguns de nós tínhamos ido ao túmulo e o encontrado vazio, assim como as mulheres tinham dito, mas não tínhamos visto *ele*... Então o homem disse...

Filipe: Como ele era?

Maria Cleopas: É curioso, mas é como se a gente nunca tivesse olhado direito pra ele — não é, marido?

Cleopas: Acho que a gente não olhou, de alguma forma... Bem, de qualquer maneira, ele disse: "Como vocês são tolos! E como são lentos para crer no que os profetas lhes disseram! Vocês não veem que o Messias *tinha* de sofrer todas essas coisas e, assim, entrar em sua *glória*?"

Maria Cleopas: E então ele começou em Moisés, e passou por todos os profetas, explicando o que eles disseram sobre o Cristo: como ele deveria nascer de um modo estranho, e ser desprezado e rejeitado, e conhecer tristeza amarga e dor, e ter as mãos e os pés perfurados — ah, sim!, e que ele deveria entrar em Jerusalém montado em um jumento, como um rei vindo em paz —, e que ele deveria pisar sozinho o lagar da ira de Deus... e ah!, muitas coisas! Ele deixou tudo muito claro.

Cleopas: E como ele deveria se levantar novamente, como uma planta que brota do solo pedregoso, e retornar como um pastor amoroso e um grande príncipe para se sentar no trono de Davi e trazer seu povo para fora da sepultura. E muito mais. E vimos como todas as profecias se ajustavam como os incidentes de uma grande história.

Maria Cleopas: Poderíamos ter ouvido para sempre. E, quando chegamos a Emaús, o Sol já estava se pondo. Então, a gente disse pra ele: "Entra e fica conosco, porque já está anoitecendo". E ele entrou, e eu preparei o jantar, e todos nós nos sentamos.

Cleopas: Aí ele pegou o pão, abençoou e partiu. E, quando ele o estendeu para nós, vimos suas mãos... e as marcas dos cravos estavam nelas.

Maria Cleopas: E nós olhamos seu rosto, e o reconhecemos... Era como se estivéssemos cegos o tempo todo.

Cleopas: Num piscar de olhos, nós nos demos conta... E então ele sumiu. Não havia nada ali, exceto o pão partido sobre a mesa.
Natanael: Foi uma aparição...
André: Uma visão...
Cleopas: O pão foi partido.
Maria Cleopas: E eu disse: "Marido, nosso coração não ardia enquanto ele falava conosco na estrada?" Porque, olhando pra trás, a voz, e as coisas que ele dizia... parece que a gente o conhecia o tempo todo.
Cleopas: Aí corremos de volta a Jerusalém para contar a vocês... É verdade, afinal.
Mateus: É assustador, é isso que é. Estranho. Esse não é o Mestre que a gente conheceu. Aparecendo assim, e desaparecendo e vocês não o reconhecendo...
Filipe: É um fantasma... Como saber se não era um espírito maligno?... Eu não gosto disso... E se ele aparecesse pra nós agora...
Jesus: Paz seja com vocês!

(Consternação.)

Filipe *(em um suspiro aterrorizado)*: Aquilo tá aqui!
André: Que o céu nos guarde!
Mateus: Senhor, tenha misericórdia de nós!
Tiago: Benditos anjos, nos protejam!

(Burburinho alarmado.)

Jesus: Filhos, vocês têm medo de quê? Por que duvidam?... *(Revelando alguma reprovação)* João!
João *(recuperando-se)*: Ó meu amado! Perdoe-nos por sermos tão estúpidos!... Você nos assustou, entrando assim, tão de repente, passando pelas portas trancadas... pensamos que você era um fantasma... Querido Senhor, é mesmo você?
Jesus: Sinta-me e veja. Pegue minha mão.
João *(encolhendo-se um pouco, não por estar com medo, mas por lembrar da história de Emaús)*: sua mão?
Jesus: Um fantasma não tem carne e osso como eu tenho, não é?
João: Suas mãos estão quentes, e fortes, e estão feridas... Como eles ousaram fazer isso com você?... Eu estava lá e vi. Cada golpe atingiu meu coração.
Jesus: Meu coração também foi traspassado. Veja! Não se deixem apavorar, filhos. Vocês veem, vocês podem sentir que eu estou vivo.

Tiago: Você está vivo.
Mateus: Mestre, é maravilhoso ter você de volta.
André: Parece bom demais para ser verdade.
Filipe: Nosso Mestre e nosso amigo... querido, querido Senhor Jesus!
Natanael: Mal posso acreditar ainda.
Jesus *(com uma simplicidade tranquilizadora)*: Eu gostaria de comer alguma coisa. O que vocês têm em casa?
Tiago *(desculpando-se um pouco; é a casa dele e não parece haver muito a oferecer)*: Sobrou um pouco de peixe grelhado do jantar... e pão, é claro.
Jesus: Isso serve.
Tiago: Venha e sente-se, por favor.
Mateus: Ora, isso é como nos velhos tempos.
João: Aqui está um pedaço de favo de mel, *novo e intacto. Estou tão feliz porque a gente guardou isso... (o pensamento o atinge) Mestre!*
Jesus: Sim, João?
João: Você... você ainda vai nos deixar?
Jesus: Por que eu os deixaria?
João: Cleopas e Maria... você não comeu com eles... Ó Mestre, fique um pouco... apenas mais alguns minutos!
Jesus: Você me conhece, João, filho de Zebedeu?
João: Eu te conheço. Eu confio em você. Fique ou vá como quiser, Senhor. A sua vontade é a nossa... Oh! mas é tão bom ver você comer. É tão real... Mestre, onde você esteve estes três dias?
Jesus: Com as almas em prisão.
João: Elas conhecem você? Você é o Mestre delas também?
Jesus: Eu sou o bom pastor. Eu conheço minhas ovelhas e sou conhecido por elas. Por todas elas. Desde o início do mundo e para sempre...

SEQUÊNCIA 3 (UMA RUA EM JERUSALÉM, DIANTE DO PALÁCIO DO GOVERNADOR)

(Ao fundo, barulho discreto de multidão.*)*
Vendedora de flores: Comprem minhas flores! Quem vai comprar minhas lindas flores da primavera? Rosas de Saron e lírios, todos

crescendo e desabrochando! ... Guirlandas! Guirlandas! ... Quem vai comprar minhas guirlandas? ... Sim, senhora?

Eunice: Diga-me, boa mulher: esta multidão diante da porta do governador, com as carruagens e os lictores... Pilatos está saindo de Jerusalém?

Vendedora de flores: Sim, querida, ele está fora! Vou perder clientes por causa disso: eles usam muitas flores no palácio.

Eunice: A senhora dele vai com ele?

Vendedora de flores: Sim, querida. Se você esperar, verá eles saindo... Que tal um lindo ramalhete, querida?...

Eunice: Me dê todos os lírios que você tem, um grande buquê deles. Aqui está uma moeda de prata.

Vendedora de flores: Sim, querida... Eis uma senhora gentil. Eles são lindos, estão desabrochando e...

Eunice: Rápido! Rápido! As portas estão se abrindo... Eu preciso correr...

Vendedora de flores: Pronto, querida!... Deus te abençoe, senhora!...

Eunice: Por favor, me deixe passar, bom homem!

Guarda: Senhorita, o que você quer?

Eunice: Trouxe flores para a senhora do Governador.

Guarda: Tudo bem. Ela já está descendo. Fique perto da carruagem e você pode dar a ela... Guarda, alto!... Apresentar armas!

Escravo *(no topo da escada)*: Abram caminho para Vossas Excelências! Caminho para o Governador! Caminho para a senhora Cláudia Prócula!

Pilatos: Cláudia, minha querida... você tem certeza de que está bem forte para a jornada?

Cláudia: Sim, Caio. Estou muito bem. Estou feliz por sair de Jerusalém.

Pilatos: Eu também, por Pólux! Sempre odiei o lugar. Não é, Flávio?

Flávio: Um buraco detestável, Pilatos.

Eunice: Senhora! Senhora!

Pilatos: Que é isso? Que é isso?

Flávio: Sai, garota! Não incomode sua Excelência.

Cláudia: Ora, é a minha amiguinha Eunice, a massagista dos banhos! Preciso dizer adeus a ela... Vai na frente, Caio... Estas lindas flores são para mim? Obrigada, criança. Isso é gentil da sua parte!

Eunice *(sussurrando)*: Senhora! Você já ouviu o que eles estão dizendo na cidade?
Cláudia *(sussurrando)*: Não. O quê?
Eunice *(sussurrando)*: O Nazareno ressuscitou dos mortos.
Cláudia: Misericordioso Apolo!
Flávio: A senhora não está bem?
Cláudia: Não é nada. Um pouco de tontura... Me dá a mão... Preciso de um pouco de ar... Obrigada, Eunice... Diga que continuem a conduzir.
Flávio: Vá em frente!
Lictores: Abram caminho! Abram caminho! Abram caminho para o Governador!...
    (As carruagens e a escolta vão embora.)
Vendedora de flores: *(ao longe)*: Quem vai comprar minhas flores? Lindas flores da primavera! Lírios e rosas de Sarom!

SEQUÊNCIA 4 (JERUSALÉM: O ALOJAMENTO DOS ZEBEDEUS)

O evangelista: Tomé, chamado Dídimo, não estava com os discípulos quando Jesus veio. E, depois de oito dias, eles estavam reunidos mais uma vez, e Tomé com eles.
Tomé: Vocês podem dizer o que quiserem. Ver para crer. Repito: a menos que eu veja nas mãos dele a marca dos cravos — não, ver não basta! Enquanto eu não sentir com o dedo a marca do cravos — enquanto eu não agarrá-lo e segurá-lo e colocar a mão no lado dele, não vou acreditar em nada.
Mateus: Sério, Tomé?! Qualquer um pensaria que você não *quer* que seja verdade.
Tomé: Pensamento positivo não serve. Eu quero uma prova. E quando digo prova...
João: Calma, Tomé. Ele está aqui.
Jesus: Paz seja com vocês.
Discípulos: E contigo.
Jesus: Venha aqui, Tomé. Estenda o dedo e sinta minhas mãos. Estenda a mão e coloque-a no meu lado. E não duvide mais, mas creia.
Tomé *(com absoluta convicção)*: Tu és meu Senhor e meu Deus.
    (A palavra crucial é finalmente dita e recebida em absoluto silêncio.)

Jesus: Tomé, porque me viu, você creu. Bem-aventurados os que não viram e creram.

Pedro *(que repentinamente se dá conta de algumas terríveis implicações)*: Mestre, quando eu te neguei... quando nós descremos e duvidamos de ti... quando nós fraquejamos e deserdamos e traímos você... é isso que fazemos a Deus?

Jesus: Sim, Pedro.

Tiago: Senhor, quando eles zombaram e insultaram e cuspiram em você... quando eles açoitaram você... quando eles uivaram por seu sangue... eles te pregaram na cruz e te mataram... é isso que fazemos a Deus?

Jesus: Sim, Tiago.

João: Amado, quando você pacientemente sofreu todas as coisas e foi à morte com todos os nossos pecados empilhados sobre você... é isso que Deus faz por nós?

Jesus: Sim, João. Para você, e com você, e em você, quando você é voluntariamente meu. Pois vocês não são escravos, mas filhos. São livres para serem falsos ou fiéis, livres para me rejeitar ou para me confessar, livres para crucificar Deus ou para serem crucificados com Ele, compartilhando a vergonha e a tristeza, e a cruz amarga e a glória. Os que morrem comigo ressuscitam comigo, sendo um comigo, assim como eu e meu Pai somos um.

João: Este, então, é o significado do antigo sacrifício: o sangue dos inocentes pelos pecados do mundo.

Jesus: Aproximem-se. Recebam o sopro de Deus. Assim como o Pai me enviou, eu também envio vocês. A culpa que vocês absolverem será absolvida, e a culpa que vocês condenarem será condenada. E a paz esteja com vocês.

CENA III (O MAR DA GALILEIA)

O evangelista: Depois disso, Jesus voltou a se manifestar no mar da Galileia. Estavam juntos Simão Pedro, Tomé, Natanael, os filhos de Zebedeu e dois outros de seus discípulos. Simão Pedro lhes disse: "Vou pescar". Eles lhe disseram: "Nós também vamos contigo". Eles saíram e entraram em um barco imediatamente, e naquela noite não pegaram nada.

Tiago: Ainda não há peixes nas redes, e o dia já está amanhecendo.
Pedro: Isso não é bom, caras... O tempo parecia bom e eu esperava uma boa pesca... Bem, não há mais nada a fazer. É melhor irmos pra casa.
Tiago: Tem um homem parado na praia.
Tomé: Talvez ele queira comprar peixe. Vamos levar o barco pra praia.
Jesus *(chamando à distância)*: Ei, senhores! Fizeram uma boa pescaria?
Pedro *(respondendo de volta)*: Não, senhor! Acho que a gente tá sem sorte.
Jesus: Joguem a rede do lado direito do barco. Há um cardume ali.
André: Como é que é?
Tomé: O que ele sabe...?
Pedro: Não custa nada tentar, Tomé... Vamos, André... pegue a rede... Cuidado com o leme, João... Joga! *(a rede de arrasto cai na água)*... Vai, redinha, vai... Deixa ela correr... Acorda, João; deixa ela pro lado do vento...

(Vento na vela e a água ondulando na proa.)

Cuidado, caras!... Puxem!
Tiago: A rede tá cheia! Tinha mesmo um cardume, como ele disse.
João: É o Senhor.
Pedro: O quê? Claro! Aqui, me dá sua capa. Eu vou nadar até a praia...
Tomé: Tá aqui, Pedro... mas...
Tiago: Solta ele, Tomé.

(Pedro mergulha espirrando água.)

Temos que olhar a rede, André. Ajuda aqui.
André: É muito pesada pra trazer pro barco.
Tiago: Melhor virar o barco contra o vento e arrastar a rede com ele.
O evangelista: Então, eles entraram no barco e o levaram para a praia, pois estavam a apenas cem metros da costa.
Tiago: Olha, João! Há uma fogueira, com peixes em cima dela... e pão. Ele está ocupado com isso... Eu gostaria de ver seu rosto.
João: E Pedro está sentado olhando... *(Ele chama baixinho)* Pedro!
Pedro *(não para eles, mas para aquele outro)*: O barco está aqui.
Jesus: Traga alguns dos peixes que vocês pescaram.
Pedro: André, vocês trouxeram a rede?
André: Amarrada à popa do bote...
Pedro: Ache um dos melhores...

Tiago: Olha este!... Você vai precisar de uma faca...
Pedro *(indo)*: Obrigado...
Natanael: Devemos ir com ele?
João: Melhor ficar aqui e contar os peixes... Eles são grandes...

(Breve pausa.)

Tomé: ... doze, quatorze, dezesseis...
Natanael: Ele está assando tudo junto no fogo... os que a gente pescou e os que ele trouxe... vinte, vinte e dois... Você acha que ousamos perguntar quem ele é?
João: Nós sabemos muito bem quem ele é... Quantos você contou?
Tiago: Sete vezes vinte aqui.
André: E treze. Cento e cinquenta e três. Todos ótimos peixes.
João: E desta vez a rede não se partiu.
Jesus: Pescadores de homens, venham e tomem o café da manhã.
João: O Sol nasceu. Agora você vê quem é?
O evangelista: Depois de comerem, ele falou a Simão Pedro...
Jesus: Simão, filho de Jonas, você é mais meu amigo do que qualquer um dos seus irmãos?
Pedro: Certamente, Senhor; você sabe que eu te amo.
Jesus: Alimente meus cordeiros... Simão, filho de Jonas, você é mesmo meu amigo?
Pedro: Certamente, Senhor. Eu te amo... você sabe que eu amo.
Jesus: Cuide de minhas ovelhas... Simão, filho de Jonas, então, você me ama um pouco?
Pedro *(aflito)*: O que posso dizer?... Senhor, você sabe tudo. Olhe no meu coração — meu coração covarde e sem fé — e leia lá como eu te amo.
Jesus: Alimente minhas ovelhas... De fato e de fato, eu lhe digo: quando você era jovem, você se cingiu e andou como quis. Mas, quando você envelhecer, estenderá as mãos e os outros o cingirão e o levarão a um lugar que não é de sua escolha.
Pedro *(compreendendo o significado daquilo)*: Senhor, assim como eles fizeram com você?
Jesus: Siga-me.
Pedro: Sim, Senhor... para onde você quiser... Veja, João está seguindo também... O que vai acontecer com ele?
Jesus: Se eu escolher que ele fique até a minha vinda, o que você tem com isso? Siga-me.

O evangelista: E, depois de quarenta dias, Jesus conduziu seus discípulos ao Monte das Oliveiras, e lá ele lhes falou, dizendo:

Jesus: Todo o poder me é dado no céu e na terra. Pois assim foi escrito que o Cristo deveria sofrer e ressuscitar dentre os mortos. E vocês são testemunhas dessas coisas. Fiquem, portanto, em Jerusalém, até que recebam o prometido poder do alto. Então, vão e ensinem todas as nações, batizando-as em nome do Pai e do Filho e do Espírito Santo. E eis que estou sempre com vocês, até o fim do mundo. Amém.

O evangelista: E ele ergueu as mãos e os abençoou. E, enquanto os abençoava, ele se separou deles, e uma nuvem o recebeu fora de sua vista. E eis dois homens ao lado deles em trajes brancos, que lhes disseram:

Gabriel: Homens da Galileia, por que vocês estão olhando para o Céu? Este mesmo Jesus, que foi elevado aos Céus, virá da mesma maneira que vocês o viram entrar no Céu.

O evangelista: Amém. Vem, Senhor Jesus.

Essas coisas foram escritas para que creiais que Jesus é o Cristo, o Filho de Deus. E há muitas outras coisas que Jesus fez, as quais, se fossem escritas cada uma, suponho que nem mesmo o mundo todo poderia conter os livros que deveriam ser escritos.

Este livro foi impresso pela Ipsis, em
2021, para a Thomas Nelson Brasil.
O papel do miolo é pólen soft 80g/m²,
e o da capa é couchê 150g/m².